1000 Key Korean
Idioms and Proverbs

Min Jin-young · Park So-young · Lee Jee-yoon

1000 Key Korean
Idioms and Proverbs

Written by Min Jin-young, Park So-young, Lee Ji-yoon
Translated by Katelyn Hemmeke
First Published July, 2022
Publisher Chung Kyudo
Editor Lee Suk-hee, Baek Da-heuin, Han Jihee
Cover design Park Bo-hee
Interior design Park Bo-hee, Choi Young-ran
Illustrated by Ji Chang-hoon
Voice Actor Kim Sung-hee, Kim Hee-seung

DARAKWON

Darakwon Bldg., 211 Munbal-ro, Paju-si, Gyeonggi-do, 10881
Republic of Korea

Tel : +82-2-736-2031 Fax : +82-2-732-2037
(Sales Dept. ext.: 250~252 Book Publishing Dept. ext.: 420~426)

Price : 25,000 won (with Free MP3 Download)
ISBN : 978-89-277-3295-2 13710

http://www.darakwon.co.kr
http://koreanbooks.darakwon.co.kr
Visit the Darakwon homepage to learn about our other publications and
promotions and to download the contents of the book in MP3 format.

1000 Key Korean

Idioms and Proverbs

Min Jin-young · Park So-young · Lee Jee-yoon

DARAKWON

머리말

　한국어 관용어와 속담은 한국의 역사와 문화 및 사회적인 배경을 이해할 수 있는 좋은 도구이다. 그렇지만 관용어와 속담은 그 의미가 함축적일 뿐만 아니라 그 표현에 사용된 어휘와 상황에 한국의 문화가 반영된 것이 많아서 따로 학습을 하지 않으면 그 의미를 이해하기가 어렵다. 그러므로 외국인 학습자들이 관용어와 속담을 익혀 좀 더 다양한 언어 표현들을 사용하고 한국 문화를 더 깊이 이해하는 데에 도움을 주고자 이 책을 집필하게 되었다.

　이 책에서 다룬 관용어와 속담 표현은 다음과 같은 기준으로 선정하였다. 첫째, 10개 대학 부설 한국어 교육 기관 교재와 중고등학교 KSL 교재에 사용된 표현, 10종의 내국인과 외국인을 위한 관용어·속담 책, 국립국어원의 '한국어교육 어휘 내용 개발 연구' 및 공개된 회차의 한국어능력시험(TOPIK)에 나온 표현을 정리하여 목록화하였다. 둘째, 첫 번째 과정을 통해 목록화한 표현을 빈도순으로 정리하여 총 1,000개의 관용어와 속담을 추출하였다. 셋째, 이를 각 상황별로 효과적으로 학습하고 활용할 수 있도록 범주화하여 13개의 큰 주제로 분류한 후, 이를 다시 56개의 세부 주제로 나누었다.

　예문은 실생활에서 바로 사용해 볼 수 있는 실질적인 대화문을 수록했으며, 설명하는 부분에 영어 번역을 넣어 학습자들의 이해를 돕도록 하였다. 또한 비슷하거나 반대 상황에서 쓰일 수 있는 다양한 표현들도 제시하였고, 부록에 '문화 속 관용 표현과 속담'을 추가하여 학습자들이 한국의 생활 문화를 더 잘 이해하는 데 도움을 주고자 하였다. 또한 연습 문제와 TOPIK 유형의 연습 문제도 함께 실어 학업에 도움이 될 수 있게 하고 TOPIK 시험도 대비할 수 있게 하였다.

　많은 분들의 도움이 없었다면 이 책이 나오기 어려웠을 것이다. 사명감을 가지고 좋은 한국어 교재를 편찬하는 데 최선을 다하는 다락원 한국어 출판부 편집진께 진심으로 감사드린다. 또한 이 책의 번역을 맡아 주신 케이틀린 햄메키 씨와 책이 진행되는 동안 묵묵히 지켜보면서 응원해 준 가족들, 여러 가지 조언을 해 준 여러 선생님과 학생들 그리고 친구들에게 고마움을 전한다.

저자 일동

Preface

Korean idioms and proverbs are great tools for understanding the history, culture, and social background of Korea. However, not only are the meanings of idioms and proverbs implicative, many aspects of Korean culture are reflected in the vocabulary words and situations used in their expressions, so it is difficult to understand their meaning if one does not study them separately. Therefore, this book was written to help foreign learners master idioms and proverbs, use a greater variety of linguistic expressions, and more deeply understand Korean culture.

The idioms and proverbs covered in this book were selected based on the following criteria. First, expressions used in the textbooks of 10 university-affiliated Korean language institutes and KSL textbooks for secondary schools, 10 books of idioms and proverbs for Koreans and foreigners, and expressions that appear in the National Institute of Korean Language's "Research on the Content Development of Vocabulary for Korean Education" and published editions of the Test of Proficiency in Korean (TOPIK) were organized and cataloged. Second, a total of 1,000 idioms and proverbs were filtered in order of frequency from the expressions cataloged through the first process. Third, after categorizing these expressions into 13 broad themes so they can be effectively learned and utilized in each situation, they were further divided into 56 sub-topics.

The examples contain practical dialogues that can be used immediately in real life, and English translations are included in the explanation section to help learners understand them. In addition, a variety of expressions that can be used in similar or opposite situations are presented, and "Idiomatic Expressions and Proverbs in Culture" have been added to the appendix to help learners better understand Korean life and culture. Moreover, practice questions and TOPIK-style practice questions are included to help students study and prepare for the TOPIK exam.

This book would not have been created without the help of many people. We express our sincere gratitude to the editorial staff at the Darakwon Korean Book Publishing Department, who are fully committed to do their best to publish great Korean textbooks. We would also like to thank Katelyn Hemmeke, who was in charge of translating this book; our families, who watched over us and supported the book as it was being made; and the many teachers, students, and friends who advised us.

The Authors

이 책의 구성 및 활용

이 책은 외국어로서 한국어를 배우는 학습자들과 한국어를 가르치는 교사들을 위한 관용어 및 속담 표현집이다. 이 책에 수록된 표현은 총 1,000개로 크게 다섯 개의 자료를 바탕으로 빈도가 높고 교육적 효과가 큰 표현을 수록하였다. (교육부 선정 중·고등학교 학습용 속담과 관용 표현, 속담과 관용 표현 관련 교재 7종, TOPIK 기출 속담과 관용 표현, 국립국어원 한국어 표준 교육 모형에서 선정한 속담과 관용 표현, 대학 한국어 교육 교재 10종)

1,000개의 표현을 13개의 대주제로 분류하여 정리하였으며, 대주제는 다시 총 56개의 소주제로 분류하여 학습자들이 주제별로 묶어서 효율적으로 학습할 수 있도록 하였다. 본문에서 학습한 표현을 복습 및 확장할 수 있도록 부록에서는 본문과 관련된 문화를 함께 익히고, '확인해 봅시다'와 'TOPIK 속 관용 표현과 속담' 문제를 통해 학습 내용을 점검해 볼 수 있도록 하였다.

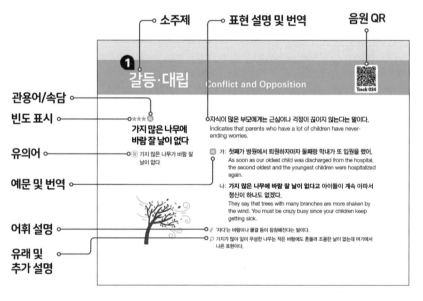

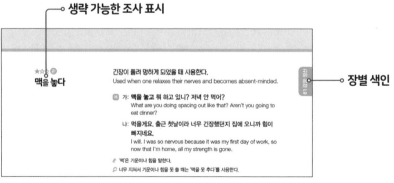

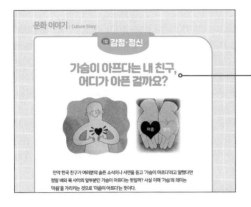

문화 이야기
속담, 관용 표현과 관련된
한국 문화 이야기

문화 이야기 | Culture Story

1과 감정·정신

가슴이 아프다는 내 친구,
어디가 아픈 걸까요?

만약 한국 친구가 여러분의 슬픈 소식이나 사연을 듣고 '가슴이 아프다'라고 말했다면
정말 배와 목 사이의 일부분인 가슴이 아프다는 뜻일까? 사실 이때 '가슴'의 의미는
'마음'을 가리키는 것으로 '마음이 아프다'는 뜻이다.

확인해 봅시다
각 과의 표현을 정확히 이해했는지
확인할 수 있는 연습 문제

확인해 봅시다 Let's Check

01 감정·정신 | ❶ 감동·감탄 ~ ❷ 걱정·고민

1 맞는 문장을 고르십시오.
① 친구가 너무 걱정돼서 몸살이 날 지경이에요.
② 아이가 너무 속을 썩여서 화를 내고 말았어요.
③ 합격 소식을 듣고 나니 간장이 녹는 것 같네요.
④ 어제 일 때문에 밤을 새웠더니 마음이 우집내도.

2 빈칸에 들어갈 알맞은 말을 고르십시오.

> 가 와, 정말 잘 그렸네요!
> 나 그렇지요? 민수 씨 그림 솜씨가 _____.

① 어간이 아니에요   ② 더할 나위 없어요
③ 못지않게 시간에을 느낌이에요   ④ 벌린 입을 다물지 못하네라고요

[3-6] 다음 중에서 알맞은 것을 골라 빈칸에 쓰십시오.

마음에 걸리다	걱정이 태산이다
발이 떨어지지 않다	고양이한테 생선을 맡기다

3 가 : 나 때문에 민수가 화가 난 것 같아서 계속 _____-아/어/해.
　　나 : 그렇게 계속 마음이 불편하면 문자라도 보내 보지 그래?

4 가 : 일기 예보에서 이번 주 내내 비가 내릴 거라고 하더라고요.
　　나 : 저도 들었어요. 농사를 지으시는 부모님께서 자녀에 이어 옮겨도 층수가 남가 봐
　　　　 _____-(이)네요.

5 가 : 민수 씨네 회사 직원이 회사의 20억 원을 가지고 몰래 도망갔다고 하더라고요.
　　나 : 아이고, _____ -(으)ㅁ/ㅁ/꼴로요.

6 가 : 어제 왜 모임에 안 나왔어?
　　나 : 엘리베이터가 말이 아팠거든, 걱정이 돼서 _____-아/어고.

확인해봅시다

TOPIK 속 관용 표현과 속담
TOPIK 속에 관용 표현과 속담이
출제되는 유형을 확인할 수 있는 문제

TOPIK 속 관용 표현과 속담 Idioms and Proverbs in TOPIK

1과 감정·정신

[1-2] 다음을 읽고 물음에 답하십시오.

> 서비스업에 종사하는 감정 노동자들은 어떤 상황에서도 자신의 감정을 누르고 항상 미소를 지으며 고
> 객을 대한다. 그러다 보니 근무 중에 고객들로부터 부당한 대우를 받거나 억울한 일을 당해도 다른 사
> 람에게 말도 못하고 (   ) 혼자 참는 경우가 많다. 그렇기 때문에 이들은 일반인과 비해 우울증
> 등과 같은 정신 질환에 걸릴 확률이 높다고 한다. 실제로 한 조사에 따르면 감정 노동자 중 30% 이상
> 이 치료가 필요한 우울증을 앓고 있는 것으로 나타났다. 따라서 기업들이 나서서 감정 노동자들의 정
> 신 건강에 관심을 가지고 건강하게 일할 수 있는 환경을 조성해야 한다.

1 (   )에 들어갈 말로 가장 알맞은 것을 고르십시오.
① 속을 끓이며
② 머리를 쓰며
③ 가슴을 울리며
④ 마음에 걸리며

2 윗글의 내용과 같은 것을 고르십시오.
① 고객들은 기업에게 억울한 일을 당해도 참는다.
② 감정 노동자는 자신의 감정을 누르지 않아도 된다.
③ 감정 노동자들의 대부분이 심각한 우울증을 앓고 있다.
④ 기업은 노동자들이 건강하게 일할 수 있도록 도와야 한다.

How to use this book

This book is a collection of idioms and proverbs for learners of Korean as a foreign language. There are a total of 1,000 idioms and proverbs in this book, which were selected and filtered according to frequency from the textbooks of 10 university-affiliated Korean language institutes, KSL textbooks, books of idioms and proverbs, the National Institute of Korean Language's "Research on the Content Development of Vocabulary for Korean Education," and published editions of the Test of Proficiency in Korean (TOPIK) exam.

The selected 1,000 idioms and proverbs were categorized into 13 major themes, which were further divided into 56 sub-topics and arranged in alphabetical order. Through these topics, learners will be able to effectively learn and utilize Korean idioms and proverbs in every situation.

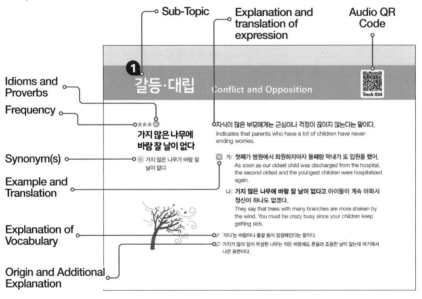

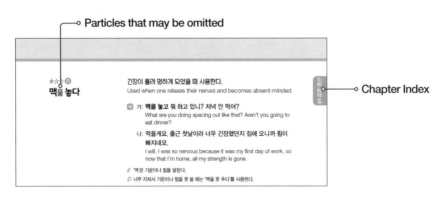

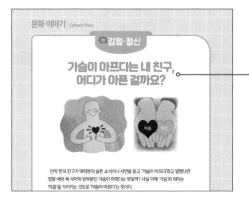

Culture Story

Stories about Korean culture that are related to the proverbs and idioms

문화 이야기 | Culture Story

1장 감정·정신

가슴이 아프다는 내 친구,
어디가 아픈 걸까요?

만약 한국 친구가 여러분의 슬픈 소식이나 사연을 듣고 '가슴이 아프다'라고 말했다면
정말 배와 목 사이의 앞부분인 가슴이 아프다는 뜻일까? 사실 이때 '가슴'의 의미는
'마음'을 가리키는 것으로 '마음이 아프다'는 뜻이다.

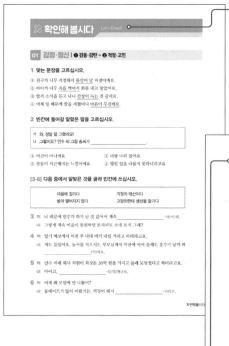

Let's Check

Practice problems to check whether you precisely understood the expressions in each chapter

✍ 확인해 봅시다 Let's Check

01 감정·정신 | ❶ 감동·감탄 ~ ❷ 걱정·고민

1 맞는 문장을 고르십시오.

① 친구가 나무 거짓말처럼 용살이 난 지경이에요.
② 아이가 나무 속을 썩여서 화를 내고 말았어요.
③ 합격 소식을 듣고 나니 간장이 녹는 듯 같네요.
④ 어제 일 때문에 밤을 새웠더니 바음이 무겁네요.

2 빈칸에 들어갈 알맞은 말을 고르십시오.

가: 와, 정말 잘 그렸네요!
나: 그렇지요? 민수 씨 솜씨가 _____.

① 어간이 아니에요   ② 더할 나위 없어요
③ 콧등이 시큰해지는 노릇이에요   ④ 벌린 입을 다물지 못하더라고요

[3-6] 다음 중에서 알맞은 것을 골라 빈칸에 쓰십시오.

마음에 걸리다	걱정이 태산이다
발이 떨어지지 않다	고양이한테 생선을 맡기다

3 가: 니 때문에 민수가 화가 난 것 같아서 계속 _____ -아/어/여.
   나: 그럴 때 계속 마음이 불편하면 문자라도 보내 보지 그래?

4 가: 읽기 예보에서 이번 주 내내 비가 내릴 거라고 하더라고요.
   나: 저도 들었어요. 농사를 지으시는 부모님 생각에 저녁에 이어 울께도 홍수기 날까 봐
   _____ -(으)ㄴ대요.

5 가: 민수 씨네 회사 직원이 퇴살은 20억 원을 가지고 도망쳤다고 하더라고요.
   나: 아이고, _____ -ㄴ/는/군요.

6 가: 어제 왜 모임에 안 나왔어?
   나: 룸메이트가 빚이 이왔서는, 걱정이 돼서 _____ -더라고.

탁연해봅시다

TOPIK 속 관용 표현과 속담 Idioms and Proverbs in TOPIK

1장 감정·정신

[1-2] 다음을 읽고 물음에 답하십시오.

서비스업에 종사하는 감정 노동자들은 어떤 상황에서도 자신의 감정을 누르고 항상 미소를 지으려고 고
객을 대한다. 그러다 보니 근무 중에 고객들로부터 부당한 대우를 받거나 억울한 일을 당해도 다른 사
람에게 말도 못하는 (   ) 혼자 삼는 경우가 많다. 그렇기 때문에 이들은 일반인에 비해 우울증
등과 같은 정신 질환에 걸릴 확률이 높다고 한다. 실제로 한 조사에 따르면 감정 노동자 중 30% 이상
이 치료가 필요한 우울증을 앓고 있는 것으로 나타났다. 따라서 기업들이 나서서 감정 노동자들의 정
신 건강에 관심을 가지고 건강하게 일할 수 있는 환경을 조성해야 한다.

1 (   )에 들어갈 말로 가장 알맞은 것을 고르십시오.

① 속을 끓이며
② 머리를 쓰며
③ 가슴을 울리며
④ 마음에 걸리며

2 윗글의 내용과 같은 것을 고르십시오.

① 고객들은 기업에게 억울한 일을 당해도 참는다.
② 감정 노동자는 자신의 감정을 누르지 않아도 된다.
③ 감정 노동자들의 대부분이 심각한 우울증을 겪고 있다.
④ 기업은 노동자들이 건강하게 일할 수 있도록 도와야 한다.

Idioms and Proverbs in TOPIK

Problems that allow you to check the types of idioms and proverbs included in the TOPIK exam

목차 Table of Contents

01

감정·정신
Emotions and Senses

1

감동·감탄   Being Moved and Admiration

Track 001

★★☆ 관
가슴에 와닿다

어떤 말이나 상황으로 인해 감명을 느꼈을 때 사용한다.
Used when one feels a deep impression due to a certain situation or someone speaking.

예 가: 저 교수님의 강연을 들으면 항상 마음이 따뜻해져요.
When I listen to that professor's lecture, I always feel warm inside.

나: 저도 그래요. **가슴에 와닿는** 말씀을 많이 하셔서 그런 것 같아요.
Me, too. I think it's because she says many things that hit home.

🔍 보통 좋은 말을 듣거나 좋은 글을 읽고 나서 감동을 받았을 때 사용한다.

★★☆ 관
가슴을 울리다

유 심금을 울리다

어떤 말이나 상황이 깊은 감동을 줄 때 사용한다.
Used when a certain situation or someone speaking causes a deep emotion.

예 가: 민지야, 왜 계속 슬픈 노래만 들어?
Minji, why do you keep listening to only sad songs?

나: 가을이 되니까 슬픈 노래 가사가 **가슴을 울리네**.
Now that it's autumn, the lyrics of sad songs tug at my heartstrings.

🔍 슬픈 사연을 접하고 감동을 느꼈을 때도 사용한다.

★☆☆ 관
가슴이 뜨겁다

누군가에게 깊고 큰 사랑과 배려를 받아서 감동을 받았을 때 사용한다.
Used when someone is touched by receiving deep love and consideration from someone else.

예 가: 어머니가 고향에서 또 음식을 보내 주셨군요.
I see your mother sent you food from your hometown again.

나: 네, 저를 생각해 주시는 어머니의 정성을 생각할 때마다 **가슴이 뜨거워져요**.
Yes, every time I think about my thoughtful mother's devotion, my heart grows so warm.

🔍 주로 누군가에게 고마운 마음이 클 때 사용한다.

★☆☆ 속
개 팔자가 상팔자

유 개 팔자가 상팔자라

놓고 있는 개가 부럽다는 말이다.
Indicates that one feels jealous of dogs who do nothing but play.

예 가: **개 팔자가 상팔자라더니** 바빠 죽겠는데 저 개는 따뜻한
곳에서 잠만 자네요.
They say that a dog's life is the best lot. I'm crazy busy, but
that dog does nothing but sleep in a warm place.

나: 그러게요. 가끔은 개 팔자가 부러워요.
No kidding. Sometimes I'm jealous of a dog's life.

🔎 '팔자'는 사람의 한평생의 운수를 말하는데 주로 '팔자 탓, 기구한 팔자, 팔자가 사납다'
처럼 힘든 자신의 삶을 한탄할 때 사용하는 경우가 많다. 보통 고생스러운 사람의
상황을 팔자가 좋은 개와 비교하여 말할 때 사용한다.

★★☆ 관
더할 나위 없다

어떤 것이 아주 좋거나 완벽하여 그 이상으로 필요한 것이 없다는
말이다.
Indicates something is so great or perfect that anything more is
not necessary.

예 가: 승원 씨, 결혼하니까 어때요?
Seungwon, how does it feel to be married?

나: 아직 신혼이라서 그런지 몰라도 **더할 나위 없이** 행복해요.
Perhaps it's because I'm still in the honeymoon phase, but I
am happy as can be.

✏️ '더할 나위'는 더 할 수 있는 여유나 더 해야 할 필요라는 말이다.

🔎 현재 상황이나 상태가 아주 만족스러울 때 사용하며, '더할 나위 없이' 다음에는 '좋다,
행복하다' 등 좋은 감정을 나타내는 단어를 쓴다.

★★☆ 관
무릎을 치다

몰랐던 사실을 알게 되거나 갑자기 좋은 생각이 떠올랐을 때 하는
행동을 나타낸다.
Indicates an action that is performed when one learns a fact that
they did not know or suddenly thinks of a good idea.

예 가: 황 작가님은 정말 해박한 분인 것 같아요. 인터넷에서 강연을
들을 때마다 새로운 것을 배우게 돼요.
Writer Hwang seems like a really knowledgeable person.
Every time I listen to his lectures online, I learn something new.

나: 그렇죠? 저도 그분의 말을 듣고 **무릎을 친** 게 한두 번이
아니에요.
Right? I also slap my knee and say "Eureka!" more than a few
times when I listen to him speak.

🔎 옛날 사람들은 좌식 생활을 했기 때문에 뭔가 깨달았을 때 무릎을 손으로 치는 행동을
많이 했다.

★★☆ 괜
벌린 입을
다물지 못하다

유 벌린 입이 닫히지 않다

매우 놀라거나 감탄하는 모습을 나타낸다.
Indicates an extremely surprised or admiring expression.

예 가: 태현아, 여행 잘 다녀왔어? 그곳의 풍경이 그렇게 아름답다면서?
Taehyun, did you have a good trip? I heard the scenery there was so beautiful.

나: 응, 너무 아름다워서 **벌린 입을 다물지 못하겠더라고.**
Yeah, it was so jaw-droppingly beautiful.

🔍 사람들은 놀라면 입을 벌리게 되고 충격이 클수록 입을 벌리고 있는 시간이 길어진다. 이렇게 놀란 모습을 과장해서 표현할 때 사용한다. 한편, 어이 없거나 기가 막혀 하는 모습을 나타낼 때도 사용한다.

★☆☆ 괜
손뼉을 치다

어떤 일을 보고 좋아서 하는 행동을 나타낸다.
Indicates an action that is performed because one sees something and is happy.

예 가: 축구 대회에서 우승을 하고 귀국하신 소감이 어떠십니까?
How does it feel to return to your country after winning the soccer championship?

나: 국민 여러분들이 공항까지 나와 **손뼉을 치며** 환영해 주셔서 너무 감사했습니다.
Seeing our people come all the way to the airport and welcome us with applause, I was so thankful to the people.

🔍 '내 의견에 손뼉을 치며 환영했다.'처럼 어떤 일에 찬성할 때도 사용한다. 비슷한 의미로 '박수를 치다'를 쓴다.

★☆☆ 괜
여간이 아니다

유 보통이 아니다

어떤 사람의 행동이나 능력이 대단하다고 말할 때 사용한다.
Used to say that someone's actions or abilities are amazing.

예 가: 저 가수의 노래 실력이 **여간이 아니네요.**
That singer's singing skills are extraordinary.

나: 맞아요. 저렇게 높은음도 잘 처리하다니 정말 대단해요.
That's right. It's really amazing that she can hit such high notes so well.

✏️ '여간'은 보통의 정도라는 말이다.

🔍 다른 사람을 평가할 때 사용하므로 자신보다 나이가 많거나 지위가 높은 사람에게는 사용하지 않는다.

★★☆ 관
입이 귀밑까지 찢어지다

유 입이 귀밑까지 이르다,
입이 찢어지다

매우 기뻐서 입을 크게 벌리고 웃는 모습을 나타낸다.
Indicates that one opens their mouth very wide and smile out of extreme happiness.

예 가: 너 오늘 왜 **입이 귀밑까지 찢어졌어**?
Why are you smiling from ear to ear today?

나: 아버지께서 내 생일 선물로 새로 나온 스마트폰을 사 주셨거든.
My father bought me a new smartphone that came out recently for my birthday gift.

🔎 보통 상대방이 크게 기뻐하는 모습을 보고 궁금해서 그 이유를 물어볼 때 사용하며, 비슷한 의미로 '입이 귀에 걸리다'도 사용한다.

★☆☆ 관
콧등이 시큰하다

유 콧날이 시큰하다,
코허리가 시다,
코허리가 시큰하다

어떤 일에 감격했을 때 혹은 슬픈 감정이 느껴져서 눈물이 나오려고 할 때 사용한다.
Used when one feels deeply moved by something, or when one is on the verge of tears because they feel sad.

예 가: 양양 씨, 고향에서 오신 부모님은 잘 만났어요?
Yangyang, did you have a good time with your parents who came to visit from your hometown?

나: 네, 1년 만에 봬서 그런지 **콧등이 시큰하더라고요**.
Yes, it had been 1 year since I last saw them, so I felt close to tears.

✏️ '시큰하다'는 관절이 저리거나 시다는 의미이다.
🔎 비슷한 의미로 '콧등이 시큰해지다'를 사용하기도 한다.

★★☆ 관
혀를 내두르다

유 혀를 두르다

매우 놀라거나 대단해서 말을 못할 때 사용한다.
Used when one is speechless because they are extremely surprised or amazed.

예 가: 저 건축물 정말 대단하지 않아?
Isn't that building really amazing?

나: 응, 1882년부터 짓기 시작했다는데 지금도 계속 짓고 있잖아. 건축물의 엄청난 규모를 볼 때마다 **혀를 내두르게** 된다니까.
Yes, the construction started in 1882, but they are still building it even now. Every time I see the huge size of a building, it's mind-boggling.

🔎 원래는 혀를 둥그렇게 만든다는 의미의 '혀를 두르다'를 사용했는데 이렇게 하면 말을 할 수 없는 것이 당연하다. 그 후에 '혀를 내두르다'를 같은 의미로 사용하게 되었으며 긍정적, 부정적 상황에서 놀랄 때 모두 사용한다.

걱정 · 고민 | Worries and Troubles

★☆☆ 관
가슴이 내려앉다

큰 충격으로 너무 놀라거나 걱정이 되어 기운이 없어졌을 때 사용한다.
Used when one's spirits fall because they are very taken aback or worried due to a large shock.

예 가: 아까 남편이 출근하는 길에 자동차 사고가 났다는 소식을 듣고 **가슴이 쿵 내려앉았는데** 다행히 크게 다치지는 않았다고 해요.
Earlier, when I heard that my husband was in a car accident on his way to work, my heart sank, but thankfully, he says he was not seriously injured.

나: 정말 놀랐겠어요. 크게 안 다쳤다니 불행 중 다행이에요.
You must have been so shocked. It's unfortunate, but I'm so glad he wasn't seriously injured.

🔎 '덜컥, 더럭, 철렁, 덜렁, 쿵'과 같은 부사어를 써서 상황을 강조할 수 있다.

★☆☆ 관
가슴이 무겁다

슬픔이나 걱정으로 마음이 가라앉았을 때 사용한다.
Used when one feels down due to sadness or worry.

예 가: 요즘 할 일은 많은데 일이 뜻대로 잘 풀리지 않아 **가슴이 무거워요.**
I have so much to do these days, but nothing is going the way I'd like, so my heart is heavy.

나: 나도 그래요. 우리 스트레스도 풀 겸 이번 주말에 가까운 곳으로 여행이라도 다녀올까요?
Me, too. To relieve some of our stress, should we take a trip somewhere nearby this weekend?

★★☆ 관
가슴이 무너져 내리다

심한 충격을 받아 마음을 바로잡지 못할 때 사용한다.
Used when one cannot think straight after receiving a serious shock.

예 가: 친한 친구가 암에 걸렸다는 소식을 듣고 **가슴이 무너져 내리는** 것 같았어.
When I heard the news that my close friend came down with cancer, my heart felt like it caved in.

나: 그 친구 정말 안됐다. 하지만 수술하면 나을 수 있을 테니까 너무 걱정하지 마.
I'm so sorry about your friend. But if he has surgery, he might get better, so don't worry too much.

🔎 매우 심한 슬픔이나 절망을 느꼈을 때 사용한다. 비슷한 의미로 '가슴이 무너지다' 혹은 '마음이 무너지다'를 사용한다.

★☆☆ 관
가슴이 타다

어떤 일의 결과를 알 수 없어 초조하게 기다릴 때 사용한다.
Used when nervously waiting for the results of something that cannot be known.

예 **가: 하준아, 시험 결과는 나왔어?**
　　Hajoon, have the exam results come out?

　　나: 아직 안 나왔어. 너무 긴장돼서 가슴이 타는 것 같아.
　　Not yet. I'm so nervous, my heart feels like it's on fire.

🔎 심한 걱정으로 마치 가슴에 불이 붙어서 타고 있는 것처럼 느껴질 때 사용한다. 한편, 어떤 일이나 사람 때문에 몹시 초조해질 때는 '가슴을 태우다'를 사용한다.

★☆☆ 관
간장을 태우다

어떤 일이나 사람이 마음을 초조하고 불안하게 만들 때 사용한다.
Used when someone or something makes one feel nervous or uneasy.

예 **가: 엄마, 누나는요?**
　　Mom, where's sis?

　　나: 아직 안 왔어. 전화도 안 받아. 얘는 왜 이렇게 사람 간장을 태우는지 몰라.
　　She hasn't come home yet. She won't answer her phone, either. I have no idea why she makes people worry themselves sick.

✎ '간장'은 원래 간과 창자를 말하나 여기에서는 마음이라는 의미로 사용되었다.

🔎 강조할 때는 '애간장을 태우다'라고 하며, 초조하고 불안할 때는 '간장이 타다'를 사용한다.

★☆☆ 관
간장이 녹다

몹시 걱정스럽거나 안타까운 마음에 속이 녹는 듯할 때 사용한다.
Used when it feels like one's insides are melting due to extreme worry or feelings of pity.

예 **가: 돼지 독감 바이러스가 또 발생했다는군요.**
　　They say that the swine flu has broken out again.

　　나: 그러게요. 이런 일이 발생할 때마다 돼지를 키우는 농민들은 간장이 녹는대요.
　　I know. Every time something like this happens, farmers who raise pigs are beside themselves with worry.

🔎 강조할 때는 '애간장이 녹다'를 쓰며, 다른 사람의 마음을 매우 초조하게 하거나 애타게 만들 때는 '간장을 녹이다'를 사용한다.

★★☆ 관
걱정이 태산이다

해결해야 할 일이 너무 많거나 마음이 복잡해서 걱정이 많다는 말이다.

Indicates that one has a lot of worries because they have too many things they must resolve or their feelings are complicated.

> 예 가: 요즘 아들이 공부는 뒷전이고 매일 게임만 해서 **걱정이 태산이에요.**
>
> These days, my son is putting his studies on the back burner and only plays video games every day, so I have a lot of worries on my mind.
>
> 나: 우리 아이도 마찬가지예요. 정말 어떻게 해야 좋을지 모르겠어요.
>
> My child is the same way. I really don't know what would be best to do.

🔎 '태산'은 원래 중국에 있는 높고 큰 산을 뜻하는데 보통 어떤 것이 크고 많음을 비유적으로 표현할 때 사용한다.

★☆☆ 속
고양이한테 생선을 맡기다

유 고양이한테 반찬 가게 지키라는 격이다, 고양이한테 반찬 그릇 맡긴 것 같다

어떤 일이나 물건을 믿지 못할 사람에게 맡겨 놓고 마음이 놓이지 않아 걱정할 때 사용한다.

Used when one feels worried because they cannot be at ease after leaving a certain task or item to a person who cannot be trusted.

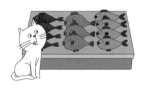

> 예 가: 상우야. 나 화장실에 다녀올 테니까 이 과자 좀 가지고 있어. 절대 먹지 마.
>
> Sangwoo. I'm going to go use the bathroom, so hold onto these snacks for me. Don't you dare eat them.
>
> 나: 내가 가지고 있을게. 동생한테 그 과자를 맡기면 **고양이한테 생선을 맡기는 격이지.**
>
> I'll hold them for you. If you leave those snacks with your little brother, it would be like leaving a fish with a cat.

🔎 고양이가 먹어 버릴 것을 알면서도 고양이한테 생선을 맡긴다는 말로, 믿을 수 없는 사람에게 무언가를 맡길 수밖에 없는 불안한 상황을 비유적으로 말할 때 사용한다.

★★☆ 관
마음에 걸리다

어떤 일이나 사람 때문에 걱정이 되어 마음이 편하지 않을 때 사용한다.

Used when one is worried and not at ease because of something or someone.

> 예 가: 태현아, 네 생일 파티인데 즐겁게 놀아야지 왜 표정이 안 좋아?
>
> Taehyun, this is your birthday party. You should be enjoying yourself and having fun. Why do you have an unhappy look on your face?
>
> 나: 민지를 초대하지 않은 것이 계속 **마음에 걸려서** 그래.
>
> It keeps weighing on my mind that I didn't invite Minji, that's why.

✎ '걸리다'는 눈이나 마음에 만족스럽지 않아 기분이 좋지 않다는 의미이다.

★★☆ 관
마음이 무겁다

걱정이 많을 때 사용한다.
Used when one has a lot of worries.

예 가: 제가 실수를 하는 바람에 이번 시합에서 진 것 같아 **마음이 무겁습니다.**
It seems like we lost this competition because I made a mistake, so my heart is heavy.

　　나: 네 잘못이 아니니까 절대 그런 생각하지 마.
It wasn't your fault, so don't ever think that way.

🔎 '발표 준비를 다 못해서 마음이 무겁네.'처럼 뭔가 해결되지 않은 일로 인해서 부담이 있을 때도 사용한다. 한편, 어떤 문제가 해결되어 부담과 걱정이 없을 때는 '마음이 가볍다'를 사용한다.

★★☆ 관
머리가 무겁다

기분이 좋지 않거나 어떤 일에 신경을 써서 머리가 아플 때 사용한다.
Used when one has a headache because they are not in a good mood or they are concerned about something.

예 가: 민지야, 이따 저녁 같이 먹을래?
Minji, would you like to have dinner together in a bit?

　　나: 미안해. 하루 종일 전공 시험을 봤더니 **머리가** 너무 **무거워.** 오늘은 일찍 쉬어야겠어.
Sorry. I spent all day taking a test for my major, so my head feels so heavy. I'd better rest early today.

🔎 마음이 편하거나 몸의 상태가 좋을 때는 '머리가 가볍다'를 사용한다.

★☆☆ 관
몸살이 나다

어떤 일을 너무 하고 싶어 안달이 났을 때 사용한다.
Used when one is chomping at the bit because they really want to do something.

예 가: 나 다음 달에 유럽으로 여행 가.
I'm taking a trip to Europe next month.

　　나: 부럽네. 나도 여행 가고 싶어서 **몸살이 날** 지경인데 회사 일이 바빠서 갈 수가 없어.
I'm so jealous. I'm dying to travel, too, but work is really busy at my company, so I can't go.

✏️ '몸살'은 주로 몸이 너무 피곤할 때 걸리는 병으로 온몸이 쑤시고 기운이 없으면서 열이 나는 병을 말한다.

🔎 몸살이 나면 잠을 제대로 못 자고 이리저리 뒤척이면서 끙끙대게 된다. 이런 모습이 어떤 일을 하고 싶어 조바심을 내는 모습과 비슷하기 때문에 나온 표현이다.

★★☆ ㉯
몸이 무겁다

어떤 일로 인해 너무 피곤하여 몸의 상태가 좋지 않을 때 사용한다.
Used when one is very tired and their physical condition is not good due to a certain occurrence.

예 가: 마크 씨, 힘들어 보이는데 괜찮아요?
　　　Mark, you look like you're not doing so well. Are you okay?

　　나: 어제 밤을 새웠더니 **몸이** 좀 **무거워요**. 커피 한잔 마셔야겠어요.
　　　I stayed up all night last night, so I feel a bit sluggish. I'd better drink a cup of coffee.

🔎 강조할 때는 '몸이 천근만근이다'를 사용한다. 한편, '언니는 출산이 얼마 남지 않아 몸이 많이 무거워 보였다.'처럼 여자가 임신한 상태를 나타낼 때도 사용한다.

★★☆ ㉯
발이 떨어지지 않다

㉮ 발걸음이 떨어지지 않다,
　발길이 떨어지지 않다

근심이나 걱정, 아쉬움 등으로 인해 마음 편하게 어떤 자리를 떠날 수 없을 때 사용한다.
Used when one cannot comfortably leave a certain position due to apprehension, worry, or regret.

예 가: 아까 집에 오다가 길에서 헤매는 새끼 고양이를 봤는데 차마 **발이 떨어지지 않았어요**. 엄마, 우리가 그 고양이 데려다가 키우면 안 돼요?
　　　Earlier on my way home, I saw a kitten wandering around in the street. I could hardly bear to leave it. Mom, can we bring that kitten home and raise it?

　　나: 안타깝지만 안 돼. 형이 고양이 털 알레르기가 있잖아.
　　　It's a pity, but no. You know that your older brother is allergic to cats.

🔎 '차마 발이 떨어지지 않는다'의 형태로 사용하는 경우가 많다.

★★☆ ㉯
밥맛이 떨어지다

상대방의 말이나 행동 등으로 인해 불쾌하고 언짢은 마음이 들 때 사용한다.
Used when another person's words or behavior cause one to feel unpleasant or upset.

예 가: 저 선배는 왜 항상 저렇게 무례하게 행동하는지 모르겠어요. 정말 **밥맛이 떨어져요**.
　　　I have no idea why that senior always acts so impolite. It's seriously nauseating.

　　나: 원래 저런 사람이니까 승원 씨가 참아요.
　　　He's always been like that, so just put up with it, Seungwon.

🔎 비슷한 표현으로 '밥맛없다'라는 말을 사용하기도 하는데 상대방이 들으면 기분이 상할 수도 있으므로 조심해서 사용해야 한다.

★☆☆ 관
속을 끓이다

어떤 일 때문에 마음이 불편하여 자꾸 신경을 쓰게 될 때 사용한다.
Used when one keeps feeling concerned and uncomfortable because of something.

예 가: 친구가 빌려 간 돈을 안 갚아서 어떻게 해야 할지 모르겠어요.
　　My friend hasn't paid back the money I lent him. I don't know what I should do.

　　나: 그렇게 혼자 **속을 끓이지** 말고 직접 가서 달라고 해 보세요.
　　Don't just stew about it alone. Try going to him directly and asking him to pay you back.

✎ '속'은 원래 사람의 배 안을 의미하지만 여기에서는 마음이라는 의미로 사용되었다.
🔎 누군가가 다른 사람에게 자신의 속마음을 이야기하지 못하고 혼자 걱정할 때 사용한다.

★★★ 관
속을 썩이다

어떤 것이 자신의 뜻대로 되지 않을 때 사용한다.
Used when something does not go the way one wishes.

예 가: 사랑이 너, 학교도 안 가고 말도 안 듣고……. 요즘 왜 이렇게 **속을 썩이니?**
　　Sarang, you won't go to school, and you won't listen to anything I say… What's troubling you so much these days?

　　나: 아빠는 제 마음을 너무 몰라요. 정말 학교 가기 싫단 말이에요.
　　Dad, you have no idea how I feel. I really don't want to go to school.

🔎 좋지 못한 일로 몹시 괴로워할 때도 사용한다. 부모와 자식 관계 혹은 직장의 상사와 부하 관계에서 일어난 일에 사용하는 경우가 많다.

★★☆ 관
애가 타다

유 복장이 타다

매우 답답하거나 안타깝다는 말이다.
Indicates extreme frustration or regret.

예 가: 아까 오후에 애가 아프다고 연락이 와서 빨리 가야 하는데 오늘따라 왜 부장님이 퇴근을 안 하시는지 **애가 타네요.**
　　Earlier this afternoon, I got a call saying that my child is sick, so I need to leave quickly, but why isn't the department manager leaving the office? I'm in agony here.

　　나: 말씀 드리고 먼저 들어가세요.
　　Tell him what's going on and then go ahead and leave first.

✎ '애'는 초조한 마음속을 의미한다.
🔎 보통 일이 잘되지 않거나 어떤 고민이 있어 걱정이 많을 때 사용한다.

❷ 걱정·고민 **23**

★☆☆ 괜

애를 말리다

안타깝고 속이 상하게 만들 때 사용한다.

Used when something or someone makes one frustrated and upset.

예 가: 큰아들이 좋은 대학교에 합격했다면서요? 축하해요.

I heard your oldest son got accepted to a great university. Congratulations.

나: 말도 마세요. 합격 소식 들을 때까지 얼마나 **애를 말렸는데요.** 내년에는 둘째 아들이 대학을 가야 해서 또 걱정이에요.

Don't even mention it. Until I heard the news of his acceptance, my stomach was in knots. Next year, my second son has to go to university, so I'm worried all over again.

🔎 강조할 때는 '애간장을 말리다'를 사용한다.

Track 003

★☆☆ 관
가슴에 멍이 들다

㊠ 가슴에 멍이 지다

마음속에 고통이나 슬픔이 크게 맺혀 있다는 말이다.
Indicates that one has great pain or sadness in their heart.

예 가: 아직도 한국 사람들은 한국 전쟁의 아픔을 잊지 못하고 있지요?
Koreans still can't forget the pain of the Korean War, right?

나: 당연하지요. 그 전쟁으로 인해 **가슴에 멍이 든** 채 살아가는
사람이 많아요.
Of course. Many people are still living with the heartbreak
caused by that war.

✎ '멍'은 원래 심하게 다쳐 퍼렇게 맺힌 피를 말하나 여기에서는 어떤 일로 인해 생긴
마음의 상처나 충격이라는 의미로 사용되었다.

★★☆ 관
가슴에 못을 박다

어떤 사람이 다른 사람에게 마음속 깊이 상처를 주었을 때 사용한다.
Used when someone deeply hurts another person's feelings.

예 가: 왜 히준 씨하고 말을 안 하세요?
Why aren't you speaking with Hajoon?

나: 며칠 전에 저한테 심한 말을 해서 제 **가슴에 못을 박았거든요.**
당분간은 말하고 싶지 않아요.
A few days ago, he said some harsh words that deeply hurt
my feelings. I don't want to talk to him for a while.

🔎 주로 말로 인해 상처를 받았을 때 사용하며 강조할 때는 '가슴에 대못을 박다'를 쓴다.
한편, 다른 사람 때문에 마음속 깊이 상처가 남았을 때는 '가슴에 못이 박히다'를
사용한다.

★★★ 관
가슴이 찢어지다

슬픔이나 분노 때문에 고통스럽다는 말이다.
Expresses pain due to sadness or anger.

예 가: 어젯밤에 아이가 아파서 한숨도 못 잤어요.
Last night my child was sick, so I didn't sleep a wink.

나: 자식이 뭔지……. 저도 아이가 조금만 아파도 **가슴이
찢어지더라고요.**
With children, somehow… if my child is even a little bit sick,
I feel like my heart is being torn apart.

🔎 부모와 자식 간 혹은 친한 관계에서 슬픈 일이 생겼을 때 많이 사용한다.

★★☆ 곤
귀가 닳다

유 귀가 젖다

어떤 말이나 이야기를 너무 여러 번 들어 지겨워졌을 때 사용한다.
Used when one becomes fed up after hearing something too
many times.

예 가: 윤아 씨, 혹시 이 노래 알아요? 옛날 노래이기는 하지만 제가
　　좋아하는 노래예요.
　　Yoona, do you happen to know this song? It's an old song, but
　　I like it.

　　나: 알아요. 이 노래가 처음 나왔을 때 저도 **귀가 닳도록** 들었어요.
　　I know it. When this song first came out, I listened to it until my
　　ears wore out.

🔎 주로 '귀가 닳도록 듣다' 혹은 '귀가 닳도록 얘기하다'의 형태로 사용한다.

★☆☆ 곤
눈물을 머금다

슬픔이나 고통을 억지로 참으려고 매우 노력할 때 사용한다.
Used when one tries very hard to force themselves to bear
sadness or pain.

예 가: 잘못한 것도 없는데 사장님이 혼을 내셔서 너무 억울했어요.
　　그래도 **눈물을 머금고** 그 상황을 참았어요.
　　I didn't even do anything wrong, but my boss scolded me.
　　It was so unfair. Even so, I held back my tears and endured
　　that situation.

　　나: 잘했어요. 아마 사장님도 나중에 지원 씨가 잘못한 것이 없다는
　　것을 알게 되실 거예요.
　　You did well. Later, your boss may realize that you didn't do
　　anything wrong.

🔎 주로 '눈물을 머금고 참다' 혹은 '눈물을 머금고 견디다'의 형태로 사용한다.

★☆☆ 곤
돼지 멱따는 소리

듣기 싫게 지르는 소리를 표현할 때 사용한다.
Used to describe a shrieking sound that one does not want to
hear.

예 가: 서영아, 이 늦은 시간에 어디를 가니?
　　Seoyeong, where are you going at this late hour?

　　나: 합창 대회가 있어서 노래 연습을 하는데 오빠가 계속 **돼지 멱따는**
　　소리를 낸다고 놀려서 노래방에 가서 연습하고 오려고요.
　　I have a choir competition, so I have to practice singing, but
　　my big bro keeps teasing me that I sound like a squealing pig,
　　so I'm going to practice at noraebang(singing room).

✎ '멱'은 목의 앞쪽을 의미한다.

🔎 일반적으로 소리가 너무 커서 듣기 싫거나 거슬리는 소리 또는 듣기 안 좋은 노래
소리를 표현할 때 사용한다.

★☆☆ 관
등골이 빠지다

견디기 어려울 정도로 몹시 힘들다는 말이다.
Indicates that one is having such a hard time that it is difficult to bear.

예 가: 아무리 **등골이 빠지게** 일해도 애가 세 명이다 보니 형편이 나아지지를 않네요.
No matter how much I work myself to the bone, since I have 3 kids, our situation doesn't get any better.

나: 교육비가 좀 비싸야 말이죠. 월급만으로 아이들 키우는 게 보통 일이 아니에요.
Educational expenses are quite expensive. Raising children on one's salary alone is no easy task.

🔍 주로 '등골이 빠지게 일하다' 혹은 '등골이 빠지도록 일하다'의 형태로 사용한다.

★☆☆ 관
머리에 쥐가 나다

어떤 상황이 싫고 두려워서 일을 할 의욕 혹은 생각이 없어질 때 사용한다.
Used when one's intention or drive to do something disappears because they hate or fear a certain situation.

예 가: 언니, 이 서류는 뭐가 이렇게 복잡한지 아무리 읽어도 이해가 안 돼. 정말 **머리에 쥐가 날** 지경이야.
Sis, something about this document is so complicated that no matter how many times I read it, I don't understand it. It seriously feels like my head is splitting.

나: 다시 읽어 봐. 차분하게 천천히 여러 번 읽어 보면 이해가 될 거야.
Try reading it again. If you read it calmly and slowly a few times, you'll understand it.

✎ '쥐'는 몸의 한 부분에 경련이 일어나 부분적으로 근육이 수축되는 현상을 말한다.
🔍 주로 '머리에 쥐가 날 지경이다' 혹은 '머리에 쥐가 날 것 같다'와 같은 형태로 사용한다.

★★☆ 관
몸살을 앓다

어떤 일로 인해 고통을 겪을 때 사용한다.
Used when one experiences pain caused by a certain occurrence.

예 가: 연휴가 되니 고속도로가 교통 체증으로 또 **몸살을 앓고** 있네요.
It's the holidays, so the expressway is plagued by traffic jams once again.

나: 이렇게 막힐 줄 알면서도 다들 가족을 만나기 위해 이동한다는 게 신기해요.
We all knew the traffic would be this backed up, but even so, it's fascinating how everyone is going to meet their families.

🔍 보통 환경 오염이나 교통 체증 같은 해결하기 어려운 일로 인해 힘들 때 사용한다.

★☆☆ 속
벙어리 냉가슴 앓듯

답답한 사정이나 속마음을 말하지 못하고 혼자 괴로워하고 걱정할 때 사용한다.

Used when one is worried and distressed on their own because of a frustrating situation or because they can't speak their mind.

예 가: 하준이 너, 한 달 용돈이 든 지갑을 통째로 잃어버렸다면서? **벙어리 냉가슴 앓듯** 하지 말고 용돈을 다시 달라고 부모님께 말씀드려.

Hajoon, I heard you lost your wallet that contained an entire month's allowance. Don't suffer in silence and ask your parents to give you your allowance again.

나: 너무 죄송해서 어떻게 그래?

How could I do that when I feel so sorry?

🔍 '벙어리'는 언어 장애인을 낮춰 부르는 말이므로 이 단어는 사용하지 않는 것이 좋다.

★★☆ 관
뼈를 깎다
유 뼈를 갈다

견디기 힘들 정도로 고통스러울 때 사용한다.

Used when enduring something is so difficult that it is painful.

예 가: 저분은 판소리 명창이 되기까지 30년이 넘는 세월이 걸렸대요.

I heard it took that person more than 30 years to become a master singer of pansori.

나: 대단하신 분이네요. 명창이 되기 위해서 **뼈를 깎는** 노력을 하셨겠죠?

That person is amazing. He must have made excruciating efforts to become a master singer, right?

🔍 보통 어떤 일을 이루기 위해 피나는 노력을 할 때 사용하며 '뼈를 깎는 고통', '뼈를 깎는 노력'의 형태로 사용한다.

★★☆ 관
뼈에 사무치다

원한이나 고통 등이 아주 강할 때 사용한다.

Used when a grudge or pain, etc. is very strong.

예 가: 마크 씨, 10년 동안의 유학 생활은 어땠어요?

Mark, what was it like to study abroad for 10 years?

나: 가족과 고향에 대한 그리움이 **뼈에 사무친** 기억밖에 없는 것 같아요.

I feel like I can't remember anything but the way I missed my family and hometown deep in my bones.

🔍 강조할 때는 '골수에 사무치다'를 사용한다.

★★☆ 관
손이 맵다

유 손끝이 맵다, 손때가 맵다

손으로 살짝 때려도 아주 아플 때 사용한다.
Used when it hurts a lot even if one only slightly strikes with their hand.

예 가: 왜 그렇게 팔이 빨개요?
　　Why is your arm so red?

나: 제 룸메이트의 **손이** 어찌나 **매운지** 장난으로 때렸는데도 자국이 남았어요.
　　My roommate's hands are so strong that he left a mark even though he hit me as a joke.

🔎 '지원 씨는 손이 매워서 무슨 일이든지 잘 처리한다.'처럼 어떤 사람이 일하는 솜씨가 좋다는 의미로도 사용한다.

☆☆☆ 속
손톱 밑의 가시

항상 마음에 꺼림칙하게 걸리는 일을 나타낸다.
Indicates something that always makes one feel uncomfortably troubled.

예 가: 요즘 젊은 사람들이 환하게 웃는 모습을 보기가 점점 어려워지네요.
　　These days, it's more and more difficult to see young people smiling brightly.

나: 젊은이들이 밝게 웃는 모습을 보려면 취업 대란이라는 **손톱 밑의 가시**부터 빼 줘야 하지 않을까요?
　　If you want to see young people smile brightly, don't you think we need to remove the employment crisis causing a thorn in their sides first?

🔎 '가시'는 바늘처럼 뾰족하게 겉으로 나온 것으로 이것이 손톱 밑에 박히면 걸리적거리며 빠지지도 않고 매우 고통스럽다. 이처럼 계속 불편함을 느끼게 하는 어떤 것을 말할 때 사용한다.

★☆☆ 관
어깨를 짓누르다

어떤 의무나 책임, 제약으로 인해 부담감이 있을 때 사용한다.
Used when one feels burdened due to a duty, responsibility, or constraint.

예 가: 윤아야, 왜 잠을 못 자고 뒤척이니?
　　Yoona, why are you tossing and turning and unable to sleep?

나: 회사에서 새로 맡게 된 업무를 잘할 수 있을지 모르겠어요. 부담감이 **어깨를 짓눌러서** 잠이 안 와요.
　　I'm not sure if I can do a good job with the work that was newly assigned to me at my company. The burden is weighing me down, so I can't sleep.

🖊 '짓누르다'는 원래 함부로 세게 누른다는 의미지만 여기에서는 심리적으로 심하게 억압한다는 의미로 사용되었다.

피가 거꾸로 솟다

★☆☆ 〔관〕

〔유〕 피가 거꾸로 돌다

나쁜 일이나 어이 없는 상황으로 인해 매우 흥분했을 때 사용한다.
Used when one is very agitated due to a bad or absurd situation.

〔예〕 가: 주말 아침인데 갑자기 회사에 출근하라고 연락을 하다니!
정말 **피가 거꾸로 솟네.**
It's a weekend morning, but I suddenly got a call from my company telling me to come into work! My blood is seriously boiling.

나: 화가 나지만 어떻게 하겠어? 방법이 없잖아. 어서 아침 먹고 출근해.
You may be angry, but what are you going to do? There's no way around it. Hurry and eat your breakfast and go to work.

🔍 너무 화가 나서 이성을 잃을 정도가 되었을 때 사용한다.

피가 마르다

★★☆ 〔관〕

아주 괴롭거나 애가 탈 때 사용한다.
Used when one is very distressed or agonized.

〔예〕 가: 딸이 혼자 여행을 갔는데 며칠째 연락이 안 돼서 **피가 말라 죽을 지경이에요.**
My daughter went on a trip alone, but I haven't been able to contact her for a few days. I'm a nervous wreck.

나: 별일 있겠어요? 아마 구경하느라고 정신이 없어서 연락을 못 받는 걸 테니까 너무 걱정하지 마세요.
What could have possibly happened? She's probably unable to take your calls because things are so hectic with all the sightseeing she's doing. Don't worry too much.

🔍 몸의 피가 마르면 사람은 살 수가 없다. 그 정도로 괴로운 상황을 강조할 때 사용한다.

피를 말리다

★★☆ 〔관〕

어떤 사람이 다른 사람을 심하게 괴롭게 하거나 애가 타게 만든다는 말이다.
Indicates that someone is severely distressing or torturing another person.

〔예〕 가: 어제 우리 대학 농구 팀 경기 봤어요?
Did you watch our university basketball team's game yesterday?

나: 네. 상대 팀이 어찌나 잘하는지 끝까지 **피를 말리는** 경기였어요. 우리 팀이 이겨서 얼마나 기뻤는지 몰라요.
Yes. The other team played so well that the game was sheer torture until the very end. I was so overjoyed that our team won.

🔍 강이나 우물 등의 물을 줄여서 서서히 없어지게 하는 것처럼 누군가가 다른 사람을 계속해서 못살게 굴 때 사용한다.

4 관심 | Interest

Track 004

★☆☆ 괜
가슴에 불붙다

어떤 감정이나 생각이 강해질 때 사용한다.
Used when a certain emotion or thought becomes stronger.

예 가: 양양, 마라톤을 해 보니까 어땠어?
Yangyang, now that you've tried running a marathon, how do you feel?

나: 비록 이번에는 완주를 못했지만 다음번에는 꼭 완주해 보고 싶다는 생각이 **가슴에 불붙었어.**
Even though I couldn't finish the race this time, the inclination to make sure to finish the race next time is burning in my heart.

🔎 당장 무슨 일을 해 보고 싶은 마음이 간절할 때 사용한다.

★☆☆ 괜
고삐를 조이다

유 고삐를 잡다

어떤 사태나 상황에 조금의 여유도 주지 않고 긴장하게 만들 때 사용한다.
Used when not even a small margin is given in a certain situation or circumstance, making someone feel nervous.

예 가: 태현아, 오늘 일찍 들어가야 돼?
Taehyun, do you have to go home early today?

나: 응. 요즘 계속 늦게 들어갔더니 아버지께서 일찍 들어오라고 **고삐를 조이셔서** 말이야.
Yeah. After I kept coming home late for these days, my father put his foot down and told me to come home early.

🔎 비슷한 의미로 '고삐를 죄다'를 사용하기도 한다. 한편 '어떤 일에 얽매이지 않거나 통제를 받지 않아 제멋대로 행동할 때는 '고삐가 풀리다'를 사용한다.

★★☆ 괜
귀가 가렵다

유 귀가 간지럽다

다른 사람이 자기에 관한 말을 하는 것 같은 느낌이 들 때 사용한다.
Used when one feels like someone else is talking about them.

예 가: 너희들 내 얘기했지? 오는 동안 계속 **귀가 가렵**더라고.
You all talked about me, didn't you? My ears kept burning today.

나: 어떻게 알았어? 왜 이렇게 늦냐고 흉을 보고 있었는데.
How did you know? We were dissing you for being so late.

🔎 보통 다른 사람이 자기의 흉을 보는 것처럼 느껴질 때 사용한다.

★★★ 관
귀가 번쩍 뜨이다

다른 사람의 말이나 이야기를 듣고 강한 호기심이 생겼을 때
사용한다.
Used when one feels a strong curiosity after hearing someone
else's words.

예 가: 어제 텔레비전에 전문가가 나와서 돈을 잘 모으는 방법에
　　 대해서 이야기하더라고.
　　 Yesterday, an expert came on TV and talked about ways to
　　 save money.

　 나: 그래? 무슨 이야기를 했는데? **귀가 번쩍 뜨이는** 이야기라도
　　 했어?
　　 Really? What did he say? Did he say anything that made your
　　 ears perk up?

　 🔎 사람들이 '귀가 번쩍 트이다'라고 말하는 경우가 있는데 이것은 잘못된 표현이다.

★★★ 관
귀가 솔깃하다

다른 사람의 말을 듣고 관심이 생겼을 때 사용한다.
Used when one becomes interested in what another person said.

예 가: 우리 사장님이 이 프로젝트에 관심이 많으신가 보네요?
　　 Our boss seems to be very interested in this project.

　 나: 네. 투자 수익이 대단하다고 하니 **귀가 솔깃하신가 봐요.**
　　 Yes. They said the return on investment will be tremendous,
　　 so it looks like it caught his attention.

　 🔎 누군가로부터 좋은 제의를 받거나 자신에게 이득이 되는 정보 혹은 소식을 들었을 때
　　 사용한다.

★★☆ 관
마음에 두다

어떤 일을 잊지 않고 마음속에 간직하고 있을 때 사용한다.
Used when one keeps something in their heart and they cannot
forget it.

예 가: 지점장님, 제 실수로 큰 손해를 보게 돼서 죄송합니다.
　　 Branch manager, I'm sorry that we suffered a great loss
　　 due to my error.

　 나: 나는 벌써 다 잊어버렸으니까 더 이상 **마음에 두지** 말고
　　 앞으로 더 열심히 일하세요.
　　 I've already forgotten all about it, so don't stay fixated on it
　　 and work harder in the future.

　 🔎 '나는 윤아 씨를 마음에 두고 있어.'와 같이 어떤 일이나 물건, 사람을 좋아할 때도
　　 사용한다.

★★★ 관
마음에 들다

자신의 느낌이나 생각과 잘 맞아 좋게 느껴질 때 사용한다.
Used when something matches well with one's own feelings or thoughts.

> 예 가: 어제 소개팅에서 만난 사람이 아주 **마음에 들어요**. 그래서 몇 번 더 만나 보려고 해요.
> I really liked the person I met on a blind date yesterday. So, I'm going to meet him a few more times.
>
> 나: 그래요? 앞으로 잘됐으면 좋겠어요.
> Really? I hope it goes well moving forward.

🔎 보통 처음 접하고 좋은 느낌이 들었을 때 사용한다.

★☆☆ 관
마음에 없다

무엇을 하거나 가지고 싶은 생각이 없을 때 사용한다.
Used when one has no desire to do or have something.

> 예 가: 하준아. 오늘은 동생한테 공부 좀 시켜.
> Hajoon, make your younger brother study today.
>
> 나: 동생이 공부는 전혀 **마음에 없는데** 어떻게 공부를 시켜요? 그냥 놔두세요.
> He doesn't have it in his mind to study at all, so how can I make him study? Just leave him alone.

🔎 무엇을 하거나 가지고 싶은 생각이 있을 때는 '마음에 있다'를 사용한다.

★☆☆ 관
마음에 차다

어떤 일이나 사람, 물건에 만족했을 때 사용한다.
Used when one is satisfied with an occurrence, person, or object.

> 예 가: 지난주 내내 이사 갈 집을 찾았는데 **마음에 차는** 곳이 없어요.
> I spent all of last week looking for a house to move into, but there was no place that proved to be satisfactory.
>
> 나: 요즘 집 구하기가 쉽지 않아요. 어떤 집을 원하는지 말해 주면 나도 좀 찾아볼게요.
> It's not easy to find a house these days. If you tell me what kind of house you want, I'll try looking around.

🔎 부정 형태인 '마음에 차지 않다'를 사용해 흡족하지 않은 상태를 표현하는 경우가 많다.

★★★ 관
마음을 먹다

무슨 일을 하려고 결심했을 때 사용한다.
Used when one has made up their mind to do something.

> 예 가: 형, 올해는 굳게 **마음을 먹고** 영어 공부를 시작하기로 했어.
> Big bro, this year I firmly made up my mind to start studying English.
>
> 나: 작심삼일로 끝나지 말고 꼭 성공하기를 바랄게.
> I hope it's not a short-lived resolution and you succeed.

★★☆ 관
마음을 붙이다

어떤 한 가지 일에 관심을 두고 즐겨 할 때 사용한다.
Used when one has an interest in and enjoys one particular thing.

> 예 가: 회사를 그만두었더니 **마음을 붙일** 곳이 없네.
> Now that I've quit my job, I have nothing to put my mind to.
>
> 나: 당분간은 그럴 거야. 가볍게 할 만한 취미 거리라도 좀 찾아봐.
> It will be like that for a while. Try to find a hobby you can casually enjoy.

🔍 발음이 같아서 '마음을 부치다'라고 쓰는 경우가 있는데 이것은 잘못된 표현이다.

★★☆ 관
마음을 쓰다

어떤 사람이나 문제에 대하여 관심을 가지고 깊이 생각하거나 걱정할 때 사용한다.
Used when one is concerned about a person or problem and thinks deeply or is worried about it.

> 예 가: 저희 회사는 규모는 작지만 사장님께서 직원 한 명 한 명에게 **마음을 써** 주셔서 회사 분위기가 좋아요.
> Our company is small, but the CEO pays attention to each and every employee, so the company atmosphere is good.
>
> 나: 사장님께서 직원들을 가족처럼 대해 주시나 봐요.
> It seems like the CEO treats the employees like family.

🔍 생각이나 관심이 자꾸 한쪽으로 향할 때는 '마음이 쓰이다'를 사용한다.

★☆☆ 관
마음을 주다

누군가를 좋아하는 마음을 가지게 되었을 때 사용한다.
Used when one grows to like someone.

> 예 가: 1년 이상 너를 좋아한다고 했으면 이제 너도 나에게 **마음을 줄** 때가 되지 않았니?
> I've told you that I like you for more than 1 year now, so isn't it time for you to grow fond of me, too?
>
> 나: 미안하지만 나는 너를 친구 이상으로 생각해 본 적이 없어.
> I'm sorry, but I've never thought of you as more than a friend.

🔍 사물에는 사용하지 않고 사람이나 반려동물에게만 사용한다.

★★☆ 관
마음이 가다

어떤 사람이나 물건에 관심이 쏠릴 때 사용한다.
Used when one focuses their interest on a certain person or thing.

예 **가:** 제시카 씨, 여행 가서 뭐 하려고 해요?
Jessica, what are you going to do when you go on your trip?

나: 아무것도 결정하지 않았어요. 그냥 가서 **마음이 가는** 대로
하려고 해요.
I haven't decided anything. I just want to go and do whatever
my heart leads me to do.

🔎 '마음이 오다'라는 말은 사용하지 않는다.

★★☆ 관
마음이 굴뚝 같다

무엇을 바라거나 그리워하는 마음이 몹시 간절할 때 사용한다.
Used when one desperately wants or longs for something.

예 **가:** 여보, 아직도 잠을 자고 있으면 어떻게 해요? 오늘 아침부터
운동하기로 했잖아요.
Honey, how can you still be sleeping? You decided to start
exercising from today morning.

나: 나도 운동하고 싶은 **마음이 굴뚝 같은데** 몸이 말을 안 들어요.
I would very much like to exercise, too, but my body won't
listen to my mind.

🔎 굴뚝에서 연기가 난다는 것은 먹을 것을 준비한다는 의미이다. 옛날에는 먹을 것이
없어서 굶는 사람이 많았는데 이렇게 굶는 사람들은 굴뚝에서 연기가 나게 되기를
바라고 또 바랐을 것이다. 이처럼 무언가를 바라는 마음이 클 때 이 표현을 사용하며,
'마음은 굴뚝 같다'의 형태로 쓰는 경우가 많다.

☆☆☆ 관
마음이 돌아서다

원래 가졌던 마음이 아주 달라지거나 더 이상 좋아하지 않게 되었을
때 사용한다.
Used when one's original feelings have greatly changed, or when
one doesn't like something anymore.

예 **가:** 헤어진 여자 친구의 마음을 돌릴 수 있을까?
Do you think my ex-girlfriend might change her mind?

나: 한 번 **마음이 돌아서면** 다시 돌리기는 어려울 거야. 그만 잊어.
Once someone's mind has been changed, it's difficult to
change it again. Just forget her already.

🔎 친했던 사람에게 애정이 없어졌을 때나 부부 혹은 연인 사이에 사랑하는 마음이
없어졌을 때 사용한다.

★☆☆ 관
마음이 콩밭에 있다

유 마음이 콩밭에 가다

현재 하고 있는 일에는 관심이 없고 마음이 다른 곳으로 가 있을 때 사용한다.

Used when one has no interest in what they are currently doing and their mind has gone somewhere else.

예 가: 김 대리는 사장님이 어제까지 끝내라고 하신 서류 작업을 아직도 하고 있네요.

Mr. Kim is still working on the documents that the boss told him to finish by yesterday.

나: 다음 달 결혼식 때문에 **마음이 콩밭에 있어서** 집중을 못 하는 것 같아요.

His head is in the clouds because his wedding is next month, so he must not be able to concentrate.

🔍 원래 '비둘기 마음은 콩밭에 있다'는 말에서 비롯되었다. 비둘기가 가장 좋아하는 곡식은 콩이라고 한다. 그래서 비둘기는 몸은 다른 곳에 있어도 마음은 항상 콩밭으로 가고 싶어 하며 틈만 나면 콩밭으로 날아가 콩을 먹는다고 한다. 여기에서 나온 표현이다.

★☆☆ 관
맛을 들이다

어떤 일을 좋아하거나 즐기게 됐을 때 사용한다.

Used when one likes or enjoys something.

예 가: 요즘 기타 배우는 데에 **맛을 들였는데** 아주 재미있어. 너도 같이 배울래?

These days I've taken a liking to learning how to play the guitar. It's really fun. Do you want to learn with me?

나: 기타? 나는 시간이 없어. 나중에 시간이 나면 배울게.

Guitar? I don't have time. If I have time later, I'll learn it then.

🔍 '요즘 공부하는 데 맛이 들었어.'처럼 어떤 일이 좋아지거나 즐거워졌다고 말할 때는 '맛이 들다'를 사용한다. 한편, 어떤 일에 재미가 생겼을 때는 '맛을 붙이다'를 사용한다.

★★☆ 관
머리를 굴리다

좋은 방법을 찾기 위해 이렇게 저렇게 생각을 할 때 사용한다.

Used when trying hard to think of a good method.

예 가: 너 지금까지 어디 있었니? 핑계 대려고 **머리를 굴리지** 말고 사실대로 말해.

Where were you until now? Don't rack your brain for an excuse and tell the truth.

나: 죄송해요. 게임이 하고 싶어서 피시방에 있다가 왔어요.

I'm sorry. I wanted to play video games, so I came here after going to a PC room.

🔍 '아무리 머리를 굴려도 해결 방법이 생각 안 나.'처럼 어떤 문제를 해결하려고 할 때 사용한다. 또한 누군가가 자신이 맞닥뜨린 어려움에서 벗어나기 위해 변명하는 모습을 부정적으로 볼 때 사용한다.

★★☆ 관
머리를 쓰다

어떤 일에 대해 이리저리 생각하거나 고민한다는 말이다.
Indicates thinking hard or agonizing over something.

예 가: 누나, 숙제 좀 도와줘. 이 문제를 못 풀겠어.
　　　Sis, help me with my homework. I can't figure out this problem.

　　나: 나한테 묻지 말고 **머리를 좀 써 봐**. 조금만 더 생각해 보면 답이 나올 거야.
　　　Don't ask me and try using your head. If you think about it a bit more, you'll come up with the answer.

🔍 생각을 깊게 해서 해결책을 찾거나 좋은 아이디어를 찾아내려고 할 때 사용한다.

★☆☆ 관
머리에 맴돌다

어떤 생각이 잊혀지지 않고 계속 떠오를 때 사용한다.
Used when one does not forget about a certain thought and keeps thinking about it.

예 가: 엄마, 어제 텔레비전에서 본 아이에게 후원을 좀 하고 싶어요. 부모님이 안 계시다고 하니까 생활이 힘들 것 같아서요.
　　　Mom, I want to support the child I saw on TV yesterday. They said he doesn't have any parents, so his life must be hard.

　　나: 안 그래도 나도 그 아이의 얼굴이 계속 **머리에 맴돌았는데** 같이 후원하자.
　　　Actually, that child's face keeps running through my mind, too. Let's sponsor him together.

✏️ '맴돌다'는 원래 제자리에서나 어떤 것의 주위에서 둥글게 빙빙 돈다는 의미지만 여기에서는 같은 생각이나 느낌 등이 반복된다는 의미로 사용되었다.

★☆☆ 관
속을 차리다

생각이나 지각이 있게 행동한다는 말이다.
Indicates behavior to make one think or perceive something.

예 가: 내일 친구가 회사 근처로 이사를 가는데 나도 가서 돕기로 했어.
　　　Tomorrow my friend is moving to a place near her company, so I decided to go and help her.

　　나: 다른 사람을 도와주는 것도 중요하지만 이제 **속을 좀 차려**. 다음 주에 입사 시험을 본다면서 너도 준비해야지.
　　　Helping other people is important, but pull yourself together now. Next week you have an employment exam, so you have to prepare, too.

🔍 보통 누군가에게 자기의 실속이나 이익을 챙기라고 조언할 때 사용한다.

★★☆ 관
이를 악물다

유 이를 깨물다,
이를 물다

어려운 상황을 헤쳐 나갈 결심을 할 때 사용한다.
Used when one decides to overcome a difficult situation.

예 가: 저는 어려운 일이 있을 때마다 반드시 성공하겠다고 **이를 악물었습니다.** 그래서 지금의 이 자리까지 오게 되었습니다.
Every time I face something difficult, I grit my teeth and say I'll succeed no matter what. That's why I was able to get to this position.

나: 김 대표님, 정말 대단하십니다.
President Kim, you are truly amazing.

🔍 보통 '이를 악물고' 다음에 '참다, 견디다, 버티다'와 같은 동사를 사용해 매우 어렵고 힘든 상황을 견뎌낸 것을 강조할 때 사용한다.

★☆☆ 관
일손이 잡히다

어떤 일을 할 마음이 생기거나 어떤 일에 집중이 될 때 사용한다.
Used when one develops a desire to do something or comes to concentrate on something.

예 가: 아픈데 혼자 누워 있을 딸을 생각하니 영 **일손이 잡히지가** 않아요.
When I think of my sick daughter lying in bed all alone, I don't feel like working at all.

나: 그럼 부장님께 말씀드리고 조퇴를 하세요.
Then tell the department head and leave work early.

✏️ '일손'은 일을 하고 있는 손 혹은 손으로 하는 일을 의미한다.
🔍 보통 부정 형태로 '영 일손이 잡히지 않다, 일손이 영 안 잡히다'를 사용한다.

★★★ 관
제 눈에 안경

아무리 보잘것없는 사람이나 물건도 자기 마음에 들면 좋게 보인다는 말이다.
Expresses that means no matter how humble a person or object is, that person or object looks good to someone who likes them.

예 가: **제 눈에 안경이라더니** 지수는 자기 남편이 저렇게 좋을까?
They say that beauty is in the eye of the beholder. Does Jisu really like her husband that much?

나: 그러게나 말이야. 자기 남편이 세상에서 제일 잘생겼다고 하잖아.
Seriously. She says her husband is the most handsome man in the world.

🔍 '제 눈에 안경이라고' 혹은 '제 눈에 안경이라더니'의 형태를 자주 사용한다.

5 불만·분노 | Dissatisfaction and Anger

Track 005

★☆☆ 관
가슴에 칼을 품다

다른 사람에게 나쁜 행동을 할 마음을 가졌을 때 사용한다.
Used when one harbors feelings of doing something bad to another person.

> 예 가: 할머니, 이 드라마에서 윤아가 아버지의 원수인 김 회장에게 복수할 생각으로 **가슴에 칼을 품고** 저 회사에 입사한 거지요?
> Grandma, in this TV show, Yoona held a grudge and joined that company with the intention of getting revenge on her father's enemy, President Kim, right?
>
> 나: 맞아. 앞으로 드라마가 어떻게 전개가 될지 너무 궁금해.
> That's right. I'm so curious to see how the show unfolds in the future.

🔎 짧게 '칼을 품다'를 사용하기도 한다. 보통 다른 사람에게 복수할 마음을 가지고 있을 때 사용한다.

★★★ 관
가슴을 치다

분하고 억울해 하거나 후회하는 마음으로 매우 안타까워할 때 하는 행동을 나타낸다.
Indicates behavior that shows when one feels extremely sorry due to feelings of anger and bitterness or regret.

> 예 가: 요즘 돌아가신 아버지가 너무 보고 싶어요. 살아 계실 때 좀 더 잘해 드릴 걸 그랬어요.
> These days, I really miss my father who passed away. I should have treated him better while he was alive.
>
> 나: 부모님이 돌아가신 후에는 아무리 **가슴을 치며** 후회를 해도 소용이 없어요.
> After one's parents pass away, no matter how frustrated and regretful you are, it's no use.

🔎 주로 '가슴을 치며'의 형태로 쓰며, 뒤에 '후회하다, 통곡하다, 울다'와 함께 사용한다.

❺ 불만·분노 **39**

★☆☆ 관
가시가 돋다

어떤 행동 혹은 말에 나쁜 의도나 불만이 있다는 말이다.
Indicates a certain action or words have a bad intention or discontentment.

예 가: 승원 씨, 웬일로 대낮부터 술을 마셔요? 무슨 일 있어요?
Seungwon, why are you drinking in the middle of the day? What's the matter?

나: 제가 지난달 월급의 반을 술값으로 썼더라고요. 그래서 아침부터 아내한테 **가시가 돋은** 말을 듣고 나니 속상해서 한잔하고 있어요.
Last month, I used half of my monthly pay on alcohol. So, my wife said some prickly words to me this morning and made me upset, so I'm having a drink.

🔎 누군가가 상대방에게 상처 주는 말을 할 때 사용한다. 주로 '가시가 돋은 말'의 형태로 사용하며 강조할 때는 '가시가 돋치다'를 쓴다.

☆☆☆ 관
감정을 해치다

다른 사람의 기분을 나쁘게 만든다는 말이다.
Indicates making another person feel bad.

예 가: 마크 씨는 항상 말을 조심해서 하려고 노력하는 것 같아요.
It seems like Mark always makes an effort to speak carefully.

나: 예전에 친구에게 심한 말을 해서 크게 다툰 적이 있었대요. 그 뒤로는 다른 사람의 **감정을 해치지** 않으려고 노력한대요.
He said that he's gotten into a huge fight after saying something harsh to a friend before. So, after that, he's tried not to hurt other people's feelings.

🔎 주로 행동보다는 나쁜 말로 다른 사람에게 상처를 주었을 때 사용한다.

★☆☆ 관
골수에 맺히다

유 골수에 사무치다,
뼈에 사무치다

울분이 잊혀지지 않고 마음속 깊이 나쁜 감정으로 남아 있다는 말이다.
Indicates one's pent-up anger is not forgotten and a deeply negative emotion remains in their heart.

예 가: 민수 씨 아버지께서 5년 전에 지인에게 보증을 잘못 서는 바람에 집이 망했대요.
I heard that 5 years ago, Minsu's father mistakenly acted as surety for an acquaintance, so their family was ruined.

나: 저도 들었어요. 그래서 시간이 지났는데도 그 지인에 대한 원한이 **골수에 맺혀서** 매일 힘들어하신다고 하더라고요.
I heard that, too. That's why he holds a deeply painful grudge against that person even as time goes on, and he struggles every day.

✎ '골수'는 원래 뼈의 중심부를 채우는 물질이라는 의미지만 여기에서는 마음속 깊은 곳이라는 의미로 사용되었다.

🔎 다른 사람에 대한 불평이나 원한이 풀리지 않고 쌓여 있을 때 사용한다.

귀에 거슬리다
★☆☆ 관

어떤 말이나 소리를 듣고 기분이 나빠질 때 사용한다.
Used when one's mood turns bad after hearing something.

예 가: 제시카, 제발 충고 좀 그만해. 친구 사이인데도 매일 네 충고를
들으니까 너무 **귀에 거슬려**.
Jessica, please stop giving out advice. Hearing you give advice
every day even between friends really grates on my ears.

나: 나는 너 잘되라고 한 말이었는데 기분 나빴다면 미안해.
앞으로는 조심할게.
I said those things because I want things to go well for you,
but I'm sorry if I made you feel bad. I'll be careful from now on.

🔍 윗사람에게는 사용하지 않으며, 조용한 가운데 갑자기 듣기 싫은 소리가 계속해서
들려서 짜증이 날 때도 사용한다.

눈꼴이 시리다
★☆☆ 관

유 눈꼴이 사납다,
눈꼴이 시다,
눈이 시다

다른 사람의 행동이 거슬리고 아니꼬울 때 사용한다.
Used when another person's behavior is offensive and disgusting.

예 가: 요즘 젊은 사람들은 아무 데서나 애정 행각을 벌여서 민망할
때가 많아요.
These days, young people show public displays of affection
everywhere, so I often feel awkward.

나: 맞아요. 지하철 안에서도 **눈꼴이 시리게** 애정 행각을 벌이는
사람들이 있잖아요.
That's right. There are even some people who are sickeningly
affectionate on the subway.

✏️ '눈꼴'은 눈의 생김새나 눈을 움직이는 모양을 안 좋게 나타내는 말이며, '시리다'는
주로 눈과 함께 쓰여 빛이 너무 강하여 바로 보기 어렵다는 말이다.

눈에 거슬리다
★★★ 관

유 눈에 걸리다

어떤 것이 보기에 불편하여 불쾌한 느낌이 있을 때 사용한다.
Used when one feels uncomfortable or displeased by the sight of
something.

예 가: 저 건물은 공사를 언제까지 미룬대요? 공사를 하다가 말아서
여기저기 쓰레기도 나뒹굴고 너무 **눈에 거슬려요**.
How long did they say the construction of that building will be
delayed? Since they started the construction and then stopped,
there's garbage scattered all over. It's such an eyesore.

나: 공사를 진행하던 회사가 부도가 나서 다시 공사하려면 시간이
좀 걸릴 거래요.
The company that was doing the construction went bankrupt,
so they say it will take some time for them to start building
again.

🔍 주로 보기 싫은 모습이나 물건을 봤을 때 사용한다. 또한 어떤 사람의 행동이 마음에
안 들어서 보기 싫을 때도 사용한다.

★★☆ 🏷
눈에 불이 나다

🏷 눈에 천불이 나다

어떤 사람이 전혀 생각하지 못한 일을 당하여 감정이 격해졌을 때 사용한다.

Used when one feels emotional upon experiencing something they had not thought of at all.

예 가: 아까 회의실에서 승원 씨가 저에 대해 나쁜 이야기를 하는 걸 들으니 **눈에 불이 나더**라고요. 왜 그랬는지 따져야겠죠?

Earlier in the meeting room, hearing Seungwon say bad things about me made me see red. I should ask him why he said that, right?

나: 그게 좋겠어요. 일단 승원 씨가 뭐라고 하는지 들어보세요.

Yes, you should. First, see what Seungwon has to say.

🔍 '지원이는 눈에 불이 나게 공부한 끝에 공무원 시원에 합격할 수 있었다.'처럼 어떤 사람이 무슨 일을 매우 집중해서 할 때도 사용한다.

★☆☆ 🏷
뒷맛이 쓰다

어떤 일이 끝난 다음에 남는 느낌이 좋지 않을 때 사용한다.

Used when the remaining feelings after something has finished are not good.

예 가: 감독님, 이번 경기를 마치신 소감이 어떠십니까?

Coach, how do you feel after finishing this game?

나: 심판이 판정을 잘못 내린 부분이 있어서 **뒷맛이 씁니다.** 이 문제에 대해서는 정식으로 항의할 생각입니다.

There was a part when the referee made a bad call, so it left me with a bad aftertaste. I plan to officially protest this issue.

✏️ '뒷맛'은 원래 음식을 먹고 난 뒤에 입에서 느껴지는 맛을 말하는데 여기에서는 일을 끝낸 뒤에 남는 기분이나 느낌의 의미로 사용되었다.

★☆☆ 🏷
땅을 칠 노릇

아주 분하고 억울한 일을 당했을 때 사용한다.

Used when one experiences something very frustrating and unfair.

예 가: 몸은 괜찮으세요? 자동차 사고가 났었다면서요?

Are you alright? I heard you were in a car accident.

나: 다행히 몸은 괜찮아요. 그런데 상대방이 제 차를 박았으면서 오히려 제가 자기 차를 박았다고 우기니까 **땅을 칠 노릇이에요.**

Thankfully, I'm okay. But the other person insisted that I hit their car even though they were the one who crashed into my car, so it's a really infuriating situation.

✏️ '노릇'은 어떤 일의 상황 또는 형편을 말한다.

🔍 주로 '땅을 칠 노릇이다'의 형태로 사용한다.

말을 잃다
★☆☆ 관

너무 충격을 받거나 놀라서 말이 나오지 않을 때 사용한다.
Used when one is so shocked or surprised that they cannot speak.

예 **가:** 이번 학기에 'F'를 두 개나 받았다고 하니까 부모님께서 **말을 잃으셨어.**
I told my parents that I got 2 F's this semester, so they were at a loss for words.

나: 그러니까 공부 좀 열심히 하지. 매일 게임만 하니까 그렇지.
You should've studied harder. It's because you only play video games every day.

🔍 놀라거나 어이가 없어서 하려고 했던 말을 잊어버렸을 때는 '말을 잊다'를 사용한다.

비위가 상하다
★☆☆ 관
🔁 비위가 뒤집히다

어떤 사람이나 일이 마음에 거슬려 아니꼽고 속이 상할 때 사용한다.
Used when one feels upset and disgusted by someone or something.

예 **가:** 민수 씨는 별로 친하지도 않은데 만날 때마다 **비위가 상하게** 나한테 반말을 하더라고요.
I'm not even that close with Minsu, but every time I see him, he offensively uses casual speech with me.

나: 그래요? 제가 민수 씨한테 한번 이야기하겠습니다.
Really? I'll try talking to Minsu about it.

✏️ '비위'는 원래 비장과 위를 가리키는 말로 어떤 음식을 먹고 싶어 하는 마음을 의미하지만 여기에서는 어떤 일을 하고 싶어 하는 기분이나 생각이라는 의미로 사용되었다.

🔍 아니꼽거나 싫은 일을 잘 견디는 사람에게는 '비위가 좋다'라고 하며, 다른 사람의 마음에 들게 행동할 때는 '비위를 맞추다'를 사용한다.

속이 뒤집히다
★☆☆ 관

어떤 사람의 행동이나 말이 몹시 아니꼽고 얄밉게 느껴질 때 사용한다.
Used when one feels extremely disgusted and offended by someone's behavior or words.

예 **가:** 김 부장님은 결재만 올리면 마음에 안 든다고 다시 해 오라고 하셔서 짜증나 죽겠어요.
Whenever I submit something for Manager Kim's approval, he says he doesn't like it and tells me to do it again. It annoys me to death.

나: 그러게나 말이에요. 구체적인 수정 의견도 없이 다시 하라고만 하니까 **속이 뒤집힌다니까요.**
You're telling me. He just tells us to do things again without even having any concrete opinion about what to revise, so it makes my stomach turn.

🔍 비위가 상하여 토하고 싶을 정도로 화가 많이 났을 때 사용한다.

★☆☆ 관
속이 터지다

답답하거나 화가 단단히 날 때 사용한다.
Used when one is very frustrated or angry.

> 예 가: 도대체 몇 번을 설명해야 알아듣겠니? **속이 터져** 죽겠네.
> Just how many times do I have to explain for you to understand? I'm going to burst with frustration.
>
> 나: 죄송해요. 이해가 잘 안 돼요. 할아버지, 한 번만 더 설명해 주세요.
> I'm sorry. I don't understand. Grandpa, please explain it to me one more time.

🔍 어떤 일이 뜻대로 되지 않거나 누군가가 말도 안 되는 소리를 할 때 혹은 아무리 설명을 해도 상대방이 못 알아들을 때 사용한다.

★☆☆ 관
이를 갈다

너무 분하고 화가 나서 마음을 독하게 먹고 어떤 일을 이루려고 기회를 엿본다는 말이다.
Indicates one is so frustrated and angry that they have hardened their heart and are looking for an opportunity to accomplish a certain task.

> 예 가: 하준이가 또 도서관에서 밤을 새웠대.
> I heard that Hajoon stayed up all night at the library again.
>
> 나: 걔도 대단해. 계속 과 수석을 하다가 지난 학기에는 아깝게 놓쳤잖아. 이번 학기에는 다시 과 수석을 하겠다고 **이를 갈면서** 공부하더라고.
> That guy is amazing. He was always the top student in his department, but unfortunately he missed the top spot last semester. He said he's studying so hard because he's utterly determined to be the top student again this semester.

🔍 보통 어떤 경쟁에서 진 후에 진 것이 너무 아쉬워서 다음에는 꼭 이겨야겠다고 결심할 때 쓴다. 또한 몹시 억울한 일을 당한 후에 그 억울함을 풀겠다고 결심할 때도 사용한다.

★☆☆ 관
치가 떨리다

유 이가 떨리다

참을 수 없을 정도로 몹시 분하거나 괴롭고 싫을 때 사용한다.
Used when one is unbearably furious or distressed and doesn't want something.

> 예 가: 아빠, 어릴 때 옆집에 사는 덩치가 큰 친구에게 자주 맞았던 걸 생각하면 지금도 **치가 떨려요**.
> Dad, when I think about how I often got beat up by the big kid who lived next door when I was young, even now it makes me shudder.
>
> 나: 그때 왜 맞고만 있었어? 같이 때리지.
> Why did you just let him hit you then? You should've hit him back.

🔍 '치'는 사람이나 동물의 이를 말하는데 온몸이 떨리다 못해 이마저 떨려서 흔들릴 정도로 너무너무 화가 날 때 사용한다.

★★★ 관
핏대가 서다

관 핏대가 나다,
핏대가 돋다,
핏대가 오르다

얼굴이 붉어지도록 몹시 화가 나거나 흥분된 상태라는 말이다.
Indicates a state of being so angry or worked up that one's face
turns red.

예 가: 저 운전자는 자기가 술을 마셔 놓고 오히려 **핏대가 서도록**
경찰한테 화를 내고 있어요.
That driver is drunk, yet he's throwing such a fit at the police
that his veins are going to burst.

나: 술을 마셔서 정신이 없나 봐요. 음주운전이 얼마나 위험한데
아직도 술을 마시고 운전하는 사람이 있네요.
He must be out of his mind because he's drunk. Drunk driving
is so dangerous, but I guess there are still some people who
drink and drive.

🔎 보통 화가 나면 목의 핏대에 피가 몰리고 얼굴이 붉어지는데 여기에서 나온 표현이다.
한편, 얼굴이 붉어질 정도로 몹시 화를 내거나 흥분하는 경우에는 '핏대를 세우다'를
사용한다.

★☆☆ 관
혈안이 되다

어떤 일에 미친 듯이 달려들 때 사용한다.
Used when one crazily throws themselves at something.

예 가. 요즘 돈 버는 데만 **혈안이 된** 젊은이들이 많아지고 있어서
걱정이에요.
These days, it's concerning that more and more young people
are so hell-bent on earning a lot of money.

나: 맞아요. 자기가 하고 싶은 일과 적성에 맞는 일을 찾아야 하는데
무조건 돈을 많이 주는 회사만 가고 싶어 하잖아요.
That's right. People should find a job they want to do that suits
them well, but they only want to join a company where they'll
make a lot of money.

✐ '혈안'은 원래는 빨갛게 충혈이 된 눈을 말하나 여기에서는 무언가에 기를 쓰고 달려들어
독이 오른 상태라는 의미로 사용되었다.

🔎 어떤 사람이 좋지 않은 일을 하려고 애쓰는 모습을 부정적으로 평가할 때 사용한다.

★☆☆ 관
가슴에 찔리다

유 가슴이 찔리다

양심의 가책을 받을 때 사용한다.
Used when one feels a prick of conscience.

예 가: 형, 우리 게임 조금만 하고 공부할까?
　　Big bro, how about we play video games for just a little while and then study?

　　나: 아니야. 그냥 공부하자. 우리가 열심히 공부하는 줄 알고 간식 챙겨 주시는 엄마를 보니까 **가슴에 찔려서** 안 되겠어.
　　No, let's just study. Seeing how Mom got snacks for us because she thought we were studying hard, I feel too guilty to do that.

🔍 비슷한 의미로 '양심에 찔리다' 혹은 '양심에 걸리다'를 사용한다.

★☆☆ 관
가슴을 태우다

몹시 초조할 때 사용한다.
Used when one is extremely anxious.

예 가: 면접 시간 전에 잘 도착했니?
　　Did you arrive before your interview time?

　　나: 네. 간신히 도착했어요. 택시를 탔는데 차가 얼마나 막히던지 **가슴을 태웠어요.**
　　Yes, I barely made it. I took a taxi, but the traffic was so bad it was killing me.

🔍 너무 걱정이 돼서 마음을 졸일 때는 '속을 태우다'라고 하며, 다른 사람의 마음을 초조하고 불안하게 만들 때는 '간장을 태우다'라고 한다.

★★★ 관
가슴이 뜨끔하다

마음에 찔리는 것이 있어서 불안하거나 양심의 가책을 받을 때 사용한다.
Used when one feels uneasy or conscience-stricken because they feel guilty about something.

예 가: 어제 아프다고 거짓말을 하고 모임에 안 나갔는데 민지한테 많이 아프냐고 연락이 왔더라고.
　　Yesterday, I lied and said I was sick and didn't go to the get-together, but then Minji called me and asked if I was very sick.

　　나: **가슴이 뜨끔했겠다.** 그래서 거짓말은 안 하는 게 좋아.
　　Your conscience must be stinging. That's why it's best not to lie.

🔍 주로 누군가가 자신의 잘못을 지적해서 당황스러울 때 사용한다.

★★☆ 판
간담이 떨어지다

유 간담이 내려앉다,
간이 떨어지다

갑자기 벌어진 일로 인해 순간적으로 매우 놀랐을 때 사용한다.
Used when one is momentarily very surprised due to something sudden.

예 가: 어머! 깜짝이야. 갑자기 골목에서 자전거를 타고 튀어나오면 어떻게 해요? **간담이 떨어지는** 줄 알았잖아요.
Oh my! You startled me. How can you suddenly come flying out of an alley on a bike like that? I felt like my stomach dropped out of my body.

나: 죄송합니다. 자전거를 배운 지 얼마 안 돼서 그랬어요.
I'm sorry. It's because it hasn't been long since I learned how to ride a bike.

✎ '간담'은 간과 쓸개를 의미한다.
🔎 어떤 일로 인해 깜짝 놀랐던 마음이 가라앉아 안심이 될 때는 '간담이 떨어지는 줄 알았다'의 형태로 사용한다.

★★☆ 판
간담이 서늘하다

무섭거나 위협적인 일로 인해서 놀랐을 때 사용한다.
Used when feels startled due to something frightening or threatening.

예 가: 나는 공포 영화는 **간담이 서늘해서** 못 보겠는데 남자 친구는 공포 영화만 보자고 해서 난감해.
Horror movies scare the daylights out of me, so I can't watch them, but my boyfriend only wants to watch horror movies. I'm at my wit's end.

나: 내 남자 친구도 그래. 나도 공포 영화는 무섭고 싫거든.
My boyfriend is like that, too. I'm also scared of horror movies. I hate them.

✎ '서늘하다'는 물체의 온도나 기온이 차다는 의미지만 여기에서는 갑자기 놀라거나 무서워 몸이 찬 느낌이 있다는 의미로 사용되었다.

★☆☆ 판
간을 졸이다

매우 걱정이 되고 불안해서 마음을 놓지 못할 때 사용한다.
Used when one cannot be at ease because they are extremely worried and anxious.

예 가: 여보, 아직도 등산하다가 실종된 사람들을 못 찾았대요?
Honey, they still haven't found those people who went missing after they went hiking?

나: 네. 계속 찾고 있다고 뉴스에 나오기는 하는데 아직 못 찾았나 봐요. 가족들은 얼마나 **간을 졸이며** 소식을 기다리겠어요.
Yes, they said on the news that they're still searching for them, but it looks like they haven't found them yet. Their families must have their hearts in their mouths as they wait for news.

🔎 '졸이다'와 '조리다'가 발음이 같아서 '간을 조리다'라고 쓰는 경우가 있는데 이것은 잘못된 표현이다.

★☆☆ 관
간이 떨리다

유 속이 떨리다

매우 두렵거나 겁이 날 때 사용한다.
Used when one is very fearful or frightened.

예 가: 저 산 위에 있는 다리를 건너 볼까요?
　　 Shall we try crossing the bridge on that mountain?

나: 미안해요. 저는 고소 공포증이 있어서 높은 곳에 올라가면
　　 간이 떨려요. 혼자 다녀오세요.
　　 I'm sorry. I'm afraid of heights, so if I go up to a high place,
　　 I get scared to death. Go by yourself.

★★☆ 관
간이 조마조마하다

마음이 초조하고 불안할 때 사용한다.
Used when one feels anxious and uneasy.

예 가: 하준아, 기차는 잘 탔니?
　　 Hajoon, did you catch your train?

나: 응. 길이 너무 막혀서 기차 시간에 못 맞출까 봐 **간이
　　 조마조마했는데** 다행히 시간 안에 도착해서 잘 탔어.
　　 Yeah. Traffic was so backed up that I was on pins and needles
　　 worrying that I would miss my train, but thankfully I arrived at
　　 the station in time.

✎ '조마조마하다'는 닥쳐올 일이 걱정이 되어 마음을 놓을 수 없을 만큼 불안하다는
　 의미이다.

★☆☆ 관
간이 철렁하다

유 간이 덜렁하다,
　 간이 덜컹하다

몹시 놀라서 충격을 받은 상태를 나타낸다.
Indicates a condition of being extremely shocked.

예 가: 민수 씨, 괜찮아요? 아침에 사무실에 도착하자마자 쓰러졌다고
　　 해서 **간이 철렁했어요**.
　　 Minsu, are you okay? I heard that you fainted as soon as you
　　 arrived at the office this morning, so I was a bundle of nerves.

나: 지금은 괜찮습니다. 며칠 동안 무리해서 그런 것 같습니다.
　　 I'm alright now. I think it was because I pushed myself too
　　 much for a few days.

✎ '철렁하다'는 무엇인가에 크게 놀라서 가슴이 두근거리는 것을 나타내는 말이다.

★★☆ 관
간이 콩알만 해지다

유 간이 오그라들다

어떤 일로 인해 매우 두려워지거나 무서워질 때 사용한다.
Used when one becomes very fearful or frightened due to a certain occurrence.

예 **가:** 이번 주말부터 암벽 등반을 배워 볼까 해.
I'm thinking about learning how to rock climb starting this weekend.

나: 암벽 등반? 난 깎아지른 듯한 절벽만 봐도 아찔해서 **간이 콩알만 해지던데** 대단하다.
Rock climbing? I feel so dizzy just looking at steep cliffs that I get scared stiff. You're amazing.

🔍 원래 간은 손바닥만 한 크기인데 이런 간이 콩알만큼 작아질 정도로 너무 놀라서 겁에 질렸다는 것을 비유적으로 표현할 때 사용한다.

★★☆ 속
꿩 구워 먹은 소식

소식이나 연락이 전혀 없을 때 사용한다.
Used when one does not receive any news or contact at all.

예 **가:** 하준이 소식 들었어? 지난여름에 부산으로 이사 간 후로 **꿩 구워 먹은 소식**이네.
Have you heard any news from Hajoon? Ever since he moved to Busan last summer, I haven't heard a single peep from him.

나: 안 그래도 문자를 여러 번 보냈는데 답이 없더라고.
I sent him several text messages, but I haven't received any replies.

🔍 옛날에 음식이 귀하던 시절에 꿩고기는 특별하고 귀한 요리였는데 꿩 한 마리의 양이 적다 보니 다른 사람들과 나눠 먹을 여유가 없었다. 그래서 꿩고기가 생기면 다른 사람들 몰래 먹었으며 고기를 먹은 흔적도 남기지 않았다. 이런 연유로 아무런 소식이 없을 때 이 표현을 사용하게 되었으며 주로 '꿩 구워 먹은 소식이다'의 형태로 사용한다.

★★☆ 속
도둑이 제 발 저리다

지은 죄가 있으면 자연히 마음이 조마조마해진다는 말이다.
Indicates a person who has committed a sin naturally becomes nervous.

예 **가:** 엄마, 저 절대 피시방에 안 가고 친구들과 공부하다 왔어요.
Mom, I didn't go to a PC room at all. I studied with my friends and then came home.

나: 물어보지도 않았는데 갑자기 왜 그래? **도둑이 제 발 저리다더니** 얼굴도 빨개지고 말까지 더듬네.
I didn't even ask you, so why are you acting like that? They say a guilty conscience needs no accuser. Your face is turning red, and you're even stammering.

🔍 누가 뭐라고 하지 않아도 죄를 지으면 들킬까 봐 마음이 편치 않다. 그래서 자기도 알지 못하는 사이에 어떤 방식으로든 불안감을 드러내게 된다. 무의식적으로 손이나 발을 떨거나 다른 사람과 눈을 마주치지 못하는 모습을 비유적으로 나타낸 말이다.

★☆☆ 관
등골이 서늘하다

등골에 소름이 끼칠 정도로 매우 놀라거나 두려울 때 사용한다.
Used when one is so startled or afraid that they feel chills down their spine.

> 예 가: 아빠, 조금 전에 집에 오는데 뒤에서 갑자기 발자국 소리가
> 나더라고요. 그 소리에 **등골이 서늘해져서** 엄청 빨리 뛰어왔어요.
> Dad, while I was coming home a little while ago, I suddenly
> heard the sound of footsteps behind me. That sound sent
> such chills down my spine that I ran home as fast as I could.
>
> 나: 무서웠겠다. 그럴 때는 나한테 전화를 해서 나와 달라고 해.
> That must've been scary. At times like that, call me and tell me
> to come and meet you.

🔎 소름이 끼칠 정도로 매우 무서운 느낌이 들 때는 '등골이 오싹하다'를 사용한다.

★★★ 관
마음을 졸이다

걱정하면서 조마조마해 할 때 사용한다.
Used when one is worried and nervous.

> 예 가: 왜 이렇게 늦었어? 연락도 안 돼서 얼마나 **마음을 졸였는지**
> 알아?
> Why are you so late? I couldn't get in touch with you, either,
> so do you have any idea how worried sick I was?
>
> 나: 미안해. 갑자기 지하철이 고장이 났는데 핸드폰 배터리도
> 방전이 되는 바람에 연락을 못 했어.
> I'm sorry. The subway suddenly broke down, but my cell
> phone battery was dead, so I couldn't contact you.

🔎 기다리는 사람이 오지 않거나 아무런 연락이 없어 초조할 때 혹은 합격 소식과 같이
어떤 결과를 초조하게 기다릴 때 사용한다.

★☆☆ 관
머리털이 곤두서다

유 머리칼이 곤두서다

너무 무섭거나 놀라서 긴장될 때 사용한다.
Used when one is nervous due to being very scared or startled.

> 예 가: 주말에 놀이공원에 갔을 때 '귀신의 집'에도 갔다며? 어땠어?
> I heard you went to a haunted house while you were at the
> amusement park last weekend. How was it?
>
> 나: 응. 재미있었어. 그런데 벽 쪽에 서 있던 귀신이 손을 내미는
> 바람에 어찌나 놀랐던지 **머리털이 곤두설** 정도로 무서웠어.
> Yeah, it was fun. But I was so startled when a ghost that was
> standing by a wall stuck out its hand that I felt like my hair was
> standing on end.

✏ '곤두서다'는 거꾸로 꼿꼿하게 선다는 의미이다.

🔎 머리털이 한 가닥씩 모두 일어나 거꾸로 설 만큼 두려운 상황을 강조하는 말이며
보통 '머리털이 곤두서는 느낌이었다' 혹은 '머리털이 곤두설 정도로'의 형태로 쓴다.

★★☆ 관
발을 구르다

매우 안타깝거나 다급한 상황에서 하는 행동을 나타낸다.
Indicates a behavior that one does in a very pitiful or urgent situation.

예 가: 어제 태풍으로 집을 잃은 사람들에 대한 뉴스를 보고 너무 안타까웠어요.
I felt so sad when I saw the news about people who lost their homes in the typhoon yesterday.

나: 저도 그랬어요. 사람들이 산으로 올라가서 **발을 구르며** 구조대가 오기만을 기다리고 있는 모습을 보니까 마음이 아프더라고요.
Me, too. Seeing people who went up into the mountains and anxiously waited for someone to come and rescue them was heartbreaking.

🔎 강조할 때는 '발을 동동 구르다'를 사용한다.

★☆☆ 관
살얼음을 밟다

위태위태하여 마음을 놓을 수 없을 때 사용한다.
Used when one is very on edge and cannot be at ease.

예 가: 제품 주문량이 또 떨어졌어요. 이러다가 공장이 문을 닫을까 봐 걱정이 돼서 매일 **살얼음을 밟는** 기분이에요.
The amount of products ordered has decreased again. At this rate, I'm so worried that the factory will close, I feel like I'm walking on thin ice.

나: 시간이 지나면 좀 나아지지 않을까요? 너무 걱정하지 마세요.
It'll get better as time goes by, don't you think? Don't worry too much.

✎ '살얼음'은 원래 얇게 살짝 언 얼음이지만 여기에서는 비유적으로 매우 위태롭고 아슬아슬한 상황이라는 의미로 사용되었다.

🔎 겁이 나서 무슨 일을 매우 조심스럽게 할 때는 '살얼음을 밟듯이'를 사용한다.

★★★ 관
속이 타다

걱정이 되어서 마음이 조마조마할 때 사용한다.
Used when one feels anxious because they are worried.

예 가: 태현아, 아직 공모전 수상자 발표 안 났지? 수상자 발표가 계속 지연이 되니까 **속이 타.**
Taehyun, they haven't announced the contest winner yet, right? My stomach is in knots because they keep delaying the announcement of the winner.

나: 나도 **속이 타서** 전화해 봤더니 이번에 출품한 사람이 너무 많아서 심사하는 데 시간이 오래 걸린다고 하더라고.
I was so anxious, too, so I called them. They said that there were so many people who entered the contest this time that it's taking a long time to evaluate everyone.

🔎 매우 걱정이 되어 마음을 졸일 때는 '속을 태우다'를 사용한다.

★★★ 관
손에 땀을 쥐다

긴박한 상황으로 인해 마음이 매우 긴장될 때 사용한다.
Used when one is extremely nervous due to a pressing situation.

예 **가:** 두 후보가 **손에 땀을 쥐게** 하는 득표 경쟁을 벌이고 있습니다.
The two candidates are in a nail-biting contest for votes.

나: 네, 그렇습니다. 과연 누가 이번 선거에서 대통령으로 당선이 될지 결과가 궁금합니다.
Yes, that's right. I am curious to see who will eventually be elected president in this election.

🔎 주로 한시도 눈을 뗄 수 없는 막상막하의 경쟁이나 스포츠 경기 혹은 끊임없이 관객들을 긴장하게 만드는 영화 같은 것을 볼 때 사용한다.

★★☆ 속
자라 보고 놀란 가슴 솥뚜껑 보고 놀란다

어떤 것에 크게 놀란 사람은 비슷한 물건만 봐도 겁을 낸다는 말이다.
Indicates that a person who is greatly startled by something will be frightened even by seeing a similar object.

예 **가:** 어머, 깜짝이야. **자라 보고 놀란 가슴 솥뚜껑 보고 놀란다**고 바닥에 떨어진 까만 콩이 순간 바퀴벌레로 보였어.
Oh my, that scared me. They say a burnt child dreads the fire. That black bean that fell on the floor looked like a cockroach for a moment.

나: 저번에 집에서 바퀴벌레를 봤다더니 그 충격이 오래 가나 보네.
It looks like the shock of seeing a cockroach at home before is lasting a long time.

🔎 자라의 등딱지와 솥뚜껑이 비슷하게 생겨서 나온 말이다. '자라'는 무언가를 무는 힘이 매우 강하고 무엇이든지 물기만 하면 죽을 때까지 놓지 않는다고 한다. 따라서 사람들은 자라를 굉장히 무서워했으며 모양이 비슷한 솥뚜껑만 봐도 깜짝 놀랐기 때문에 이런 속담을 사용하게 되었다고 한다.

안도 | Relief

Track 007

★★☆ 관

가려운 곳을 긁어 주다

유 가려운 데를 긁어 주다

어떤 사람에게 꼭 필요한 것을 잘 알아서 그 욕구를 만족시켜 줄 때 사용한다.
Used when one knows what a certain person absolutely needs and fulfills that desire.

예 가: 언니, 수학 문제 하나가 안 풀려서 며칠 내내 답답했는데 연우한테 물어봤더니 바로 알려 줬어.
Sis, I've been frustrated for days because I couldn't figure out a math problem, but when I asked Yeonwoo about it, he told me the answer right away.

나: 연우가 네 **가려운 곳을 긁어 줬구나!** 고마운 친구네.
So Yeonwoo scratched your itch! You must be grateful to him.

🔎 보통 궁금해하는 것을 알려 주거나 괴로운 일을 해결해 준 사람에게 고마움을 표현할 때 사용한다.

★★☆ 관

가슴을 쓸어내리다

곤란한 일이나 걱정이 없어져 안심이 될 때 하는 행동을 나타낸다.
Indicates one's behavior when they become relieved after something difficult or worrisome disappears.

예 가: 누나, 아빠가 할머니 수술이 끝나실 때까지 안절부절 못하시더니 무사히 끝났다는 얘기를 듣고 그제서야 **가슴을 쓸어내리셨어.**
Sis, Dad was restless until Grandma's surgery was finished, and only when he heard that it was safely completed he was able to be at ease.

나: 안 그래도 일 때문에 못 가 봐서 걱정이 많이 됐는데 수술이 잘 끝났다니 나도 안심이다.
I couldn't go to the hospital because of work, so I was worried, but now that the surgery ended well, I feel relieved, too.

✏️ '쓸어내리다'는 아래로 쓸면서 만지는 것을 의미한다.

🔎 한국 사람들이 이 행동을 할 때는 자신도 모르게 안심하여 길게 내쉬는 소리인 '후유' 혹은 '휴'라는 말을 한다.

★☆☆ 관
가슴이 후련해지다

답답한 마음이 시원해졌을 때 사용한다.
Used when one's feelings of frustration are relieved.

예 가: 푸엉 씨, 이제 좀 괜찮아요?
　　 Phuong, are you okay now?

　　 나: 네. 실컷 울고 났더니 **가슴이** 좀 **후련해졌어요.**
　　　 Yes. Now that I had a good cry, I feel like a weight has been
　　　 lifted off my chest.

　🔎 비슷한 의미로 '속이 후련해지다', '마음이 후련해지다'를 사용한다.

★☆☆ 관
고삐를 늦추다

경계심이나 긴장을 누그러뜨릴 때 사용한다.
Used when one eases their wariness or nervousness.

예 가: 연장전까지 가서 지칠 만도 한데 선수들이 **고삐를 늦추지**
　　 않고 열심히 싸우고 있습니다.
　　 The game has gone all the way into overtime and the players
　　 are exhausted, but they're fighting hard without easing up.

　　 나: 맞습니다. 저렇게 열심히 싸워 주는 선수들을 보니 대견합니다.
　　　 That's right. Seeing the players fight so hard is admirable.

　🔎 상황이 나빠지지 않도록 긴장을 해야 한다는 의미로 부정 형태인 '고삐를 늦추지 않다'
　　 혹은 '고삐를 늦추지 말다'를 많이 사용한다.

★★☆ 관
다리를 뻗고 자다

유 다리를 펴고 자다,
　 발을 뻗고 자다,
　 발을 펴고 자다

고민이나 걱정하던 일이 해결되어 마음 놓고 편히 잘 수 있다는 말이다.
Indicates one can rest easy now that something they were
troubled or worried about has been resolved.

예 가: 이제 기말시험이 모두 끝나서 **다리를 뻗고 잘** 수 있겠어.
　　 Now that all my final exams are over, I feel like I can sleep easy.

　　 나: 그러게. 나도 오늘은 실컷 자야겠어.
　　　 You're telling me. I'm going to sleep to my heart's content
　　　 today, too.

　🔎 마음이 불안하거나 불편할 때는 몸을 웅크리게 되고, 반대로 마음이 편해지면 몸을
　　 펴고 다리를 뻗게 되는데 여기에서 나온 표현이다.

★★★ 관
마음을 놓다

마음을 편안하게 한다는 말이다.
Indicates to put one's mind at ease.

예 가: 잠깐 화장실 좀 다녀올게. 내 가방 좀 봐 줄래?
　　 I'm going to go to the bathroom for a moment. Could you
　　 watch my bag for me?

　　 나: 응. 잘 보고 있을 테니까 **마음을 놓고** 다녀와.
　　　 Sure. I'll keep a close eye on it, so don't worry and go ahead.

　🔎 어떤 일에 대해 안심이 되거나 걱정이 되지 않을 때는 '마음이 놓이다'를 사용한다.

★★☆ 관
마음을 비우다

마음속의 욕심을 없앤 상태를 나타낸다.

Indicates a state of removing desire from inside one's heart.

예 가: 어머, 우리 아들이 웬일로 시험 점수가 이렇게 잘 나왔니?

Oh my, how did my dear son get such a good grade on his test?

나: **마음을 비우고** 시험을 봤더니 오히려 점수가 잘 나온 것 같아요.

I think I got a good grade because I actually cleared my mind before I took the test.

🖉 '비우다'는 원래 안에 든 것을 없애 속을 비게 한다는 의미지만 여기에서는 욕심이나 집착을 버린다는 의미로 사용되었다.

★★☆ 관
마음을 풀다

긴장하였던 마음을 늦출 때 사용한다.

Used when relaxes after being nervous.

예 가: 드디어 6개월간 진행되었던 프로젝트가 끝이 났어요.

Finally, the project I've been working on for 6 months is over.

나: 이제 긴장했던 **마음을 풀고** 여행이라도 좀 다녀오세요.

Now unwind your tense mind and go take a trip or something.

🔎 긴장했던 마음이 없어진 상태를 나타낼 때는 '마음이 풀리다'를 사용하며, '친구가 먼저 사과해서 마음을 풀기로 했어요.'처럼 화가 난 마음을 없앤다는 의미로도 사용한다.

★★★ 관
머리를 식히다

복잡한 생각으로부터 벗어나 마음을 편안하게 한다는 말이다.

Indicates that one has broken away from complicated thoughts and made their mind feel at ease.

예 가: 머리가 너무 복잡한데 차라도 한잔 마실까? **머리를 좀 식혀야** 할 것 같아.

My thoughts are so jumbled. Shall we have a cup of tea? I think I need to cool off and clear my head.

나: 그래. 계속 고민한다고 해서 해결되는 것도 아니니까 일단 좀 쉬자.

Sure. This isn't something that will be resolved by constant worrying, so let's rest for a bit.

🖉 '식히다'는 원래 더운 기가 없어지며 차가워지게 한다는 의미지만 여기에서는 의욕이나 생각을 줄이거나 가라앉게 한다는 의미로 사용되었다.

🔎 보통 어떤 일로 인한 스트레스를 풀 필요가 있다고 말할 때 사용한다.

★★☆ 관
속이 시원하다

좋은 일이 생기거나 나쁜 일이 없어져서 마음이 상쾌할 때 사용한다.
Used when one feels refreshed because something good has happened, or something bad has disappeared.

예 가: 그동안 참고 못했던 말을 동아리 선배에게 다 해 버렸어.
I said everything I had held back all this time to my club senior.

나: 잘했어. 참는 게 다는 아니지. 속에 있는 얘기를 다 하니까 **속이 시원하지**?
You did well. You can't just keep everything in. Now that you've said everything that was on your mind, you feel refreshed inside, right?

🔎 비슷한 의미로 '가슴이 후련하다, 속이 후련하다'를 쓰며, 반대로 마음이 불편할 때는 '가슴이 답답하다, 속이 답답하다'를 사용한다.

★★☆ 관
숨이 트이다

답답한 상태나 힘들고 어려운 상태에서 벗어났을 때 사용한다.
Used when one escapes from a frustrating or difficult condition.

예 가: 김태환 선수, 오랜만에 경기를 하시는 소감이 어떠십니까?
Athlete Kim Taehwan, how does it feel to compete again after such a long time?

나: 부상으로 인해 벤치를 지키는 동안 무척 답답했는데 이제 경기를 뛸 수 있어서 **숨이 트이는** 느낌입니다.
I was extremely frustrated while I had to stay on the bench because of my injury, but now that I can compete, I feel like I can breathe again.

🔎 어떤 일 때문에 숨을 쉬기 힘들 정도로 답답함을 느낄 때는 '숨이 막히다'를 사용한다.

★☆☆ 속
십 년 묵은 체증이 내리다

오랫동안 신경을 쓰던 것이 해결되어 마음이 후련해진다는 말이다.
Indicates that one feels relieved after something they were concerned about for a long time has been resolved.

예 가: 부엌 싱크대가 막혀서 일주일간 고생했는데 오늘에서야 간신히 뚫었어요.
My kitchen sink was clogged, so I've been struggling for a week, but today I finally managed to unclog it.

나: **십 년 묵은 체증이 내리는** 느낌이었겠어요.
You must feel like a huge burden has been lifted off your shoulders.

✎ '체증'은 먹은 음식이 잘 소화되지 않는 증상을 말한다.

🔎 주로 비유적으로 사용하므로 '십 년 묵은 체증이 내려가는 것 같다.'라고 말한다. 가끔 '십 년 먹은 체증이 내리다'로 말하는 경우가 있는데 이것은 잘못된 표현이다.

★★☆ 속
앓던 이 빠진 것 같다

걱정거리가 없어져서 후련해졌을 때 사용한다.
Used when one feels relieved because their worries have
disappeared.

> 예 가: 사랑아, 밀린 방학 숙제를 다 하고 나니 **앓던 이 빠진 것 같지?**
> Sarang, now that you've done all the homework you put off
> during your school vacation, you suddenly feel a lot better, right?
>
> 나: 네, 엄마. 다음부터는 미루지 말고 그때그때 해야겠어요.
> Yes, Mom. Next time, I'd better not put it off and do my
> assignments as I receive them.

🖉 '앓다'는 원래 병에 걸려 고통을 겪는다는 말인데 여기에서는 걱정이나 근심 때문에
괴로워하거나 답답하다는 의미로 사용되었다.

🔎 보통 '앓던 이가 빠진 것 같다'를 사용한다.

★★★ 관
어깨가 가볍다

무거운 책임에서 벗어나거나 어떤 일에 대한 책임이 줄어들어 마음이
홀가분해졌을 때 사용한다.
Used when one feels relieved after getting out of a heavy
responsibility, or a certain responsibility has been reduced.

> 예 가: 집을 사려고 받았던 대출금을 다 갚았더니 **어깨가 너무
> 가볍네요.**
> Now that I've paid back all the money I borrowed to buy my
> house, I feel so relieved.
>
> 나: 부러워요. 저는 아직도 대출금 다 갚으려면 멀었는데…….
> I envy you. I still have a long ways to go until I pay back my
> entire loan…

🔎 어깨에 멨던 무거운 짐을 내려놓았을 때처럼 가볍고 시원한 느낌이 들 때 사용한다.
한편, 힘겹고 중대한 일을 맡아 책임감을 느끼고 마음의 부담이 클 때는 '어깨가
무겁다'를 사용한다.

★★★ 관
직성이 풀리다

일이 뜻대로 이루어져서 만족할 때 사용한다.
Used when one is satisfied because something goes the way they
had wanted.

> 예 가: 내가 아까 서류 정리를 다 해 놨는데 정 대리님이 다시 하시네.
> Earlier, I finished organizing all the documents, but Assistant
> manager Jung is doing it all over again.
>
> 나: 그냥 놔둬. 정 대리님은 무슨 일이든 본인이 직접 해야 **직성이
> 풀리는 분이야.**
> Just leave him alone. Assistant manager Jung only feels
> satisfied when he does everything himself, no matter what it is.

🖉 '직성'은 타고난 성질이나 성미를 말한다.

★★★ 관
천하를 얻은 듯

더는 바랄 것이 없을 정도로 매우 기쁘고 만족스러움을 나타낼 때 사용한다.

Used when one feels so satisfied and happy that they do not wish for anything else.

> 예 가: 몇 년 동안 짝사랑하던 지원이하고 결혼을 하게 돼서 너무 기뻐요.
>
> I'm so happy to be marrying Jiwon, who was my one-sided love for years.
>
> 나: 축하해요. **천하를 얻은 듯** 기쁘겠어요.
>
> Congratulations. You must feel like you're on top of the world.

🖉 '천하'는 하늘 아래에 있는 모든 세상을 의미한다.

🔎 보통 '천하를 얻은 듯 기쁘다'를 사용한다.

★★☆ 관
한숨을 돌리다

유 숨을 돌리다

어려운 고비를 넘기고 여유를 가진다는 말이다.

Indicates that one has overcome a difficult crisis and now feels relaxed.

> 예 가: 태현아, 산 중간까지 올라왔으니 여기서 **한숨을 좀 돌리고** 정상까지 올라가자.
>
> Taehyun, since we've made it halfway up the mountain, let's take a breather here and then go up to the peak.
>
> 나: 그래. 여기 앉아서 물 좀 마시면서 쉬었다가 가자.
>
> Okay. Let's sit here to rest and drink some water, and then let's go.

🔎 보통 어떤 일을 하다가 힘들어서 중간에 잠시 쉴 때 사용한다.

8

욕심·실망 | Greed and Disappointment

★★★ 관
귀를 의심하다

믿기 어려울 만큼 놀라운 이야기를 들어서 잘못 들은 것이 아닌지 생각할 때 사용한다.
Used when one wonders if they may have misheard something because it is so shocking and hard to believe.

예 가: 윤아 씨가 10년 넘게 사귀었던 남자 친구하고 헤어졌다면서요?
  I heard that Yoona broke up with her boyfriend of more than 10 years.

나: 그렇다고 하네요. 둘 사이가 너무 좋아 보여서 처음 들었을 때 **귀를 의심했는데** 사실이래요.
  That's what they say. Their relationship seemed so great that when I first heard it, I couldn't believe my ears, but it's true.

🔎 귀로 들은 말을 믿을 수 없어 의심한다는 의미이며 강조할 때는 '귀를 의심하지 않을 수가 없다'라고 말한다.

★★★ 관
그림의 떡

마음에 들어도 실제로 쓸 수 없거나 가질 수 없는 것을 말할 때 사용한다.
Used when one cannot actually use or have something, even though they like it.

예 가: 민지야, 저 광고에 나오는 노트북 정말 멋지지 않니? 펜으로 글씨도 쓸 수 있고 말이야.
  Minji, isn't the laptop in that advertisement so awesome? You can even write using a pen on it.

나: 저게 얼마나 비싼 줄 알아? 우리 형편에는 **그림의 떡이야**.
  Do you know how expensive that is? In our circumstances, it's a pie in the sky.

🔎 그림에 있는 떡은 보기에는 먹음직스럽지만 먹을 수 없다. 이처럼 자신의 형편 때문에 실제로 가질 수 없는 것을 말할 때 사용한다. 사람들이 '그림에 떡'이라고 하는 경우가 있는데 이것은 잘못된 표현이다.

★★☆ 속
놓친 고기가 더 크다

유 놓친 고기가 더 커 보인다

현재 가지고 있는 것보다 먼저 가지고 있던 것이 더 좋았다고 생각될 때 사용한다.

Used when one thinks that something they first had was better than what they have now.

예 가: 아버지, 이렇게 취직이 안 될 줄 알았으면 전에 다니던 직장을 그만두지 말 걸 그랬어요.

　　Father, if I had known I wouldn't be able to find a job like this, I wouldn't have quite my previous job.

나: 지금 취직이 안 되니 **놓친 고기가 더 커** 보이는 거야. 더 좋은 회사에 취직할 수 있을 테니 걱정 마.

　　Since you can't find a job now, the fish that got away looks bigger. You'll be able to find a job at a better company, so don't worry.

🔎 '놓친 고기가 더 커 보인다'의 형태로 많이 사용하며 보통 다른 사람이 과거의 선택에 대해 후회하는 것을 보고 위로해 줄 때 사용한다.

★★★ 관
눈독을 들이다

유 눈독을 올리다,
　 눈독을 쏘다

욕심이 나서 매우 관심 있게 볼 때 사용한다.

Used when one looks at something with great interest because they feel greedy.

예 가: 형, 그 가방 정말 좋아 보인다. 나 주면 안 돼?

　　Big bro, that bag looks really great. Can't you give it to me?

나: 절대 **눈독을 들이지** 마. 대학 입학 선물로 아버지께서 나한테 사 주신 거니까.

　　Don't you dare set your sights on it. Father gave it to me as a gift when I started college.

✐ '눈독'은 원래 눈의 독기를 말하는데 여기에서는 욕심을 내어 눈여겨보는 기운의 의미로 사용되었다.

★★★ 관
눈에 불을 켜다

몹시 욕심을 내거나 관심을 가진 상태를 나타낸다.

Indicates a state of being extremely greedy or interested in something.

예 가: 웬일로 연우가 이 시간까지 잠을 안 자고 공부를 하고 있어요?

　　Why is Yeonwoo studying and not sleeping at this hour?

나: 말도 마요. 다음 시험에서 1등을 하겠다고 어제부터 **눈에 불을 켜고** 공부하고 있어요.

　　Don't even mention it. He said he would get the top score on the next test, so from now on he's studying with his eyes blazing.

🔎 보기에 무서울 정도로 눈을 크게 뜨고 노려본다는 의미로 몹시 화가 나서 눈을 부릅뜬 모습을 말할 때도 사용한다.

★☆☆ 괜
눈에 쌍심지를 켜다

유 눈에 쌍심지가 돋우다,
눈에 쌍심지를 세우다,
눈에 쌍심지를 올리다

몹시 화가 나서 눈을 크게 부릅뜬 모습을 나타낼 때 사용한다.
Used when one is so extremely angry that their eyes are bulging.

예 가: 요즘 뉴스를 보면 사람들이 사소한 일에도 **눈에 쌍심지를 켜고** 싸우는 일이 많은 것 같아요.
These days, if I look at the news, it seems like there are a lot of instances of people with their eyes ablaze with anger fighting over even trivial things.

나: 맞아요. 눈앞의 감정에 사로잡혀 평생 후회할 일을 만들지 말아야 할 텐데요.
That's right. People shouldn't be consumed by their emotions in the moment and do something that they will regret for the rest of their lives.

🔎 쌍심지는 등잔에 있는 두 개의 심지를 뜻하며 쌍심지를 켜면 등잔 두 개를 밝힌 것처럼 불빛이 환해지지만 불길이 세져서 위험하기도 하다. 이러한 쌍심지처럼 눈에서 불이 날 정도로 매우 화가 난 상태를 표현할 때 사용한다.

★★☆ 괜
눈에 차다

무엇이 매우 마음에 든다는 말이다.
Indicates that something greatly catches one's fancy.

예 가: 이 치마는 디자인이 별로고 저건 색깔이 별로야. 이 가게는 옷들이 마음에 들지 않으니 다른 가게에 가 보자.
I don't really like the design of this skirt, and I don't really like the color of that other one. I don't like the clothes at this store, so let's go to a different one.

나: 도대체 네 **눈에 차는** 게 있기는 해? 이제 그만 고르고 좀 사.
Is there even anything at all that meets your standards? Stop being picky now and just buy something.

🔎 마음에 들지 않을 때는 '눈에 차지 않다, 눈에 차는 것이 없다'처럼 부정 형태를 많이 사용한다.

★☆☆ 괜
눈을 의심하다

놀라서 잘못 보지 않았나 의심이 되거나 믿어지지 않을 때 사용한다.
Used when one is so surprised that they wonder if they saw something incorrectly, or they have a hard time believing something.

예 가: 할아버지, 이곳도 완전히 도시가 돼 버렸어요. 어렸을 때의 풍경이 하나도 없어요.
Grandfather, even this place has completely turned into a city. Not a single sight from my childhood is left.

나: 나도 너무 많이 바뀌어서 **눈을 의심하게** 되네. 옛날 우리 집이 어디였는지도 모르겠다.
It's changed so much that even I can't believe my eyes. I don't even know where our old house was.

🔎 보통 큰 변화나 어떤 사람의 뛰어난 실력, 전혀 예상하지 못한 일 등을 보고 놀랐을 때 사용하며, '제 눈을 의심했어요.'처럼 말하기도 한다.

★★☆ 관
면목이 없다

부끄럽거나 너무 미안해서 다른 사람을 대할 용기가 없을 때 사용한다.
Used when one does not have the nerve to face another person
because they are embarrassed or very sorry.

예 가: 제가 설명을 잘 못해서 계약이 안 된 것 같아서 사장님을 뵐
면목이 없어요. 어떻게 하지요?
It seems like we didn't get the contract because I didn't
explain things well, so I feel too ashamed to face our boss.
What should I do?

나: 그래도 우선은 회사에 들어가서 말씀드립시다.
Even so, first let's go to the office and tell him.

🖉 '면목'은 원래 얼굴과 눈을 말하지만 여기에서는 체면이라는 의미로 사용되었다.

🔎 주로 스스로 자기 잘못을 뉘우치고 있다고 말할 때 사용한다. 비슷한 의미로 '볼 낯이
없다'를 사용하기도 한다.

★★☆ 관
뱃속을 채우다

어떤 사람이 염치없이 자기 욕심만 차릴 때 사용한다.
Used when someone unabashedly seeks only their own gain.

예 가: 지진이 나서 모두가 어려운 상황인데 생필품을 사재기하는
사람들이 저렇게 많네요.
Everyone is having a hard time because there was an
earthquake, but there are still so many people hoarding daily
necessities.

나: 그러니까요. 자기 **뱃속을 채우려고만** 하는 사람들을 보면
이해가 안 돼요.
No kidding. When I see people who only want to fill their own
stomachs, I don't understand.

🔎 '뱃속'은 마음을 속되게 이르는 말이다. 강조할 때는 '검은 뱃속을 채우다'라고 말하며
비슷한 의미로 '속을 채우다'를 사용하기도 한다.

★★★ 속
사촌이 땅을 사면
배가 아프다

남이 잘되는 것을 기뻐해 주지는 않고 오히려 시기하고 질투한다는
말이다.
Indicates that one is not happy for someone else's success; rather,
one feels envious and jealous.

예 가: 승원 씨가 오늘 왜 저렇게 시무룩해요?
Why does Seungwon look so down today?

나: **사촌이 땅을 사면 배가 아프다**고 회사 동기가 먼저 승진해서
기분이 안 좋은 것 같아요.
They say that an envious man grows lean with the fatness of
his neighbor. A coworker who joined the company at the same
time as him got promoted first. I think that's why he's not in a
good mood.

🔎 정신적으로 스트레스를 받으면 몸이 아파진다는 의미이다. '남이 잘되면 배가 아프다'를
쓰기도 한다.

★★☆ 관 어깨가 움츠러들다

떳떳하지 못하거나 부끄럽고 창피한 기분을 느낄 때 사용한다.
Used when one cannot hold their head up high, or when one feels ashamed and embarrassed.

예 가: 지훈이는 뭐든지 잘하니까 지훈이 앞에만 가면 **어깨가 움츠러 들어.**
Jihoon is good at everything, so when I'm in front of him, I feel so small.

나: 그러지 마. 너는 노래를 잘하잖아. 그것을 너의 장점으로 삼으면 되지.
Don't be like that. You're really good at singing, you know. You can consider that your strength.

🔎 다른 사람들 앞에서 자신의 실력이 부족하다고 느끼거나 어떤 잘못을 해서 자신도 모르게 기를 펴지 못하고 주눅이 들어 있는 상태가 될 때 사용한다.

★★☆ 관 어깨가 처지다

유 어깨가 낮아지다, 어깨가 늘어지다

실망하여 풀이 죽고 기운이 없을 때 사용한다.
Used when one is disappointed and in low spirits.

예 가: 경제 불황이 계속되니까 장사가 잘 안 돼서 남편 **어깨가 축 처진 것 같아요.**
My husband seems totally dejected because the economy is constantly in a slump and his business isn't doing well.

나: 그럼 오늘 저녁에는 기운 나는 음식을 좀 해 드리세요.
Well then, why don't you make him a meal that will cheer him up this evening?

🔎 다른 사람이 힘없이 지쳐 있는 모습을 보고 말할 때 쓰며, 강조할 때는 '어깨가 축 처지다'를 사용한다.

★☆☆ 관 쥐구멍을 찾다

부끄럽거나 매우 곤란하여 어디에라도 숨고 싶을 때 사용한다.
Used when one is embarrassed or feels so awkward that they want to hide somewhere.

예 가: 친구들한테 왜 약속을 못 지켰는지 사실대로 이야기했어요?
Did you tell your friends the truth about why you couldn't keep your promise to them?

나: 네. 처음에는 제가 거짓말한 것이 들통이 나서 **쥐구멍을 찾고 싶었는데** 왜 그랬는지 설명을 하니까 친구들이 이해해 줬어요.
Yes. At first, I wanted to crawl into a hole because the fact that I lied was revealed, but since I explained why I did that, my friends understood.

🔎 쥐구멍은 너무 작아서 들어갈 수는 없지만 거기에라도 들어가서 몸을 숨기고 싶을 만큼 창피함을 느낄 때 사용한다. 보통 '쥐구멍이라도 찾고 싶은 심정이다'로 사용하는 경우가 많다. 비슷한 의미로 '쥐구멍에라도 들어가고 싶은 심정이다'를 사용하기도 한다.

9 정신 상태 | State of Mind

김이 빠지다
★★☆ 관

⟮유⟯ 김이 새다,
김이 식다

흥미나 의욕이 사라져 재미없게 됐을 때 사용한다.
Used when one's interest or enthusiasm disappears and something becomes boring.

⟮예⟯ 가: 너 그 영화 본다고 했지? 내가 결말을 이야기해 줄까?
You said you're going to watch that movie, right? Shall I tell you how it ends?

나: 됐어. 영화 보기 전에 결말부터 알고 나면 **김이 빠져서** 재미가 **없잖아.**
No thanks. Knowing how a movie ends before seeing it takes all the fun out of it.

🔎 한창 기대하고 있던 일이 중간에 잘못되거나 실패로 돌아가 실망스러울 때 사용한다.

나사가 풀리다
★☆☆ 관

긴장이 풀려서 마음이나 정신 상태가 느슨해진다는 말이다.
Expresses that one has relaxed their nerves and their emotional or mental state has loosened up.

⟮예⟯ 가: 손지성 선수가 경기하는 것을 보니 오늘 몸 상태가 안 좋은가 봅니다.
Judging by how athlete Son Jisung is playing today, it looks like his physical condition is not good today.

나: 맞습니다. 마치 **나사가 풀린** 것처럼 패스 실수를 반복하고 있네요. 교체를 해 줘야 할 것 같습니다.
That's right. He keeps repeating errors in his passes, as if he's gone slack. It looks like he'll have to be subbed out.

🔎 '나사가 풀어지다'의 형태로도 사용하며, 비슷한 의미로 '나사가 빠지다'를 사용한다.

나사를 죄다
☆☆☆ 관

긴장이 풀려 있던 마음을 다시 가다듬을 때 사용한다.
Used when one tenses up again after relaxing.

⟮예⟯ 가: 연휴도 끝났으니 오늘부터 **나사를 죄서** 다시 운동을 시작해 보려고 해.
Now that the holidays are over, starting today, I'd better stop slacking and start exercising again.

나: 그래. 운동을 하면 체력도 길러지고 건강해지니 제발 꾸준히 좀 해.
Yeah. If you exercise, you build up your physical strength and become healthier, so please do it consistently.

✎ '나사를 조이다'의 형태로도 쓰며, 비슷한 의미로 '고삐를 잡다'를 사용하기도 한다.

★★☆ 관
넋을 놓다

유 넋을 잃다

제정신을 잃고 멍한 상태가 되었을 때 사용한다.
Used when one loses their right mind and enters a vacant mental state.

예 가: 우와! 저렇게 신기한 마술을 하다니 믿을 수가 없어요.
Wow! They're doing such fascinating magic tricks that I can't believe it.

나: 그렇죠? 저도 어찌나 신기한지 **넋을 놓고** 보게 되네요.
Right? I'm also so amazed that I'm mesmerized.

✎ '넋'은 정신이나 마음을 말한다.

★★☆ 관
넋이 나가다

아무 생각이 없거나 정신을 잃었을 때 사용한다.
Used when one has no thoughts whatsoever or they lose consciousness.

예 가: 무슨 일인데 그렇게 **넋이 나가** 있어?
What happened that's making you so out of it?

나: 지금 뉴스에서 들었는데 내가 투자한 회사가 부도가 났대.
투자한 돈을 다 날리게 생겼어.
I just heard on the news that a company I invested in went bankrupt. I'm going to lose all the money I invested.

🔎 비슷한 의미로 '얼이 빠지다'를 사용하기도 한다.

★☆☆ 관
넋이 빠지다

다른 것을 생각하지 못할 만큼 어떤 일에 열중한다는 말이다.
Indicates that one is so absorbed by something that they cannot think about anything else.

예 가: 여보, 서영이가 요즘 텔레비전을 너무 많이 보는 거 아니에요?
Honey, don't you think Seoyeong is watching way too much TV these days?

나: 그러게 말이에요. 자기가 좋아하는 배우가 나오는 드라마만
하면 저렇게 **넋이 빠지게** 보더라고요. 그만 보라고 잔소리를
해도 소용이 없어요.
You're telling me. If her favorite actor appears in a drama, she gets totally carried away watching it. Even if I scold her to stop watching TV, it's no use.

★★☆ 괜
눈을 똑바로 뜨다

정신을 차리고 주의를 기울일 때 사용한다.
Used when one snaps to attention and pays close attention.

예 가: 윤아 씨, 정신이 있는 거예요? 또 실수를 했잖아요.
Yoona, are you out of mind? You made a mistake again.

나: 죄송합니다. 다시는 실수를 하지 않도록 **눈을 똑바로 뜨고**
일하겠습니다.
I'm sorry. I'll stay sharp and pay close attention so I don't
make a mistake again.

🔎 기절해서 정신을 잃었거나 잠을 자던 사람이 정신을 차렸을 때는 눈을 번쩍 뜨게
되는데 여기에서 나온 표현이다. 비슷한 의미로 '눈을 크게 뜨다'를 사용하기도 한다.

★☆☆ 괜
마음을 잡다

유 마음을 다잡다

흐트러진 생각을 바로 가지거나 새롭게 결심을 한다는 말이다.
Indicates that one has gathered their messy thoughts or become
newly determined.

예 가: 태현이가 여자 친구랑 헤어지고 한동안 방황하더니 이제는
마음을 잡은 것 같아서 안심이야.
Taehyun spent a long time feeling lost after he and his girlfriend
broke up, but now that it seems like he's pulled himself together,
I feel relieved.

나: 맞아. 동아리 모임에도 열심히 나오더라고.
That's right. He's actively attending our club meetings, too.

★★☆ 괜
맛이 가다

어떤 사람의 행동이나 정신 등이 정상이 아닌 듯할 때 사용한다.
Used when someone's behavior or mental state does not seem
normal.

예 가: 김 과장한테 전화 좀 해 봐요. 어제 술을 너무 많이 마셔서
맛이 갔었잖아요.
Try calling Manager Kim. Yesterday he drank so much that he
was out of his mind.

나: 네. 알겠습니다. 바로 전화해 보겠습니다.
Yes, understood. I'll try calling him right away.

🔎 속된 표현이므로 윗사람이나 친하지 않은 사람에게는 사용하지 않는 것이 좋다. 한편,
'이 컴퓨터는 너무 오래 써서 맛이 갔어.'처럼 물건이 고장이 났을 때도 사용한다.

맥을 놓다
★☆☆ 관

긴장이 풀려 멍하게 되었을 때 사용한다.
Used when one relaxes their nerves and becomes absent-minded.

예 가: **맥을 놓고** 뭐 하고 있니? 저녁 안 먹어?
What are you doing spacing out like that? Aren't you going to eat dinner?

나: 먹을게요. 출근 첫날이라 너무 긴장했던지 집에 오니까 힘이 빠지네요.
I will. I was so nervous because it was my first day of work, so now that I'm home, all my strength is gone.

✎ '맥'은 기운이나 힘을 말한다.
🔎 너무 지쳐서 기운이나 힘을 못 쓸 때는 '맥을 못 추다'를 사용한다.

어안이 벙벙하다
★★☆ 관

예상하지 못한 놀랍거나 기막힌 일을 당하여 어리둥절할 때 사용한다.
Used when one is bewildered upon experiencing something unexpectedly surprising or stunning.

예 가: 김민수 씨, 회사 사정이 안 좋아져서 어쩔 수 없이 해고를 하게 되었습니다.
Mr. Kim Minsu, the company's situation has deteriorated, so we have no choice but to let you go.

나: 뭐라고요? 갑자기 이러시면 저는 어떻게 살라는 말씀입니까? **어안이 벙벙해서** 뭐라고 해야 할지 모르겠습니다.
What did you say? If you suddenly do this, how am I supposed to live? I'm so dumbfounded, I'm not sure what I should say.

✎ '어안'은 어이가 없어서 말을 못하고 있는 혀 안을 의미한다.
🔎 주로 안 좋고 기막힌 일을 당했을 때 사용하지만, '갑자기 상을 받게 돼서 어안이 벙벙해요.'처럼 좋은 일로 놀랐을 때도 사용한다.

어처구니가 없다
★☆☆ 관

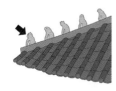

너무 엄청나거나 일이 너무 뜻밖이어서 기가 막힐 때 사용한다.
Used when one is at a loss for words because something is so tremendous or unexpected.

예 가: 오늘 **어처구니가 없게** 택시비로 오천 원짜리를 낸다는 게 오만 원짜리를 내고 내렸어요.
Today, my taxi fare was 5,000 won, but I ridiculously paid 50,000 won and got out of the car.

나: 택시 기사님도 그걸 모르고 그냥 받으셨어요?
The taxi driver didn't realize and just accepted it?

🔎 '어처구니'는 궁궐의 지붕 위에 귀신을 쫓기 위해 올려 두던 조각상 혹은 맷돌의 손잡이를 뜻한다. 궁궐을 다 지었다고 좋아했는데 뒤늦게 어처구니가 없는 것을 발견했거나 맷돌을 사용하려고 하는데 손잡이가 없어서 황당할 때 사용한다.

★★☆ 〔관〕
정신을 차리다

사리를 분별할 수 있는 정신 상태를 가질 때 사용한다.

Used when one is in a mental state that allows them to be reasonable.

〔예〕 **가:** 오늘 시합에서 꼭 이겨야만 결승전에 갈 수 있어. 그러니까 **정신을 번쩍 차리고** 해야 돼.

We absolutely have to win today's game to be able to go to the finals. So you have to stay fully alert.

나: 네. 알겠습니다. 최선을 다하겠습니다.

Yes, I understand. I'll do my best.

🔎 강조할 때는 '정신을 번쩍 차리다' 혹은 '정신을 바싹 차리다'를 사용한다. 한편, 일의 이치를 분별할 정신이 생겼을 때는 '정신이 나다'를 사용한다.

★☆☆ 〔관〕
진이 빠지다

〔유〕 진이 떨어지다

너무 힘들게 일하거나 시달려 기운이 없을 때 사용한다.

Used when one works very hard or suffers with no energy.

〔예〕 **가:** 양양 씨, 여의도 벚꽃 축제 잘 다녀왔어요?

Yangyang, did you have a good time at the Yeouido cherry blossom festival?

나: 사람이 어찌나 많은지 꽃구경을 하기도 전에 **진이 다 빠져** 버렸어요.

There were so many people there that I was totally worn out before I even saw any flowers.

🔎 '진'은 식물의 줄기나 나무껍질 등에서 나오는 끈끈한 물질인데 이것이 빠져나가면 식물이나 나무가 말라서 죽게 된다. 이처럼 사람이 기력이나 힘이 없을 때 사용한다. 한편, 어떤 일을 할 때 힘을 다 써서 힘이 없어졌을 때는 '진을 빼다'를 사용한다.

★☆☆ 〔관〕
필름이 끊기다

술을 많이 마셔서 정신이나 기억을 잃게 되었을 때 사용한다.

Used when one drinks so much alcohol that they black out or lose their memory.

〔예〕 **가:** 태현아, 나 어제 몇 시에 기숙사에 들어왔어?

Taehyun, what time did I come back to the dormitory last night?

나: 기억을 못 하는 게 당연하지. **필름이 끊겨서** 하준이가 업고 왔잖아.

Of course you don't remember. You were so black-out drunk that Hajoon carried you back.

🔎 사람의 기억도 사진 필름처럼 연결이 되어 있는데 어떤 일로 인해 그 기억의 필름이 끊겨서 기억이 나지 않을 때 사용한다. 속된 표현이므로 윗사람이나 친하지 않은 사람에게는 사용하지 않는 것이 좋다.

소문·평판

Rumors and Reputation

-----

❶ 간섭·참견 Interference and Meddling
❷ 긍정적 평판 Positive Reputation
❸ 부정적 평판 Negative Reputation

간섭·참견 Interference and Meddling

Track 010

★☆☆ 속

간에 붙었다
쓸개에 붙었다 한다

유 간에 붙었다 염통에 붙었다
한다, 간에 가 붙고 쓸개에
가 붙는다

자기에게 조금이라도 이익이 되는 쪽으로 계속 옮겨 다닌다는 말이다.
Indicates someone constantly moves to whichever side provides even a small benefit for themselves.

예 가: 태현이는 필요에 따라 **간에 붙었다 쓸개에 붙었다** 하니 믿을 수가 없어.
Taehyun always goes back and forth changing sides according to his own needs, so I can't trust him.

나: 맞아. 어제도 우리랑 같이 프로젝트를 한다고 하더니 다른 팀 구성원이 더 좋으니까 바로 그쪽으로 가 버렸잖아.
That's right. Just yesterday, he said he would work on a project with us, but he ended up immediately changing to a different team because their members looked better.

🔎 보통 지조 없이 상황에 따라 아무에게나 아부하는 사람을 비난할 때 사용한다.

★★☆ 속

공자 앞에서
문자 쓴다

어떤 것에 대하여 더 많이 알고 있는 사람 앞에서 별로 아는 것도 없는 사람이 아는 체할 때 사용한다.
Used when one pretends that a person who knows more about a certain subject than them does not know much at all.

예 가: 지난 주말에 동창회에 가서 주식으로 돈을 버는 방법에 대해 한참 이야기했는데 동창 중에 한 명이 증권 회사에 다니지 뭐야.
Last weekend, I went to an alumni meeting and talked for a long time about how to earn money through stocks, but one of the alumni works at a stock company.

나: 그야말로 **공자 앞에서 문자 썼구나**?
So you were trying to teach a fish how to swim, eh?

🔎 '공자'는 유교를 만든 중국의 사상가이자 학자인데 그런 대단한 사람 앞에서 어려운 문자를 쓰며 잘난 척하는 모습을 비유적으로 표현한 말이다.

★☆☆ 📙
구더기 무서워 장 못 담글까

📎 범 무서워 산에 못 가랴, 장마가 무서워 호박을 못 심겠다

자그마한 방해물이 있더라도 해야 하거나 하고 싶은 일은 반드시 해야 한다는 말이다.

Indicates one must do the work that one has to or wants to do, even if there are small obstacles.

📘 가: 아이가 자꾸 자전거를 사 달라고 하는데 타다가 사고가 날까 봐 못 사 주겠어.

My child keeps asking me to buy her a bike, but I'm so afraid that she'll get into an accident while riding it that I don't think I can buy one for her.

나: **구더기 무서워서 장 못 담글까** 봐 걱정이야? 자전거가 없으면 학교 다니기 불편할 거야. 하나 사 줘.

You're afraid of accidents before they've even happened? If she doesn't have a bike, it'll be inconvenient for her to go to school. Buy one for her.

🔍 된장, 간장, 고추장과 같은 장을 잘 발효시키려면 여름철에 장을 넣어 둔 장독 뚜껑을 열어 두어야 하는데 여기에 파리가 알을 낳게 되면 구더기가 생긴다. 그렇지만 장은 한국의 음식 맛을 내는 데 꼭 필요한 양념이므로 이런 일이 생길지라도 꼭 담가야 한다는 데에서 유래한 표현이다.

★★★ 📙
남의 떡이 더 커 보인다

📎 남의 손의 떡은 커 보인다, 제 떡보다 남의 떡이 더 커 보인다

내가 가지고 있는 것보다 다른 사람의 것이 더 좋게 느껴질 때 사용한다.

Used when one feels that something that another person has is better than their own.

📘 가: 마크 차가 내 차보다 더 좋아 보이지 않니?

Doesn't Mark's car look better than mine?

나: **남의 떡이 더 커 보인다더니** 네 차가 훨씬 더 비싼 거잖아.

They say that the grass is always greener on the other side of the fence. Your car is way more expensive than Mark's car, you know.

🔍 실제로 그렇지 않음에도 불구하고 다른 사람의 물건이나 처한 상황이 자신보다 더 좋아 보여 부러워할 때 사용한다.

★☆☆ 속

남의 잔치에
감 놓아라 배 놓아라
한다

(유) 남의 제사에 감 놓아라 배
놓아라 한다, 사돈집 잔치에
감 놓아라 배 놓아라 한다

다른 사람의 일에 이래라저래라 간섭할 때 사용한다.
Used when one keeps meddling in someone else's affairs and telling them what to do.

예 가: 제시카는 왜 저렇게 옷을 촌스럽게 입고 다니니?
　　　Why does Jessica go around wearing such dorky clothes?

　　나: 괜히 **남의 잔치에 감 놓아라 배 놓아라** 하지 말고 우리나 잘
　　　입고 다니자고.
　　　Stop sticking your nose in other people's business and just worry about your own clothes.

🔍 자신과 관계도 없는 일에 끼어들어 쓸데없이 참견하기를 좋아하는 사람을 꾸짖을 때
　사용한다. 짧게 '감 놔라 배 놔라'라고 말하기도 한다.

☆☆☆ 속

남의 장단에 춤춘다

(유) 남의 장단에 엉덩춤 춘다,
남의 피리에 춤춘다,
남이 친 장단에 엉덩춤 춘다

자신의 의견이 없이 다른 사람이 하는 대로 그대로 따른다는 말이다.
Indicates one follows what someone else does without their own opinion.

예 가: 언니, 나 미국 말고 캐나다로 유학을 갈까 봐. 요즘에는
　　　사람들이 캐나다로 많이 가더라고.
　　　Sis, I'm thinking about studying abroad in Canada instead of the USA. These days, so many people are going to Canada.

　　나: **남의 장단에 춤추지** 말고 잘 판단해. 괜히 남들 따라 하다가
　　　큰일 나.
　　　Don't follow the beat of someone else's drum and make your own decision. If you follow other people for no reason, you'll regret it.

🔍 무슨 일을 할 때에는 다른 사람을 따라 하지 말고 자기의 생각과 의지로 판단하고
　결정해야 한다고 충고할 때 사용한다.

★★★ 속

떡 줄 사람은
생각도 않는데
김칫국부터 마신다

(유) 떡 줄 사람은 꿈도 안
꾸는데 김칫국부터 마신다,
김칫국부터 마신다

상대방은 뭔가 해 줄 생각도 없는데 혼자 지레짐작으로 은근히
바라거나 해 줄 거라고 착각하고 있을 때 사용한다.
Used when one guesses or mistakenly believes that someone else will do something for them, but the other person has no intention of doing so.

예 가: 어머! 태현아, 그 꽃다발 나한테 주려고 사 온 거야?
　　　Oh my! Taehyun, did you buy that bouquet of flowers for me?

　　나: 수아야, **떡 줄 사람은 생각도 않는데 김칫국부터 마시지** 마.
　　　오늘 내 여자 친구 생일이라 준비한 거야.
　　　Sooah, don't count your chickens before they hatch. It's my girlfriend's birthday today, so I bought it for her.

🔍 옛날에는 떡을 먹을 때 김칫국을 함께 마셨다고 한다. 이 속담은 이웃에서 떡을 하면
　자기 집에도 당연히 가져다줄 거라고 생각해서 미리 김칫국부터 준비해 마시는 행동을
　비유적으로 표현한 것이다.

목마른 놈이 우물 판다

★☆☆ 속

㈜ 갑갑한 놈이 우물 판다

급하고 아쉬운 사람이 서둘러서 빨리 어떤 일을 시작한다는 말이다.

Indicates someone who is in a hurry or unsatisfied will rush to start something quickly.

예 가: 조금만 기다리면 아빠가 새로 사 줄 텐데 그걸 못 참고 가방을 미리 샀어?

If you wait just a little longer, Dad will buy you a new bag, but you couldn't stand it and bought one already?

나: **목마른 놈이 우물 판다고** 다음 주부터 학교에 가야 하는데 아직까지 안 사 주셔서 제가 샀어요.

They say that a thirsty man digs the well. I have to go to school starting next week, but since you haven't bought me a bag yet, I bought one myself.

번갯불에 콩 볶아 먹겠다

★★☆ 속

㈜ 번갯불에 콩 구워 먹겠다

어떤 일을 할 때 조급하게 굴거나 어떤 행동을 당장 실행하지 못해 안달할 때 사용한다.

Used when one acts impatient while doing something, or when one is fretting because they can't proceed with a certain action immediately.

예 가: 엄마, 수학 문제 다 풀었어요. 이제 나가서 놀아도 되지요?

Mom, I solved all my math problems. I can go out and play now, right?

나: 10분도 안 됐는데 다 풀었다고? **번갯불에 콩 볶아 먹겠네.** 천천히 다시 풀어 보고 다 풀면 나가서 놀아.

It hasn't even been 10 minutes, but you say you've already solved them all? Good and quickly seldom meet. Try solving them again slowly, and when you solve them all, go out and play.

🔎 어떤 사람의 참을성이 없는 급한 성격을 놀림조로 말할 때 사용한다.

변덕이 죽 끓듯 하다

★★★ 관

말이나 행동, 감정 등이 자주 변할 때 사용한다.

Used when one's words, behavior, emotions, etc. frequently change.

예 가: 수아는 자기가 먼저 약속을 잡아 놓고 갑자기 나오기 귀찮다고 우리끼리 만나래.

Sooah always makes plans first, but then suddenly says it's too bothersome to go out and tells us to meet on our own.

나: 걔는 원래 **변덕이 죽 끓듯 하잖아.** 그냥 우리끼리 재미있게 놀자.

She's always been fickle like that. Let's just have fun hanging out by ourselves.

🔎 종잡을 수 없을 만큼 마음이 자주 바뀌는 사람을 죽이 끓기 시작하면서 이리 튀고 저리 튀는 모습에 비유한 표현이다.

★☆☆ 속
술에 술 탄 듯
물에 물 탄 듯

(유) 물에 물 탄 듯 술에 술 탄 듯

자기의 의견이나 주장이 없다는 말이다.

Indicates that one does not have their own opinion or argument.

예 가: 친구가 자꾸 저한테 돈을 빌려 달라고 하는데 어쩌지요?

My friend keeps asking me to lend them money. What should I do?

나: 당연히 거절해야지. 네가 **술에 술탄 듯 물에 물탄 듯** 하니까 친구들이 자꾸 뭔가를 빌려 달라고 하는 거야.

Obviously, you should refuse. Your friends keep asking you to lend them things because you're wishy-washy.

🔎 술에 술을 더 타거나 물에 물을 더 타도 술이나 물의 성질은 변하지 않는다. 이처럼 누군가가 자신의 생각이 없고 우유부단해서 다른 사람의 의견에 무조건 따라갈 때 사용한다.

★★☆ 관
쓸개가 빠지다

하는 행동이 이치에 맞지 않고 줏대가 없을 때 사용한다.

Used when one's behavior is unreasonable and spineless.

예 가: 그런 **쓸개가 빠진** 행동 좀 그만해. 다시는 연락하지 말라고 냉정하게 돌아선 사람한테 또 연락을 했다고?

Stop being so spineless already. You contacted someone who coldly turned her back on you and told you not to contact her ever again?

나: 그러게요. 하지 말아야지 하면서도 왜 자꾸 연락하게 되는지 저도 모르겠어요.

I know. I tell myself I shouldn't, but even I'm not sure why I keep contacting her.

✎ '쓸개'는 원래 간에서 나오는 쓸개즙을 담아 두는 주머니를 말하지만 여기에서는 줏대라는 의미로 사용되었다.

🔎 누군가가 줏대가 없거나 정신을 못 차릴 때 사용한다. 한편, 누군가를 '쓸개 빠진 놈'이라고 부르면 너무 심한 욕이 되므로 사용할 때 조심해야 한다.

★☆☆ 속
약방에 감초

어떤 일에든 빠짐없이 끼는 사람을 말한다.

Indicates a person who is involved in everything.

예 가: 이번에 선배님들이 하시는 워크숍에 저도 참여하면 안 돼요?

May I participate in the upcoming senior employees' workshop?

나: 너는 **약방에 감초**처럼 다 끼려고 하니? 이번에는 선배들만 하는 거니까 넌 오지 마.

Are you trying to be a jack of all trades? This workshop is only for senior employees, so don't come.

🔎 '약방'은 '처방전'을 뜻하는 말로 한의사들이 한약을 조제할 때마다 대부분의 처방전에 감초를 썼는데 여기에서 나온 표현이다.

★☆☆ 속
얌전한 고양이가 부뚜막에 먼저 올라간다

유 얌전한 강아지가 부뚜막에 먼저 올라간다

겉으로는 얌전한 척하지만 실제로는 그렇지 않은 사람을 말한다.
Indicates a person who pretends to be docile on the outside, but they are not actually like that.

예 가: 윤아야. 다음 달에 동생이 결혼한다면서?
Yoona, I heard that your younger sister is getting married next month.

나: 응. **얌전한 고양이가 부뚜막에 먼저 올라간다**고 공부만 하는 줄 알았는데 남자 친구를 사귄 지 3년이나 되었더라고.
Yeah. They say it's always the quiet ones. I thought that all she does is study, but she's been dating her boyfriend for 3 years.

🔎 추운 날에 아궁이에 불을 지펴 부뚜막이 따뜻해지자 얌전하게 있던 고양이가 제일 먼저 거기에 올라가 앉는다는 말로 겉보기에 점잖고 얌전한 사람이 뜻밖의 행동을 했을 때 사용한다.

★☆☆ 속
어느 집 개가 짖느냐 한다

유 어디 개가 짖느냐 한다

남의 말을 들은 체도 하지 않는다는 말이다.
Indicates that one does not even pretend to hear what someone else is saying.

예 가: 내가 말하고 있는데 왜 아무 반응이 없어? 지금 **어느 집 개가 짖느냐** 하면서 다른 생각하는 거야?
I'm talking to you, but why aren't you reacting at all? Are you ignoring what I say and thinking about something else?

나: 아니야. 오늘 내가 몸이 좀 안 좋아서 그래.
No. It's because I'm not feeling well today.

🔎 다른 사람이 아무리 큰 소리로 떠들고 말해도 듣고 싶지 않아서 무시할 때 사용한다.

★★★ 속
우물에 가 숭늉 찾는다

유 보리밭에 가 숭늉 찾는다

일의 순서를 모르고 성급하게 덤빌 때 사용한다.
Used when one does not know the order of something and rushes into it.

예 가: 엄마, 제 옷의 단추 다 다셨어요?
Mom, did you sew all the buttons on my clothes?

나: **우물에 가 숭늉 찾겠다.** 왜 이렇게 급하니? 이제 바늘에 실을 꿰고 있잖아.
You'd try to find hot water under cold ice. Why are you in such a hurry? I'm just threading the needle now.

🔎 숭늉은 밥을 하고 난 뒤 누룽지에 물을 부어 끓여야 얻을 수 있다. 그런데 그냥 물이 있는 우물에 가서 숭늉을 찾으니 나올 리가 없다. 이처럼 성미가 매우 급한 사람을 가리키는 말로 윗사람이나 친하지 않은 사람에게는 사용하지 않는 것이 좋다. 비슷한 의미로 '우물에서 숭늉 찾다'를 사용하기도 한다.

★★☆ 괜
입에 오르내리다

어떤 사람이 다른 사람들의 이야깃거리가 될 때 사용한다.
Used when someone because the subject of another person's conversation.

예 가: 오늘 첫 출근이니 회사 사람들의 **입에 오르내리지** 않도록
　　행동을 잘해야 된다.
　　Today is your first day at work, so you'd better behave well
　　so you don't become the name on everyone's lips.

　나: 제가 알아서 잘할 테니까 걱정하지 마세요.
　　I'll figure it out on my own, so don't worry.

🔍 사람들 사이에서 누군가에 대한 어떤 소문이 돌고 있을 때 사용한다.

★★☆ 괜
입이 싸다

말이 많고 비밀을 잘 지키지 않는다는 말이다.
Indicates that someone talks a lot and does not keep secrets well.

예 가: 내가 민지한테 말한 비밀을 친구들이 다 알고 있더라.
　　All my friends know about the secret I told Minji.

　나: 민지가 **입이 싼** 걸 몰랐어? 그래서 걔한테는 절대 비밀을
　　말해선 안 돼.
　　Didn't you know that Minji is a blabbermouth? That's why you
　　should never tell her any secrets.

🔍 속된 표현으로 윗사람이나 친하지 않은 사람에게는 사용하지 않는 것이 좋다.

★★★ 괜
콧대가 높다

어떤 사람이 잘난 체하고 우쭐거릴 때 사용한다.
Used when someone thinks highly of themselves and acts conceited.

예 가: 수아가 명문 대학에 가더니 너무 **콧대가 높아졌어.**
　　Sooah has gotten so stuck-up now that she's going to a
　　famous university.

　나: 그러게. 어찌나 잘난 척을 하는지 꼴 보기 싫을 때가 있어.
　　Seriously. She acts so snobby that I can't listen to her.

🔍 자신의 자만심이나 자존심을 버릴 때는 '콧대를 낮추다'를 사용한다.

★★☆ 관
하늘 높은 줄 모르다

자기의 분수를 모르고 잘난 체하고 우쭐거릴 때 사용한다.

Used when one does not know their own place, puts on airs and acts conceited.

> 예 가: 하준이가 **하늘 높은 줄 모르고** 잘난 척하니까 친구들이 걔를 다 싫어해.
>
> Hajoon is so full of himself and acts so conceited that all his friends hate him.
>
> 나: 그래서 사람은 항상 겸손해야 하는 거야.
>
> That's why people should always be humble.

🔍 주로 잘난 척하는 사람을 비꼬아 말할 때 사용한다. 한편, '물가가 하늘 높은 줄 모르고 치솟아 서민들의 형편이 점점 어려워지고 있다.'처럼 물가가 매우 높게 오를 때도 사용한다.

★★☆ 속
하룻강아지 범 무서운 줄 모른다

아무 경험 없는 사람이 철없이 함부로 덤빌 때 사용한다.

Used when a person without any experience immaturely and carelessly rushes into something.

> 예 가: 지난주에 입사한 신입 사원이 이사님의 말씀에 말대꾸를 했대요.
>
> I heard that the new employee who just joined the company last week talked back to the director.
>
> 나: **하룻강아지 범 무서운 줄 모른다더니** 사회생활이 뭔지 모르는군.
>
> They say that fools rush in where angels fear to tread. That person must not know what a career is.

🔍 호랑이를 본 적이 없는 강아지가 처음으로 호랑이를 보고 얼마나 무서운 존재인 줄도 모르고 마구 짖어댄다는 말이다. 이처럼 분수도 모르고 다른 사람에게 겁도 없이 덤벼드는 것을 보고 빈정대면서 말할 때 사용한다.

❷ 긍정적 평판 | Positive Reputation

Track 011

★☆☆ 관
맺힌 데가 없다

마음이 넓고 너그럽다는 말이다.

Indicates that one has a generous and open mind.

> 예 **가**: 선생님, 우리 지훈이가 학교생활을 잘하나요?
> Teacher, is Jihoon doing well at school?
>
> **나**: 네. 공부도 열심히 하고 **맺힌 데가 없이** 싹싹해서 친구도 많아요.
> Yes. He studies well and is open-minded and sociable, so he has many friends.

🔎 비슷한 의미로 '맺힌 구석이 없다'를 사용한다. 한편, 어떤 사람이 마음이 넓지 않고 너그럽지 못할 때는 '맺힌 데가 있다'를 사용한다.

★★☆ 관
물 샐 틈이 없다

성격이 빈틈없이 철저하거나 어떤 일을 철저하고 완벽하게 처리할 때 사용한다.

Used when one's personality is meticulous without fail, or when one does something thoroughly and perfectly.

> 예 **가**: 왜 저만 이렇게 많은 업무를 맡게 되는지 모르겠어요. 매일매일 정신이 없어요.
> I'm not sure why I'm the only one who is given so much work. I'm swamped every single day.
>
> **나**: 지원 씨가 무슨 일이든지 **물 샐 틈이 없이** 처리하니까 상사들이 믿고 맡기는 거겠죠.
> Jiwon, no matter what the task is, you always do it without missing any details, so the higher-ups must assign you the work because they trust you.

🔎 물을 부어도 샐 틈이 없어서 한 방울의 물도 새지 않는다는 의미로 조금도 빈틈이 없는 성격을 비유적으로 표현한 것이다.

★☆☆ 관
반죽이 좋다

노여워하지 않거나 부끄러움을 타지 않는다는 말이다.
Indicates that one does not take offense or is not the shy type.

예 **가:** 승원 씨가 우리 모임에 새로 들어와도 적응을 잘할까요?
　　If Seungwon joins our meetings, will he adjust well?

　　나: 그럼요. 승원 씨는 **반죽이 좋아** 사람들과도 잘 어울리고 금방 적응할 거예요.
　　Of course. Seungwon is easygoing and gets along with people well, so he'll adjust in no time.

✎ '반죽'은 비위가 좋아 주어진 상황에 잘 적응하는 성격이라는 말이다.

🔍 사람들이 '변죽이 좋다'로 말하는 경우가 있는데 이것은 잘못된 표현이다.

★☆☆ 관
배짱이 좋다

담력과 박력이 있어서 어떤 것도 무서워하지 않는다는 말이다.
Indicates one has courage and drive, so they are not afraid of anything.

예 **가:** 모두가 이 일은 위험 부담이 크니까 하지 말라고 말리는데도 밀고 나가는 걸 보니 민수 씨는 **배짱이 좋네요.**
　　Everyone said not to do this because it was too risky, but seeing how he pushed everyone to do it, Minsu is really gutsy.

　　나: 저도 놀랐어요. 평소에 너무 조용해서 저렇게 추진력이 있는지 몰랐거든요.
　　I was surprised, too. He's usually so quiet that I had no idea he had that much drive.

🔍 '배짱'은 배 속에 들어 있는 장을 말하는데 옛날 사람들은 이 장이 튼튼하고 좋아야 겁을 먹지 않는다고 생각했다. 한편, 다른 사람을 겁내거나 의식하지 않고 자신만만한 태도를 보일 때는 '배짱이 두둑하다'를 사용한다.

★☆☆ 관
배포가 크다

생각이 깊고 담력이 크다는 말이다.
Indicates that one has deep thoughts and great courage.

예 **가:** 승원 씨가 천 명이 넘는 사원들 앞에서 발표를 잘할 수 있을지 걱정이에요.
　　I'm worried about whether Seungwon can give a presentation well in front of more than 1,000 employees.

　　나: 걱정하지 마세요. 생각보다 **배포가 큰** 사람이라 발표를 잘할 거예요.
　　Don't worry. He has more backbone than you might think, so he'll do a good job with the presentation.

🔍 비슷한 의미로 '배포가 두둑하다' 혹은 '배포가 남다르다'를 사용한다.

★☆☆ 관
법 없이 살다

법이 없어도 나쁜 짓을 하지 않을 정도로 사람이 바르고 착하다는 말이다.

Indicates that someone is so upright and kind that even without any laws, they would never do anything bad.

> **예** 가: 아래층에 새로 이사 온 사람은 어때요? 지난번에 살던 사람은 층간 소음 문제로 너무 예민하게 굴어서 힘들었잖아요.
> How's the new person who moved in below you? The last person who lived there acted so sensitive about the apartment noise that you had a difficult time.
>
> 나: 글쎄요. 아직은 잘 모르겠지만 첫인상은 **법 없이 살** 사람처럼 착해 보이던데요.
> I'm not sure. I don't know them well yet, but my first impression was that they looked like a kind and upstanding person.

🔍 강조할 때는 '법 없이도 살 사람'의 형태로 사용한다.

★★★ 관
신경을 쓰다

사소한 일까지 세심하게 주의를 기울인다는 말이다.

Indicates that one pays close attention to even trivial things.

> **예** 가: 제시카 씨는 일을 하면서 혼잣말을 자주 하네요.
> Jessica often talks to herself while she's working.
>
> 나: 안 그래도 제시카 씨한테 물어봤는데 일할 때 집중하면 자기도 모르게 혼잣말을 하게 된다고 하더라고요. 너무 **신경을 쓰지** 마세요.
> Actually, I asked Jessica about that, and she said that when she works, if she's concentrating hard she talks to herself without realizing it. Don't mind her too much.

✎ '신경'은 원래 동물이나 사람에게 있는 신체 기관을 말하나 여기에서는 어떤 일에 대한 느낌이나 생각이라는 의미로 사용되었다.

🔍 어떤 일에 마음이나 신경이 기울어지거나 쏠릴 때에는 '신경이 쓰이다'를 쓴다. 한편, 어떤 일에 더 이상 관심을 두지 않거나 생각하지 않을 때는 '신경을 끄다'를 사용한다.

★★☆ 관
엉덩이가 무겁다

유 궁둥이가 무겁다

한 번 자리에 앉으면 일어날 생각을 안 하고 한자리에 오래 앉아 있다는 말이다.
Indicates that if one sits in a chair once, they do not have any thoughts of getting up and they will sit in that chair for a long time.

예 가: 푸엉이는 정말 **엉덩이가 무거운** 것 같아. 3시간이 넘도록 꼼짝도 안 하고 기말 보고서를 쓰고 있어.
Phuong must really like sitting down. She's writing her final report and hasn't moved a muscle for more than 3 hours.

나: 진짜 대단하다. 난 한 시간만 앉아 있어도 힘든데…….
She's really amazing. It's hard for me to sit for even just one hour…

🔍 한자리에 오래 앉아 있지 못하고 금방 일어날 때는 '엉덩이가 가볍다'를 사용한다.

★★★ 관
입이 무겁다

말이 많지 않고 비밀을 잘 지킨다는 말이다.
Indicates that one does not talk a lot and keeps secrets well.

예 가: 민지하고 하준이가 사귀는 건 아무도 모르니까 절대 다른 사람한테 이야기하지 마.
No one knows that Minji and Hajoon are dating, so don't you dare tell anyone else.

나: 나는 **입이 무거운** 사람이니까 걱정하지 마.
I can keep a secret, so don't worry.

🔍 말이 많고 비밀을 잘 지키지 않는 사람에게는 '입이 가볍다'를 사용한다.

★☆☆ 관
피가 뜨겁다

의지나 의욕 등이 매우 강하다는 말이다.
Indicates that one has an extremely strong will or drive.

예 가: 영화배우 허지은 씨가 영화 제작에 참여한다면서요?
I heard that the movie actress Heo Jieun is involved in the film production?

나: 아니래요. 인터뷰한 것을 봤는데 자기는 연기할 때 가장 **피가 뜨거운** 것 같다며 제작은 생각도 해 본 적이 없다고 하더라고요.
No, she isn't. I saw an interview with her, and she said that she believes she's the most passionate while she's acting, so she's never thought about being a producer.

✏️ '뜨겁다'는 원래 어떤 것의 온도가 높다는 의미지만 여기에서는 비유적으로 감정이나 열정 등이 격렬하고 강하다는 의미로 사용되었다.

부정적 평판 | Negative Reputation

Track 012

★☆☆ 관
간도 쓸개도 없다

자존심이 없을 정도로 남에게 굽힌다는 말이다.

Indicates that one yields to others, as if they have no self-respect.

예 가: 왜 자꾸 우리 팀이 제일 못했다고 놀리는 민지 편을 드는 거야? 넌 **간도 쓸개도 없니**?

Why are you taking Minji's side when she's the one who keeps teasing that our team did the worst? Are you totally spineless or what?

나: 민지 편을 드는 게 아니라 좀 냉정하게 생각해 보자는 거야. 그래야 다음번에 더 잘할 수 있잖아.

I'm not taking Minji's side, I'm saying that we should think a bit more calmly. That's the only way we can do better next time.

🔎 어떤 사람이 자기에게 도움이 될 것 같은 사람에게 무조건 잘해 주거나 그 사람이 시키는 것은 다 하는 것을 보고 비난할 때 사용한다.

★★☆ 관
간이 붓다

처지나 상황에 맞지 않게 매우 용감해짐을 비유적으로 나타낸 말이다.

Indicates that one figuratively demonstrates extreme bravery that does not suit the situation or circumstances.

예 가: 승원 씨가 갑자기 **간이 부었는지** 사장님이 빨리 마무리하라고 말씀하신 서류 작업을 계속 안 하고 있어요.

I'm not sure if he's suddenly become too audacious, but Seungwon still isn't working on the documents that the boss told him to finish quickly.

나: 결재를 올릴 때마다 사장님이 뭐라고 하시니까 그동안 쌓였던 게 폭발한 거지요.

Every time he submits work for approval, the boss always says something, so everything that he's stored up all this time must have exploded.

🔎 지나치게 대담해서 허세를 부리고 무모한 행동을 할 때 사용하며 보통 부정적인 상황에서 사용된다. '간덩이가 붓다', '간땡이가 붓다'를 사용하기도 하는데 이것은 속된 표현이다.

★★☆ 팝
간이 작다

겁이 많고 소심하다는 말이다.
Indicates that one is fearful and timid.

예 **가**: 번지점프를 하자고? 나는 **간이 작아서** 절대 못 해.
You want to go bungee jumping? I'm a scaredy cat, so I could never do that.

나: 그래? 그럼 나 혼자 하고 올 테니까 응원이나 해 줘.
Really? Well then, I'll go and do it myself, so cheer me on.

🔍 한의학에서는 간이 정신 활동까지 관장한다고 하여 아주 중요한 장기로 생각하는데 간이 차가우면 부피가 작아져 조그만 일에도 겁을 내게 된다고 한다. '간덩이가 작다', '간땡이가 작다'를 사용하기도 하는데 이것은 속된 표현이다.

★☆☆ 팝
간이 크다

겁이 없음을 나타내는 말이다.
Indicates that one has no fear.

예 **가**: 내 동생이 한 달 동안이나 아프리카로 배낭여행을 가겠대.
My younger sibling said he is going to go backpacking in Africa for a month or so.

나: 네 동생은 정말 **간이 크구나**? 난 겁이 나서 혼자서는 국내 여행도 못하겠던데.
Your younger sibling is really bold, huh? I'd be too scared to even travel domestically by myself.

🔍 한의학에서는 간이 뜨거우면 크기가 커져서 웬만한 일에는 눈도 깜짝 안 하게 된다고 본다. '간덩이가 크다', '간땡이가 크다'를 사용하기도 하는데 이것은 속된 표현이다.

★★☆ 속
겉 다르고 속 다르다

🔗 겉과 속이 다르다,
겉 보기와 안 보기가 다르다

겉으로 드러나는 행동과 마음속으로 품고 있는 생각이 서로 다르다는 말이다.
Indicates that the actions one reveals on the outside are different from their thoughts on the inside.

예 **가**: 수아가 자기가 발표를 도와주겠다면서 우리 팀 발표 제목이 뭔지 좀 알려 달래.
Sooah said she would help us with our presentation, so she asked us to tell her our team's presentation title.

나: 수아는 **겉 다르고 속 달라서** 믿으면 안 돼. 아마 우리 팀에서 뭘 발표하는지 미리 알고 싶어서 그런 걸 거야.
Sooah says one thing and means another, so she can't be trusted. She probably asked that because she wants to know what our team's presentation is about beforehand.

🔍 어떤 사람의 됨됨이가 바르지 못하니까 그 사람을 믿으면 안 된다고 말할 때 사용하며 비슷한 의미로 '앞뒤가 다르다'를 사용한다.

★★★ 괜
귀가 얇다

남의 말을 잘 믿고 제안을 쉽게 받아들인다는 말이다.
Indicates that one easily trusts what others say and easily accepts others' suggestions.

예 가: 민지야. 나 쇼핑하러 가는데 같이 가 줄래? 난 **귀가 얇아서** 점원이 예쁘다고 하면 다 사 버리잖아.
　　Minji, I'm going shopping. Do you want to come along? I'm easily influenced, so if a salesperson tells me that something looks pretty, I end up buying everything.

　　나: 알았어. 같이 가 줄게.
　　Alright. I'll go with you.

🔎 누군가가 다른 사람의 이야기에 솔깃해서 줏대가 없이 행동할 때 사용한다.

★★★ 괜
낯을 가리다

낯선 사람을 대하기 싫어한다는 말이다.
Indicates that one does not like to face strangers.

예 가: 아이가 말이 별로 없고 부끄러움을 많이 타네요.
　　Your child doesn't talk much and is very shy.

　　나: 우리 아이가 **낯을** 많이 **가려서** 그래요. 친해지면 말도 많이 하고 명랑해져요.
　　That's because my child is shy around strangers. Once she gets to know you, she's very talkative and she becomes more cheerful.

🔎 보통 새로운 환경이나 사람이 낯설어서 어색해 할 때 쓴다. 주로 '낯을 많이 가리다'의 형태로 사용한다.

★☆☆ 괜
놀부 심보

유 놀부 심사

심술궂고 욕심이 많은 마음씨를 나타낸다.
Indicates that one's nature is very greedy and wicked.

예 가: 민지가 남자 친구 자랑을 그렇게 하더니 크게 싸우고 헤어졌대. 너무 고소하지 않니?
　　Minji bragged so much about her boyfriend, but then they had a big fight and broke up. Isn't that rich?

　　나: 너는 친구에게 안 좋은 일이 있는데 위로는 못 해 줄망정 무슨 **놀부 심보**니?
　　Something bad happened to your friend, but you can't even comfort her? How cruel are you?

🔎 놀부는 '흥부와 놀부'라는 옛날이야기에 나오는 욕심이 많고 심술궂은 사람이다. 그리고 '심보'는 마음을 쓰는 태도인데 주로 '심보가 고약하다' 혹은 '심보가 못됐다'와 같이 좋지 못한 마음을 가리킬 때 사용한다. 그래서 다른 사람이 잘되는 것을 보지 못하고 시기 질투하는 못된 마음을 '놀부 심보'라고 한다.

뒤끝이 흐리다

☆☆☆ 관

말이나 행동의 끝맺음이 확실하지 않다는 말이다.

Indicates that the conclusion of someone's words or actions is not clear.

예 가: 민수 씨, 이번 일은 확실하게 끝맺음을 해야 합니다. 지난번처럼 **뒤끝이 흐리게** 처리하면 절대 안 됩니다.

Minsu, this time you must definitively wrap up the work. You absolutely cannot leave it unfinished like last time.

나: 알겠습니다. 마무리까지 확실하게 하겠습니다.

Understood. I'll work with certainty until the very end.

✐ '흐리다'는 원래 순수한 것에 다른 것이 섞여 깨끗하지 않다는 의미지만 여기에서는 기억이나 생각 등이 분명하지 않다는 의미로 사용되었다.

모가 나다

★★☆ 관

성격이나 태도가 원만하지 않고 까다롭다는 말이다.

Indicates that one's personality or attitude is not easygoing and is rather difficult.

예 가: 수아는 친구가 별로 없나 봐. 항상 혼자 다니잖아.

Sooah doesn't really seem to have any friends. She's always alone.

나: 수아가 성격이 좀 **모가 났잖아**. 그래서 사람들이 같이 다니는 걸 별로 안 좋아하는 것 같아.

Sooah has a rather fussy personality. That's why people don't really seem to like hanging out with her.

✐ '모'는 물건의 뾰족하게 튀어나온 부분을 말한다.

🔍 성격이 부드럽지 못하고 매우 까다로운 사람에게는 '성격이 까칠하다'를 사용하기도 한다.

★☆☆ 팬 밴댕이 소갈머리

유 밴댕이 소갈딱지

이해심이 없고 작은 일에도 화를 잘 내는 좁고 얕은 마음을 나타낸다.
Indicates that one has a narrow and shallow mind, does not have any sympathy, and often gets angry over small things.

예 가: 형처럼 좀 부지런해지라고 잔소리 좀 했다고 또 삐졌어?
밴댕이 소갈머리 같기는.
You're sulking again because I scolded you to be a bit more diligent like your older brother? You're so intolerant.

나: 엄마가 자꾸 형하고 비교하니까 그렇잖아요. 제발 비교 좀
그만하세요.
It's because you keep comparing me with him, Mom.
I'm begging you, stop comparing us already.

✎ '소갈머리'는 속마음을 속되게 가리키는 말이다.

🔎 밴댕이는 몸의 크기에 비해 내장이 들어 있는 속이 아주 작으며, 성격이 급해서 잡히는 즉시 죽어 버린다. 그래서 어부들이 속이 좁고 쉽게 토라지는 사람을 밴댕이에 비유한 데서 나온 표현이다.

★☆☆ 팬 세월아 네월아

행동이 느리거나 일 처리가 느릿느릿할 때 사용한다.
Used when one's actions or slow, or when one does their work sluggishly.

예 가: 연우야, 시험이 코앞인데 공부는 안 하고 게임만 하면서
세월아 네월아 하고 있으면 어떻게 하니?
Yeonwoo, your exams are right around the corner, but you're not studying. How can you just take your time only playing video games?

나: 알았어요. 딱 오 분만 더 하고 공부할게요.
Alright. I'll play for just five more minutes, and then I'll study.

🔎 대체로 할 일을 미루고 무의미하게 시간을 흘려보내는 사람을 책망할 때 사용한다.

★★☆ 팬 속이 시커멓다

유 속이 검다

마음이 순수하지 않으며 생각하는 것이 엉큼하고 음흉하다는 말이다.
Indicates that one's heart is not pure, and their thoughts are crafty and cunning.

예 가: 김 대리님이 점장님께 가서 불만 사항을 같이 말하자고 하는데
그래도 될까요?
Mr. Kim wants to me to go with him to complain to the manager together. Should I go with him?

나: 글쎄요. 김 대리님은 **속이 시커먼** 사람이라 하자는 대로 다
하면 안 될 것 같아요.
I'm not sure. Mr. Kim is a malicious person, so I don't think you should just do whatever he says.

✎ '시커멓다'는 색이 지나치게 검다는 뜻의 '꺼멓다'를 강조하는 말이다.

★☆☆ 속
앉은 자리에 풀도 안 나겠다

사람이 몹시 쌀쌀맞고 냉정하다는 말이다.
Indicates that someone is very unfriendly and cold.

예 가: 김 선배님은 얼마나 쌀쌀맞은지 앉은 자리에 풀도 안 나겠어요.
　　 Mr. Kim is so unfriendly and cold, I bet grass wouldn't even grow where he sits.

　　 나: 맞아요. 후배들을 조금만 따뜻하게 대해 주시면 좋겠는데 항상 냉정하게 대하셔서 조금 서운하기도 해요.
　　 That's right. It would be nice if he treated the junior employees a little more warmly, but since he always treats us so coldly, our feelings do get a bit hurt.

★☆☆ 관
얼굴에 철판을 깔다

유 철판을 깔다

염치나 체면도 없이 매우 뻔뻔하다는 말이다.
Indicates that one is extremely shameless with no sense of honor or face.

예 가: 하준이는 정말 뻔뻔해. 태현이가 만든 PPT인데 어떻게 저렇게 당당하게 자기가 만든 거라고 거짓말을 할 수 있어?
　　 Hajoon is really shameless. Taehyun made that PPT, but how can Hajoon confidently lie like that and say he made it himself?

　　 나: 그러게. 얼굴에 철판을 깔았나 봐.
　　 You're telling me. He must be as bold as brass.

🔍 철판처럼 매우 두꺼운 얼굴 가죽을 가졌다는 의미로 누군가가 얼굴색 하나 변하지 않고 태연하게 행동을 할 때 사용한다.

★★★ 관
얼굴이 두껍다

유 낯이 두껍다,
　 얼굴 가죽이 두껍다

부끄러움이나 거리낌이 없이 뻔뻔하고 염치가 없다는 말이다.
Indicates that one is shameless and has no sense of honor, without any embarrassment or hesitation.

예 가: 앞으로는 절대 민지하고 밥을 같이 안 먹을 거야. 밥값을 한 번도 낸 적이 없어.
　　 From now on, I'm never going to eat with Minji again. She's never paid for a meal even once.

　　 나: 걔는 왜 그렇게 얼굴이 두껍니? 나하고 밥 먹을 때도 한 번도 돈을 안 냈어.
　　 Why is she so brazen? She's never paid even once when she's eaten with me, either.

🔍 주로 잘못을 하고도 사과하지 않거나 모른 척할 때 사용한다.

★★☆ 속
찔러도 피 한 방울
안 나겠다

(유) 이마를 찔러도 피 한 방울
안 나겠다

냉정하고 냉철해서 인정이 없다는 말이다.

Indicates that one is so cold and level-headed that they are
heartless.

예 가: 여보, 어떻게 하죠? 집주인한테 이번 달 월세를 며칠만 미뤄
달랬더니 절대 안 된대요. **찔러도 피 한 방울 안 나겠더라고요.**
Honey, what should we do? I asked our landlord if we could
delay paying this month's rent for just a few days, but he
completely refused. His heart must really be made of stone.

나: 그래요? 할 수 없지요. 내가 친구한테 좀 빌려 볼게요.
Really? Then it can't be helped. I'll ask my friend to lend us
some money.

🔎 '찔러도 피 한 방울 안 나올 사람'의 형태로 많이 사용한다. 한편, 빈틈없이 남에게 흠을
보이지 않는 완벽주의자를 가리킬 때도 사용한다.

★☆☆ 관
콧대가 세다

(유) 콧등이 세다

자존심이 강하여 상대에게 굽히지 않는다는 말이다.

Indicates that one has a strong sense of pride and does not yield
to others.

예 가: 할아버지, 누가 봐도 연우가 잘못했으니까 저한테 사과하라고
해 주세요. 다른 때는 제가 형이라서 항상 양보하잖아요.
Grandfather, anyone can see that Yeonwoo is the one who was
wrong, so please tell him to apologize to me. At other times, I've
always conceded to him because I'm older than he is.

나: 연우가 **콧대가 세서** 누가 뭐라고 해도 잘 안 듣잖아. 스스로
잘못을 깨달을 때까지 좀 더 기다려 보자.
Yeonwoo is stiff-necked, so he doesn't listen to what anyone
says. Let's try waiting a bit longer until he realizes himself that
he was wrong.

🔎 잘난 체하며 매우 거만하게 행동할 때는 '콧대를 세우다'라고 말한다.

피도 눈물도 없다

인정이나 동정심이 조금도 없다는 말이다.

Indicates that one does not have a little bit of feeling or sympathy.

예 가: 너는 **피도 눈물도 없니?** 어떻게 아픈 아빠를 놔두고 유학 간다는 말을 하니?

　　 Are you totally heartless? How can you say that you're going to leave your sick father behind and go study abroad?

　　 나: 저도 오랫동안 고민했는데 더 늦추면 안 될 것 같아서요.

　　 I debated about it for a long time, too. But I think I can't put it off any longer.

🔍 냉정하고 매몰차며 남의 사정을 고려할 줄 모르는 인간적이지 않은 사람에게 사용한다.

한 귀로 듣고 한 귀로 흘린다

다른 사람의 말을 집중해서 듣지 않고 대충 듣는다는 말이다.

Indicates that one does not concentrate while listening to someone else talk and only somewhat listens.

예 가: 누나, 요즘 엄마의 잔소리가 더 심해지셔서 너무 힘들어. 나도 누나처럼 독립할까?

　　 Sis, these days I'm having such a hard time because Mom's scolding has gotten worse. Should I move out like you?

　　 나: 엄마한테 죄송하기는 하지만 매일 같은 말씀을 하시니까 **한 귀로 듣고 한 귀로 흘려.**

　　 I feel sorry to Mom for saying this, but since she always says the same thing every day, just let it go in one ear and out the other.

🔍 주로 누군가 잔소리를 하거나 듣기 싫은 소리를 하면 귀 담아 듣지 말라고 조언할 때 사용한다.

★☆☆ 관

호박씨를 까다

유 뒤로 호박씨를 까다

겉으로는 얌전한 척하면서 뒤에서는 은밀히 온갖 짓을 다한다는 말이다.

Indicates that one pretends to be well-behaved on the outside, but secretly does all kinds of things behind others' backs.

예 가: 전 **호박씨를 까는** 사람이 정말 싫어요. 윤아 씨가 저하고 제일 친하다고 생각했는데 뒤에서 제 욕을 하고 다니면 어떡해요?

I really hate people who act like butter wouldn't melt in their mouths. Yoona, I thought you and I were the closest of friends, but how could you go around badmouthing me behind my back?

나: 무슨 소리예요? 전 그런 적 없어요. 뭔가 오해를 하신 것 같아요.

What are you saying? I've never done that. I think there's been some kind of misunderstanding.

🔍 겉보기에 점잖아 보이는 사람이 뒤에서 어떤 사람의 흉을 보거나 앞에서는 안 그런 척하면서 뒤에서는 사람들이 모르는 행동을 하고 다니는 등 남몰래 부끄러운 짓이나 엉뚱한 짓을 하는 것을 비난할 때 사용한다.

03

태도
Attitude

★★★ 속

개구리 올챙이 적 생각 못 한다

유 올챙이 적 생각은 못하고 개구리 된 생각만 한다

형편이나 지위가 전에 비해서 나아진 사람이 과거 자신의 어려웠던 때는 생각하지 않고 원래부터 잘났다는 듯이 뽐낼 때 사용한다.

Used when a person whose situation or position has improved does not think about how they struggled in the past and brags as if they have always been well-off.

예 가: **개구리 올챙이 적 생각 못한다더니** 민수가 돈 좀 벌었다고 너무 으스대는 거 같아.

They say that a frog cannot remember when it was a tadpole, but Minsu seems to show off way too much just because he made some money.

나: 맞아. 자기가 언제부터 부자였다고 돈 없는 친구들을 무시하고 다니더라고.

That's right. He acts like he's always been rich and ignores his friends who don't have money.

🔎 과거를 잊고 잘난 척하는 사람을 자신이 올챙이였던 사실을 잊고 으스대는 개구리에 비유한 것이다.

★☆☆ 관

거울로 삼다

다른 사람의 일이나 지나간 일 등을 보고 본받거나 경계한다는 말이다.

Indicates that one sees what someone else has done or what happened in the past, and follows it or takes precautions based on that.

예 가: 시험에 떨어졌다고 너무 실망하지 마. 다음에 잘 보면 되지.

Don't be too disappointed that you failed the test. You can do better next time.

나: 알겠어. 이번 실패를 **거울로 삼아** 열심히 공부해서 다음에는 꼭 합격하고 말 거야.

Alright. I'll learn from my mistakes and study hard so I can definitely pass next time.

🔎 잘못된 일이나 상황을 보고 같은 실수를 반복하지 않도록 조심할 때 사용한다. 또한 '부모님을 거울로 삼아 열심히 살 거야.'처럼 어떤 것을 교훈의 대상으로 삼아 그대로 따라할 때도 사용한다.

★★☆ 관 고개가 수그러지다

누군가를 존경하는 마음이 생길 때 사용한다.
Used when one begins to respect someone.

예 **가: 여보, 어제 뉴스를 봤는데 어떤 남자가 물에 빠진 아이를 구하고 대신 죽었대요.**
Honey, I saw on the news yesterday that a man died while saving a child that had fallen into some water.

나: 정말요? 그 사람의 희생정신에 저절로 고개가 수그러지네요.
Really? I can't help but bow my head in respect for that person's self-sacrifice.

🔍 존경하는 사람에게는 저절로 고개를 숙여 인사하게 되는데 여기에서 나온 표현이다. 강조할 때는 '저절로 고개가 수그러지다', '절로 고개가 수그러지다'를 사용한다.

★★★ 관 고개를 숙이다

누군가에게 존경하는 마음을 표현할 때 사용한다.
Used to express one's feelings of respect for someone.

예 **가: 스승의 날을 맞아 저희를 늘 사랑으로 대해 주시는 선생님의 은혜에 고개를 숙여 감사의 뜻을 전합니다.**
In honor of Teachers' Day, we would like to bow our heads and express our thanks to you for your kindness and for always treating us with love.

나: 이렇게 찾아와 줘서 정말 고맙구나.
Thank you so much for visiting me like this.

🔍 비슷한 의미로 '머리를 숙이다'를 사용하기도 한다. 또한 '자존심이 상했지만 상대에게 고개를 숙이고 말았다.'처럼 자존심을 버리고 누군가에게 항복하거나 굴복한다는 의미로도 사용한다.

★★★ 관 귀를 기울이다

유 귀를 재다

다른 사람의 말이나 이야기에 관심을 가지고 주의 깊게 듣는다는 말이다.
Indicates that one has great interest in and listens carefully to what someone else is saying.

예 **가: 하준아, 앞에서 발표하는 사람이 뭐라고 하는 거야? 잘 안 들려.**
Hajoon, what is the person presenting up front saying? I can't hear them well.

나: 네가 핸드폰을 하면서 들으니까 그렇지. 집중해서 발표에 귀를 기울여 보면 잘 들릴 거야.
That's because you're playing on your phone while listening. If you concentrate and turn your attention to the presentation, you'll hear it well.

✏️ '기울이다'는 원래 한쪽을 비스듬하게 낮추거나 비뚤어지게 한다는 의미지만 여기에서는 정성이나 노력 등을 한곳으로 모은다는 의미로 사용되었다.

🔍 보통 발표, 주장, 의견, 말 등과 함께 사용한다.

★★☆ 관 귀를 열다

다른 사람의 말을 들을 준비를 한다는 말이다.
Indicates that one is preparing to listen to someone else's words.

> 예 가: 언니, 그러니까 이 일이 모두 나 때문에 생겼다는 말이지?
> Sis, so you're saying that this all happened because of me?
>
> 나: 아니, 그 말이 아니잖아. **귀를 열고** 지금부터 내가 하는 말을 다시 잘 들어 봐.
> No, that's not what I'm saying. Open your ears and listen again well to what I'm going to say now.

🔍 보통 다른 사람에게 자신의 이야기를 집중해서 들어 달라고 말할 때 사용한다.

★★☆ 관 몸 둘 바를 모르다

유 몸 둘 곳을 모르다

매우 고마워서 어떻게 행동해야 할지 모르겠다는 말이다.
Indicates that one is so thankful that they don't know what to do.

> 예 가: 수아야, 이번 논문은 정말 완벽했어. 앞으로의 연구도 기대되는구나.
> Sooah, this paper was truly perfect. I'm excited for your future research as well.
>
> 나: 과찬이세요. 교수님께서 그렇게 칭찬해 주시니 **몸 둘 바를 모르겠습니다.**
> I'm very flattered. I'm not sure how to react to such high praise from you, Professor.

🔍 보통 상을 받거나 다른 사람에게 칭찬을 듣는 등의 상황이 부끄러워 어떻게 표현해야 할지 모를 때 사용한다. 주로 '몸 둘 바를 모르겠다'의 형태로 사용한다.

★★★ 관 어깨에 힘을 주다

누군가의 태도가 거만하다는 말이다.
Indicates that someone's attitude is arrogant.

> 예 가: 너 대기업에 취직했다고 너무 **어깨에 힘을 주고** 다니는 거 아니니?
> Aren't you going around acting too pompous just because you got a job at a big company?
>
> 나: 난 그런 적 없어. 네가 괜히 오해하는 거야.
> I haven't done that. You're misunderstanding me.

🔍 보통 상대방에게 거만하게 행동하지 말고 겸손하게 행동하라고 말할 때 사용한다. '시험에 합격하고 나니까 나도 모르게 어깨에 힘이 들어간다.'처럼 거만한 태도를 가지게 될 때는 '어깨에 힘이 들어가다'를 사용한다.

★☆☆ 관

코가 땅에 닿다

머리를 깊이 숙이는 모습을 나타낸다.

Indicates the appearance of one deeply bowing their head.

예 가: 저 사람이 누군데 모든 직원들이 **코가 땅에 닿도록** 인사하는 거예요?

Who is that person that all the employees are bowing so deeply as they greet him?

나: 회장님이시잖아요. 지금까지 회장님의 얼굴도 모르고 회사를 다닌 거예요?

That's the CEO. You've been working at this company without knowing what the CEO looks like until now?

🔍 주로 '코가 땅에 닿게, 코가 땅에 닿도록'의 뒤에 '인사하다, 사과하다, 빌다, 절하다' 등을 사용한다.

★☆☆ 〔관〕
갈림길에 서다

선택을 해야 하는 상황에 놓였을 때 사용한다.
Used when one is in a situation where they have to make a choice.

> 〔예〕 가: 남자 친구가 결혼한 후에 외국에 가서 살자고 해서 고민이 돼.
> My boyfriend wants to go and live abroad after we got married, so I'm concerned.
>
> 나: 외국에 가게 되면 가족들과 헤어져야 하니 고민되겠다. 중요한 **선택의 갈림길에 서** 있네.
> If you go abroad, you'll have to be apart from your family, so you must be worried. You're standing at the crossroads of an important decision.

🖉 '갈림길'은 원래 여러 방향으로 갈라진 길을 의미하지만 여기에서는 어느 한쪽을 선택해야 하는 상황이라는 의미로 사용되었다.

🔎 주로 '갈림길에 서 있다'의 형태로 쓰며, 자신의 미래에 큰 영향을 미칠 수 있는 중요한 결정을 내려야 할 때 사용한다.

★★★ 〔관〕
강 건너 불구경

〔유〕 강 건너 불 보듯

자기와 관계없는 일이라고 생각해서 무관심하게 바라보기만 할 때 사용한다.
Used when one thinks something has nothing to do with them, so they only look at it with indifference.

> 〔예〕 가: 어제 길에서 큰 싸움이 벌어졌는데 사람들이 모두 구경만 하고 있더라고.
> Yesterday a big fight broke out on the street, but everyone was just watching.
>
> 나: 요즘 누가 다른 사람 일에 나서겠어? 대부분 **강 건너 불구경**이지.
> These days, who would ever step in to other people's business? Most people act like they're watching a fire from across a river.

🔎 강의 건너편에 있는 집에서 불이 나면 자신에게는 전혀 피해가 되지 않으므로 도와주지는 않고 구경만 하기 쉽다. 이와 같이 자신의 도움이 필요하거나 도와줄 수 있는 일임에도 관심을 가지지 않거나 도와주지 않을 때 사용한다.

곁을 주다

다른 사람이 자신을 가까이할 수 있도록 속마음을 보여 준다는 말이다.
Indicates that someone shows their inner feelings in order to let another person get closer to them.

예 가: 하준이하고 친하게 지내고 싶은데 쉽게 **곁을 주지** 않네.
I want to become closer with Hajoon, but he doesn't open his heart easily.

나: 하준이가 무뚝뚝한 편이라 다른 사람과 친해지는 데에 시간이 좀 걸리는 것 같더라고. 좀 더 기다려 봐.
Hajoon tends to be gruff, so I think it takes some time for him to become close with other people. Try waiting a bit longer.

★☆☆ 속

굿이나 보고
떡이나 먹다

유 굿이나 보고 떡이나
　먹으면 된다

남의 일에 쓸데없이 간섭하지 말고 일이 되어 가는 상황을 지켜보고 있다가 이익을 얻는다는 말이다.
Indicates that one does not interfere with someone else's affairs and gains some kind of benefit after simply watching the situation unfold.

예 가: 저비용 항공사들이 경쟁적으로 할인 이벤트를 너무 많이 하네요. 저러다가 망하는 거 아닌지 모르겠어요.
Low-cost airlines competitively offer discounts so often. I'm afraid they'll be ruined after doing that.

나: 다 할 만해서 하는 거 아니겠어요? 우린 **굿이나 보고 떡이나 먹으면** 돼요.
They all do it because they can, don't they? We can just sit back and reap the benefits.

✎ '굿'은 무당이 음식을 차려 놓고 노래를 하고 춤을 추며 귀신에게 복을 빌거나 나쁜 것을 물리쳐 달라고 비는 의식을 말한다.

🔎 무당이 굿을 끝내면 구경하고 있던 사람들에게 굿에 사용한 떡을 나눠 줬는데 여기에서 유래된 표현이다.

★★☆ 관

귓등으로도 안 듣다

다른 사람이 하는 말을 전혀 듣지 않는다는 말이다.
Indicates the one is not listening at all to what someone else is saying.

예 가: 서영아, 일찍 들어오라고 했잖아. 왜 엄마 말을 **귓등으로도 안 듣는 거야?**
Seoyeong, I told you to come home early. Why do you turn a deaf ear to what your mom says?

나: 죄송해요. 앞으로는 일찍 들어올게요.
I'm sorry. From now on, I'll come home early.

🔎 귀의 바깥쪽에 있는 귓등으로도 안 듣는다는 것은 다른 사람이 하는 말에 전혀 신경을 쓰지 않는다는 의미이다. 보통 다른 사람이 하는 말을 무시하고 함부로 행동하는 사람이 못마땅할 때 사용한다. 한편, 다른 사람의 말을 성의 없이 대충 들을 때는 '귓등으로 듣다'를 사용한다.

★★☆ 관
나 몰라라 하다

어떤 일에 관심을 두지도 않고 간섭하지도 않는다는 말이다.
Indicates that one does not take any interest in something and does not interfere.

예 가: 이 일은 김 대리가 해야 하는 일인데 **나 몰라라 하면** 어떻게 해요?
You're supposed to do this work, Mr. Kim, but how could you just play dumb?

나: 죄송합니다, 부장님. 깜빡했습니다.
I'm sorry, sir. It slipped my mind.

🔍 자신과 관계가 있거나 도움이 필요한 일에 전혀 신경 쓰지 않고 모르는 척하는 사람을 나무랄 때 사용한다.

★★☆ 속
눈 가리고 아웅

🔗 가랑잎으로 눈을 가리고 아웅 한다

가벼운 속임수로 남을 속이려고 한다는 말이다.
Indicates that one is trying to fool someone else with a mild trick.

예 가: 한 과자 업체가 물가 안정을 위해 과자 가격을 내린다고 발표했는데 실제로는 제품의 용량을 줄인 거라고 하더라고요.
A snack company announced that they were lowering the price of their snacks for the sake of stabilizing prices, but actually, they decreased the product volume.

나: 정말이요? 완전 **눈 가리고 아웅**이네요.
Really? They're totally trying to pull the wool over our eyes.

🔍 어린아이들은 엄마, 아빠가 손으로 얼굴을 가리면 사라진 줄 알았다가 손을 떼며 '아웅' 하고 어르면 엄마, 아빠가 다시 나타났다고 생각해 기뻐한다. 이처럼 단순하고 어설픈 행동으로 남을 속이려는 것을 보고 비판 조로 말할 때 사용한다. 사람들이 '눈 가리고 야웅'이라고 말하는 경우가 있는데 이것은 잘못된 표현이다.

★★★ 속
달면 삼키고
쓰면 뱉는다

🔗 쓰면 뱉고 달면 삼킨다, 맛이 좋으면 넘기고 쓰면 뱉는다

다른 일에는 전혀 신경 쓰지 않고 오직 자기의 이익만 쫓는다는 말이다.
Indicates that one does not pay any attention at all to other things and only pursues one's own profit.

예 가: 지난주에 하준이가 발표를 도와 달라고 해서 열심히 도와줬거든. 그런데 발표를 끝내고 나더니 인사도 안 하고 가 버리더라고.
Last week, Hajoon asked me to help him with his presentation, so I worked really hard to help him. But after the presentation was over, he didn't even say goodbye to me and just left.

나: **달면 삼키고 쓰면 뱉는다**더니 하준이가 그렇게 행동할 줄 몰랐어.
I didn't know that Hajoon was the type to use people when he needs them and then toss them aside.

🔍 누군가가 자기에게 이익이 되면 가까이하고 그렇지 않으면 멀리하는 등 자신에게만 유리하게 행동할 때 사용한다.

☆☆☆ 〔속〕
당장 먹기엔
곶감이 달다

앞일은 생각하지 않고 당장 하기 쉽고 좋은 것만 한다는 말이다.

Indicates that one does not think about what lies ahead, and only does what is good and easy right now.

〔예〕 **가:** 술을 마시면 스트레스도 풀리고 기분이 좋아져서 자주 마시다 보니 이제는 습관이 돼 버렸어.

When I drink alcohol, I relieve my stress and get into a good mood, so I started drinking often, but now it's become a habit.

나: 당장 먹기엔 곶감이 단 법이지. 계속 그렇게 하다가는 건강이 나빠질 거야.

Even the sweetest honey is loathsome in its own deliciousness. If you keep doing that, your health is going to decline.

🔎 달고 쫄깃한 곶감을 지나치게 많이 먹으면 단맛에 질리거나 입이 아려온다. 이렇게 누군가가 근시안적으로 당장 눈앞에 보이는 쉬운 일만 선택할 때 사용한다.

★☆☆ 〔관〕
뒷짐을 지다

〔유〕 뒷짐을 짚다

자기는 전혀 상관없는 것처럼 어떤 일을 구경만 하고 있을 때 사용한다.

Used when one is only observing something, as if it has absolutely nothing to do with them.

〔예〕 **가:** 민수 씨는 자기 부서에서 문제가 발생했는데도 **뒷짐을 지고** 방관만 하고 있네요.

Even when a problem occurs in his own department, Minsu just stands by idly and watches.

나: 민수 씨가 일이 생길 때마다 저러는 게 하루 이틀이에요? 이제는 그러려니 해요.

Do you think he does that for just one or two days every time something happens? That's just how he is now.

🔎 보통 '뒷짐만 지고'의 형태로 쓰며, 누군가가 자신과 관계가 있거나 책임이 있는 일에 대처할 생각도 안 하고 아무런 행동도 하지 않을 때 사용한다.

★☆☆ 〔관〕
물고 늘어지다

어떤 일을 포기하지 않고 참을성 있게 오래 붙잡고 놓지 않는다는 말이다.

Indicates that one does not give up on something and patiently sticks to it for a long time without letting go.

〔예〕 **가:** 지훈아. 아직도 그 문제를 못 풀었어?

Jihoon, you still haven't solved that question yet?

나: 네. 30분째 **물고 늘어졌는데도** 못 풀겠어요. 아무래도 내일 학교에 가서 선생님께 여쭤봐야겠어요.

Yes, I've kept after it for 30 minutes, but I don't think I can solve it. I'd better just ask my teacher when I go to school tomorrow.

🔎 '수아는 제가 무슨 말만 하면 물고 늘어져서 짜증 나요.'처럼 시비를 걸기 위해 다른 사람이 하는 말이나 행동을 문제 삼을 때도 사용한다.

★★☆ 관
손바닥을 뒤집듯

아주 쉽게 태도를 바꿀 때 사용한다.
Used when one changes their attitude very easily.

예 가: 민지가 이번 동창회에는 꼭 오겠다고 했어.
　　 Minji said she would make sure to come to the alumni meeting this time.

　　나: 걔는 매번 **손바닥을 뒤집듯** 말을 바꾸니까 나는 그 말을 믿기가 힘들어.
　　 That girl always changes her words as easily as waving her hand, so it's hard for me to believe that.

🔎 누군가가 그때그때 기분에 따라 행동이나 말을 바꿀 때 사용한다.

★☆☆ 관
안면을 바꾸다

평소에 잘 알고 지내던 사람이 안 좋은 상황에 처하자 일부러 그 사람을 모른 척한다는 말이다.
Indicates that as soon as one faces an unfavorable situation, they intentionally pretend not to know someone they have always known and gotten along with well.

예 가: 김 회장님, 사업을 하시면서 가장 힘들었던 순간이 언제였습니까?
　　 President Kim, when was the most difficult moment you've faced while running your business?

　　나: 사업에 위기가 왔을 때 평소 친하게 지내던 사람들이 **안면을 바꾸고** 연락을 피하더라고요. 그때가 가장 힘들었습니다.
　　 When the company was facing a crisis, people who I've always been close with turned away and avoided all contact with me. That was the most difficult time.

★☆☆ 관
엿장수 마음대로

🈠 엿장수 맘대로

어떤 일을 자기 마음대로 이랬다저랬다 할 때 사용한다.
Used when one does something capriciously according to their own will.

예 가: 여보, 피곤해서 좀 쉬어야겠어요. 오늘 아르바이트생이 쉬는 날인데 나오라고 해야겠어요.
　　 Honey, I'm tired, so I'd better rest for a bit. Today is my part-time employee's day off, but I'd better tell him to come in to work.

　　나: 사장이라고 너무 **엿장수 마음대로** 하는 거 아니에요? 내가 아르바이트생이라면 너무 싫을 것 같아요.
　　 Aren't you following your own whims too much just because you're the boss? If I was the part-time employee, I'd hate that so much.

🔎 엿장수가 엿가락을 마음대로 늘이듯이 누군가가 아무런 원칙도 없이 제멋대로 일을 결정하거나 이미 결정된 일을 마음대로 바꿀 때 사용한다. 보통 '엿장수 마음대로 하다'의 형태로 쓴다.

★☆☆ 관
입맛대로 하다

어떤 일을 자기 마음대로 한다는 말이다.
Indicates that one does something however they like.

예 가: 너는 왜 모든 일을 네 **입맛대로 하려고만** 하니? 다른 팀원 의견도 좀 들어봐.
Why do you always just do everything however you please? Why don't you try listening to the opinions of your other teammates?

나: 싫어. 내가 왜 다른 사람의 의견을 들어야 해?
I don't want to. Why do I have to listen to other people's opinions?

🔎 보통 무슨 일을 하든지 고집을 부리며 자신이 원하는 대로만 하려는 사람에게 사용한다.

★☆☆ 속
잘되면 제 탓
못되면 조상 탓

유 못되면 조상 탓 잘되면 제 탓,
안되면 조상 탓

일이 잘되면 자기가 잘해서 그렇다고 생각하고 잘 안 되면 다른 사람 때문이라고 생각한다는 말이다.
Indicates that if something goes well, one thinks it was because they did well, and if something doesn't go well, they think it was because of someone else.

예 가: 이번 시험에서 또 떨어졌어. 태현이가 매일 놀자고 해서 그래.
I failed the test again this time. It's all because Taehyun asks me to play with him every day

나: **잘되면 제 탓 못되면 조상 탓이라더니** 네가 놀고 싶어서 놀아 놓고 왜 태현이 탓을 해?
You take credit for the good and blame others for the bad? You played with him because you wanted to. Why are you blaming Taehyun?

🔎 보통 어떤 일이 잘못됐을 때 자신에게서 원인을 찾지 않고 무조건 다른 사람의 잘못으로 돌리고 책임을 미루는 사람을 나무랄 때 사용한다.

★☆☆ 관
팔짱을 끼다

누군가가 어떤 일이 생겨도 나서서 해결하려고 하지 않고 보고만 있다는 말이다.
Indicates that even if something happens, someone does not step up to try to resolve it and only watches.

예 가: 지훈아, 왜 이렇게 표정이 안 좋아? 무슨 일 있어?
Jihoon, why do you look so down? Did something happen?

나: 아까 청소하는데 제가 **팔짱을 끼고** 구경만 하고 있다고 형이 짜증을 내잖아요.
Earlier we were cleaning, but he got annoyed and said that I was just standing back and watching with my arms crossed.

🔎 누군가가 눈앞에서 벌어지고 있는 일을 보고도 자기와 상관없다는 듯이 방관할 때 사용한다.

★☆☆ 관

헌신짝 버리듯

어떤 사람이나 물건을 자신의 이익을 위해 사용한 다음 아까워하지
않고 버릴 때 사용한다.

Used when one uses a certain person or thing for their own
benefit, and then does not value it and throws it away.

예 가: 나 어제 여자 친구와 헤어졌어. 갑자기 유학을 가게 됐다고
헤어지자고 하더라고.

I broke up with my girlfriend yesterday. She suddenly said she
was going to study abroad and said we should break up.

나: 뭐? 어떻게 사람을 그렇게 **헌신짝 버리듯** 할 수 있어?

What? How can she just throw you away like an old shoe?

✎ '헌신짝'은 원래 오래되어 낡고 닳은 신을 말하지만 여기에서는 값어치가 없어
버려도 아깝지 않은 것이라는 의미로 사용되었다.

🔎 비슷한 의미로 '헌신짝처럼 버리다'를 사용하기도 한다.

③ 의지 | Will

Track 015

★☆☆ 관
가슴에 새기다

잊지 않도록 마음속에 단단히 기억해 둔다는 말이다.
Indicates that one places a memory firmly in their mind so they won't forget it.

> 예 **가:** 이제 발령을 받았으니 교사로서 항상 학생들을 사랑하는 마음을 잃지 말아야 하네.
> Now that you've received your placement, you must not forget that as a teacher, you should always love your students.
>
> **나:** 네, 교수님의 말씀을 **가슴에 새겨서** 좋은 교사가 되도록 하겠습니다.
> Yes, Professor. I will keep your words in mind and do my best to become a good teacher.

✎ '새기다'는 원래 어떤 것에 글씨나 그림 등을 판다는 의미지만 여기에서는 마음속에 잊지 않도록 깊이 기억한다는 의미로 사용되었다.

🔎 보통 윗사람이나 존경하는 사람에게 들은 말의 뜻을 오래도록 기억하며 살고자 하는 의지를 표현할 때 사용한다.

★☆☆ 관
가슴에 손을 얹다

양심에 따라 행동한다는 말이다.
Indicates that one behaves according to their conscience.

> 예 **가:** 네가 뭘 잘못했는지 **가슴에 손을 얹고** 생각해 보는 게 어떠니?
> Why don't you put your hand on your heart and try thinking about what you did wrong?
>
> **나:** 이미 여러 번 생각해 봤는데 도대체 내가 뭘 잘못했는지 모르겠어.
> I've already thought about it several times, but I have no idea what exactly I did wrong.

🔎 주로 '가슴에 손을 얹고 생각해 보다'의 형태로 쓰이며, 나쁜 일을 저지르고도 반성하지 않는 사람에게 다시 한번 생각해 보라고 말할 때 사용한다.

가슴을 열다

★☆☆ 〔관〕

무언가에 대해 솔직하고 개방적인 태도를 취한다는 말이다.
Indicates that one is taking an open and honest attitude about something.

〔예〕 가: 민지야, 우리 사이에 오해가 많이 쌓인 것 같아. 오늘 서로 **가슴을 열고** 솔직하게 이야기해 보면 좋겠어.

Minji, I think we've built up a lot of misunderstandings between us. I think it'd be good if we try opening our minds and talking honestly with each other today.

나: 그래. 나도 수아 너하고 오해를 풀고 싶었어.

Alright. I've been wanting to clear up misunderstandings with you, too.

🔍 어떤 갈등이나 문제를 해결하기 위해서 거짓이 없고 적극적인 태도로 행동할 때 사용한다.

간이라도 빼어 줄 듯

★☆☆ 〔관〕

〔유〕 간이라도 뽑아 줄 듯

무엇이라도 아낌없이 다 해 줄 것 같이 행동한다는 말이다.
Indicates that one behaves as if they will do something unsparingly, no matter what it is.

〔예〕 가: 요즘 지원 씨를 안 만나나 봐요?

It looks like you aren't meeting up with Jiwon these days.

나: 네, 평소에는 **간이라도 빼어 줄 듯** 행동하더니 정작 중요한 부탁을 하니까 피하더라고요. 그래서 좀 실망했어요.

Yes, she's always acted like she'd do anything for me, but actually, when I asked her for an important favor, she avoided me. So, I was a bit disappointed.

🔍 하나뿐인 간을 다른 사람에게 빼어 주겠다는 것은 목숨까지도 바치겠다는 의미가 된다. 이처럼 누군가가 다른 사람에게 잘 보이기 위해서 모든 것을 다 줄 것처럼 온갖 달콤한 말과 행동으로 아부할 때 사용한다.

★★☆ 관 고개를 들다

유 얼굴을 들다, 낯을 들다

다른 사람을 떳떳하고 당당하게 대한다는 말이다.
Indicates that one treats another person confidently and with dignity.

예 가: 너 어제 회식 때 술에 취해서 큰소리로 노래 불렀던 거 기억나?
Do you remember how you got drunk and sang loudly at our group dinner yesterday?

나: 응, 너무 창피해서 동아리 사람들 앞에서 **고개를 들** 수가 없어.
Yeah, I'm so embarrassed that I can't hold my head up in front of our group members.

🔎 보통 '고개를 못 들다, 고개를 들지 못하다, 고개를 들 수 없다' 등의 부정 형태로 사용하는 경우가 많으며, 다른 사람의 얼굴을 볼 수 없을 정도로 창피하다고 말할 때 사용한다.

★☆☆ 관 꼼짝 않다

유 꼼짝 아니 하다

자기의 의견을 주장하거나 반항하지 않는다는 말이다.
Indicates that one does not rebel or assert their own opinion.

예 가: 승원 씨는 또 야근을 하고 있네요.
Seungwon is working late again.

나: 네, 부장님이 시키시는 일은 **꼼짝 않고** 하니까 늘 일이 많아요. 가끔은 거절도 해야 하는데 전혀 안 하더라고요.
Yes, he doesn't resist the department head's orders, so he always has a lot of work. He should refuse sometimes, but he never does.

🔎 '민수는 자기 일이 아니면 절대 꼼짝 않는다.'처럼 조금도 활동하거나 일하지 않는다는 의미로도 사용한다.

★☆☆ 관 눈 딱 감다

유 눈 꼭 감다

더 이상 다른 것을 생각하지 않는다는 말이다.
Indicates that one is not thinking about something else any longer.

예 가: 건조기가 고장 나서 새로 사야 하는데 이 제품은 너무 비싸네요.
My dryer broke, so I have to buy a new one, but this one is so expensive.

나: 최신형이라서 그래요. 성능이 좋으니까 필요하면 **눈 딱 감고** 사세요.
That's because it's the latest model. It's a high-performance model, so if you need one, just bite the bullet and buy it.

🔎 보통 '눈 딱 감고'의 형태로 쓴다. 한편, '한 번만 눈 딱 감고 넘어가 주세요.'처럼 상대방에게 자신이 잘못한 것을 못 본 척해 달라고 부탁할 때도 사용한다.

★★☆ 관
눈 하나 깜짝 안 하다

평소와 다른 상황이나 행동을 보고도 아무 일도 없는 것처럼 행동한다는 말이다.

Indicates that one acts as if nothing is happening, even if they see a situation or behavior that is different than usual.

예 가: 네가 아까 카페에 있는 걸 본 사람이 있는데 어떻게 **눈 하나 깜짝 안 하고** 엄마한테 거짓말을 할 수 있니?

Someone saw that you were at a café earlier, but how can you lie to your mother without even batting an eye?

나: 그 사람이 잘못 본 거겠지요. 저는 정말로 그 시간에 도서관에서 공부하고 있었어요.

That person must have been mistaken. I was really studying at the library at that time.

🔎 나쁜 일이나 거짓말을 하면서도 조금도 긴장하지 않고 자연스럽게 행동하는 사람을 보고 어이가 없을 때 사용한다. 또한 비슷한 의미로 '눈도 깜짝 안 하다'를 사용하기도 한다.

★☆☆ 관
눈도 거들떠보지 않다

어떤 것을 낮게 보거나 하찮게 여겨서 쳐다보려고 하지도 않는다는 말이다.

Indicates that one regards something as lowly or insignificant, so they do not even glance at it.

예 가: 제시카 씨 생일 선물로 이 귀걸이를 사 주면 어떨까요?

What do you think about buying these earrings as a birthday gift for Jessica?

나: 글쎄요. 제시카 씨는 눈이 높아서 이런 유치한 액세서리는 **눈도 거들떠보지 않을걸요.**

I'm not sure. Jessica has high standards, so she probably wouldn't even glance at a childish accessory like this.

🔎 어떤 사람이나 물건을 무시하는 거만한 태도를 나타낼 때 사용한다. 짧게 '거들떠보지도 않다'를 사용하기도 한다.

★★☆ 관
눈이 빠지게
기다리다

유 눈이 빠지도록 기다리다,
눈알이 빠지게 기다리다

매우 오랫동안 간절하게 기다린다는 말이다.
Indicates that one desperately waits for an extremely long time.

예 가: 수아야, 오늘 공무원 시험 합격자 발표 날이라면서…….
　　결과 나왔어?
Sooah, I heard that today is the day when the civil servant exam results will be announced… Have the results come out?

나: 아니, 지금 **눈이 빠지게 기다리고** 있는데 아직 안 나와서 너무 긴장돼.
No, I'm waiting on the edge of my seat, but since they haven't come out yet, I'm so nervous.

🔍 누군가를 기다릴 때는 눈을 크게 뜨고 언제 오는지 살펴보게 되는데 이 모습을 과장해서 표현한 말이다. 비슷한 의미로 '목이 빠지게 기다리다'를 사용한다.

★★☆ 관
비가 오나 눈이 오나

유 눈이 오나 비가 오나

언제나 한결같다는 말이다.
Indicates that something is always the same.

예 가: 수아야, 요즘 네 동생을 통 못 봤네. 어떻게 지내?
Sooah, I haven't seen much of your younger brother lately. How are they?

나: 항상 똑같아. **비가 오나 눈이 오나** 집에서 핸드폰만 보고 있지 뭐.
He's always the same. Rain or shine, he's just look at his phone at home.

🔍 누군가가 어떠한 상황에서도 언제나 똑같은 행동을 할 때 사용한다.

★★☆ 관
손꼽아 기다리다

어떤 것을 날짜를 세어 가며 매우 간절하게 기다린다는 말이다.
Indicates that one is very desperately waiting and counting down the days until something.

예 가: 민수 씨, 계속 병원에만 있으니까 너무 답답하겠어요.
Minsu, you must be so frustrated because you have to keep staying at the hospital.

나: 맞아요. 날짜를 세어 보니까 입원한 지 두 달이 넘었더라고요. 그래서 매일 퇴원 날짜만 **손꼽아 기다리고** 있어요.
That's right. I counted the days, and it's been more than two months since I was admitted to the hospital. So, every day I'm just counting down the days until I'm discharged from the hospital.

🔍 보통 다가올 미래의 일을 설레어하며 기다릴 때 사용한다.

★★☆ 관

손을 내밀다

어떤 사람과 친해지려고 먼저 나선다는 말이다.
Indicates that one is taking the initiative to get closer with someone.

예 가: 두 사람은 어떻게 친해졌어요?
How did the two of you become close?

나: 산악회에서 처음 만났을 때 지원 씨가 먼저 **손을 내밀며** 말을 걸어 줬어요. 그 후로 자주 만나다 보니 친해졌어요.
When I first met her at our alpine club, Jiwon reached out and started up a conversation with me first. After that, we became close since we meet often.

🔍 '말다툼 후에 언니가 먼저 나에게 손을 내밀었다.'처럼 관계가 멀어진 사람과 다시 가까워지기 위해 적극적으로 행동할 때도 사용한다.

★★★ 관

시치미를 떼다

유 시침을 떼다,
시침을 따다

자신이 하고도 하지 않은 척하거나 알고 있으면서도 모르는 척한다는 말이다.
Indicates that one pretends that they did not do something, or pretends that they do not know something even though they do.

예 가: 어머! 컵이 깨졌네? 이거 언니가 아끼는 컵이었잖아.
Oh my! This cup is broken. This is the cup that Sis really loves.

나: 네가 아까 설거지하다가 깨는 거 봤거든. **시치미를 좀 떼지** 마.
I saw you break it while you were washing the dishes earlier. Don't try to feign ignorance.

✎ '시치미'는 주인을 밝히기 위해 주소를 적어 매의 꽁지에 매어 둔 꼬리표를 말한다.

🔍 옛날에 사냥에 쓰이던 매는 비쌀 뿐만 아니라 길들이기도 어려워 이 매를 훔치려는 사람들이 많았다. 따라서 매의 주인은 매의 꽁지에 '시치미'를 매달아 두었다. 그래도 이 시치미가 붙은 매를 훔쳐다가 시치미를 떼어 버리고 자기가 매의 주인인 것처럼 행동하는 사람들이 있었는데 여기에서 유래된 표현이다.

★★★ 관
어깨를 으쓱거리다

윤 어깨가 으쓱거리다

뽐내고 싶은 기분이 들거나 당당하고 자랑스러운 기분이 들 때 사용한다.
Used when one feels like showing off, or when one feels confident and proud.

예 가: 이번 시험에서 우리 아들이 전교 1등을 했대. 그 소식을 들으니까 나도 모르게 **어깨를 으쓱거리게** 되더라고.
I heard that my son got the best score in his entire school on his last test. Hearing that news makes me strut without even realizing it.

나: 축하해.
Congratulations.

🔎 누군가에게 칭찬을 받거나 자신이 원하는 것을 이루는 등의 좋은 일이 생겨 우쭐한 마음이 생길 때 사용한다.

★★☆ 관
어깨를 펴다

다른 사람에게 굽힐 것 없이 단단하다는 말이다.
Indicates that one is confident without yielding to someone else.

예 가: 하준아, 왜 이렇게 풀이 죽어 있어? 네가 잘못한 거 하나도 없으니까 **어깨를 펴고** 다녀.
Hajoon, why are you so down? You haven't done anything wrong, so you should go around with your shoulders squared.

나: 그래도 우리 팀이 시합에서 진 것이 꼭 내 잘못인 것만 같아서 마음이 무거워.
Even so, it seems like it was definitely my fault that our team lost the contest, so my heart is heavy.

🔎 보통 어떤 일을 하기 전에 긴장하고 있거나 어떤 일로 인해 기가 죽어 있는 사람에게 자신감을 가지라고 말할 때 사용한다. 주로 '어깨 좀 펴다'의 형태로 쓰며, 비슷한 의미로 '가슴을 펴다'를 사용하기도 한다.

★★☆ 관
죽기 살기로

어떤 일을 매우 열심히 한다는 말이다.

Indicates that one is working on something extremely hard.

예 가: 어제 뉴스에서 김민아 선수의 인터뷰를 봤는데 올림픽에
나가기 위해서 하루에 12시간씩 연습을 했다고 하더라고.

I saw an interview with the athlete Kim Minah on the news
yesterday. She said that she practiced 12 hours a day in order
to go to the Olympics.

나: 대단하다. 역시 어떤 분야에서 최고가 되려면 **죽기 살기로**
해야 되는구나.

Amazing. As expected, if one wants to be the best in their
field, they have to act like their life depends on it.

🔎 매우 절박한 상황에서 모든 힘을 다해 최선의 노력을 기울일 때 사용한다. 강조할 때는
'죽기 살기로 하지 않으면 안 된다'를 사용하기도 한다.

★★☆ 관
촉각을 곤두세우다

정신을 집중하고 신경을 곤두세워 어떤 일에 즉각 대응할 태도를
취한다는 말이다.

Indicates that one concentrates and pays close attention to
respond immediately to something.

예 가: 손 기자, 요즘 환율이 급격히 떨어지면서 수출 업계가 큰
타격을 입고 있다면서요?

Reporter Sohn, I've heard that exchange rates are rapidly falling
and exporting business are facing huge losses these days.

나: 네, 그래서 정부가 환율 변동에 **촉각을 곤두세우고** 대책 마련에
고심하고 있다고 합니다.

Yes, that's why the government is paying close attention to the
fluctuations in exchange rates and taking great pains to come
up with countermeasures.

✍ '촉각'은 원래 곤충의 머리 부분에 있는 더듬이를 말하지만 여기에서는 주변에서
일어나는 여러 가지 변화를 느끼는 능력이라는 의미로 사용되었다.

🔎 곤충은 더듬이를 예민하게 움직여 적이 오는 것을 알아보고 피하는데 이렇게 무언가를
경계하며 매우 예민하고 조심스러운 태도로 살펴볼 때 사용한다. 비슷한 의미로 '촉각을
세우다'를 사용하기도 한다.

04

행동
Actions

대책 | Countermeasures

Track 016

걸음아 날 살려라

★☆☆ 괜

유 다리야 날 살려라

있는 힘을 다하여 매우 급하게 도망친다는 말이다.
Indicates that one uses all their strength to run away with extreme haste.

예 가: 오늘 오전 서울 시내에서 일어난 일입니다. 갑자기 빌딩이 무너져 시민들이 '**걸음아 날 살려라**' 하고 뛰고 있습니다.
This incident occurred this morning in downtown Seoul. A building suddenly collapsed, and citizens are running for their lives.

나: 멀쩡하던 빌딩이 갑자기 무너지다니 정말 믿기지가 않네요. 박 기자, 어떻게 된 일입니까?
It's unbelievable that a perfectly sound building would suddenly collapse. Reporter Park, how did this happen?

🔎 보통 '걸음아 날 살려라 하고' 뒤에 '뛰다, 도망가다, 달아나다, 내빼다' 등을 사용한다.

고삐 풀린 망아지

★☆☆ 괜

유 고삐 놓은 망아지,
고삐 없는 망아지,
고삐 풀린 말

구속이나 통제에서 벗어나 몸이 자유로움을 나타낸다.
Indicates that one's body is free after escaping from restrictions or control.

예 가: 어쩜 저렇게 잘 노는지 아이들을 공원에 데리고 오길 잘했어요.
Seeing how well the kids are playing, we did well by bringing them to the park.

나: 그러게요. **고삐 풀린 망아지**처럼 뛰어다니는 걸 보니 뿌듯해요.
No kidding. Seeing them run around like horses without reins makes me happy.

🔎 통제가 안 되는 사람이나 대상을 부정적으로 평가할 때도 사용한다.

고양이 세수하듯

★★☆ 속

얼굴에 물만 살짝 묻히고 세수를 끝낸다는 말이다.
Indicates that one finishes washing their face after just splashing a little water on their face.

예 가: 또 늦잠을 자서 **고양이 세수하듯** 하고 학교를 가니?
You slept in late again, so you're just going to splash some water on your face and go to school?

나: 지각하는 것보다는 낫잖아요. 다녀오겠습니다.
It's better than being late. See you when I get home.

🔎 대부분의 고양이는 몸에 물이 묻는 것을 싫어해서 물 없이 앞발로 콧등을 문지르는 것으로 세수를 끝내고 만다. 이런 고양이처럼 대충 세수하는 모습을 보고 핀잔을 줄 때 사용한다.

누워서 침 뱉기

내 얼굴에 침 뱉기,
자기 얼굴에 침 뱉기,
하늘 보고 침 뱉기

자신이 한 나쁜 행동의 결과가 자신에게 나쁘게 돌아온다는 말이다.
Indicates that the outcome of one's own bad action/behavior comes back to them in a negative way.

예 가: 정 실장님은 왜 항상 자기 아내 흉을 보는지 모르겠어요. 이제는 정말 듣기가 싫어요.
I don't know why Mr. Jung always finds fault with his wife. I really hate listening to him now.

나: **누워서 침 뱉기**인 걸 몰라서 그러는 거니까 신경 쓰지 마세요.
He doesn't know that karma will come back to get him. Don't pay too much attention to him.

🔍 똑바로 누워서 침을 뱉으면 그 침은 당연히 자신에게 떨어진다. 보통 다른 사람을 멸시하거나 무시할 때 침을 뱉는데 결국 그 침을 자신이 맞게 된다는 말이다. 주로 자신과 가까운 사람을 욕하다가 오히려 자신이 욕을 먹게 될 때 사용한다.

★★★ 관
등을 떠밀다

남에게 억지로 일을 하게 만든다는 말이다.
Indicates that one forces someone else to do something.

예 가: 얌전한 줄만 알았던 네가 장기자랑 대회에 나가서 춤을 추다니 정말 놀랐어.
I always thought you were quiet, so seeing you dance at the talent show was really surprising.

나: 반 친구들이 **등을 떠미는** 바람에 어쩔 수 없이 나간 거야.
My classmates pressured me to participate, so I had no choice.

✎ '떠밀다'는 '밀다'를 강조한 말로 원래 힘껏 힘을 주어 앞으로 나아가게 한다는 의미지만 여기에서는 어떤 일이나 책임을 남에게 넘긴다는 의미로 사용되었다.

★☆☆ 관
떡 주무르듯 하다

어떤 일이나 사람을 마음대로 다룬다는 말이다.
Indicates that something is handled according to a certain matter or person's will.

예 가: 저 회사 사장 아들이 아버지가 아프신 틈을 타 회사를 **떡 주무르듯** 하고 있다면서요?
I heard that the son of that company's CEO is using his father's illness to twist the company around his finger.

나: 맞아요. 그래서 직원들의 불만이 많대요.
That's right. That's why the employees have a lot of complaints.

🔍 '기술자이신 아버지는 웬만한 기계는 떡 주무르듯 하신다.'처럼 어떤 일을 능숙능란하게 할 때도 사용한다.

★★☆ 관
뜬구름을 잡다

확실하지 않고 헛된 것을 좇는다는 말이다.
Indicates that one seeks something that is fruitless and not certain.

예 가: 제 친구가 천만 원을 투자하면 오천만 원을 만들어 줄 수 있다는데 마크 씨도 투자해 볼래요?
My friend said that if I invest 10,000,000 won, he can turn it into 50,000,000 won. Mark, would you like to invest, too?

나: 민수 씨는 그런 **뜬구름을 잡는** 소리를 믿어요?
Minsu, do you believe that kind of talk of chasing waterfalls?

✎ '뜬구름'은 원래 하늘에 떠다니는 구름을 말하지만 여기에서는 덧없는 세상일 또는 일정한 방향이나 뜻이 없는 인생이라는 의미로 사용되었다.

🔎 보통 누군가가 허황된 꿈을 꾸거나 현실성이 전혀 없는 엉뚱한 생각을 많이 할 때 사용한다.

★★★ 속
병 주고 약 준다

다른 사람에게 피해를 주고 나서 도움을 주는 척한다는 말이다.
Indicates that one pretends to help someone after causing them harm.

예 가: 어제 약속 시간에 늦어서 태현이가 화가 많이 났어?
Did Taehyun get really angry yesterday after you were late?

나: 응, 실컷 화를 내놓고 **병 주고 약 주듯이** 화내서 미안하다면서 밥을 사겠다고 하더라고.
Yeah, he got super angry, and then he turned around and said he would buy me dinner because he was sorry.

🔎 다른 사람의 일이 안 되도록 은근히 훼방해 놓고 그 뒤에 도와주는 척하는 사람을 비웃을 때도 사용한다.

★☆☆ 관
북 치고 장구 치다

혼자서 이일 저일을 다 한다는 말이다.
Indicates that someone does everything by themselves.

예 가: 하준이 혼자 **북 치고 장구 치고** 다 하니까 같이 동아리 활동을 하는 사람들이 힘들어한대.
Hajoon does everything himself like he's running a one-man show, so the people in his club say they're having a hard time.

나: 다른 사람들과 협력하는 게 중요한데 하준이는 그걸 모르나 봐.
Collaborating with other people is important, but I guess Hajoon doesn't know that.

🔎 옛날에 혼자서 북이나 장구, 꽹과리 등을 치면서 구걸하는 사람들의 모습에서 나온 표현이다. 주로 누군가가 혼자 나서서 모든 일을 하면서 잘난 척할 때 사용한다.

삼십육계 줄행랑을 놓다

유 삼십육계 줄행랑을 치다,
삼십육계 줄행랑을 부르다

잘못을 하고 나서 매우 급하게 도망간다는 말이다.
Indicates that one runs away with great haste after doing something wrong.

예 가: 엊그제 저 앞에서 뺑소니 사고를 내고 **삼십육계 줄행랑을 놓았던** 운전자가 경찰에 잡혔대요.
They say that the driver who caused a hit-and-run accident over there and made a run for it a few days ago was caught by the police.

나: 그래요? 잡혔다니 다행이에요. 죄를 지었으니 죗값을 치러야지요.
Really? I'm glad he was caught. He committed a crime, so he has to pay for it.

🔍 조선 시대 때 양반집의 노비들이 살던 곳을 '행랑'이라고 하였고, 이런 행랑이 많아서 줄처럼 늘어선 것을 가리켜 '줄행랑'이라고 하였다. 그런데 전쟁이 난 후에 행랑에 살던 노비들이 줄줄이 도망을 가자 '줄행랑'이라는 말이 '도망'이라는 의미로 바뀌었다고 한다. 이 표현은 누군가가 위기 상황에서 도망갈 때 사용한다. 보통 짧게 '줄행랑을 놓다' 혹은 '줄행랑을 치다'를 사용한다.

일손을 놓다

하던 일을 잠시 멈춘다는 말이다.
Indicates that one temporarily stops what they were doing.

예 가: 점심시간이니 잠깐 **일손을 놓고** 식사하러 갈까요?
It's lunchtime, so shall we stop working for a bit and go eat?

나: 벌써 점심시간이에요? 어쩐지 배가 고프더라고요.
It's already lunchtime? I knew I was getting hungry.

✏️ '일손'은 일을 하고 있는 손 또는 손으로 하는 일을 말한다.

쥐도 새도 모르게

감쪽같이 행동하거나 일을 처리하여 아무도 그 사실을 모르게 한다는 말이다.
Indicates that an action or task is done so perfectly that no one knows it.

예 가: 어머! 내 돈이 어디 갔지? 잠깐 통화하는 사이에 **쥐도 새도 모르게** 없어졌어요.
Oh my! Where did my money go? It disappeared without a trace while I was talking on the phone for a moment.

나: 혹시 주머니 안에 넣은 거 아니에요? 다시 한번 잘 찾아보세요.
Did you put it in your pocket, by any chance? Try looking for it again.

🔍 낮에 활동하는 새도 모르고, 밤에 활동하는 쥐도 모르게 한다는 말로 누군가가 다른 사람들이 알면 곤란해지기 때문에 어떤 일을 매우 은밀하게 처리할 때 사용한다.

★★☆ 관

한눈을 팔다

㈜ 곁눈을 팔다,
딴눈을 팔다

해야 할 일에는 신경을 쓰지 않고 정신을 딴 데로 돌린다는 말이다.
Indicates that one does not pay attention to something they
should be doing, and their mind is wandering elsewhere.

예 가: 민지가 이번에 장학금을 받게 되었다며?
I heard that Minji received a scholarship this time.

나: 응, 민지는 우리가 놀 때도 절대 **한눈을 팔지** 않고 공부만
했잖아. 장학금을 받는 게 당연해.
Yeah, even while we were hanging out, Minji never got
sidetracked and all she did was study. Of course she got a
scholarship.

✎ '한눈'은 원래 한번 봄 혹은 잠깐 봄이라는 의미지만 여기에서는 당연히 볼 데를
안 보고 다른 데를 보는 눈이라는 의미로 사용되었다.

🔍 어떤 것의 유혹에 빠져 중요한 일을 하지 않는 사람에게 그렇게 하지 말라고 충고할 때
'한눈을 팔지 마세요'를 사용하기도 한다.

② 반응 | Reactions

Track 017

★☆☆ 관

가면을 벗다

유 탈을 벗다

자신의 정체를 드러내거나 속마음을 알린다는 말이다.
Indicates that one reveals their identity or makes their inner feelings known.

예 가: 부지점장님은 언제쯤 저 **가면을 벗으실까**?
I wonder when the assistant manager will unmask himself?

나: 나도 그게 궁금해. 우리한테는 화만 내시는데 지점장님 앞에서는 저렇게 순한 양이 되시잖아.
I'm curious about that, too. He only gets angry at us, but in front of the branch manager, he acts as gentle as a lamb.

🔎 '가면'은 진짜 얼굴을 감추고자 겉으로 드러내 보이는 모습을 의미한다. 그래서 가면을 벗으면 거짓으로 꾸민 정체가 드러나게 된다. 한편, 거짓으로 꾸민 정체를 밝힐 때는 '가면을 벗다'를, 속마음을 감추고 아닌 척 꾸밀 때는 '가면을 쓰다'를 사용한다.

★☆☆ 관

곁눈을 주다

다른 사람이 모르도록 상대편에게 어떤 뜻을 알린다는 말이다.
Indicates that one lets someone know a certain meaning in a way so that other people will not know.

예 가: 아까 빨리 일어나서 가자고 계속 **곁눈을 주었는데** 왜 못 알아차렸어?
Earlier, I kept dropping hints that we should get up and leave quickly, but why didn't you notice?

나: 알아차렸는데 다른 친구들이 계속 이야기를 하니까 미안해서 못 일어났어.
I did notice, but our other friends kept talking, so I felt sorry and couldn't get up.

✏️ '곁눈'은 다른 사람이 모르도록 얼굴을 돌리지 않고 눈알만 옆으로 굴려서 보는 시선을 말한다.

🔎 주의를 기울여야 할 곳에 신경 쓰지 않고 다른 곳에 관심을 보일 때는 '곁눈을 팔다'를 사용한다.

★★★ 관
고개를 끄덕이다

고개를 위아래로 흔들어 좋다는 뜻을 나타낼 때 사용한다.
Used when one shakes their head up and down to express that
something is good.

> 예 가: 오늘 피아노 연주 아주 잘했어. 수고했어.
> You did really well at your piano recital today. Great job.
>
> 나: 선생님, 감사합니다. 아까 제 연주가 끝나자 관객들이 모두
> **고개를 끄덕이며** 박수를 쳐 줘서 기분이 좋았어요.
> Thank you, Teacher. Earlier, I felt good because the audience
> members all nodded and clapped as soon as my performance
> ended.

🔍 주로 상대방의 말에 동의의 뜻을 나타낼 때 사용한다. 한편, 부정이나 거절의 뜻을
나타낼 때는 '고개를 젓다' 혹은 '고개를 흔들다'를 사용한다.

★★☆ 관
기가 차다

상대방의 말이나 행동이 어이가 없어서 말이 나오지 않는다는 말이다.
Indicates that no words come out of one's mouth because another
person's words or actions are so absurd.

> 예 가: 저 사람이 우리 가게에서 물건을 훔치는 게 CCTV에 다
> 찍혔는데도 자기는 안 그랬다고 우기니 정말 **기가 차네요.**
> That person stole an item from our store and it was all caught
> on CCTV, but seeing how he still insists that he didn't do it, I'm
> really stunned speechless.
>
> 나: 점장님, 혼자 해결하려고 하지 말고 빨리 경찰서에 신고하세요.
> Manager, don't try to resolve it on your own. Go quickly and
> report it at the police station.

✏ '기'는 활동하는 힘이라는 의미이다.
🔍 보통 '기가 찰 노릇이다'의 형태로 많이 사용한다.

☆☆☆ 관
놀란 토끼 눈을 하다

예상하지 못한 뜻밖의 일에 놀라서 눈을 크게 뜬다는 말이다.
Indicates that one opens their eyes wide because they are
surprised by something unexpected.

> 예 가: 어제 윤아한테 프러포즈 잘했어?
> Did your proposal to Yoona go well yesterday?
>
> 나: 응. 그런데 전혀 예상을 못 했는지 내가 반지를 주니까 **놀란**
> **토끼 눈을 하고** 한참을 쳐다봐서 얼마나 당황스러웠는지 몰라.
> Yeah. But maybe because she didn't expect it at all, when I
> gave her the ring, her eyes nearly popped out of her head and
> she just stared at it for a long time, so she must have been so
> taken aback.

🔍 어떤 이유로 놀라서 커진 사람의 눈을 토끼의 동그랗고 큰 눈에 비유한 표현이다.

★★☆ 관
배꼽을 쥐다

유 배꼽을 잡다

너무 웃겨서 배를 움켜잡고 크게 웃는다는 말이다.

Indicates that something is so funny that one grabs their stomach and laughs loudly.

예 가: 무슨 책을 읽는데 그렇게 **배꼽을 쥐면서** 웃니?

What book are you reading that's making you roll about laughing like that?

나: 한국 사람들이 외국 여행을 하면서 겪은 실수담을 쓴 책인데 너무 웃겨서 참을 수가 없어요.

It's a book of stories about mistakes Korean people made while traveling abroad. It's so funny that I can't hold in my laughter.

🔎 너무 크게 웃으면 배가 아파서 배를 잡는 경우가 있는데 여기에서 나온 표현이다. 배가 아픈 것이 문제가 되지 않을 정도로 웃음을 참을 수 없을 때 사용한다. 비슷한 의미로 '배를 잡다'를 사용하기도 한다.

★★☆ 관
배꼽이 빠지다

유 배꼽을 빼다

어떤 사람이나 상황이 아주 웃길 때 사용한다.

Used when a certain person or situation is very funny.

예 가: 저 코미디언은 정말 웃겨.

That comedian is really funny.

나: 맞아. 나도 저 코미디언만 나오면 **배꼽이 빠지도록** 웃는다니까.

That's right. Whenever that comedian appears, I laugh my head off.

🔎 보통은 '배꼽이 빠지게 웃다' 혹은 '배꼽이 빠지도록 웃다'를 사용한다.

★☆☆ 관
손사래를 치다

거절이나 부인을 하며 손을 펴서 허공에서 양옆으로 흔드는 동작을 나타낸다.

Indicates that one opens their hand and waves it back and forth while refusing or denying something.

예 가: 여행 준비를 하면서 승원 씨 도움을 많이 받았으니까 밥이라도 한 끼 사 줘야 하지 않을까요?

We received a lot of help from Seungwon while we were preparing for our trip, so shouldn't we at least buy him a meal?

나: 안 그래도 저녁을 사겠다고 했더니 괜찮다며 **손사래를 치더라고요.**

I already told him I would buy him dinner, but he waved it off and said it was okay.

🔎 주로 어떤 제안이나 부탁을 받고 못하겠다고 거절할 때 이렇게 행동한다. 또한 어떤 말이나 상황이 사실이 아니라고 강조할 때도 이 행동을 한다.

★☆☆ 속
숭어가 뛰니까 망둥이도 뛴다

유 잉어가 뛰니까 망둥이도 뛴다,
망둥이가 뛰면 꼴뚜기도 뛴다

숭어   망둥이

나도 뛸 거야!

자신의 분수도 모르고 남이 하는 일을 무작정 따라 하려고 나선다는 말이다.

Indicates that one does not know their own place and blindly tries to follow what someone else is doing.

예 가: 엄마, 갑자기 왜 서영이가 무용 학원에 보내 달라고 난리예요?

Mom, why is Seoyeong suddenly begging you to send her to a dance academy?

나: 옆집에 사는 사랑이가 이번에 무용 대회에서 1등을 했거든. 그랬더니 **숭어가 뛰니까 망둥이도 뛴다**고 갑자기 자기도 무용을 배우겠다고 저러는 거야.

Our neighbor Sarang won first place in the recent dance competition. One sheep always follows another, so that's why Seoyeong suddenly says she's going to learn how to dance, too.

🔎 망둥이는 바닷가의 모래밭이나 개펄에 살고 몸의 길이가 20cm 정도로 작은 편이라서 몸의 길이가 70cm나 되는 숭어만큼 높이 뛰어오를 수 없다. 누군가가 이런 망둥이처럼 자기 분수나 처지는 생각하지 않고 잘난 사람을 덮어놓고 따라 할 때 사용한다.

★☆☆ 관
엉덩이를 붙이다

어떤 것을 하면서 한자리에 가만히 앉아 있다는 말이다.

Indicates that one stays still in one place while doing something.

예 가: 수아는 도대체 몇 시간이나 꼼짝도 안 하고 공부를 하는 거야?

Just how many hours has Sooah been studying without even moving a muscle?

나: 그러게나 말이야. 저렇게 수아처럼 **엉덩이를 오래 붙이고** 공부를 해야 1등을 하겠지?

Tell me about it. I would have to glue myself to a chair and study for ages like Sooah in order to get the top score, right?

🔎 '엉덩이를 붙이고'의 형태로 많이 쓰며 강조할 때는 '엉덩이를 오래 붙이다'를 사용한다.

☆☆☆ 속
은혜를 원수로 갚다

유 공을 원수로 갚는다

감사해야 할 사람에게 도리어 해를 끼친다는 말이다.

Indicates that one causes harm to someone they should be thanking.

예 가: 어릴 때 입양해서 40년이나 키워 준 부모의 재산을 모두 가지고 도망간 자식에 대한 기사 봤어요?

Did you see the article about the person who took all his parents' assets and ran away, after they had adopted him and raised him for 40 years?

나: 네. 봤어요. **은혜를 원수로 갚아도** 유분수지 어떻게 그럴 수가 있죠?

Yes, I saw it. Talk about biting the hand that feeds you. How could he do such a thing?

🔎 누군가가 어떤 사람을 배신하고 피해를 주어 마음에 상처를 입힐 때 사용한다.

★☆☆ 관
찬밥 더운밥 가리다

그럴 형편이 안 되는 사람이 이것저것 따진다는 말이다.
Indicates a person who is not in a situation to be fussy nitpicks about everything.

예 가: 이 회사는 너무 멀고 저 회사는 월급이 너무 적은데 어딜 가지?
　　This company is so far away, and the pay at that company is so low. Which one should I go to?

　　나: 생활비도 없다면서 네가 지금 **찬밥 더운밥 가릴** 때야?
　　You say that you don't even have money for living expenses. Are you really in a position to be picky right now?

🔍 보통 '찬밥 더운밥 가릴 때가 아니다'의 형태를 써서 자신이 처한 상황을 잘 파악하라고 충고할 때 사용한다.

★☆☆ 관
침을 뱉다

아주 치사하거나 더럽게 생각해서 돌아보지도 않고 업신여긴다는 말이다.
Indicates that one thinks something is so low or dirty that they disdain it and do not even look back at it.

예 가: 민수 씨는 엄청 힘든 곳에서 군 생활을 했다면서요?
　　Minsu, I heard that you did your military service in an extremely difficult place.

　　나: 말도 마요. 제대할 때 부대 쪽에 **침을 뱉고** 다시는 그 근처에도 안 가겠다고 다짐했을 정도였어요.
　　Don't even bring it up. It was so bad that when I was discharged, I spit at the military camp and swore I would never go near that place ever again.

🔍 강조할 때는 '침을 내뱉다'를 사용한다. 그러나 이런 말이나 행동은 다른 사람을 정말 무시하고 깔보는 것이므로 하지 않는 것이 좋다.

★★★ 관
코웃음을 치다

다른 사람을 무시하고 비웃는다는 말이다.
Indicates that one disregards and mocks another person.

예 가: 우와! 너 농구 실력이 엄청 늘었다. 언제 그렇게 연습을 했어?
　　Wow! Your basketball skills got way better. When did you practice like that?

　　나: 네가 나 농구 못한다고 계속 **코웃음을 치길래** 밤마다 혼자 연습을 좀 했지.
　　You always kept sneering that I couldn't play basketball, so I practiced alone every night.

✎ '코웃음'은 코끝으로 가볍게 웃는 것으로 상대방을 아주 기분 나쁘게 만드는 웃음이다.

🔍 상대방을 무시하는 행동으로 보일 수 있으므로 윗사람이나 친하지 않은 사람에게는 이런 행동을 하면 안 된다.

★☆☆ 관
콧방귀를 뀌다

유 콧방귀를 날리다

다른 사람의 말이 아니꼽거나 못마땅하여 무시해 버린다는 말이다.

Indicates that one ignores another person's words because they find them disgusting or displeasing.

예 가: 오늘도 룸메이트하고 싸운 거야?

Did you fight with your roommate again today?

나: 응. 룸메이트한테 청소 좀 하라고 했더니 나도 안 하면서 자기한테 잔소리한다고 **콧방귀를 뀌지** 뭐야.

Yeah. I told my roommate to do some cleaning, but then he said that I don't clean either and snorted that I was scolding him. Geez.

🔎 상대방을 무시하는 행동으로 보일 수 있으므로 윗사람이나 친하지 않은 사람에게는 이런 행동을 하면 안 된다.

★★★ 관
한술 더 뜨다

이미 어느 정도 잘못되어 있는 상태에서 한 단계 더 나아가 엉뚱한 짓을 한다는 말이다.

Indicates that one goes a step further from a state that is already not right to a certain extent, and does something outrageous.

예 가: 왜 그렇게 화가 났어?

Why did you get so angry?

나: 같은 연구실 선배가 처음에는 자료 정리만 도와 달라더니 이제는 **한술 더 떠서** 자기 보고서까지 써 달래.

At first, the upperclassman who works in the same research lab as me just asked me to help organize his files, but now, to add insult to injury, he even asks me to write his reports for him.

🔎 다른 사람이 먹는 것보다 한 숟가락 더 먹는다는 말로, 어떤 사람이 이미 좋지 않은 상황을 더 심한 상황으로 만들 때 사용한다.

★★☆ 관
혀를 차다

유 혀끝을 차다

마음에 들지 않거나 서운하고 아쉬운 뜻을 나타낼 때 사용한다.

Used when one expresses that they do not like something, or that they feel upset and unsatisfied.

예 가: 신입 사원이 철없는 행동을 할 때마다 부장님이 **혀를 차시는데** 그 사람이 듣기라도 할까 봐 걱정이에요.

Every time the new employee does something immature, the department head clicks her tongue. I'm worried that the employee will hear her.

나: 그러게요. 못마땅한 게 있으면 직접 말씀해 주시면 좋을 텐데요.

Seriously. If the department head is displeased with something, it would be best if she talked to the employee directly.

🔎 강조할 때는 '혀를 쯧쯧 차다', '혀를 끌끌 차다'를 사용한다.

★★☆ 관
기름을 붓다

🔵 기름을 끼얹다

감정이나 행동을 부추겨 상황을 더욱더 심각하게 만든다는 말이다.

Indicates that one incites an emotion or action and makes a situation even more serious.

> 예 가: 정부가 버스와 지하철 요금을 또 올린다고 해요.
> The government said that they're going to raise bus and subway fares again.
>
> 나: 가뜩이나 물가가 올라서 성이 난 국민들에게 **기름을 붓는** 격이군요.
> To make matters worse, prices have all gone up, so to angry citizens, they're pouring oil on the fire.

★★☆ 관
눈을 속이다

다른 사람이 속아 넘어가게 행동한다는 말이다.

Indicates that one does something to deceive another person.

> 예 가: 민지야. 요즘도 음악 학원에 다니는 거야?
> Minji, are you still attending music academy these days?
>
> 나: 응. 음악 공부를 반대하시는 부모님의 **눈을 속이는** 것이 마음에 걸리기는 하지만 내가 하고 싶은 것을 공부할 수 있어서 좋아.
> Yeah. My parents oppose my studying music, so deceiving them and continuing to attend the academy does weigh on my conscience, but I'm happy because I can study what I want.

🔍 어떤 수단이나 방법을 써서 자신이 하고 있는 일을 다른 사람들이 알지 못하도록 할 때 사용한다.

★★★ 속
다 된 죽에 코 풀기

거의 끝나 가는 다른 사람의 일을 방해한다는 말이다.

Indicates that one interrupts something that another person had almost finished doing.

> 예 가: 엄마, 지훈이가 자기랑 안 놀아 준다고 숙제한 공책에 물을 부어 버렸어요.
> Mom, Jihoon poured water all over the note for my homework because I wouldn't play with him.
>
> 나: 지훈아. **다 된 죽에 코 풀기**라고 형 숙제를 망쳐 놓으면 어떻게 해?
> Jihoon, how could you ruin your brother's homework like that after he had already finished it?

✏️ '코'는 콧물이라는 의미이다.

🔍 비슷한 표현으로 '다 된 밥에 재 뿌리기'를 사용하기도 한다.

★☆☆ 속
못 먹는 감 찔러나 본다

유 못 먹는 밥에 재 집어넣기, 못 먹는 호박 찔러 보는 심사, 나 못 먹을 밥에는 재나 넣지

자기가 갖지 못하게 된 것을 다른 사람도 갖지 못하도록 훼방을 놓을 때 사용한다.

Used when one is unable to have something, so they prevent others from having it as well.

예 가: 아무래도 이번 그림 대회에서 내가 상을 타기는 어려울 것 같아. 서영이 그림에 낙서나 해 버릴까?

In any case, I think it will be difficult for me to win a prize at this art competition. Should I scribble all over Seoyeong's picture?

나: 뭐라고! **못 먹는 감 찔러나 보는** 거야? 네가 갖지 못한다고 남의 것을 망치면 안 되지!

What?! Are you going to spoil the fruit you can't eat? You can't ruin others' things just because you can't have something yourself!

🔍 누군가가 어떤 일이 자기에게 불리해지면 심술을 부려 일을 망쳐 놓을 때 사용한다.

★★☆ 속
불난 집에 부채질한다

유 불난 데에 부채질한다

나쁜 일을 당한 사람을 더 힘들게 만들거나 화가 난 사람을 더욱 화나게 한다는 말이다.

Indicates that one makes a person who has experienced something bad suffer even more, or that one makes an angry person even angrier.

예 가: 민지야. 이 치킨 안 먹을 거야? 정말 맛있는데.

Minji, aren't you going to eat this chicken? It's really good.

나: **불난 집에 부채질하는** 것도 아니고 나 요즘 다이어트 중인 거 몰라?

Are you trying to rub salt in my wounds? Don't you know that I'm on a diet these days?

🔍 불이 났을 때 부채질을 하면 바람이 일어 불길이 더 거세게 번지는 데서 나온 표현이다.

★☆☆ 관
사람을 잡다

어떤 사람을 매우 심하게 괴롭히며 어려운 상황에 놓이게 한다는 말이다.

Indicates that one severely harasses a certain person and puts them in a difficult situation.

예 가: 솔직하게 말해. 진짜 이번 일에 대해서 아무것도 모른다는 말이야?

Tell me the truth. You really don't know anything about this?

나: 정말 아무것도 모른다니까 왜 이렇게 **사람을 잡아**?

I'm telling you, I really don't know anything. Why are you giving me such a hard time?

✎ '잡다'는 원래 손으로 쥐고 놓지 않는다는 말이지만 여기에서는 짐승 같은 것을 죽인다는 의미로 사용되었다.

🔍 강조할 때는 '생사람을 잡다'를 사용한다.

★☆☆ 관
산통을 깨다

누군가의 실수나 잘못으로 잘 되어가던 일을 망친다는 말이다.
Indicates that something that was going well is ruined by someone's mistake or error.

예 **가:** 저기 태현이하고 수아가 커피 마시고 있는데 우리도 가서 같이 마실까?
Taehyun and Sooah are drinking coffee over there. Shall we go and have a drink with them?

　　나: 태현이가 오늘 수아한테 고백한다고 했어. 괜히 **산통을 깨지** 말고 다른 데로 가자.
Taehyun said he was going to ask Sooah out today. Let's not rain on his parade and go somewhere else.

🔎 산통은 점쟁이들이 점을 칠 때 쓰는 도구로 대나무 막대들을 담은 조그만 통을 말하는데 이 산통을 깨면 더 이상 점을 칠 수 없는 데서 나온 표현이다. 한편, 다른 사람 때문에 어떤 일이 잘 안 됐을 때는 '산통이 깨지다'를 사용한다.

★☆☆ 관
속을 긁다

얄미운 행동이나 말을 해서 다른 사람의 기분을 나쁘게 한다는 말이다.
Indicates that one's hateful behavior or words put another person in a bad mood.

예 **가:** 오늘 새 옷을 입고 갔는데 회사 동료가 옷이 촌스럽다면서 **속을 긁지** 뭐니? 이 옷이 그렇게 촌스러워?
I wore some new clothes to the office today, but my coworker offended me by saying they were outdated. Are these clothes really that out of style?

　　나: 아니야. 하나도 촌스럽지 않아. 아마 네가 부러워서 그랬을 거야.
No, they're not outdated at all. Maybe they said that because they were jealous of you.

🔎 다른 사람의 속이 뒤집어지게 비위를 살살 건드릴 때 사용한다.

★☆☆ 관
약을 올리다

어떤 사람이 다른 사람을 은근히 화가 나게 하거나 비위를 상하게 하여 언짢게 한다는 말이다.
Indicates that someone makes another person quite angry or offends them and makes them unhappy.

예 **가:** 이제 축구 경기가 거의 끝나가는데 상대 선수들이 공을 서로 돌리면서 우리 팀 선수들의 **약을 올리고** 있어요.
The soccer game is almost over now, but the other team's players are passing the ball between them and provoking our team.

　　나: 자기들이 이기고 있으니까 시간을 끌려는 생각인 거지요.
They're winning, so they must think they're just dragging out the time.

✏️ '약'은 원래 어떤 식물이 가진 맵거나 쓴 성분을 말하는데 그 의미가 확대되어 화가 나거나 비위가 상하여 생기는 쓰디쓴 감정을 나타내게 되었다.

🔎 다른 사람의 놀림을 받아 화가 났을 때는 '약이 오르다'를 사용한다.

★★★ 관
찬물을 끼얹다

유 고춧가루를 뿌리다

잘되어 가고 있는 일에 뛰어들어 분위기를 흐리거나 일을 망친다는 말이다.

Indicates that one bursts into something that was going well and ruins it or spoils the atmosphere.

예 가: 이 자리는 피자 가게를 하기에는 적당하지 않은 것 같아요.

I don't think this location is suitable for a pizza restaurant.

나: 잘되라고 해 줘도 모자랄 판에 왜 **찬물을 끼얹고** 그래요?

The least you could do is say that the restaurant will do well. Why do you have to put a damper on it?

🔎 누군가가 화기애애한 분위기를 어색하게 만들거나 신나게 일하고 있는데 그 일에 흥미를 잃게 하는 말이나 행동을 할 때 사용한다.

★☆☆ 관
초를 치다

한창 잘되고 있거나 잘되려는 일을 방해해서 일이 잘못되게 만든다는 말이다.

Indicates that one interferes with something that was going well or at its peak and makes it not go well.

예 가: 누나, 이 드라마 재미없는데 다른 프로그램 보자.

Sis, this TV show is no fun. Let's watch something else.

나: 한참 재미있게 보고 있는데 왜 **초를 치고** 그래? 다른 거 보고 싶으면 이 드라마 끝나고 봐.

I was having fun watching this show for a long time, but why did you have to spoil it? If you want to watch something else, watch it after this show is over.

✐ '초'는 신맛이 나는 조미료를 말한다.

🔎 음식에 지나치게 많은 초를 치게 되면 신맛이 강해져서 음식을 먹을 수 없게 된다. 이처럼 다른 사람이 먹으려는 음식에 초를 필요 이상으로 넣어 버려서 음식을 못 먹게 만드는 상황에서 나온 표현이다. 윗사람에게는 사용하지 않는 것이 좋다.

★☆☆ 관
화살을 돌리다

꾸짖음을 받거나 비난받을 대상을 바꾼다는 말이다.

Indicates that the target of a scolding or criticism changes.

예 가: 네가 이 운동화를 사라고 해서 샀는데 발이 아파서 못 신겠잖아.

I bought these tennis shoes because you told me to buy them, but I can't wear them because they hurt my feet.

나: 난 다른 걸 추천했는데 네가 디자인이 예쁘다고 그걸 골랐으면서 왜 나한테 **화살을 돌리고** 그래?

I told you to buy different shoes, but you picked those shoes because the design was pretty. Why are you shifting the blame to me?

🔎 어떤 사람이 자신이 잘못한 일을 다른 사람의 책임으로 떠넘길 때 사용한다.

4

소극적 행동 ┃Passive Behavior

Track 019

★★☆ 속
구렁이 담 넘어가듯

어떤 일을 분명하고 깔끔하게 처리하지 않고 슬그머니 얼버무려 버린다는 말이다.

Indicates that one does not handle something clearly and neatly, and tries to stealthily evade it.

> 예 가: 여보, 일이 좀 있어서 늦었어요. 너무 피곤하니까 빨리 씻고 자야겠어요.
>
> Honey, I was late because I had some work. I'm so tired that I'd better wash up quickly and go to bed.
>
> 나: 오늘도 **구렁이 담 넘어가듯** 슬쩍 넘어가려고요? 이렇게 늦게 들어온 게 벌써 며칠째예요? 도대체 무슨 일 때문에 계속 늦는지 말 좀 해 봐요.
>
> You're trying to sneakily slip past the issue again today? You've already come home late like this several days in a row. Why don't you tell me exactly what kind of work keeps making you late?

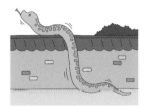

🔍 주로 '구렁이 담 넘어가듯이'의 형태로 사용한다. 구렁이가 소리 없이 기어다니다가 슬쩍 담을 넘어가듯이, 누군가가 어떤 일에 있어서 태도를 분명하게 하지 않고 그냥 대충 넘어가려고 할 때 사용한다.

★★☆ 관
꼬리를 감추다

유 꼬리를 숨기다

자취를 감추고 숨는다는 말이다.

Indicates that one covers up their tracks and hides.

> 예 가: 비리가 드러나자 증권사 대표가 **꼬리를 감추고** 도망갔다면서요?
>
> I heard that the stock firm's CEO covered his tracks and ran off as soon as the corruption was exposed.
>
> 나: 네. 해외로 도망을 가 버려서 찾기도 쉽지가 않다는 말을 들었어요.
>
> Yes. I heard that it won't be easy to find him because he ran away overseas.

✏️ '꼬리'는 원래 동물 몸뚱이의 뒤 끝에 달려 있거나 나와 있는 부분을 의미하지만 여기에서는 어떤 일이나 사람이 남긴 흔적이나 실마리라는 의미로 사용되었다.

🔍 보통 나쁜 짓을 한 사람이 어디에 있는지 전혀 알 수 없게 모습을 숨기거나 혹은 달아났을 때 사용한다.

★★☆ 관
꼬리를 내리다

기가 꺾여 물러난다는 말이다.
Indicates that one loses courage and backs off.

예 가: 하준이는 다른 애들 앞에서는 안 그러면서 왜 항상 민지
앞에서만 **꼬리를 내리지**?
Hajoon isn't like that in front of other kids, but why does he
always act so submissive in only front of Minji?

나: 뭔지는 모르겠는데 하준이가 민지한테 약점 잡힌 게 있나 봐.
I'm not sure what it is, but it looks like Minji has a hold on a
weakness of his.

🔎 본인보다 힘이 세거나 강한 상대방의 압력에 의해 자신의 의지나 주장을 꺾고 순응할
때 사용한다. 맥락에 따라 듣는 사람의 기분을 나쁘게 만들 수 있으나 이 표현 자체가
남을 비하하는 것은 아니다.

★☆☆ 관
꼬투리를 잡다

다른 사람의 말이나 행동에 괜히 트집을 잡고 시비를 건다는 말이다.
Indicates that one needlessly finds fault with another person's
words or actions and starts an argument.

예 가: 넌 도대체 뭐가 그렇게 마음에 안 들어서 내 말끝마다
꼬투리를 잡고 그러니?
What on earth is it that you don't like that makes you nitpick
everything I say?

나: 내가 언제 그랬다고 그래?
When did I ever do that?

🖊 '꼬투리'는 원래 콩과 식물의 열매를 싸고 있는 껍질을 말하지만 여기에서는 어떤
이야기나 사건의 실마리라는 의미로 사용되었다.

🔎 항상 부정적인 의미로 사용되며 강조할 때는 '꼬투리를 잡고 늘어지다'를 사용한다.

★★☆ 관
꽁무니를 빼다

유 뒤꽁무니를 빼다

어떤 자리를 슬그머니 피하여 달아난다는 말이다.
Indicates that one stealthily avoids a certain position and escapes.

예 가: 지원 씨 어디 갔어요? 다음에 노래 부를 차례인데요.
Where did Jiwon go? It's her turn to sing next.

나: 벌써 **꽁무니를 빼고** 도망갔지요. 지원 씨가 노래 부르는 거
정말 싫어하잖아요.
She already copped out and ran off. Jiwon really hates singing,
you know.

🖊 '빼다'는 속된 말로 피하여 달아난다는 말이며 강하게 말할 때는 '내빼다'를 사용한다.

🔎 보통 어떤 일을 하는 것이 두려울 때 혹은 어떤 일에 책임을 지지 않으려고 자리를
피할 때 사용한다.

★☆☆ 관
눈을 피하다

다른 사람이 자기를 보는 것을 꺼려 피한다는 말이다.
Indicates that one avoids another person looking at them.

예 가: 공연 시간이 얼마 안 남았는데 왜 이렇게 늦었어요?
There's not much time left until the performance starts.
Why are you so late?

나: 빨리 오려고 팬들의 **눈을 피해** 뒷문으로 나왔는데 거기에도
팬들이 서 있어서 사인을 해 주느라 늦었어요.
I was trying to come quickly and came through the back door
so the fans wouldn't notice me, but there were fans standing
there, too, so I was late after giving them autographs.

🔎 보통 어떤 사람이 누군가를 만나고 싶지 않거나 자신의 모습을 보여 주고 싶지 않을 때
하는 행동을 말한다.

★★☆ 관
눈치를 보다

다른 사람의 기분이나 태도를 살핀다는 말이다.
Indicates that one tries to figure out another person's mood or
attitude.

예 가: 다른 사람의 **눈치를 보지** 말고 자신의 생각을 솔직하게 말해
주기 바랍니다.
Please don't be conscious of others and honestly tell me your
own thoughts.

나: 그럼 제가 먼저 말씀드리겠습니다. 저는 이번 프로젝트 진행은
무리라고 봅니다.
Well then, I will speak first. I think it would be unreasonable to
proceed with this project.

🔎 주로 누군가가 다른 사람을 너무 의식해서 말이나 행동을 조심할 때 사용한다. 한편,
다른 사람의 기분이나 태도 때문에 신경이 쓰일 때는 '눈치가 보이다'를 사용한다.

★★★ 속
닭 잡아먹고
오리 발 내놓기

잘못을 저질러 놓고 반성하기는커녕 아니라고 잡아떼거나 모른다고
할 때 사용한다.
Used when one makes a mistake, but not only do they not
express any remorse, they deny that they did it or pretend not to
know about it.

예 가: 진짜야! 네 케이크 내가 안 먹었다니까?
Seriously! I'm telling you, I didn't eat your cake!

나: **닭 잡아먹고 오리 발 내놓기**라더니 입에 묻은 생크림이나 닦고
말해!
So you're trying to play innocent? Wipe the whipped cream off
of your face and tell me.

내 닭
먹었지?

🔎 다른 사람의 닭을 몰래 잡아먹은 사람이 닭 주인이 자신을 범인으로 의심하자 자신은
닭은 안 먹었고 오리를 먹었다면서 오리 발을 내밀었다는 이야기에서 유래된 표현이
다. 짧게 '오리 발을 내밀다'를 사용하기도 한다.

★☆☆ 관
등을 보이다

남의 어려움을 못 본 척하고 외면한다는 말이다.

Indicates that one pretends they did not see someone else's hardship and turns a blind eye.

예 가: 우리도 형편이 어려운데 친구한테 또 돈을 빌려줬어요?

We're in a difficult situation, too, but you lent money to your friend again?

나: 친구가 돈을 빌려 달라고 어렵게 말을 꺼내서 차마 **등을 보일** 수가 없었어요.

My friend struggled to bring it up and ask for money, so I couldn't bear to turn my back on him.

🔍 보통 대화를 할 때는 얼굴을 보면서 이야기한다. 그런데 대화를 하면서 등을 보인다는 것은 상대방의 말을 전혀 듣지 않고 모른 척한다는 말이다.

★★☆ 관
뜸을 들이다

어떤 일이나 말을 하기 전에 시간을 끈다는 말이다.

Indicates that one stalls for time before doing or saying something.

예 가: 오늘 소개팅에서 만난 사람이 말이야. 음……. 아무것도 아니야.

About the person I met on a blind date today… Umm… It's nothing.

나: **뜸을 들이지** 말고 빨리 말해 봐. 그러니까 더 궁금해 죽겠잖아.

Don't beat around the bush and tell me already. You're just making me more and more curious.

🔍 시간을 두고 음식을 익히는 것처럼 누군가가 어떤 말이나 행동을 하기 전에 망설일 때 사용한다.

★★★ 관
몸을 아끼다

힘껏 일하지 않는다는 말이다.

Indicates that one does not work with all their strength.

예 가: 민수 씨, **몸을** 너무 **아끼는** 거 아니에요? 지원 씨도 저렇게 무거운 짐을 옮기고 있잖아요.

Minsu, aren't you sparing your efforts too much? Even Jiwon is moving those heavy loads.

나: 미안해요. 주말에 이사하다가 허리를 삐끗해서 그래요.

I'm sorry. It's because I strained my back while moving this past weekend.

🔍 보통 어떤 일에 최선을 다해서 일을 할 때는 '몸을 아끼지 않고 일하다'를 사용한다. 한편, 어떤 일에 적극적으로 임하지 않고 슬슬 피하며 몸을 아낄 때는 '몸을 사리다'를 사용한다.

★★☆ 관 바람을 쐬다

기분 전환을 위해 바깥 혹은 딴 곳을 거닐거나 다닌다는 말이다.
Indicates that one goes outside or to a different place to change their mood.

예 가: 할머니, 오늘 날씨가 좋은데 산책도 할 겸 **바람을 쐬러** 나갈까요?
Grandma, the weather is nice today. Shall we take a walk and get some fresh air at the same time?

나: 그럴까? 어디로 갈까?
Shall we? Where shall we go?

🔎 다른 곳의 분위기나 생활을 보고 듣고 할 때는 '바깥 바람을 쐬다'라고 한다.

동영영

★★★ 관 발을 빼다

어떤 일을 하다가 중단하고 더 이상 관여하지 않는다는 말이다.
Indicates that one ceases to do something and is not involved with it anymore.

예 가: 아침부터 왜 그렇게 피곤해 보여요?
Why have you looked so tired since this morning?

나: 동업하기로 한 친구가 갑자기 **발을 빼겠다고** 하니까 앞으로의 일이 걱정돼서 어젯밤에 한숨도 못 잤거든요.
My friend who agreed to do business with me suddenly pulled out, so I became so worried about the work that lies ahead that I couldn't sleep a wink last night.

🔎 보통 사람들은 어떤 일에 책임을 지기 싫을 때 이런 행동을 한다. 한편, 나쁜 일에서 관계를 완전히 끊고 물러난다는 의미도 있는데 이때는 '발을 씻다'로 바꿔 쓸 수 있다.

☆☆☆ 관 억지 춘향이

원하지 않는 일을 어쩔 수 없이 한다는 말이다.
Indicates that one has no choice but to do something they don't want to do.

예 가: 이번에 지점장으로 오신 분이 사장님 조카라면서요?
I heard that the new branch manager is the boss's niece?

나: 그렇대요. 조카분은 하기 싫다고 했는데 **억지 춘향이로** 하라고 했다나 봐요.
That's what they say. His niece said she didn't want to, but the boss must have forced her to come here.

🔎 한국의 고전 소설 '춘향전'에 나오는 춘향이가 자신에게 억지를 부리며 시중을 들라고 하는 관리의 명령에 복종하지 않아 감옥에 간 데서 유래된 표현이다.

★☆☆ 관
옆구리를 찌르다

팔꿈치나 손가락으로 상대방의 옆구리를 찔러서 사람들 몰래 신호를
보내는 행동을 말한다.

Indicates that one pokes another person with their elbow or finger
to secretly give them a signal without others knowing.

예 가: 어른들이 계신 데서는 말을 조심하라고 했지? 아까 그렇게
옆구리를 찔렀는데 눈치를 못 채니?

I told you to be careful with your words around your elders,
didn't I? You couldn't take a hint when I was nudging you in
the ribs earlier?

나: 죄송해요. 사촌들이랑 이야기하는 데 정신이 팔려서 몰랐어요.

I'm sorry. I was so absorbed in conversation with my cousins
that I didn't realize.

🔍 아무리 눈치를 보내도 상대방이 알아차리지 못할 때 이런 행동을 한다. 한편, 비밀스럽게
하는 행동을 강조할 때는 '옆구리를 꼭 찌르다'를 사용한다.

★★★ 속
울며 겨자 먹기

유 눈물 흘리면서 겨자 먹기

싫은 일을 억지로 한다는 말이다.

Indicates that one is forced to do something they don't want to.

예 가: 승원 씨, 요즘 주말마다 등산을 다닌다면서요?

Seungwon, I heard that you go hiking every weekend these
days.

나: 네. 부모님이 하도 같이 다니자고 하셔서 **울며 겨자 먹기로**
시작했는데 등산이 좋아져서 요즘은 제가 먼저 가자고 해요.

Yes. My parents go every weekend, and since they asked
me to go with them, I had to just grin and bear it and started
hiking. But now I've come to like hiking, so these days I'm the
one who asks them to go with me.

🔍 조선 시대에 고추가 들어오기 전에는 겨자가 매운맛을 내는 음식 재료로 많이
사용되었다. 그런데 겨자는 맛과 향이 독특할 뿐만 아니라 조금만 먹어도 눈물이 날
만큼 매웠다. 그럼에도 매운 맛을 느끼고 싶은 사람들은 눈물을 흘리면서도 겨자를
먹었다는 데서 나온 표현이다.

5 적극적 행동 | Active Behavior

Track 020

★★☆ 관
눈을 돌리다

관심을 다른 쪽으로 둔다는 말이다.

Indicates that one puts their attention somewhere else.

예 가: 수영을 배우는 것이 지겨우면 다른 운동으로 **눈을 돌리는** 게 어때?

If you're tired of learning how to swim, how about turning your attention to a different type of exercise?

나: 나도 그렇게 하고 싶은데 의사 선생님이 수영을 하는 게 지금 내 몸에 좋다고 하셔서 어떻게 해야 할지 고민이야.

I want to do that, too, but my doctor says that swimming is good for my body right now, so I'm debating what I should do.

✎ '눈'은 원래 신체 기관을 말하지만 여기에서는 사람들의 눈이 가는 길이나 방향이라는 의미로 사용되었다.

★★☆ 속
달리는 말에 채찍질

지금도 잘하고 있지만 만족하지 않고 더욱 노력하도록 다그치는 모습을 말한다.

Indicates that one is doing something well now, but someone is not satisfied and urges them to try even harder.

예 가: 감독님, 오늘 전국 체전에서 우승을 하셨는데 앞으로의 계획은 무엇입니까?

Coach, you won at the National Sports Festival today. What are your plans for the future?

나: **달리는 말에 채찍질하듯이** 선수들을 더욱 격려하여 내년에도 우승하도록 노력하겠습니다.

Building on this momentum, I will encourage the players even more, and we will do our best to win next year, too.

✎ '채찍질'은 원래 채찍으로 때리는 일을 말하지만 여기에서는 몹시 재촉하여 다그치거나 힘이 나도록 북돋아 주는 일이라는 의미로 사용되었다.

★☆☆ 㑰
동에 번쩍 서에 번쩍

어디에 있는지 짐작하기가 어려울 정도로 이곳저곳을 왔다 갔다 한다는 말이다.

Indicates that one moves from place to place so much that it is difficult to estimate where they are.

 가: 오늘도 등 번호 11번 선수의 활약이 눈부십니다.

Player 11 looks very impressive again today.

나: 그렇습니다. 오늘도 **동에 번쩍 서에 번쩍** 하면서 공격과 수비를 도맡아 하고 있습니다.

Indeed. Once again today, she's constantly on the move and taking on both offense and defense.

🔎 주로 '동에 번쩍 서에 번쩍 하다'의 형태로 쓰며, 누군가가 여기저기 장소를 이동해 가며 아주 바쁘게 일하는 모습을 나타낼 때 사용한다.

★☆☆ 㑰
딱 부러지게

아주 단호하게 말을 하거나 행동한다는 말이다.

Indicates that one speaks or acts resolutely.

가: 왜 그렇게 얼굴 표정이 안 좋아요?

Why do you have such a negative expression on your face?

나: 인턴사원에게 복사 좀 해 달라고 했더니 자기 일이 아니라고 **딱 부러지게** 거절하더라고요. 그래서 기분이 별로 안 좋아요.

I asked an intern to make some copies, but he said it wasn't his job and flatly refused. That's why I'm not in a particularly good mood.

🖉 '부러지다'는 원래 단단한 물체가 꺾여 둘로 겹쳐지거나 나누어지는 것을 의미하지만 여기에서는 말이나 행동 등을 확실하고 정확하게 한다는 의미로 사용되었다.

🔎 비슷한 의미로 '딱 잘라'를 사용하기도 하며 뒤에는 '말하다, 거절하다' 등이 온다.

★★☆ 㑰
마음을 사다

다른 사람들의 관심이 자신에게 향하게 한다는 말이다.

Indicates that one makes others turn their attention toward oneself.

가: 이 브랜드가 SNS 마케팅을 그렇게 잘한다면서?

Is this brand really that good at social media marketing?

나: 맞아. SNS를 통해 친근감 있게 다가가서 소비자들의 **마음을 산다고** 하더라고.

That's right. They use social media to make consumers feel close with them and win their favor.

🖉 '사다'는 원래 돈을 주고 어떤 물건이나 권리 등을 자기 것으로 만든다는 의미지만 여기에서는 다른 사람에게 어떤 감정을 가지게 한다는 의미로 사용되었다.

머리를 싸매다

★★☆ 관

⑧ 머리를 싸다

최선을 다해 노력해서 어떤 일을 한다는 말이다.
Indicates that one gives their best effort to do something.

예 가: 연우가 웬일로 저렇게 **머리를 싸매고** 공부를 열심히 해요?
No matter Why is Yeonwoo putting all his effort into studying so hard?

나: 내일 중간시험 보잖아요. 평소에는 놀다가 꼭 시험 전날이
돼야 공부를 해요.
Midterm exams are tomorrow. He always goofs off and then
only studies the day before the test.

🔍 주로 '머리를 싸매고' 뒤에 '공부하다, 고민하다'를 사용한다.

머리를 쥐어짜다

★★☆ 관

어떤 일을 해결하기 위해 아주 애를 써서 깊이 생각한다는 말이다.
Indicates that one is making a great effort and thinking deeply in
order to resolve something.

예 가: 아무리 **머리를 쥐어짜도** 좋은 아이디어가 떠오르지 않습니다.
No matter how much I rack my brain, I can't come up with a
good idea.

나: 오늘까지 신제품 기획안을 꼭 완성해야 하니 잠시 쉬었다가
계속 아이디어를 모아 봅시다.
We have to make sure to complete a new product proposal
today, so let's take a quick break and then keep coming up
with ideas.

✐ '쥐어짜다'는 원래 억지로 쥐어 꼭 짜낸다는 의미지만 여기에서는 이리저리 고민하고
정신을 집중하여 생각한다는 의미로 사용되었다.

🔍 어떤 문제를 해결할 방법이 쉽게 떠오르지 않아 생각이 나도록 머리를 쓸 때 사용한다.

물결을 타다

★☆☆ 관

어떤 시대의 분위기나 상황에 맞추어 행동한다는 말이다.
Indicates that one acts to adjust to the atmosphere or situation of
a certain time period.

예 가: 착한 소비의 **물결을 타고** 환경을 생각하는 소비자가 늘어나고
있다고 합니다.
They say that the number of consumers who are riding
the wave of ethical consumption and thinking about the
environment is increasing.

나: 그렇습니다. 실제로 친환경 제품의 매출이 매년 증가하고 있는
추세입니다.
Indeed. Actually, the sales of eco-friendly products are trending
upward every year.

🔍 '물결을 타고'의 형태로 많이 쓰며 뒤에는 '달라지다, 변하다, 변화하다' 등이 온다. 주로
그 시대의 트렌드를 반영해 변화하는 문화, 사회 현상 등을 말할 때 사용한다.

★★★ 관
물불을 가리지 않다

유 물불을 헤아리지 않다

아무리 큰 어려움이나 위험이 있어도 신경 쓰지 않고 어떤 일을 진행할 때 사용한다.

Used when one is not concerned and proceeds with something, no matter how great a risk or difficulty there may be.

예 가: 밤을 새워서 하는 아르바이트를 하겠다고?

You're going to work a part-time job that makes you stay up all night?

나: 다른 아르바이트를 구하기가 어려우니 어쩔 수가 없어. 다음 학기 학비를 벌기 위해서는 **물불을 가리지 않고** 일해야 돼.

It's difficult to find a different part-time job, so I have no choice. I have to do whatever it takes and work in order to earn money for my next semester's tuition.

✎ '물불'은 원래 물과 불을 함께 말하는 것이지만 여기에서는 어려움이나 위험이라는 의미로 사용되었다.

🔍 긍정적인 의미와 부정적인 의미로 모두 사용할 수 있다. 부정적인 의미로 사용될 때는 '그 사람은 돈과 권력을 쥐기 위해서는 물불을 가리지 않아.'처럼 좋은 일인지 위험한 일인지 따져 보지도 않고 막무가내로 행동한다는 의미가 있다.

★★★ 관
발 벗고 나서다

유 맨발 벗고 나서다

어떤 일에 적극적으로 나선다는 말이다.

Indicates that one actively sets out to do something.

예 가: 다음 달에 대통령 선거가 있는데 좋은 지도자가 당선됐으면 좋겠어요.

The presidential election is next month. I hope a good leader is elected.

나: 맞아요. 국민을 위해 옳다고 생각하는 일이라면 항상 **발 벗고 나서는** 사람이 뽑혔으면 좋겠어요.

That's right. I hope a person who always goes out of their way to do what they believe is good for the people is chosen.

🔍 옛날에는 농사를 지을 때 이웃끼리 서로의 일을 도와주는 경우가 많았다. 이때 논에 들어가 일을 하려면 신발과 양말을 모두 벗고 맨발로 들어가야 했다. 이런 행동에서 나온 말로 누군가가 어떤 일에 적극적으로 동참할 때 사용한다.

★★☆ 관
발이 빠르다

어떤 일에 대한 대책을 빠르게 세운다는 말이다.

Indicates that one quickly comes up with a solution to something.

예 가: 경쟁 회사에서 신제품을 출시했다고 합니다.

They say that a competitor company has released a new product.

나: 그 회사에 시장 점유율을 뺏기지 않으려면 우리도 **발이 빠르게** 움직여야 합니다.

If we don't want that company to steal all the market shares, we must be quick on our feet and take action.

🔍 문제를 해결하거나 어떤 흐름에 맞게 대응하기 위해 빨리 움직인다는 말이다. 주로 '발이 빠르게 움직이다' 혹은 '발이 빠르게 대처하다'를 사용한다.

본때를 보이다
★☆☆ 관

다시는 잘못을 저지르지 않도록 따끔하게 혼을 낸다는 말이다.
Indicates that one sharply scolds someone so they do not make a mistake again.

例 가: 학생이 선생님 몰래 수업 촬영한 것을 충분히 반성하고 있는 것 같은데 이제 봐줘도 되지 않아요?
The student seems to be self-reflecting enough about how they secretly filmed their teacher during class. Can't you let it go now?

나: 처음에 **본때를 보여** 주지 않으면 나중에 잘못을 되풀이할 수도 있으니 좀 더 반성의 시간을 갖게 해야 합니다.
If we don't make an example of this student the first time, they may make the same mistake again later, so they need to take a bit more time to reflect on what they did.

✎ '본때'는 모범이 되거나 자랑할 만한 점이라는 의미이다.

불을 끄다
★☆☆ 관

급한 문제를 해결한다는 말이다.
Indicates that one resolves an urgent problem.

例 가: 어머니, 오늘 퇴근이 늦을 것 같아요. 회사에 문제가 생겨서 급한 **불을 끄고** 가야 해서요.
Mother, I think I'll be getting off from work late today. A problem has come up at work, so I have to go and put out some fires.

나: 그래. 아무리 급해도 저녁은 챙겨 먹고 일해.
Alright. No matter how urgent it is, make sure you eat dinner.

🔎 아주 절박한 문제를 해결할 때는 '급한 불을 끄다' 혹은 '발등의 불을 끄다'를 사용한다.

소매를 걷어붙이다
★★★ 관

유 소매를 걷다,
팔소매를 걷어붙이다,
팔소매를 걷다

본격적으로 어떤 일을 하려고 나선다는 말이다.
Indicates that one sets out to do something in earnest.

例 가: 요즘 환경 보호에 관한 광고가 부쩍 많아졌어요.
These days, there are a lot more advertisements about protecting the environment.

나: 정부가 환경 보호에 **소매를 걷어붙이고** 나서서 그런 게 아닐까요?
Isn't that because the government is rolling up their sleeves to take action and protect the environment?

🔎 일할 때는 옷소매를 걷어야 편하므로 사람들이 일을 하기 전에 이렇게 행동한 데서 나온 말이다. 주로 '소매를 걷어붙이고'의 형태로 쓰며, 비슷한 의미로 '팔을 걷고 나서다, 팔을 걷어붙이다'를 사용하기도 한다.

★☆☆ 괜
손을 뻗다

의도적으로 다른 사람에게 어떤 영향을 미치게 한다는 말이다.
Indicates that one intentionally exerts their influence on another
person.

예 **가**: 적은 돈을 투자해 큰돈을 벌 수 있다며 사람들에게 유혹의
손을 뻗어 돈을 갈취한 일당이 검거되었대요.
They say that the gang that was luring people and extorting
their money by telling them they could receive a huge return
if they invested a little money was arrested.

나: 잘됐네요. 그런 사람들은 평생 감옥에서 살아도 모자라요.
That's good. For people like that, even spending the rest of
their lives in prison isn't enough.

✎ '손'은 어떤 사람의 영향력이나 권한이 미치는 범위를 의미한다.

★★☆ 속
손이 발이 되도록
빌다

유 손이 발이 되게 빌다,
발이 손이 되도록 빌다

자신의 실수나 잘못을 용서해 달라고 상대방에게 간절히 빈다는
말이다.
Indicates that one desperately begs someone to forgive them for
their own mistake or error.

예 **가**: 언니와 아직도 냉전 중이야?
Is your older sister still giving you the cold shoulder?

나: 응, 언니한테 다시는 언니 옷을 안 입겠다고 **손이 발이 되도록
빌었는데도** 소용이 없어.
Yeah, I begged and pleaded and told her I'd never wear her
clothes again, but it's no use.

★★☆ 괜
얼굴을 들다

다른 사람을 떳떳하게 대한다는 말이다.
Indicates that one treats another person honorably.

예 **가**: 제가 잘못해서 계약이 안 된 것이 아니라는 사실이 드디어
밝혀졌어요.
The truth that it wasn't my fault that the contract didn't work
out was finally revealed.

나: 잘됐어요. 이제는 **얼굴을 들고** 공장 사람들을 볼 수 있겠어요.
That's good. Now you'll be able to hold your head high and
look at the factory people.

🔎 떳떳하지 못한 일이 있을 때는 '얼굴을 들지 못하다'나 '얼굴을 들 수가 없다'와 같은
부정 형태를 많이 사용한다.

★★☆ 관
열 일 제치다

한 가지 중요한 일 때문에 다른 모든 일을 뒤로 미루거나 그만둔다는
말이다.

Indicates that one postpones or quits everything else because of
one important thing.

> 예 가: 지원 씨, 다음에도 제가 도와 달라고 부탁하면 들어줄 거지요?
>
> Jiwon, the next time I ask you to help me again, you'll do it,
> right?
>
> 나: 당연하지요. 제시카 씨 일이라면 언제든지 **열 일 제치고**
> 도와줄게요.
>
> Of course. If it's for you, Jessica, I'll drop everything and help
> you.

🔎 주로 '열 일 제치고'의 형태로 쓰며, 어떤 일을 제일 우선순위에 둘 때 사용한다.

★☆☆ 관
이리 뛰고 저리 뛰다

아주 바쁘게 움직인다는 말이다.

Indicates that one moves very busily.

> 예 가: 요즘 집 구하기가 만만치 않지요?
>
> It's no easy task to find a house these days, right?
>
> 나: 네, 괜찮은 곳을 알아보려고 **이리 뛰고 저리 뛰고** 있는데 쉽지
> 않네요.
>
> Yes. I've been running all over the place trying to find a decent
> place, but it's not easy.

🔎 보통 누군가가 어떤 일이나 문제를 해결하기 위해 여기저기를 바쁘게 돌아다니는
모습을 나타낼 때 사용한다.

★★☆ 관
주먹을 불끈 쥐다

무엇에 대한 확고한 의지를 보일 때 하는 행동을 나타낸다.

Indicates the action that one does when they are showing a firm
intention about something.

> 예 가: 이번 시합에서는 꼭 이길 거라고 **주먹을 불끈 쥐더니** 연습
> 많이 했어요?
>
> You clenched your fists and said you would make sure to win
> this competition, so did you practice a lot?
>
> 나: 네. 걱정하지 마세요. 이번 시합은 정말 자신 있어요.
>
> Yes. Don't worry. I'm really confident about this competition.

🔎 어떤 일을 하겠다고 굳은 결심을 하거나 다짐을 할 때도 사용한다.

★☆☆ 관

총대를 메다

누군가가 앞장서서 어떤 일을 맡아서 한다는 말이다.
Indicates that one takes the lead and accepts a task.

> 예 가: 제가 **총대를 메고** 사장님께 월급을 올려 달라고 말씀드릴
> 테니 여러분은 너무 걱정하지 마십시오.
> I'll step up and ask the boss to raise our salaries, so don't
> worry too much, everyone.
>
> 나: 감사합니다. 제발 사장님과 이야기가 잘 되었으면 좋겠습니다.
> Thank you. I really hope your conversation with the boss goes
> well.

🔍 보통 힘들거나 위험해서 아무도 나서서 맡기 싫어하는 일을 자진해서 하겠다고 할 때
사용한다.

★☆☆ 관

침 발라 놓다

어떤 것이 자신의 소유라고 표시한다는 말이다.
Indicates that one marks something as theirs.

> 예 가: 사랑아. 이거 내가 **침 발라 놓은** 과자니까 절대로 먹지 마.
> Sarang, I set aside these snacks for myself, so don't you dare
> eat them.
>
> 나: 언니, 그 과자 맛있던데 나도 좀 먹으면 안 돼? 한 개만 줘.
> Sis, those snacks were so good. Can't I eat some, too?
> Give me just one.

🔍 보통 다른 사람에게 자신의 물건에 손대지 말라고 말할 때 사용한다.

★☆☆ 관

콧대를 꺾다

유 콧대를 누르다

어떤 사람이 다른 사람의 자만심이나 자존심을 꺾어 기를 죽인다는
말이다.
Indicates that one breaks down another person's conceitedness
or pride and dampens their spirits.

> 예 가: 넌 뭐가 그렇게 잘나서 항상 잘난 척이야? 내가 네 **콧대를
> 꺾어** 놓고 말겠어.
> What's so great about you that makes you always act so high
> and mighty? I ought to put you in your place.
>
> 나: 어디 한번 해 봐. 네 실력으로는 어림도 없을걸.
> Just try it. With your skills, you won't have a chance.

✎ '콧대'는 원래 콧등의 높이 솟아 있는 부분을 말하나 여기에서는 뽐내거나 거만한
태도의 의미로 사용되었다.

05

언어
Language

★☆☆ 관
공수표를 날리다

지키지 못할 약속을 한다는 말이다.
Indicates that one makes a promise they won't be able to keep.

예 가: 선거일은 다가오는데 누구를 뽑아야 할지 모르겠어요. 공약을
보고 뽑으려고 해도 다들 실현이 어려운 공약들만 내세우고
있으니까요.
Election Day is approaching, but I'm not sure who I should
vote for. Even if I look at their pledges and pick someone,
they're all just making pledges that will be difficult to fulfill.

나: 맞아요. 국회의원들이 하도 **공수표를 날리니까** 이제는 못 믿겠어요.
That's right. National Assembly members make so many false
promises that I can't trust them anymore.

☆☆☆ 속
나중에 보자는 사람
무섭지 않다

유 나중에 보자는 양반 무섭지
않다, 두고 보자는 건 무섭지
않다

당장 화풀이를 하지 못하고 나중에 두고 보자는 사람은 두려워할
필요가 없다는 말이다.
Expresses that there is no need to be afraid of someone who
cannot immediately vent their anger and says "just wait and see."

예 가: 두고 봐. 다음번에는 내가 꼭 이길 거야.
Just you wait. Next time, I'm definitely going to win.

나: **나중에 보자는 사람 무섭지 않거든**. 테니스 연습 좀 더 하고 와.
I'm not afraid of someone who only makes threats. Practice
your tennis a bit more before you come back.

🔍 승부, 경쟁, 싸움 등의 상황에서 '나중에 보자'라고 큰소리치며 물러나는 상대방에게
전혀 무섭지 않다고 말할 때 사용한다.

★☆☆ 관
두말 못하다

어떤 일에 대해 더 이상 불평하거나 의견 등을 말하지 못한다는 말이다.
Indicates that one cannot complain or express their opinion about
something anymore.

예 가: 아저씨, 저희 집 택배를 몰래 가져간 사람이 뭐래요?
Mister, what did the person who snuck off with our packages say?

나: 처음에는 자기가 한 일이 아니라고 딱 잡아떼더니 CCTV
영상을 보여 주니까 **두말 못하더라고요**.
At first, he played innocent and said he didn't do it, but after I
showed him the CCTV footage, he couldn't say another word.

🔍 어떤 잘못을 저지른 사람이 처음에는 이러니저러니 변명을 하다가 자신의 잘못임이
확실히 드러나게 되자 그 잘못을 인정할 수밖에 없을 때 사용한다.

★☆☆ 관
두말하면 잔소리

이미 말한 내용이 틀림없으므로 더 이상 말할 필요가 없다고 강조할 때 사용한다.

Used when emphasizing that there is no need to say anything else because there is no mistake in what has already been said.

> 예 가: 수아야, 기차표는 예매했어? 출입구하고 먼 데가 조용하고 좋은데 거기로 했어?
>
> Sooah, did you reserve the train tickets? Seats that are far away from the entryway are good and quiet, but did you reserve those?
>
> 나: **두말하면 잔소리지.** 좋은 자리로 예매해 뒀으니까 걱정하지 마.
>
> That goes without saying. I reserved some good seats, so don't worry.

🔎 보통 확실하게 해 놓은 일에 대해 자꾸 걱정하며 물어오는 상대방에게 안심하라고 말할 때 사용한다. 비슷한 의미로 '두말하면 입 아프다', '두말할 나위가 없다', '두말할 필요가 없다'를 사용하기도 한다.

★★★ 속
말 한마디에 천 냥 빚도 갚는다

👥 천 냥 빚도 말로 갚는다

말만 잘하면 문제를 해결할 수 있다는 말이다.

Indicates that a problem can be solved if one only talks well.

> 예 가: 제가 알아서 할 테니까 제발 좀 나가 계세요. 짜증 나 죽겠어요.
>
> I'll take care of it myself, so please, just leave. I'm annoyed to death.
>
> 나: **말 한 마디에 천 냥 빚도 갚는다는데** 아빠한테 말 좀 예쁘게 하면 안 되니?
>
> Good words don't cost anything. Can't you speak a bit more nicely to your dad?

🔎 보통 말을 함부로 하는 사람에게 말을 조심해서 잘하는 게 중요하다고 말할 때 사용한다.

★☆☆ 관
말이 되다

말하는 것이 이치에 맞아 수긍이 간다는 말이다.

Indicates that what one is saying stands to reason and is acceptable.

> 예 가: 내일부터 하루에 3시간씩 운동하면서 근육을 만들면 이번 보디빌더 대회에서 1등을 할 수 있겠지?
>
> Starting tomorrow, if I exercise for 3 hours every day and build up my muscles, I can win first place in the upcoming bodybuilding competition, right?
>
> 나: 태현아, **말이 되는** 소리를 해. 졸업 작품 때문에 식사할 시간도 없다면서 3시간씩 운동을 한다고?
>
> Taehyun, say something that makes sense. You don't even have time to eat because of your graduation project, but you say you're going to exercise for 3 hours?

🔎 말하는 것이 이치에 맞지 않아 수긍이 안 갈 때는 '말이 안 되다'를 사용한다.

★★★ 송
발 없는 말이
천 리 간다

말이 순식간에 퍼진다는 말이다.
Indicates that word spreads in an instant.

예 **가:** 장사가 잘 안 돼서 가게 홍보 방법을 문의하러 왔습니다.
My business isn't going well, so I came to inquire about ways
to promote my store.

　나: 그러세요? 요즘은 입소문 마케팅이 대세입니다. **발 없는 말이**
천 리 간다고 입소문 마케팅을 활용하는 건 어떠세요? 방법은
저희 기관에서 알려 드릴 수 있습니다.
Is that so? These days, word-of-mouth marketing is popular.
Word gets around quickly, so what do you think about using
word-of-mouth marketing? Our agency can teach you how.

✎ '천 리'는 약 400킬로미터를 말하나 여기에서는 매우 먼 거리를 나타내는 말로
사용되었다.

🔎 사람이 하는 말을 동물인 말에 비유해 말이 빨리 달리는 것처럼 어떤 소문이나 말이
매우 빠르게 멀리까지 갈 수 있음을 강조할 때 사용한다.

★☆☆ 관
새빨간 거짓말

유 빨간 거짓말

거짓말인 것을 쉽게 알아챌 수 있을 정도의 터무니없는 거짓말이라는
말이다.
Indicates that a lie is so outrageous that one can easily tell it's a lie.

예 **가:** 민지야, 우리 그만 헤어지자.
Minji, let's break up.

　나: 뭐라고? 나 없이는 못 산다고 하더니 그 말이 다 **새빨간**
거짓말이었어?
What? You said you can't live without me. Was that all an
outright lie?

🔎 '새빨갛다'는 매우 빨갛다는 의미이다. 보통 빨간색은 불을 의미하는데 불은 그 색이
강렬해서 멀리서도 누구나 불이 났음을 알아차릴 수 있다. 이렇게 누군가가 쉽게 알 수
있을 만큼 뻔한 거짓말을 할 때 사용한다.

☆☆☆ 송
속에 뼈 있는 소리

보통 누군가가 하는 말 속에 숨은 의미가 있다는 말이다.
Indicates that there is usually a hidden meaning in someone's
words.

예 **가:** 장학금 받은 거 축하해. 그런데 너는 노력에 비해 항상 성과가
잘 나오더라.
Congratulations on receiving a scholarship. But compared to
your effort, you've always done pretty well.

　나: **속에 뼈 있는 소리** 같긴 하지만 그래도 축하해 줘서 고마워.
Your words seem to have a hidden meaning, but thank you for
congratulating me.

🔎 어떤 사람이 자신의 속마음을 직접적으로 상대방에게 말하지 않고 돌려서 드러낼 때
사용한다.

★★☆ 속
손가락에 장을 지지겠다

유 손바닥에 장을 지지겠다, 손톱에 장을 지지겠다

상대방이 어떤 일을 할 수 없을 거라고 장담할 때 사용한다.
Used when one guarantees that another person will not be able to do something.

예 가: 오늘은 하준이가 진짜 약속 시간에 맞춰서 온다고 했으니까 한번 믿어 보자.
Hajoon said he would really show up at the time we agreed upon, so let's trust him once.

나: 넌 그 말을 믿어? 걔가 제시간에 오면 내 **손가락에 장을 지지겠다.**
Do you believe that? If he comes on time, I'll eat my hat.

🔎 짧게 '손에 장을 지지겠다'의 형태로도 쓴다. 한편, '내 말이 거짓이면 내 손가락에 장을 지지겠다.'처럼 자신이 주장하는 것이 틀림없다고 장담할 때도 사용한다.

★☆☆ 관
어림 반 푼어치도 없다

누군가가 하는 말이 다시 생각해 볼 필요도 없이 터무니없다는 말이다.
Indicates that what someone says is so absurd that there is no need to think about it again.

예 가: 아버지, 저도 이제 성인이 됐으니까 독립할게요.
Father, I'm an adult now, too, so I'm going to move out on my own.

나: 돈 한 푼 없는 네가 독립을 하겠다고? **어림 반 푼어치도 없는** 소리 좀 하지 마라.
You don't have a single dime to your name, but you say you're going to move out? Don't say such utterly unreasonable things.

🔎 상대방의 말이 뜬금없거나 실현 가능성이 적다고 말할 때 사용한다.

★★☆ 관
입만 아프다

아무리 말을 해도 상대방에게 받아들여지지 않아 보람이 없다는 말이다.
Indicates that no matter what one says, the other person will not accept it, so it's no use.

예 가: 엄마, 친구들은 방학에 다 해외로 여행을 간단 말이에요. 저도 이번 방학에는 꼭 해외여행을 가게 해 주세요.
Mom, my friends are all traveling abroad during our school vacation. Please let me go abroad during this vacation, too.

나: 위험해서 안 된다고 몇 번을 말해? 네 마음대로 해. 계속 말해 봤자 내 **입만 아프지.**
How many times do I have to tell you that it's too dangerous? Do whatever you want. If I keep trying to tell you not to go, I'll just be wasting my breath.

🔎 누군가를 설득하고 싶은데 말을 계속 해도 소용이 없어서 상대방과의 대화를 포기할 때 사용한다.

★☆☆ 괜
입에 자물쇠를 채우다

알고 있는 사실에 대해 함부로 말하지 않을 때 사용한다.
Used when one does not carelessly talk about something they know.

예 가: 여보, 수아가 당신한테는 갑자기 학교를 그만두고 싶은 이유를 말해요?
　　 Honey, did Sooah tell you the reason why she suddenly wants to quit school?

　　 나: 아니요. **입에 자물쇠를 채운** 것처럼 계속 아무 말도 하지 않고 있어요.
　　 No. She's still not saying anything, as if her lips are sealed.

🔎 '절대 부모님께 말씀드리지 못하도록 동생의 입에 자물쇠를 채웠다.'처럼 어떤 일에 대해 말을 하지 못하게 할 때도 사용한다.

★★★ 괜
입에 침이 마르다

유 침이 마르다

다른 사람이나 물건에 대해 자꾸 되풀이해서 이야기한다는 말이다.
Indicates that keeps repeatedly talking about another person or thing.

예 가: 처음 뵙겠습니다. 김민수라고 합니다.
　　 It's a pleasure to meet you. My name is Kim Minsu.

　　 나: 드디어 김민수 씨를 직접 만나게 됐군요. 마크 씨가 **입에 침이 마르도록** 칭찬을 해서 직접 만나고 싶었거든요.
　　 So I'm finally meeting you, Kim Minsu. Mark compliments you nonstop, so I've been wanting to meet you personally.

🔎 보통 '입에 침이 마르게'나 '입에 침이 마르도록' 뒤에 '칭찬하다, 자랑하다' 등을 사용한다.

★★☆ 괜
입이 간지럽다

유 입이 근질근질하다,
　 입이 근지럽다

다른 사람에게 어떤 이야기를 하고 싶어서 참을 수가 없다는 말이다.
Indicates that one wants to tell another person something, so they can't hold it in.

예 가: 지원 씨, 차 바꿨어요? 못 보던 차네요!
　　 Jiwon, did you get a new car? I haven't seen this car before!

　　 나: 네, 한 달 전에 바꿨는데 아무도 몰라보더라고요. 그동안 자랑하고 싶어서 얼마나 **입이 간지러웠는지** 몰라요.
　　 Yes, I got it one month ago, but no one knows. You have no idea how much I've been dying to brag about it all this time.

🔎 무엇이 살에 닿아 간지러운 느낌이 들면 긁고 싶은 것을 참을 수가 없다. 이처럼 어떤 사람이 자랑을 하고 싶거나 비밀 등을 다른 사람에게 말하고 싶어서 안달 났을 때 사용한다.

★★★ 속
입이 열 개라도
할 말이 없다

유 입이 광주리만 해도
말 못한다

잘못이 분명해서 변명하거나 해명할 길이 없다는 말이다.
Indicates that one's wrongdoing is clear, so there is no way for them to make an excuse or justify it.

예 가: 이 안무를 하루 이틀 연습한 것도 아닌데 아직도 틀리면 어떻게 해요?
It's not like you've only been practicing this choreography for a day or two. How can you still make mistakes?

나: 죄송합니다. **입이 열 개라도 할 말이 없습니다.** 더 열심히 연습해서 틀리지 않도록 하겠습니다.
I'm sorry. I have no excuses. I'll practice harder so I don't make any more mistakes.

🔎 보통 잘못을 한 사람이 자신의 잘못을 스스로 인정할 때 사용한다.

☆☆☆ 속
혀 아래 도끼 들었다

유 혀 밑에 죽을 말 있다

말을 잘못하면 화를 입게 되니 말조심해야 한다는 말이다.
Indicates that one must speak carefully because if they say something wrong, they will meet disaster.

예 가: 선생님, 제가 무심코 한 말에 친한 친구가 상처를 받고 절교를 선언해서 속상해요.
Teacher, my close friend was hurt by something I said carelessly, and he said we're not friends anymore, so I'm upset.

나: 아이고, 속상하겠다. 그런데 **혀 아래 도끼 들었다**고 무심코 하는 말이 누군가에게는 상처가 될 수도 있으니까 말을 할 때 항상 조심해야 해.
Oh dear, you must be hurt. But they say that reckless words cut like a sword. Careless words can be hurtful to anyone, so when you speak, you always have to be careful.

🔎 아무런 뜻이나 생각 없이 한 말이 때로는 도끼처럼 날카로운 무기가 되어 상대방에게 해를 입힐 수 있으니 신중하게 말해야 한다고 조언할 때 사용한다.

☆☆☆ 관
혀에 굳은살이
박이도록

입이 아프도록 말을 많이 한다는 말이다.
Indicates that one talks so much that their mouth hurts.

예 가: 지훈 엄마, 지훈이가 핸드폰을 너무 가까이 보는 거 아니에요? 저러다 눈 나빠지겠어요.
Isn't Jihoon looking at his phone too closely? He'll ruin his eyesight that way.

나: 그러면 안 된다고 **혀에 굳은살이 박이도록** 잔소리를 해도 소용이 없어요.
I've scolded him not to do that so many times that my tongue is worn out, but it's no use.

🔎 보통 같은 말을 여러 번 반복해서 말했다는 것을 과장해서 말할 때 사용한다.

말버릇 ▌Way of Speaking

Track 022

★★★ 속

가는 말이 고와야 오는 말이 곱다

(유) 가는 떡이 커야 오는 떡이 크다, 가는 정이 있어야 오는 정이 있다

자기가 다른 사람에게 말을 잘해야 다른 사람도 자기에게 좋은 말을 한다는 말이다.

An expression that means one must speak well to other people in order for other people to say good things to them.

예 가: 사랑아, 말 좀 예쁘게 하면 안 돼?

Sarang, can't you speak a little more nicely?

나: **가는 말이 고와야 오는 말이 고운 법이야.** 서영이 너도 그동안 나한테 어떻게 말을 했는지 한번 생각해 봐.

What goes around comes around. Seoyeong, you should try thinking about how you've spoken to me all this time, too.

🔎 다른 사람에게 대접을 받고 싶으면 자기가 먼저 다른 사람을 존중해 줘야 한다고 말할 때도 사용한다.

★☆☆ 관

꼬집어 말하다

어떤 사실이나 생각을 분명하게 집어서 말한다는 말이다.

Indicates that one clearly pinpoints a certain fact or idea and says it.

예 가: 너 연봉 많이 주는 데로 회사를 옮긴다고 다니던 회사를 그만두더니 아직도 놀아?

You said you would move to a company that would pay you well, and now that you quit your previous company, you're still playing around?

나: 너는 꼭 남의 상처를 **꼬집어 말하더라.** 그렇게 하면 기분이 좋니?

You always make sure to pinpoint what hurts other people. Does doing that make you feel good?

🔎 다른 사람의 실수나 잘못, 약점 등을 정확하게 지적해서 말할 때 사용한다.

★★☆ 속

똥 묻은 개가 겨 묻은 개 나무란다

(유) 숯이 검정 나무란다

자기에게 있는 큰 허물은 생각하지 않고 다른 사람의 작은 허물을 비웃는다는 말이다.

Indicates that one thinks nothing of their own large mistake and criticizes another person's small error.

예 가: 연우야, 너 이렇게 쉬운 문제를 틀렸어?

Yeonwoo, you got such an easy question wrong?

나: **똥 묻은 개가 겨 묻은 개 나무란다더니** 너는 그 문제만 맞고 나머지는 다 틀렸잖아.

Talk about the pot calling the kettle black. You only got that question right and got all the others wrong.

🔎 누군가가 자신의 상황이나 처지는 생각하지 않고 다른 사람의 작은 잘못을 지적할 때 사용한다.

말꼬리를 물고 늘어지다

★☆☆ 관

다른 사람이 말한 내용 중에서 어떤 것을 꼬투리 잡아 일일이 따진다는 말이다.

Indicates that one finds fault with a certain point among what someone else said and nitpicks it bit by bit.

> 예 **가:** 민수 씨, 조금 전에 승원 씨하고 심각하게 이야기하던데 무슨 일 있어요?
> Minsu, a little while ago, you were talking so seriously with Seungwon. Did something happen?
>
> **나:** 회의 시간에 승원 씨가 자꾸 제 **말꼬리를 물고 늘어지니까** 짜증이 나더라고요. 그래서 제가 한 소리 했어요.
> At a meeting, Seungwon kept picking apart everything I said, so I got annoyed. That's why I had a word with him.

🔎 비슷한 의미로 '말꼬리를 잡다'를 사용하기도 한다.

말만 앞세우다

★☆☆ 관

어떤 사람이 말만 하고 실천은 하지 않을 때 사용한다.

Used when someone only talks and does not take any action.

> 예 **가:** 저 정당을 지지하는 사람들이 점점 줄어드는 것 같아요.
> It seems like the number of people who support that political party is gradually decreasing.
>
> **나:** 정치를 개혁하겠다는 **말만 앞세우고** 정작 하는 일은 하나두 없으니 지지율이 떨어지는 게 당연하지요.
> Their promise to reform politics is all talk, and they don't actually do a single thing, so of course their approval ratings are falling.

🔎 말만 그럴 듯하게 하고 실행은 전혀 하지 않는 사람을 비난할 때 사용한다.

말이 많으면 쓸 말이 적다

★☆☆ 속

유 군말이 많으면 쓸 말이 적다

공연히 말을 많이 하면 실속 있는 말이 적다는 말이다.

Indicates if one talks a lot for no reason, the amount of words with any substance will be small.

> 예 **가:** 한 시간 동안 입 아프게 상담해 줬는데 고객이 그냥 가 버려서 힘이 빠져요.
> I talked my mouth off consulting with that customer for an hour, but they just left, so I feel exhausted.
>
> **나:** 또 쓸데없는 농담만 하고 정작 중요한 할인율이나 사은품 같은 건 말 안 했죠? **말이 많으면 쓸 말이 적다**고 하잖아요. 꼭 필요한 말만 하세요.
> You just told a lot of unnecessary jokes again and didn't talk about anything actually important like discounts or bonus gifts, didn't you? The more you talk, the less you actually say. Make sure to only say what you need to.

🔎 꼭 필요한 말만 하는 것이 말을 많이 하는 것보다 더 나으므로 말을 아끼고 삼가라고 조언할 때 사용한다.

★★★ 속
말이 씨가 된다

말하는 대로 일이 된다는 말이다.
Indicates that something goes according to what one says.

> 예 가: 여보, 휴게소에 들러서 좀 쉬었다 가요. 비가 너무 많이 와서
> 앞이 안 보이는데 이렇게 가다가 사고라도 나면 어떻게 해요?
> Honey, let's stop at the rest area and take a bit of a break. It's
> raining so hard that we can barely see in front of us. What if
> we get into an accident?
>
> 나: **말이 씨가 된다고** 하잖아요. 그런 소리 좀 하지 마세요.
> They say that words plant seeds, you know. Don't say things
> like that.

🔎 앞날에 안 좋은 일이 발생할 거라고 말하는 사람에게 정말로 그렇게 될 수 있으니까
그런 말을 하지 말라고 말할 때 사용한다.

★☆☆ 관
밑도 끝도 없다

앞뒤의 연관 관계가 없이 말을 불쑥 꺼내서 갑작스럽다는 말이다.
Indicates that one suddenly brings up something that has nothing
to do with anything else.

> 예 가: 수아야, 너 정말 너무한 거 아냐?
> Sooah, aren't you really being too mean?
>
> 나: **밑도 끝도 없이** 그게 무슨 말이야? 내가 뭘 어쨌는데?
> What are you saying so out of the blue? What did I do?

🖉 '밑'은 원래 물체의 아래나 아래쪽을 말하지만 여기에서는 기본, 근본, 처음 등의
의미로 사용되었다.

🔎 보통 '밑도 끝도 없이'나 '밑도 끝도 없는'의 형태로 쓰며, 어떤 사람이 갑자기 이유
모를 말을 꺼내서 당황했을 때 사용한다.

★☆☆ 속
사돈 남 말한다

🔁 사돈네 남의 말한다,
사돈 남 나무란다

자기의 잘못은 제쳐 놓고 다른 사람의 잘못만 지적하여 말할 때
사용한다.
Used when one sets aside their own error and only criticizes
someone else's mistake.

> 예 가: 하준아, 또 딴짓하는 거야? 너는 5분도 집중을 못 하니?
> Hajoon, you're messing around again? Can't you concentrate
> for even 5 minutes?
>
> 나: **사돈 남 말하네.** 태현이 너도 만만치 않잖아.
> Look who's talking. You're no joke either, Taehyun.

🖉 '사돈'은 혼인으로 인해 맺어진 관계에 있는 사람을 말한다.

🔎 누군가가 자신의 결점이나 허물은 생각하지 못하고 다른 사람을 흉볼 때 사용한다.

☆☆☆ 속
쓰다 달다 말이 없다

어떤 일에 대해 아무런 반응이나 의사 표시가 없다는 말이다.

Indicates that one does not express any sort of reaction or thought about something.

예 가: 태현아, 교수님은 만나 뵀어? 어때? 이번에는 논문이 통과될 것 같아?

Taehyun, did you meet with your professor? How did it go? Does it seem like your thesis will be approved?

나: **쓰다 달다 말이 없으셔서** 모르겠어. 아무래도 안 될 것 같아.

He didn't say yes or no, so I don't know. In any case, I don't think it will work out.

🔎 다른 사람의 의견이나 생각을 듣고 싶은데 상대방이 아무 말도 하지 않아 답답할 때 사용한다.

★★★ 속
아 해 다르고 어 해 다르다

유 에 해 다르고 애 해 다르다

같은 말이라도 어떻게 하느냐에 따라 상대가 다르게 받아들인다는 말이다.

Indicates that one person takes what someone else says differently, even though the words are the same.

예 가: 일을 이렇게밖에 못해요? 자료를 연도 별로 추려 놓으라고 했잖아요.

You can't do any better than this? I told you to sort the documents by year.

나: 선배님, **아 해 다르고 어 해 다르다고** 같은 말이라도 좀 부드럽게 해 주시면 안 돼요?

You know, it's not what you say, it's how you say something. Even if you say the same thing, can't you say it a little more nicely?

🔎 '아 다르고 어 다르다'의 형태로도 많이 사용한다.

★★☆ 관
아픈 곳을 건드리다

유 아픈 곳을 찌르다,
아픈 데를 건드리다,
아픈 데를 찌르다

어떤 사람이 상대방의 약점이나 허점을 말하거나 지적한다는 말이다.

Indicates that someone talks about or criticizes another person's weakness or vulnerable spot.

예 가: 이제 나이도 있는데 공무원 시험은 그만 포기하고 취직을 해. 계속 공부만 하고 있으니 부모님께서 얼마나 속이 상하시겠어?

You're getting older now, so you should give up on the public official exam and find a job. You've been doing nothing but study for several years now, so think about how bad your parents must feel.

나: 너는 꼭 사람 **아픈 곳을 건드리더라.**

You always have to strike a raw nerve.

🔎 누군가가 상대방이 생각하면 마음이 아파서 생각하고 싶어 하지 않는 일이나 개인적으로 민감해하는 부분을 일부러 끄집어내서 말할 때 사용한다.

★☆☆ 〔관〕
앓는 소리

일부러 과장하여 엄살을 피우며 하는 말을 나타낸다.

Indicates that one intentionally exaggerates something and makes a big fuss.

> 예 가: 이번 달은 직원들 월급도 못 주게 생겼네. 은행에 가서 대출이라도 받아야 되나?
>
> I won't be able to pay the employees this month. Should I go to the bank and get a loan?
>
> 나: 사장님, 연봉 협상 때가 되니까 일부러 **앓는 소리** 하시는 거 아니에요?
>
> Sir, you're not purposely moaning and groaning because it's time for salary negotiations, are you?

🔎 상대방이 일부러 구실을 대며 걱정하는 모습을 보고 말할 때 사용한다. 보통 '앓는 소리를 하다'의 형태로 사용한다.

★☆☆ 〔관〕
입만 살다

어떤 사람이 행동은 하지 않으면서 말만 그럴듯하게 한다는 말이다.

Indicates that one does not take action but only says that they will.

> 예 가: 할아버지, 전 평소 실력이 있어서 공부를 안 해도 시험을 잘 볼 거예요.
>
> Grandfather, I've always been talented, so even if I don't study, I'll do well on the test.
>
> 나: 쯧쯧, **입만 살아** 가지고……. 너 그러다 성적이 잘 안 나오면 어떻게 할래?
>
> Tsk tsk, you sure talk big… If you don't get a good score, what are you going to do?

🔎 보통 '입만 살아서'나 '입만 살아 가지고'의 형태로 쓰며, 행동은 하지 않으면서 자신 있다고 큰소리치는 사람이 마음에 들지 않을 때 사용한다.

★★☆ 〔관〕
입에 달고 다니다

누군가가 어떤 말을 자주 사용하거나 계속 반복한다는 말이다.

Indicates that someone often says the same thing or constantly repeats it.

> 예 가: 승원이한테도 연락해 볼까? 오랜만에 같이 보면 좋잖아.
>
> Should we try contacting Seungwon, too? It'd be great if we all see each other after such a long time.
>
> 나: 연락해 봤자 소용없어. 바쁘다는 말을 **입에 달고 다니는데** 모임에 나오겠어?
>
> Even if you try contacting him, it's no use. He always says that he's busy. Do you really think he'd come?

🔎 비슷한 의미로 '입에 달고 살다'라는 표현도 많이 사용한다. 한편, '나는 커피를 입에 달고 다닌다.'처럼 특정한 음식을 자주 먹는 것을 말할 때도 사용한다.

★☆☆ 관

입에 발린 소리

⊕ 입에 붙은 소리

마음에는 없으면서 누군가에게 듣기 좋은 말을 할 때 사용한다.
Used when one says pleasing things to someone without meaning them.

예 가: 민지 너한테는 다 잘 어울려. 고민하지 말고 네 마음에 드는 옷으로 사.
　　Minji, everything looks good on you. Don't agonize about it and buy the clothes you like.

나: **입에 발린 소리** 하지 말고 솔직하게 말해 봐. 어떤 게 더 나아?
　　Don't smooth-talk me and be honest. Which one is better?

🔎 다른 사람의 비위를 맞추기 위해 좋은 척하거나 듣기 좋은 말만 한다는 뜻이다. 보통 '입에 발린 소리 좀 그만해.', '입에 발린 소리 좀 하지 마.'와 같이 쓰며, 무조건 듣기 좋은 말을 하는 상대방에게 솔직하게 말하라고 할 때 사용한다.

★★★ 속

입은 비뚤어져도 말은 바로 해라

⊕ 입은 비뚤어져도 말은 바로 하랬다

어떠한 상황에서도 말은 언제나 바르게 해야 한다는 말이다.
Indicates that one must always speak correctly, no matter what kind of situation one may be in.

예 가: 민수 씨가 저보다 먼저 승진하는 게 말이 돼요? 일도 잘 못하는데…….
　　How does it make any sense that Minsu got promoted before me? He doesn't even do a good job…

나: **입은 비뚤어져도 말은 바로 하**라고 솔직히 민수 씨가 일은 잘하잖아요.
　　You should talk straight even if you have a crooked mouth. Honestly, Minsu does his work well.

🔎 누군가가 다른 사람의 능력을 깎아내리거나 사실과 다르게 말할 때 사용한다.

★★★ 속

핑계 없는 무덤이 없다

어떤 사람이 큰 잘못을 하고도 그것을 인정하지 않고 변명할 때 사용한다.
Used when someone makes a big mistake, but does not acknowledge it and makes excuses.

예 가: 엄마, 죄송해요. 늦는다고 연락하려고 했는데 핸드폰 배터리가 없어서 못했어요.
　　Mom, I'm sorry. I was going to call you to tell you I'd be late, but I couldn't because my phone battery was dead.

나: **핑계 없는 무덤이 없다**더니 그걸 지금 변명이라고 하는 거야?
　　There's an excuse for everything, isn't there? That's how you're trying to justify yourself right now?

🔎 누군가가 자신의 잘못이나 실수를 인정하지 않고 구차한 핑계를 댈 때 사용한다.

Track 023

★☆☆ 속

고양이 목에
방울 달기

(유) 고양이 목에 방울 단다

실행에 옮기지 못할 일을 실속 없이 의논만 한다는 말이다.
Used when only discussing something that cannot be put into practice.

예 가: 부장님께 야근을 좀 줄여 달라고 했으면 좋겠어. 거의 매일 야근하니까 너무 힘들어.
I wish someone would tell the department head to decrease our overtime hours. Working overtime almost every day is so exhausting.

나: 그렇기는 한데 누가 **고양이 목에 방울 달기**를 하려고 하겠어?
That's true, but who's going to try to tie a bell on the cat?

🔎 실제로 할 수 없는 일을 계속 이야기하며 시간만 낭비할 때 사용한다.

★☆☆ 관

돌을 던지다

어떤 사람이 다른 사람의 잘못을 비난한다는 말이다.
Indicates that someone criticizes another person's wrongdoing.

예 가: 무대에서 완벽한 모습을 보여 드리지 못해서 죄송합니다.
I'm sorry I couldn't show a perfect appearance on stage.

나: 그런 소리 하지 마세요. 몸이 아픈데도 최선을 다해 노래를 부른 수지 씨에게 **돌을 던질** 사람은 아무도 없어요.
Don't say things like that. Sooji, you did your best to sing even though you were sick. No one would throw stones at you.

🔎 기독교의 성경에서 어떤 여성을 돌로 쳐 죽임으로써 단죄하려는 사람들에게 예수가 '너희들 중에 죄 없는 자가 먼저 돌을 던져라.'라고 말한 데에서 유래된 표현이다.

★☆☆ 관

말문을 열다

(유) 말문을 떼다

입을 열어 말을 시작한다는 말이다.
Indicates that one opens their mouth and begins to speak.

예 가: 지훈 엄마는 사춘기 아들과 어떻게 그렇게 사이가 좋아요?
Jihoon's mom, how do you get along with your adolescent son so well?

나: 잔소리하지 않고 친구처럼 옆에 있어 주니까 어느 순간 **말문을 열더라고요**.
I don't sold him and just stay by his side like a friend, so at some moment, he opens up to me.

🔎 '저는 시간이 흐르면 닫혀 있던 윤아 씨의 말문이 열릴 거라고 생각했어요.'처럼 어떤 사람이 입을 열어 말을 하게 될 때는 '말문이 열리다'를 사용한다.

★★☆ 관
말문이 막히다

말이 입 밖으로 나오지 않는다는 말이다.
Indicates that words do not come out of one's mouth.

> 예 가: 푸엉 씨, 오늘 회사 면접은 잘 봤어요?
>   Phuong, did your job interview go well today?
>
>   나: 아니요, 생각지도 못한 질문을 받고 **말문이 막혀서** 제대로
>   대답을 못했어요.
>   No, they asked me questions that I hadn't even thought about,
>   so I got tongue-tied and couldn't answer properly.

🔎 보통 놀라거나 당황해서 말이 안 나올 때 사용한다. 한편, 누군가가 다른 사람이 말을
   하지 못하게 만들 때는 '말문을 막다'를 사용한다.

05 언어

★☆☆ 속
말은 해야 맛이고 고기는 씹어야 맛이다

할 말은 해야 한다는 말이다.
Indicates one should say what they have to say.

> 예 가: 저…… 있잖아요. 그게……. 아무것도 아니에요.
>   Umm… you know… Well… Never mind.
>
>   나: **말은 해야 맛이고 고기는 씹어야 맛이라고** 하고 싶은 말이
>   있으면 하세요. 답답해 죽겠어요.
>   You should always say what's on your mind. If there's
>   something you want to say, say it. You're making me frustrated
>   to death.

🔎 보통 하고 싶은 말이 있어도 말을 못하고 끙끙거리는 사람에게 속 시원하게 털어
   놓으라고 말할 때 사용한다.

★★☆ 관
말을 놓다

반말로 이야기한다는 말이다.
Indicates that one speaks casually.

> 예 가: 제가 한참 어리니까 **말을 놓으세요.**
>   I'm much younger than you are, so please speak casually.
>
>   나: 아직은 좀 그렇고 나중에 친해지면 그렇게 할게요.
>   It's still a bit awkward. Later, when we're closer, I will.

🔎 아랫사람이 윗사람에게 편하게 반말을 하라고 권할 때 혹은 사람들이 서로 친해져서
   편하게 말을 하고 싶을 때 사용한다.

★★☆ 판
말을 돌리다

어떤 이야기를 하는 중에 갑자기 다른 이야기로 화제를 바꾼다는
말이다.
Indicates that one suddenly changes the subject while in the
middle of talking about something else.

> 예 가: 왜 옷이 더러워졌냐면요……. 아! 맞다. 엄마, 선생님이 내일
> 학교에 오시래요.
> My clothes got dirty because… Ah! That's right. Mom, my
> teacher wants you to come to school tomorrow.
>
> 나: 왜 갑자기 엉뚱한 소리를 하니? **말을 돌리지** 말고 빨리 옷이
> 더러워진 이유나 말해.
> Why are you suddenly saying something so silly? Don't change
> the subject. Hurry up and tell me why your clothes got so dirty.

🔎 '제 친구는 말을 빙빙 돌려서 하는 버릇이 있어요.'처럼 누군가에게 할 말이 있는데
그 이야기를 직접적으로 하지 않고 우회적으로 말할 때도 사용한다.

★☆☆ 판
말을 삼키다

하려던 말을 하지 않는다는 말이다.
Indicates that one does not say what they were going to say.

> 예 가: 윤아 씨, 친구에게 빌려준 돈은 받았어요? 빨리 갚으라고
> 말한다고 했잖아요.
> Yoona, did you get back the money that you lent to your friend?
> You said you were going to ask them to pay you back quickly.
>
> 나: 아니요. 돈 때문에 힘들어하는 친구를 보니까 도저히 말할 수
> 없어서 그 **말을 삼키고** 말았어요.
> No. Seeing how hard of a time my friend is having because of
> money, I couldn't say anything at all, so I just held my tongue
> and didn't say anything.

🔎 보통 자신이 하고 싶은 말이 있어도 상대방의 여의치 않은 상황 때문에 그 말을 하지
못하게 될 때 사용한다.

★☆☆ 판
바람을 넣다

다른 사람을 부추겨서 어떤 마음이 생기게 만들 때 사용한다.
Used when one goads on someone else and makes them feel a
certain way.

> 예 가: 승원 씨, 언제 퇴근해요? 퇴근하고 한잔할래요?
> Seungwon, when are you getting off from work? Would you
> like to get a drink after work?
>
> 나: 일이 많아서 야근해야 하는 거 알잖아요. 자꾸 **바람을 넣지**
> 말고 그냥 가세요.
> You know that I have to work overtime because I have a lot to
> do. Don't keep cajoling me and just go.

🔎 보통 '바람을 넣지 마세요.'의 형태를 사용하여 헛된 꿈을 꾸게 하거나 다른 일을 하도록
자신을 유혹하지 말라고 말할 때 사용한다.

살을 붙이다
☆☆☆ 관

뼈대가 되는 기본 이야기에 여러 가지 다른 내용을 더한다는 말이다.
Indicates that one adds several other details to a basic story.

예 가: 윤아 씨, 요즘 인기 있는 역사 드라마 봐요? 내용이 실제 역사와 달라서 말이 많대요.
Yoona, are you watching that popular historical drama these days? The story is different from actual history, so there's a lot of controversy about it.

나: 드라마는 드라마일 뿐이잖아요. 역사적인 사실에 작가의 상상력을 동원해 **살을 붙였으니까** 당연히 다를 수밖에 없죠.
A drama is just a drama. The writers use their imagination to embellish the historical facts, so of course it's going to be different.

05 언어

속에 없는 말
★☆☆ 관

유 속에 없는 소리

속마음과 다르게 하는 말을 나타낸다.
Indicates that one speaks differently from how they feel inside.

예 가: 민지야, 왜 아무 말도 안 하고 가만히 있어? 무슨 일 있니?
Minji, why are you just sitting there without saying anything? Did something happen?

나: 아까 동생이랑 싸웠는데 내가 심한 말을 한 것 같아 신경이 쓰여. 속마음은 그게 아닌데 싸울 때는 자꾸 **속에 없는 말**을 하게 돼.
I had a fight with my younger sibling earlier, but I'm worried because I think I said some harsh things. I don't really feel that way, but when we fight, I keep saying things I don't mean.

🔍 '김 부장님은 사장님 앞에서는 늘 속에 없는 말을 하시는 분이잖아요.'처럼 다른 사람에게 잘 보이고 싶어서 자신의 속마음과 다르게 말한다는 의미로도 사용한다.

싸움은 말리고 흥정은 붙이랬다
☆☆☆ 속

안 좋은 일은 하지 못하게 하고 좋은 일은 하도록 권해야 한다는 말이다.
Indicates that one should stop bad things from happening and try to do good things.

예 가: 여보, 아래층에 가서 싸움 좀 말려 봐요. 옛말에 **싸움은 말리고 흥정은 붙이랬어요**. 아까부터 아랫집 부부가 싸우던데 저러다 정말 큰일 나겠어요.
Honey, why don't you try to go and stop the fighting downstairs? There's an old saying that fights should be stopped and negotiations should be encouraged. The couple downstairs have been fighting for a while, so if they keep doing that, there's going to be big trouble.

나: 부부 싸움을 내가 어떻게 말려요? 말린다고 들을 사람들이면 애초에 싸우지도 않아요.
How can I stop a married couple from fighting? If they were people who would listen to someone telling them to stop, they wouldn't even fight in the first place.

★★☆ 관

쐐기를 박다

㈜ 쐐기를 치다

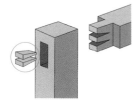

나중에 나쁜 일이 생기지 않도록 미리 단단히 다짐을 해 놓는다는 말이다.

Indicates that one makes a firm pledge in advance so something bad does not happen later.

예 가: 또 공장에서 납품 기일을 못 맞추면 어떡하죠?
What will we do if the factory can't meet the delivery date again?

나: 걱정 마세요. 이번에도 날짜를 못 맞추면 거래를 끊겠다고 **쐐기를 박아** 뒀으니까 괜찮을 거예요.
Don't worry. This time, I drove in a wedge and said that if they can't meet the date again, we'll stop doing business with them, so it'll be alright.

🔍 쐐기를 박으면 두 물건이 단단히 고정이 되어 떨어지지 않는다. 이처럼 누군가가 실수나 잘못을 하지 않도록 그 사람에게 강하게 말해서 확실히 약속을 받아낼 때 사용한다.

★★☆ 관

운을 떼다

㈜ 운자를 떼다

어떤 이야기를 하기 위해 입을 열어 말을 하기 시작한다는 말이다.

Indicates that one opens their mouth and begins to talk in order to say a particular thing.

예 가: 할아버지, 저 할 말이 있는데요. 그게 뭐냐면요…….
Grandfather, I have something to tell you. It's…

나: 무슨 말인데 그렇게 **운을 떼기가** 힘들어? 용돈 필요하니?
What do you have to say that's making it so hard for you to speak? Do you need allowance money?

✏️ '운'은 한시에서 각 시행의 동일한 위치에 규칙적으로 쓰인 음조가 비슷한 글자를 말한다.

🔍 한자로 짓는 시인 한시는 처음에 운을 잘 불러 줘야 다른 사람이 그 운에 맞추어 시를 지을 수 있다. 이렇게 '운을 뗀다'는 말은 시를 지을 때 운을 내놓는 것을 가리켰는데 지금은 이야기를 시작한다는 의미로 사용한다.

★☆☆ 관

입 밖에 내다

어떤 생각이나 사실을 말로 표현한다는 말이다.

Indicates that one expresses a certain thought or fact by talking.

예 가: 구조 조정을 한다는 사실은 당분간 **입 밖에 내지** 말고 혼자만 알고 계세요.
For the time being, don't let it slip that we're restructuring and just keep it to yourself.

나: 네, 이사님. 팀원들한테 어떻게 이야기해야 할지 벌써부터 마음이 무겁습니다.
Yes, sir. Thinking about how I should tell our team members is already making my heart heavy.

🔍 보통 '입 밖에 내지 마세요.'처럼 다른 사람들이 알면 안 되는 사실이나 비밀, 속마음 등을 다른 사람에게 말하지 말라고 당부할 때 사용한다.

★☆☆ 관

입 안에서 뱅뱅 돌다

유 입 끝에서 뱅뱅 돌다

하고 싶은 말이 있어도 하지 않거나 못한다는 말이다.
Indicates that one does not or cannot say what they want to say.

예 가: 승원 씨, 윤아 씨에게 사과했어요?
　　Seungwon, did you apologize to Yoona?

　　나: 아니요, 막상 얼굴을 보니까 어색해서 미안하다는 말이
　　　입 안에서 뱅뱅 돌기만 하고 안 나오더라고요.
　　　No. Ultimately, I felt awkward when I saw her face, so the
　　　words "I'm sorry" just sat on the tip of my tongue, and I
　　　couldn't say it.

✎ '뱅뱅'은 좁은 범위를 자꾸 도는 모양을 나타내는 말이다.

🔎 주로 자신이 없거나 부끄러워서 상대방에게 말을 하지 못할 때 사용한다. 또한 '아,
그게 입 안에서 뱅뱅 도는데 기억이 안 나네.'처럼 하고 싶은 말이 있는데 알맞은
표현을 찾지 못하고 생각날 듯 말 듯 비슷한 단어만 떠오를 때도 사용한다.

★☆☆ 관

입방아를 찧다

어떤 사실을 화제로 삼아 이러쿵저러쿵 자꾸 말을 할 때 사용한다.
Used when one keeps making a certain fact the subject of
conversation.

예 가: 사랑아, 너 또 내 험담을 하고 다녔어? 그렇게 계속 **입방아를
　　찧으면** 가만히 안 둬.
　　Sarang, did you go around gossiping again? If you keep
　　running your mouth off like that, I won't just let it go.

　　나: 내가 언제? 난 그런 적 없어.
　　When did I ever do that? I haven't done anything like that.

🔎 입이 붙었다 떨어졌다 하면서 쉴 새 없이 계속 말하는 모습을 위에서 아래로 올라갔다
내려갔다 움직이면서 곡식을 부수는 방아에 비유한 표현이다. 보통 누군가가 다른
사람에 대해 계속 험담할 때 사용한다.

★★☆ 관

입에 담다

무엇에 대해 말한다는 말이다.
Indicates that one is talking about something.

예 가: 선생님, 연우가 요새 부쩍 **입에 담기도** 어려운 욕설을 많이
　　해서 걱정이에요.
　　Teacher, Yeonwoo is using difficult swear words much more
　　often lately, so I'm worried.

　　나: 어머니, 혹시 연우가 게임을 자주 하나요? 요즘 아이들이
　　게임을 하면서 나쁜 말을 많이 배운다고 하던데요.
　　Ma'am, does Yeonwoo often play video games, by any
　　chance? These days, they say that kids learn a lot of bad
　　words while playing video games.

🔎 입을 그릇에 비유해 그 그릇에 말을 넣는다는 뜻으로 보통 '입에 담지 못할 말'이나
'입에 담기 어려운 말' 등의 형태로 쓰며, 누군가가 나쁜 말을 할 때 사용한다.

★★☆ 관
입을 다물다

비밀을 지키기 위해 말을 하지 않는다는 말이다.
Indicates that one does not speak in order to keep a secret.

예 가: 김 형사, 뭐 좀 알아냈어요?
Detective Kim, did you find anything out?

나: 아니요, 목격자가 **입을** 꽉 **다물고** 한마디도 안 해서 아직까지 알아낸 게 없습니다.
No, the witness is making sure to keep his mouth shut and not saying a single word, so I haven't been able to find anything else yet.

🔎 강조할 때는 '꾹, 꽉, 굳게' 등을 넣어서 사용한다. 또한 '시끄러우니까 입 좀 다물어.' 처럼 다른 사람에게 말을 멈추라고 할 때도 사용한다.

★★☆ 속
잘 나가다
삼천포로 빠지다

🔵 잘 가다가 삼천포로 빠지다

어떤 일이나 이야기 등이 도중에 엉뚱한 방향으로 흘러간다는 말이다.
Indicates that an event or story moves in a bizarre direction midway through.

예 가: 누나, 웬일로 매일 챙겨 보던 드라마를 안 보고 다른 걸 봐?
Sis, why are you watching something else instead of the TV show you've been watching every day?

나: 이제 그 드라마 안 봐. 이야기가 **잘 나가다 삼천포로 빠져서** 더 이상 재미가 없어서.
I'm not watching that show anymore. The story suddenly went off in a different direction, so it's not fun anymore.

🔎 어떤 사람이 진주로 가야 하는데 길을 잘못 들어 진주 밑에 있는 삼천포에 도착하게 되었다는 이야기에서 유래된 표현이다. 그러나 특정 지역에 대해 좋지 않은 이미지를 줄 수 있으므로 이 표현보다는 '샛길로 빠지다'나 '곁길로 빠지다'로 고쳐 쓰는 것이 좋다.

★★☆ 관
토를 달다

어떤 말에 대해 덧붙여 말한다는 말이다.
Indicates that one adds onto a certain speech.

예 가: 서영아, 아빠한테 말해 봐. 동생이랑 왜 싸운 거니?
Seoyeong, talk to me, your dad. Why did you fight with your younger brother?

나: 제가 말할 때마다 **토를 달아서** 하지 말라고 했더니 저한테 대들잖아요.
I told him not to throw in his two cents every time I talk, and then he talked back to me.

🔎 옛날에 한국 사람들은 한자로 된 글을 편하게 읽기 위해서 문장 사이사이에 조사를 넣어서 읽었는데 이것을 '토를 달다'라고 했다. 이처럼 어떤 사람이 누군가의 말이 끝날 때마다 그 말에 대해 이러니저러니 다른 말을 붙일 때 사용한다.

★★☆ 괜
트집을 잡다

조그만 잘못을 밝혀내거나 없는 잘못을 만든다는 말이다.
Indicates that one reveals a tiny mistake, or makes up an error.

예 가: 엄마, 이 옷은 너무 커요. 그리고 저건 디자인도 별로고 색도
이상해요. 다른 옷은 없어요?
Mom, these clothes are too big. Also, the design of those
clothes isn't good, and the color is weird, too. Don't I have any
other clothes?

나: 오늘따라 왜 이렇게 **트집을 잡니**? 시간이 없으니까 빨리
아무거나 입고 학교에 가.
Why are you being so nitpicky today? You're out of time, so
hurry up and put something on and go to school.

🔎 보통 누군가가 하는 일마다 문제가 있다고 지적하거나 참견할 때 사용한다.

★☆☆ 괜
혀가 굳다

🔵 혀끝이 굳다

놀라거나 당황해서 말을 제대로 못한다는 말이다.
Indicates that one cannot speak properly because they are
surprised or flustered.

예 가: 양양 씨, 접촉 사고를 낸 사람을 그냥 보냈다고요?
전화번호라도 받아 뒀어야죠.
Yangyang, you just let the person who caused a fender-bender
go? You should have at least gotten their phone number.

나: 제가 너무 놀라 **혀가 굳어서** 아무 말도 못 하고 있었는데
그냥 가 버렸어요.
I was so startled that I was tongue-tied, so I couldn't say
anything and they just left.

🔎 보통 예상하지 못한 일을 당해 충격을 받아 아무 말도 할 수 없을 때 사용한다.

★☆☆ 괜
혀가 꼬부라지다

누군가의 발음이 정확하지 않다는 말이다.
Indicates that someone's pronunciation is not clear.

예 가: 자기야, 미안해. 나 오늘 기분이 안 좋아서 술 좀 마셨어.
Babe, I'm sorry. I was in a bad mood today, so I drank some
alcohol.

나: 아무리 그래도 그렇지. **혀가 꼬부라질** 정도로 마시면 어떡해?
Even so, you shouldn't have done that. How could you drink
so much that you're slurring your words?

🔎 주로 어떤 사람이 술에 많이 취해 알아듣지 못하게 말할 때 사용한다. 또한 '그 사람은
가끔 잘난 척하면서 혀 꼬부라진 소리를 해.'처럼 알아듣지 못하는 외국어를 말하는
사람에게도 사용한다.

혀가 짧다

★☆☆ 괜

발음이 불명확하거나 말을 더듬는다는 말이다.

Indicates that one's pronunciation is unclear or that one stammers while speaking.

> 예 가: 하준아, 이 동영상 봤어? 너무 재미있지 않아?
>
> Hajoon, did you see this video? Isn't it so funny?
>
> 나: 처음에는 재미있어서 좀 봤는데 진행자의 **혀가 짧은** 소리가 거슬려서 보다 말았어.
>
> At first, I watched it because it was funny, but the host's lisp is unpleasant, so I stopped watching it.

🔎 보통 어른인데도 정확한 발음을 하지 못하거나 어른이 발음이 정확하지 못한 아이의 흉내를 내며 귀여운 척할 때도 사용한다.

혀를 놀리다

★☆☆ 괜

유 혀를 굴리다

'말을 하다'를 속되게 이르는 말이다.

Indicates a vulgar way of talking.

> 예 가: 형, 쟤 있잖아. 우리 반 애인데 공부도 못하고 친구도 별로 없는 것 같아. 성격이 안 좋아서 그런가?
>
> Bro, there's that guy, you know. He's in our class, but he's not good at studying, and he doesn't really seem to have any friends. Could it be because he has a bad personality?
>
> 나: 잘 알지도 못하면서 그렇게 함부로 **혀를 놀리면** 안 돼.
>
> You shouldn't carelessly talk about someone when you don't even know them well.

🔎 주로 '혀를 놀리지 말다'나 '혀를 놀리면 안 되다'의 형태로 사용하며 누군가에게 말을 함부로 하지 말라고 주의를 줄 때 사용한다. 그러나 속된 표현이므로 윗사람이나 친하지 않은 사람에게는 말하지 않는 것이 좋다.

06

조언·훈계
Advice and Discipline

권고·충고 ▎Recommendations and Advice

☆☆☆ 관
경종을 울리다

잘못이나 위험을 미리 경계하여 주의를 준다는 말이다.

Indicates that one warns someone about a mistake or danger in advance.

예 가: 작가님의 신작 소설이 우리 사회에 **경종을 울렸다**는 평가를 받고 있습니다. 구체적으로 어떤 메시지를 담고자 하셨습니까?

Your new novel is receiving reviews that it raises a warning sign for our society. Specifically, what kind of message did you put into the book?

나: 저는 이번 작품을 통해 다른 사람을 짓밟고 이용하는 세상에는 미래가 없다는 것을 말하고 싶었습니다.

Through this book, I wanted to say that there is no future for a world where people trample upon and use others.

✎ '경종'은 원래 위급한 일, 비상사태를 알리는 종 혹은 신호라는 의미지만 여기에서는 잘못한 일, 위험한 일에 대하여 경계해 주는 주의 혹은 충고라는 의미로 사용되었다.

🔎 어떤 사건 또는 문학 작품, 영화 등이 사람들로 하여금 잘못된 관행이나 도덕적 해이와 같은 사회 문제에 관심을 가지고 주의하는 마음을 갖도록 만들었을 때 사용한다.

★★☆ 속
고생을 사서 한다

🔗 고생을 벌어서 한다

하지 않아도 될 고생을 한다는 말이다.

Indicates that one undergoes hardship even though they don't have to.

예 가: 여보, 케이크를 그냥 사면 되잖아요. **고생을 사서 한다**고 손재주도 없으면서 왜 직접 만들려고 그래요?

Honey, you can just buy a cake. Why are you asking for trouble and trying to make it yourself when you're not good at making things?

나: 그래도 우리 사랑이의 10살 생일이니까 직접 만들어 주고 싶어요.

But still, it's our dear Sarang's 10th birthday, so I want to make the cake myself.

🔎 굳이 본인이 하지 않아도 되는 일을 스스로 선택해서 하면서 힘들어할 때 사용한다. '젊어서 고생은 사서도 한다'의 형태로 사용하기도 한다.

급히 먹는 밥이 체한다
★☆☆ 〔속〕

〔유〕 급히 먹는 밥이 목이 멘다

무슨 일이든지 서둘러 하면 실패하게 된다는 말이다.
Indicates that no matter what the task is, if one hurries they will fail.

〔예〕 가: 박 PD, 드라마 방영 일정이 당겨져서 촬영을 서둘러야겠어요. 두 달 안에 모든 촬영을 마칠 수 있도록 하세요.
Producer Park, the drama broadcasting schedule has been moved up, so we'll have to hurry with the filming within two months.

나: 국장님, **급히 먹는 밥이 체한다고** 아무리 일정이 빡빡해도 그렇게 급하게 촬영을 하면 드라마의 완성도가 떨어질 겁니다.
Director, haste makes waste. No matter how tight the schedule is, if we rush with the filming, the quality of the drama will decrease.

🔍 배가 고프다고 해서 급하게 밥을 먹으면 소화가 안돼서 체하기 쉽다. 이처럼 어떤 일을 급하게 하면 그 일을 망치기 쉬우므로 서두르지 말라고 말할 때 사용한다.

길이 아니면 가지 말고 말이 아니면 듣지 말라
★☆☆ 〔속〕

〔유〕 길이 아니거든 가지를 말고 말이 아니거든 듣지를 마라

옳지 않은 일은 아예 처음부터 하지 말라는 말이다.
Indicates that one should not do something unrighteous in the first place.

〔예〕 가: 이번 시합에서 우리가 상대팀에게 져 주면 우리한테 큰돈을 주겠다는 제의가 들어왔대요.
I heard that we received an offer for a large amount of money if we throw this game and lose to the other team.

나: 그건 승부 조작이잖아요. **길이 아니면 가지 말고 말이 아니면 듣지 말라고** 신경도 쓰지 맙시다.
That's match fixing. See no evil, hear no evil, speak no evil. Let's not pay any attention to it.

🔍 누군가에게 어떤 일을 하기 전에 그 일이 옳은 일인지 아닌지 먼저 생각하고 주의해서 행동하라고 말할 때 사용한다.

꼬리가 길면 밟힌다
★★★ 〔속〕

〔유〕 고삐가 길면 밟힌다

어떤 일을 비밀스럽게 해도 그 일을 오래 계속하면 결국에는 들키게 된다는 말이다.
Indicates if one does something constantly for a long time, they will get caught in the end even if they do it secretly.

〔예〕 가: 수아 너 오늘도 엄마한테 학원 간다고 말하고 왔지? **꼬리가 길면 밟히는** 법이야. 그냥 솔직하게 말씀드려.
Sooah, you told your mom that you were going to a private academy again today, didn't you? It's going to catch up to you eventually. Just tell her honestly.

나: 안 돼. 아르바이트는 절대 안 된다고 하셨단 말이야.
No. She told me that she'd never let me have a part-time job.

🔍 비슷한 의미로 '꼬리가 길면 잡힌다'를 사용하기도 한다.

09 조언·훈계

★☆☆ 관
꿈을 깨다

누군가 가지고 있던 희망이나 기대치를 낮추거나 헛된 생각을 버린다는 말이다.

Indicates that one lowers their hope or expectation, or thinks it is in vain.

예 가: 직장 생활에 너무 지쳤어. 귀농해서 농사를 짓고 살면 여유롭게 살 수 있겠지?

I'm so sick of working. If I went to the countryside and took up farming, I could live freely, right?

나: **꿈을 깨.** 농사를 지으려면 얼마나 부지런해야 하는데.

Dream on. You have to work really hard to run a farm.

🔎 보통 '꿈 깨.'처럼 명령형으로 사용하며, 어떤 사람이 지나친 희망을 가지고 부풀어 있는 것을 보고 그런 일은 이루어지기 어려우니 정신 차리라고 말할 때 사용한다.

★★☆ 속
나무를 보고 숲을 보지 못한다

어떤 일의 부분만 보고 전체는 보지 못한다는 말이다.

Indicates that one only sees a certain part of something and not the whole thing.

예 가: 사장님, 회사를 살리려면 먼저 직원의 수를 줄여야 합니다.

Sir, if we're going to save the company, first we have to reduce the number of employees.

나: 그건 **나무를 보고 숲을 보지 못하는** 것입니다. 회사가 힘들다고 직원을 함부로 해고하면 상황을 더 악화시킬 수도 있어요.

You're not seeing the whole picture. If we carelessly fire employees because the company is struggling, it could make the situation even worse.

★★★ 속
낮말은 새가 듣고 밤말은 쥐가 듣는다

유 밤말은 쥐가 듣고 낮말은 새가 듣는다

듣는 사람이 없어도 언제나 말조심해야 한다는 말이다.

Indicates that one should always speak carefully, even if no one is listening.

예 가: 우리만 있으니까 하는 얘긴데 팀장님이 외근을 간다고 하시고 개인적인 일을 보러 가실 때가 많은 것 같아요.

I'm saying this because it's just us here, but it seems like our team leader often goes on personal errands when he says he's going to work outside of the office.

나: 쉿! 제시카 씨, 말조심해요. **낮말은 새가 듣고 밤말은 쥐가 듣는다고** 하잖아요.

Shh! Jessica, be careful what you say. Fields have eyes and woods have ears, you know.

🔎 아무도 없는 곳에서 조심스럽고 비밀스럽게 말을 해도 그 말은 반드시 누군가의 귀에 들어가게 되므로 항상 말을 조심하라고 말할 때 사용한다.

★☆☆ 속
냉수 먹고 속 차려라

정신을 차리고 똑바로 행동하라는 말이다.
Indicates that one tells someone to pull themselves together and behave properly.

예 가: 대형 연예 기획사에 들어갔으니까 이제 아이돌 스타가 되는 건 시간문제겠지?
Now that we've entered a big entertainment agency, becoming a star idol is just a matter of time, right?

나: 민지야, **냉수 먹고 속 차려라**. 스타 되기가 그렇게 쉬우면 다 스타 되게?
Minji, wake up and smell the coffee. If becoming a star were that easy, wouldn't everyone become stars?

🔍 헛된 꿈을 꾸거나 어떤 것에 대한 어려움을 전혀 몰라서 속편하게 생각하는 사람에게 현실을 직시하라고 말할 때 사용한다.

★☆☆ 속
누울 자리 봐 가며 발을 뻗어라

🈁 발을 뻗을 자리를 보고 누우랬다, 이부자리 보고 발을 펴라

어떤 일을 할 때 미리 결과까지 생각하고 시작하라는 말이다.
Indicates that one should think ahead to the result before starting something.

예 가: 민수 씨가 이번에 당 대표 선출에 입후보를 한다던데 진짜예요?
I heard that Minsu runs in the election to select the party leader. Is it ture?

나: 아니에요. **누울 자리 봐 가며 발을 뻗어라**라는 말이 있잖아요. 보수적인 정치계에서 그렇게 젊은 당원에게 기회를 줄 리가 있겠어요?
No. There's a saying that one should look before they leap. In a conservative political world, who would ever give a chance to such a young party member?

🔍 '누울 자리 봐 가며 발을 뻗어야지요. 도서관에서 떠들면 어떻게 해요?'처럼 시간과 장소를 가려서 상황에 맞게 행동하라고 말할 때도 사용한다.

★★★ 속
돌다리도 두들겨 보고 건너라

🈁 아는 길도 물어 가랬다

잘 아는 일이라도 꼼꼼하게 확인하고 주의를 하라는 말이다.
Indicates that one should pay attention and carefully check their work, even if it's something they know well.

예 가: 지원 씨, 이번 달 월급 정산이 다 끝났으면 파일 보내세요.
Jiwon, when you finish calculating this month's wages, send me the file.

나: 네, 과장님. **돌다리도 두들겨 보고 건너라**고 하니 다시 한번 확인하고 바로 보내 드릴게요.
Yes, sir. But they say that you should always check a bridge before crossing it. I'll check everything one more time and then send you the file right away.

🔍 튼튼한 돌다리도 두드려 가며 확인하고 건너면 사고가 나지 않는다. 이처럼 잘 알고 있고 쉬운 일이라도 실수하지 않도록 잘 살펴보고 조심해서 하라고 말할 때 사용한다.

★★★ 🔒
못 오를 나무는
쳐다보지도 마라

자신의 능력으로 할 수 없는 불가능한 일은 처음부터 욕심을 내지 않는 것이 좋다는 말이다.

Indicates that one should not be greedy about something that is impossible for them to achieve through their own abilities in the first place.

> 예 가: 연우야, 성적이 안 되는데 그렇게 합격 점수가 높은 대학을 선택하면 어떡해? 옛말에 **못 오를 나무는 쳐다보지도 말랬어**.
>
> Yeonwoo, your grades aren't good, so how can you choose a university that requires such high grades to be accepted? There's an old saying that says you shouldn't even look at a tree if you can't climb it.
>
> 나: 실기 시험이 있으니까 한번 도전해 보려고. 합격을 못해도 좋은 경험이 될 것 같아.
>
> There's a practical exam, too, so I'm going to give it a try. Even if I don't get accepted, I think it'll be a good experience.

🔍 누군가가 자신의 능력이나 분수는 생각하지 않고 지나친 욕심을 부릴 때 사용한다. '오르지 못할 나무는 쳐다보지도 마라'의 형태로도 사용한다.

★☆☆ 🔒
벼룩도 낯짝이 있다

누군가가 체면 없이 행동한다는 말이다.

Indicates that someone acts like they have no honor.

> 예 가: **벼룩도 낯짝이 있다는데** 쟤는 동창들한테 빌린 돈을 갚지도 않고 어떻게 저렇게 동창회에 나오지?
>
> They say that even fleas have faces, but that guy doesn't even pay back the money he borrows from his classmates. How dare he show up to the alumni meeting?
>
> 나: 그러게. 얼굴이 두꺼워도 너무 두껍다.
>
> Seriously. He's really got some nerve.

✏️ '낯짝'은 낯을 속되게 이르는 말로, 원래 눈코입이 있는 얼굴이라는 의미지만 여기에서는 양심 또는 체면이라는 의미로 사용되었다.

🔍 눈에 보이지 않을 정도로 작은 벼룩에게도 낯짝 즉, 체면이 있는데 누군가가 잘못을 저지르고도 부끄러운 줄 모르고 벼룩 만도 못하게 뻔뻔하게 행동할 때 사용한다.

★★☆ 속
벽에도 귀가 있다

유 담에도 귀가 달렸다

아무도 듣는 사람이 없는 것 같아도 말이 퍼질 수 있으니 함부로 말을 해서는 안 된다는 말이다.

Indicates that one should not speak carelessly, because even if it seems like no one is listening, word can still spread.

예 가: 과장님 때문에 일하기 힘들어요. 회사를 그만두든지 해야지.
　　　Work is so exhausting because of the section chief. I should quit.

　　나: 쉿! **벽에도 귀가 있다**는 말 몰라요? 마크 씨, 말조심하세요.
　　　Shh! Haven't you heard the saying that even walls have ears? Mark, be careful what you say.

🔍 아무도 없다고 생각하여 비밀이나 다른 사람의 험담을 하려는 사람에게 그 말이 새어 나갈 수 있으니까 말조심하라고 말할 때 사용한다.

★★★ 속
사공이 많으면 배가 산으로 간다

유 사공이 많으면 배가 산으로 올라간다

일을 주도하려는 사람이 많으면 그 일을 제대로 진행하기가 어렵다는 말이다.

Indicates that it is difficult to properly proceed with something if too many people are trying to lead it.

예 가: 윤아 씨, 팀원들의 의견을 모두 반영하겠다고 하신 팀장님 말씀이 너무 멋지지 않아요?
　　　Yoona, when the team leader said she would reflect the opinions of all the team members, wasn't it so cool?

　　나: 글쎄요. **사공이 많으면 배가 산으로 간다**고 저는 그냥 경험이 많으신 팀장님이 결정하고 진행하시면 좋겠어요.
　　　I'm not sure. They say that too many cooks spoil the broth. I think it'd be best if our experienced team leader would just decide how to proceed.

★★☆ 속
선무당이 사람 잡는다

유 선무당이 사람 죽인다

능력이 없으면서 어떤 일에 함부로 나서다가 큰일을 저지르게 된다는 말이다.

Indicates that a person who carelessly takes action even though they have no skills causes big trouble.

예 가: 컴퓨터가 좀 이상해서 오빠한테 말했더니 자기가 고쳐 준다고 이것저것 만지다가 완전히 고장을 내 버렸어.
　　　My computer was acting a bit weird, so I told my older brother. He said he'd fix it himself, but after he messed around with this and that, it completely broke.

　　나: **선무당이 사람 잡는다**더니 그 말이 맞네.
　　　I guess it's true that a little knowledge is a dangerous thing.

🔍 옛날에는 무당이 병든 사람을 고치기도 했는데 서툴고 미숙한 무당이 잘못해서 사람이 죽는 일도 있었다. 이렇게 어떤 일에 능숙하지 못하고 잘 알지도 못하는 사람이 아는 척을 하다가 일을 망쳐 버렸을 때 사용한다.

★☆☆ ⓨ
설마가 사람 잡는다

ⓨ 설마가 사람 죽인다

마음을 놓거나 요행을 바랄 때 사고가 생긴다는 말이다.
Indicates that mishaps happen when one relaxes or wishes for good luck.

ⓐ 가: 여보, 왜 갑자기 차량용 소화기가 있냐고 물어보는 거예요?
Honey, why are you suddenly asking if we have a car fire extinguisher?

　　나: 요즘 차량 화재가 많대요. **설마가 사람 잡는다고** 방심하면 안 되니까 없으면 하나 구입해 놓읍시다.
I heard there are a lot of car fires these days. They say that security is the greatest enemy. We shouldn't be careless, so if we don't have one, let's buy one.

🔎 그럴 리가 없을 거라고 믿거나 방심하고 사고를 대비하지 않는 사람에게 모든 일에 항상 주의해야 한다고 말할 때 사용한다.

★★★ ⓨ
쇠뿔도 단김에 빼랬다

ⓨ 쇠뿔도 단김에 빼라

어떤 일을 하려고 생각했으면 망설이지 말고 곧바로 행동으로 옮기라는 말이다.
Indicates if one has thought of doing something, they should not hesitate and the right thing to do is to act immediately.

ⓐ 가: 우리 나중에 돈 모아서 해외여행 갔다 오자.
Let's save up some money and travel abroad later.

　　나: 그래. **쇠뿔도 단김에 빼랬다고** 이번 달부터 돈을 모을까?
Alright. They say you should strike while the iron is hot, so should we start saving this month?

🔎 옛날 사람들은 수소의 뿔이 나오기 전에 뿔의 뿌리를 뜨거운 불로 지져서 말랑해졌을 때 바로 뽑아 사용했다고 한다. 여기에서 나온 말로 보통 말만 내뱉고 행동을 미루는 사람에게 당장 실천하라고 말할 때 사용한다.

★☆☆ ⓨ
아끼다 똥 된다

어떤 물건을 너무 아껴 사용하지 않다가는 잃어버리거나 못 쓰게 된다는 말이다.
Indicates that if one cherishes an item and doesn't use it, they will lose it or end up being unable to use it.

ⓐ 가: 새로 산 가방이 너무 비싸서 들고 다니기 아까워.
The new bag I bought was so expensive that I'm reluctant to carry it around.

　　나: **아끼다 똥 된다고** 유행 지나면 못 들고 다니니까 아끼지 말고 그냥 들고 다녀.
It's better to use it than lose it. If the trend passes, you won't be able to use it, so don't save it and just carry it around.

🔎 어떤 물건을 아끼기만 하는 사람에게 너무 사용하지 않으면 그 물건의 소용 가치가 없어질 수 있으니 빨리 쓰라고 말할 때 사용한다.

아이 보는 데는
찬물도 못 먹는다

아이들 앞에서는 함부로 행동하거나 말을 해서는 안 된다는 말이다.
Indicates that one should not behave or speak carelessly in front of children.

예 가: 여보, 연우가 물을 마시면서 자꾸 "캬, 시원하다."라고
하더라고요.
Honey, Yeonwoo keeps saying, "Ah, so refreshing" while he drinks water.

나: 아이 보는 데는 찬물도 못 먹는다고 내가 술 마시면서 그렇게
하는 것을 본 모양이에요.
They say you can't even drink cold water when children are watching. It looks like he picked that up by watching I say that when I drink alcohol.

🔎 아이들은 어떤 행동을 보는 대로 따라하므로 아이들 앞에서는 작은 행동까지 조심해야
한다고 말할 때 사용한다.

우물을 파도
한 우물을 파라

한 가지 일에 집중해서 끝까지 해야 성공할 수 있다는 말이다.
Indicates that one must focus on doing one thing until the end in order to succeed.

예 가: 아무래도 요리사가 되기는 힘들 것 같으니 다른 직업을 찾아
봐야겠어.
In any case, it seems like it will be difficult to become a chef, so I'd better search for a new career.

나: 태현이 너는 꿈을 몇 번이나 바꾸는 거야? **우물을 파도 한**
우물을 파야 성공하지.
Taehyun, how many times are you going to change your dream? If you chase after too many hares, you won't catch any of them.

🔎 '한 우물을 파다'의 형태로도 사용하며, 끈기 있게 한 가지 일을 하지 못하고 자주
바꾸는 사람에게 충고할 때 사용한다.

일침을 가하다

유 일침을 놓다

따끔한 충고나 경고를 한다는 말이다.
Indicates that one gives a sharp warning or word of advice.

예 가: 이 기사 봤어? 유명 가수가 악플러들을 고소하며 선처는 없다,
잘못했으면 벌을 받으라고 **일침을 가했대.**
Did you see this article? A famous singer sharply warned that they would sue cyberbullies without any mercy and that people who have done something wrong should be punished.

나: 그래? 내가 다 속이 후련하다. 악플을 다는 사람들은 벌을 좀
받아야 해.
Really? That makes me feel good. People who make malicious comments should be punished.

★★★ 속
천 리 길도
한 걸음부터

무슨 일이든지 그 일의 시작이 중요하다는 말이다.

Indicates that the beginning of something is important, no matter what it is.

예 가: 졸업 논문을 쓰기는 써야 하는데 쓸 엄두가 안 나요.

I have to write my graduation thesis, but I don't know where to begin.

나: **양양 씨, 천 리 길도 한 걸음부터라고** 일단 주제부터 찾아봐요.

Yangyang, a journey of a thousand miles must begin with a single step. Why don't you find a topic first?

🔎 먼 길을 가려고 할 때 한 걸음을 떼지 않으면 절대 갈 수 없다. 이처럼 어떤 일을 이루려면 망설이지 말고 시작부터 하라고 말할 때 사용한다.

★☆☆ 관
피가 되고 살이 되다

어떤 지식이나 경험 등이 살아가는 데에 큰 도움이 된다는 말이다.

Indicates that a certain piece of knowledge or a certain experience becomes a great help to one's life going forward.

예 가: 처음 아르바이트를 해 보니 힘들지? 그래도 지금의 경험이 나중에는 **피가 되고 살이 될 거야.**

Working your first part-time job is tough, right? Even so, this experience will be very valuable to you later.

나: 네, 주임님. 알고 있어요. 그래서 힘들어도 계속하려고요.

Yes, sir, I know. That's why I'll keep trying even if it's difficult.

🔎 지금 하고 있는 일이 당장은 소용없어 보여도 미래에는 도움이 될 테니 열심히 하라고 격려할 때 사용한다. 비슷한 의미로 '뼈와 살이 되다'를 사용하기도 한다.

2

조롱 | Ridicule

Track 025

★☆☆ 속

굼벵이도 구르는 재주가 있다

(유) 굼벵이도 꾸부리는 재주가 있다, 굼벵이도 떨어지는 재주가 있다

무능한 사람도 한 가지 재주 정도는 가지고 있다는 말이다.
Indicates that even an incompetent person has at least one talent.

예 가: 민수 씨가 사내 골프 대회에서 일등을 했어요.
I heard that Minsu won first place in the company golf competition.

나: 정말요? 뭐 하나 제대로 하는 게 없어서 걱정이었는데 **굼벵이도 구르는 재주가 있다**더니 골프는 잘 치네요.
Really? I was worried because he can't do a single thing right, but they say every man has his own trade. For him, I guess it's golf.

🔍 몸이 짧고 뚱뚱해서 잘 움직이지 못하는 굼벵이도 나무에서 땅에 떨어지게 되면 몸을 웅크리고 다치지 않게 잘 구른다고 한다. 이처럼 평소에는 무능력해 보이던 사람이 의외로 어떤 일을 잘하는 것을 보고 놀랐을 때 사용한다.

★★★ 관

기가 막히다

어떤 일이 너무 뜻밖이라 놀랍고 어이없다는 말이다.
Indicates that something is so unexpected that one is surprised and dumbfounded.

예 가: 차를 이렇게 주차해 놓으면 어떡해요?
How could you leave your car parked like this?

나: 가만히 서 있는 남의 차를 긁어 놓고 지금 저한테 잘못했다는 거예요? **기가 막혀서** 말이 안 나오네요.
You're the one who scratched my car that was just standing still, but you're telling me I'm in the wrong here? I'm at a total loss for words.

★★☆ 속

까마귀 고기를 먹었나

(유) 까마귀 고기를 먹었느냐

어떤 사람이 일을 잘 잊어버리고 기억하지 못한다는 말이다.
Indicates that someone easily forgets things and cannot remember them.

예 가: 엄마, 현관 비밀번호가 뭐였죠?
Mom, what's the password for the front gate again?

나: 얘가 **까마귀 고기를 먹었나**? 아까 알려 줬잖아.
Is your memory like a sieve or what? I told you earlier.

🔍 까마귀는 겨울에 먹을 식량을 여기저기에 숨겨 두는 습성이 있는데 기억력이 좋지 않아 자신이 저장해 둔 먹이를 다 찾아 먹지 못한다고 한다. 여기에서 유래된 표현으로 어떤 일을 새까맣게 잊어버린 사람을 놀릴 때 사용한다.

★★★ 속
꿀 먹은 벙어리

말을 하지 않고 가만히 있거나 자신의 생각을 말하지 못한다는 말이다.
Indicates that someone does not speak and remains still, or that one cannot express their own thoughts.

예 가: 너는 집에서는 그렇게 잘 떠들면서 왜 밖에만 나오면 **꿀 먹은 벙어리**가 되는 거야?
You're so chatty at home, but why do you act like the cat's got your tongue only when you're outside?

나: 잘 모르는 사람들 앞에서 말하는 게 너무 부끄러워서 그래. 그러니까 언니도 밖에서는 나한테 말 좀 시키지 마.
It's because I'm too embarrassed to talk in front of people I don't know well. So, don't make me talk while we're outside, sis.

🔍 보통 어떤 사람이 하고 싶은 말이나 속에 있는 말을 하지 못할 때 사용한다.

★☆☆ 관
꿈도 야무지다

실제로 이루어질 가능성이 없는 어떤 일에 큰 기대와 희망을 가진다는 말이다.
Indicates that one hold high hopes or expectations for something that is impossible to achieve in reality.

예 가: 그 실력으로 태권도 국가 대표 선수가 되겠다고? **꿈도 야무지다**.
You say you're going to become the best taekwondo athlete in the country with those skills? Dream on.

나: 두고 봐. 난 꼭 국가 대표 선수가 되고 말 거야.
Just you wait and see. I'm definitely going to become the nation's top athlete.

🔍 보통 자신의 능력이나 상황 등은 생각하지 않고 헛된 꿈을 꾸는 사람을 무시할 때 사용한다.

★☆☆ 관
나이가 아깝다

어떤 사람의 말이나 행동이 나이에 걸맞지 않게 유치하다는 말이다.
Indicates that someone's words or actions are more immature than their age.

예 가: 그 고기 내 거야. 아껴 먹으려고 남겨 둔 거란 말이야. 내놔.
That meat is mine. I saved it because I'm trying to eat it a little bit at a time. Leave it.

나: 진짜 **나이가 아깝다**. 아직도 먹을 거 가지고 화내는 거야? 언제 철들래?
You seriously need to act your age. You're still mad about food? When are you going to grow up?

🔍 보통 철없이 행동하는 사람을 꾸짖거나 놀릴 때 사용한다. 한편, 나이가 적은 사람이 일찍 죽거나 불행한 일을 당해 안타까운 일이 생겼을 때도 사용한다.

★★★ 속

낫 놓고 기역자도 모른다

어떤 사람이 글자를 전혀 모르거나 매우 무식하다는 말이다.

Indicates that someone does not know how to read at all, or that one is extremely ignorant.

> 예 가: 누나, 이 한자 어떻게 써야 돼? 하나도 모르겠어.
>
> Sis, how should I write these Chinese characters? I don't know anything.
>
> 나: **낫 놓고 기역 자도 모른다**더니 여기에 쓰는 순서가 다 나와 있잖아. 보고도 못 쓰면 어떻게 하니?
>
> You don't even know A from B? The order you should write them in is written right here. If you can't write them even after seeing that, what are you going to do?

🔎 농기구의 하나인 낫의 모양은 한글의 'ㄱ(기역 자)'처럼 생겼는데 낫을 보고도 이 기역 자를 생각해 내지 못한다는 말이다. 이렇게 배우거나 아는 것이 없어 무식한 사람을 비웃을 때 사용한다.

★★☆ 관

눈이 삐다

분명한 일 혹은 상황을 잘못 보거나 잘못 판단한다는 말이다.

Indicates that one misjudges or incorrectly sees a clear occurrence or situation.

> 예 가: 내가 **눈이 삐었**지 왜 그런 사람을 좋아했을까?
>
> I must be out of my mind. Why did I like a person like that?
>
> 나: 좋다고 만날 때는 언제고 이제 와서 후회를 하니? 그냥 잊어버려.
>
> It was so long ago that you liked him and dated him, and now you finally regret it? Just forget about him.

🔎 인간관계에서 어떤 사람을 잘못 보고 선택했다가 후회할 때 사용한다. 보통 '눈이 삐었다'처럼 과거형으로 쓴다. 무례한 표현이 될 수 있으므로 윗사람이나 친하지 않은 사람에게는 사용하지 않는 것이 좋다.

★☆☆ 관

머리에 피도 안 마르다

나이가 어려 어른이 되려면 아직 멀었다는 말이다.

Indicates that one is young and still has a long way to go before becoming an adult.

> 예 가: 할아버지, 왜 그렇게 화가 나셨어요? 무슨 일 있으셨어요?
>
> Grandpa, why did you get so angry? What happened?
>
> 나: 골목에서 **머리에 피도 안 마른** 녀석이 담배를 피우고 있길래 한 소리 했더니 무슨 간섭이냐며 소리를 지르잖아.
>
> Some young punk was smoking in the alley, so I said something to him about it, but he shouted and asked why I was butting into his business.

🔎 보통 나이가 어린 사람이 윗사람에게 말대꾸를 하거나 대들면 예의에 어긋나므로 윗사람이 그 사람을 꾸짖을 때 사용한다.

★☆☆ 괜
물로 보다

어떤 사람을 낮게 보거나 쉽게 생각한다는 말이다.

Indicates that one looks down upon a certain person or thinks lightly of them.

예 가: 지금 고객을 **물로 보는** 거예요? 무조건 비싼 요금제만 추천해 주는 건 좀 아니죠.

Are you looking down on a customer right now? It's not right for you to only recommend expensive rate plans no matter what.

나: 죄송합니다. 비싼 대신 좋은 요금제라서요. 제가 다시 설명해 드릴게요.

I'm sorry. It's because the expensive plans are really good. I'll explain it again.

🔎 어떤 일에 대해서 상대방이 잘 모른다고 생각해서 그 사람을 존중하지 않고 함부로 대할 때 사용한다.

★★☆ 괜
사족을 못 쓰다

어떤 것에 푹 빠져서 정신을 못 차린다는 말이다.

Indicates that one is so into something that they can't think straight.

예 가: 내일 백화점에서 명품을 싸게 판대. 금방 품절이 될 수 있으니까 새벽부터 가서 줄을 서 있어야겠어.

I heard that they're going to sell luxury products for cheap at the department store tomorrow. They might sell out right away, so I'd better go early in the morning and stand in line.

나: 넌 왜 그렇게 명품이라면 **사족을 못 쓰냐**? 난 이해가 안 된다.

Why are you so crazy about luxury products? I don't get it.

✏️ '사족'은 사람의 팔과 다리를 속되게 이르는 말이다.

🔎 좋아하는 것이나 사람에게 혹해서 꼼짝 못할 때 사용한다. '사죽을 못 쓰다'라고 말하는 경우가 있는데 이것은 잘못된 표현이다.

★★★ 속
쇠귀에 경 읽기

아무리 일러 주어도 알아듣지 못하거나 효과가 없다는 말이다.

Indicates that no matter how much one tries to tell someone something, that person can't understand or it has no effect.

예 가: 남편한테 양말을 뒤집어서 벗어 놓지 말라고 아무리 말해도 소용이 없어요. 정말 **쇠귀에 경 읽는** 기분이에요.

No matter how many times I tell my husband not to turn his socks inside out when he takes them off, it's no use. It feels like talking to a brick wall.

나: 몇십 년 버릇이 하루아침에 바뀌겠어요?

Do you think you can change a decades-long habit in the span of one day?

🔎 소의 귀에 대고 책을 읽어 줘도 소는 한마디도 알아듣지 못한다. 이처럼 누군가가 어떤 것을 아무리 말해도 바뀌지 않거나 이해하지 못해서 답답할 때 사용한다.

★☆☆ 🗣
지나가던
개가 웃겠다

🖈 지나가던 소가 웃겠다

어떤 사람의 말이나 행동이 아주 황당하다는 말이다.
Indicates that someone's words or behavior is very ridiculous.

📵 가: **지훈아, 나 이번에 우리 반 대표로 나가서 춤을 추게 됐어.**
   Jihoon, this time I'm going to dance as our class
   representative.

   나: **뭐? 몸치인 네가 반 대표로 나가서 춤을 춘다고? 지나가던**
   개가 웃겠다.
   What? You can't dance at all, but you're going to represent
   our class and dance? That'll be a good laugh for everyone.

🔎 누군가가 매우 어이없는 말이나 행동을 하는 것을 보고 무시하며 말할 때 사용한다.

☆☆☆ 🗣
호랑이 없는 골에
토끼가 왕 노릇 한다

뛰어난 사람이 없는 곳에서 별 볼일 없는 사람이 세력을 얻으려고
한다는 말이다.
Indicates that an insignificant person will gain power in a place
without any outstanding people.

📵 가: **부장님이 아까부터 왜 저러세요? 여기저기 다니면서**
   참견이란 참견은 다 하시고.
   Why has the department head been acting like that since
   earlier? He keeps going around and meddling in everything.

   나: **호랑이 없는 골에 토끼가 왕 노릇 한다고 하잖아요. 사장님이**
   안 계시니까 부장님이 신나셨어요.
   They say that when the cat is away, the mice will play. The
   department head is excited because the CEO isn't here.

🔎 보잘 것 없는 토끼가 호랑이가 없는 사이 숲 속의 왕 자리를 차지할 것처럼 행동하는
   어이없는 상황을 비유적으로 표현한 말이다. 이처럼 절대 강자가 없거나 잠시 자리를
   비운 사이에 보잘 것 없는 사람이 자신의 힘을 과시하며 잘난 척할 때 사용한다.

3

핀잔 | Scolding

★☆☆ 속
걱정도 팔자다

누군가가 하지 않아도 될 걱정을 한다는 말이다.
Indicates that someone is worrying about something they don't have to worry about.

예 **가:** 저렇게 큰 개를 키우려면 집이 커야 할 텐데…….
She needs a big house if she raise a big dog like that…

나: **걱정도 팔자다.** 네가 키우는 것도 아닌데 왜 걱정을 해?
It's none of your concern. You're not the one raising it, so why are you worried?

🔎 상대방이 쓸데없는 걱정을 하면 그런 걱정은 안 해도 된다고 말할 때 사용한다.

★★☆ 속
긁어 부스럼

유 공연히 긁어서 부스럼 만든다

안 해도 될 일을 해서 괜히 일을 더 크게 만든다는 말이다.
Indicates that someone does something they don't need to do, and needlessly makes the issue bigger.

예 **가:** 쟤네들은 왜 또 싸우는 거죠? 가서 좀 말려야겠어요.
Why are those kids fighting again? I'd better go and stop them.

나: 여보, 괜히 **긁어 부스럼** 만들지 말고 가만히 있어요.
Honey, just let sleeping dogs lie and don't do anything.

🔎 주로 '긁어 부스럼 만들다'의 형태로 사용한다. 내버려 두면 아물 상처에 손을 대서 염증을 크게 만든다는 말로 굳이 나설 필요가 없는 일에 나서려는 사람에게 가만히 있는 게 좋다고 말할 때 사용한다.

★☆☆ 관
누구 코에 붙이겠는가

유 누구 코에 바르겠는가, 누구 입에 붙이겠는가

사람 수에 비해 나눌 물건의 양이 턱없이 부족하다는 말이다.
Indicates that the amount of something being shared is absurdly lacking compared to the number of people sharing it.

예 **가:** 어머니, 이 정도 음식이면 손님들 대접하기 충분하겠지요?
Mother, this much food will be enough for our guests, right?

나: 집들이에 초대한 사람이 10명이 넘는다면서? 이걸 **누구 코에 붙이겠니?** 조금 더 만들어라.
Didn't you say you invited more than 10 people to the housewarming party? How would this ever be enough? Make a little more food.

🔎 여러 사람이 함께 나누어야 하는 물건이나 음식의 양이 너무 적으면 안 되니까 넉넉히 준비하는 것이 좋다고 말할 때 사용한다.

★☆☆ 〔속〕
늦게 배운 도둑이
날 새는 줄 모른다

〔유〕 늦게 시작한 도둑이 새벽
　　다 가는 줄 모른다

어떤 일에 남보다 늦게 재미를 붙인 사람이 그 일에 더 열중한다는
말이다.
Indicates that someone who takes an interest in something later
than others is even more passionate about that thing.

〔예〕 가: 여보, 지금이 몇 시인데 아직도 핸드폰 게임을 하고 있어요?
　　　늦게 배운 도둑이 날 새는 줄 모른다더니 딱 당신 얘기네요.
　　　Honey, it's so late now, but you're still playing games on your
　　　phone? The phrase "thieves who learn late forget about the
　　　sunrise" exactly suits you.

　　나: 벌써 시간이 이렇게 됐어요?
　　　It's already this late?

🔍 누군가 뒤늦게 시작한 일에 재미를 느껴 그 일에 지나치게 집중해 다른 일을 못하거나
　　다른 일에 방해가 될 만큼 몰입하는 모습이 못마땅할 때 사용한다.

★☆☆ 〔관〕
달밤에 체조하다

때와 장소에 맞지 않는 엉뚱한 행동을 한다는 말이다.
Indicates that one behaves strangely in a way that is out of place.

〔예〕 가: 청소 좀 하게 발 좀 잠깐 들어 봐요.
　　　Lift up your feet for a minute so I can clean.

　　나: **달밤에 체조하는 것도** 아니고 한밤중에 무슨 청소를 한다고
　　　그래요?
　　　It's really out of tune. Why are you cleaning in the middle of the
　　　night?

🔍 불빛이 없는 컴컴한 밤에 운동을 하는 것은 누가 봐도 이상한 행동이다. 이처럼 누군가
　　시간이나 상황에 맞지 않게 비상식적인 행동을 할 때 사용한다.

★☆☆ 〔속〕
미꾸라지 한 마리가
온 웅덩이를 흐려
놓는다

〔유〕 미꾸라지 한 마리가
　　한강 물을 다 흐리게 한다

한 사람의 좋지 않은 행동이 그 집단 전체에 나쁜 영향을 미친다는
말이다.
Indicates that one person's negative behavior has a bad influence
on the entire group.

〔예〕 가: **미꾸라지 한 마리가 온 웅덩이를 흐려 놓는다더니** 승원 씨가
　　　무리하게 취재를 해서 우리 신문사가 욕을 먹잖아요.
　　　They say that one rotten apple spoils the barrel. Seungwon,
　　　you overdid it with your coverage, so now our newspaper
　　　agency is being criticized.

　　나: 죄송합니다. 열심히 한다는 게 그만 열정이 과했나 봅니다.
　　　I'm sorry. I thought I was working hard, but it looks like my
　　　passion was excessive.

🔍 한 사람의 잘못으로 인해 그 사람이 속한 집단 전체가 비난을 받게 되어 잘못한 사람을
　　탓할 때 사용한다.

사람 나고 돈 났지 돈 나고 사람 났나

사람보다 돈이 더 귀중할 수 없다는 말이다.
Indicates that one cannot value money more than people.

예 가: 아저씨, 갑자기 튀어나오시면 어떡해요? 아저씨 오토바이 때문에 제 차가 긁혔잖아요. 이게 얼마짜리 차인지 아세요?
Mister, how can you suddenly rush out like that? Because of your motorbike, my car was scratched. Do you have any idea how expensive this car is?

나: 사람 다친 건 안 보여요? 아무리 그래도 괜찮냐고 먼저 물어봐야 되는 거 아니에요? **사람 나고 돈 났지 돈 나고 사람 났나?**
Don't you see that a person is hurt? Shouldn't you ask if I'm okay first? Is money more important to you than people?

🔎 누군가가 돈을 최고라고 생각해 돈이 없는 사람을 무시하거나 사람의 안전이나 존재 가치보다 돈을 더 중요하게 여겨 마음에 들지 않을 때 사용한다.

★★★ 속

소 잃고 외양간 고친다

유 말 잃고 외양간 고친다

일이 잘못되고 나서 뒤늦게 손을 쓴다는 말이다.
Indicates that one belatedly takes action after something goes wrong.

예 가: 자전거에 자물쇠를 채우지 않고 그냥 세워 두려고요? **소 잃고 외양간 고치지 말고** 자물쇠를 채우는 게 어때요?
You're just going to leave your bike without putting a lock on it? How about putting a lock on it instead of locking the barn door after the horse has already been stolen?

나: 아, 그게 좋겠네요.
Ah, that's a good idea.

🔎 농사를 지을 때 소는 꼭 필요한 동물인 동시에 귀중한 재산이었다. 그래서 옛날에는 외양간을 설치해 소를 돌보았는데 이것이 망가지면 소가 도망을 가기도 했다. 소가 도망을 간 후에 외양간을 고치는 것은 아무 소용이 없는 것처럼 평소에는 전혀 대비하지 않고 있다가 문제가 발생한 후에 뒤늦게 일을 수습할 때 말한다.

★★☆ 관

손가락 하나 까딱 않다

유 손끝 하나 까딱 안 하다,
손톱 하나 까딱하지 않다,
손도 까딱 안 하다

어떤 사람이 아무 일도 하지 않는다는 말이다.
Indicates that someone does not do anything at all.

예 가: 민지야, 나 지금 빨래하고 설거지하는 거 안 보여? 너는 **손가락 하나 까딱 않고** 뭐 하는 거야?
Minji, don't you see me doing the laundry and the dishes right now? You're not even lifting a finger. What are you doing?

나: 미안. 좀 쉬다가 청소는 내가 하려고 했어.
Sorry. I was going to clean after resting for a bit.

🔎 자신도 같이 해야 하는 일인데도 다른 사람이 일하는 모습을 보고 돕지 않거나 아무 일도 하지 않는 것이 마음에 들지 않을 때 사용한다.

☆☆☆ 속 손바닥으로 하늘 가리기

아무리 숨기려고 해도 숨길 수 없다는 말이다.

Indicates that no matter how hard one tries to hide, they can't.

예 가: 이제 인터넷 쇼핑몰의 구매 후기도 못 믿겠어요. 나쁜 후기는 관리자가 다 지운다고 하더라고요.

I don't think I can trust online shopping malls' buyer reviews anymore. The site managers delete all the bad reviews.

나: 그러니까요. 어차피 소비자들이 물건을 써 보면 다 알게 될 텐데 **손바닥으로 하늘 가리기나** 마찬가지인 일을 왜 할까요?

That's what I'm saying. If consumers try their products, they'll all find out anyway, so why are they basically trying to cover up the sky with their hands?

★★☆ 관 앞뒤가 막히다

누군가가 일이 돌아가는 상황에 따라 적절하게 대처하는 능력이나 눈치가 없어서 답답하다는 말이다.

Indicates that someone is frustrated because they do not have the sense or ability to appropriately handle something according to how a situation is unfolding.

예 가: 하준 씨, 사장님이 테이블 정리를 시켰다고 손님이 오셨는데도 그것만 하고 있으면 어떻게 해요? 얼른 주문부터 받으세요. 사람이 **앞뒤가 꽉 막혀서** 원……

Hajoon, the boss told you to arrange the tables, but how can you just keep doing that even though customers have come in? Hurry and take their orders. How can you have such tunnel vision, geez…

나: 네, 죄송합니다.

Okay, I'm sorry.

🔍 누군가가 융통성 없이 일할 때 사용하며, 강조할 때는 '앞뒤가 꽉 막히다'를 사용한다.

★☆☆ 속 어물전 망신은 꼴뚜기가 시킨다

🔵 생선 망신은 꼴뚜기가 시킨다, 과일 망신은 모과가 다 시킨다

못난 한 사람이 같이 있는 사람들까지 망신스럽게 만든다는 말이다.

Indicates that one foolish person makes everyone who is with them embarrassed.

예 가: 아까 우리 팀 발표할 때 태현이가 실수하는 거 봤어? 다른 팀 사람들도 어이없어 하면서 다 웃었잖아.

Did you see Taehyun make a mistake when our team was presenting earlier? All the other team members were baffled and laughed at him.

나: 그러게나 말이야. **어물전 망신은 꼴뚜기가 시킨다고** 같은 팀이라는 게 너무 창피해.

You're telling me. Talk about secondhand shame. I'm so embarrassed to be on the same team as him.

🔍 생선 가게인 어물전에 생김새가 볼품없는 꼴뚜기가 있으면 사람들이 꼴뚜기의 모습을 보고 실망해서 다른 생선도 사지 않고 그냥 갔다고 한다. 여기에서 유래된 표현이다.

★☆☆ 속

엎드려 절받기

유 억지로 절 받기,
옆찔러 절 받기

상대방은 마음에 없는데 자기가 스스로 요구해서 상대방에게 대접을
받는다는 말이다.

Indicates that one requests something of their own accord in
order to receive something from another person, even though that
person was not thinking of it.

예 가: **엎드려 절받기로** 선물을 받기는 했지만 생일을 챙겨 줘서
　　 고마워.

I only got this gift because I asked you to give me one, but
thanks for celebrating my birthday.

나: 태현아, 생일 축하해. 내년에는 잊어버리지 않고 꼭 미리 챙겨
　　 줄게.

Taehyun, happy birthday. Next year, I won't forget and I'll make
sure to get you a gift in advance.

🔍 자신이 상대방에게 절을 받고 싶어 먼저 엎드리면 상대방도 자신을 보고 같이 절을
하게 된다는 말이다. 이처럼 직접 말이나 행동을 해서 상대방에게 원하는 것을 얻어낼
때 사용한다.

★☆☆ 속

오뉴월 감기는 개도
아니 걸린다

유 오뉴월 감기는 개도 아니
앓는다

여름에 감기에 걸리는 사람은 변변치 못하다는 말이다.

Indicates that a person who catches a cold in the summertime is
pathetic.

예 가: **오뉴월 감기는 개도 아니 걸린다는데** 둘째가 에어컨 앞에서
　　 살다시피 하더니 감기에 걸렸나 봐요.

They say even dogs don't catch colds in the middle of
summer, but it looks like our second son caught a cold after
spending all his time in front of the air conditioner.

나: 그럼 약 먹고 어서 쉬라고 하세요.

Well then, tell him to take some medicine and get some rest
quickly.

🔍 감기는 주로 기온 변화가 심하거나 추울 때 잘 걸린다. 그런데 기온 변화가 별로 없는
더운 여름에 감기에 걸린 사람을 보고 놀림조로 말할 때 사용한다.

★☆☆ 속

입술에 침이나
바르지

유 혓바닥에 침이나 묻혀라

빤히 들여다보이는 거짓말을 아주 태연하게 한다는 말이다.

Indicates that one very calmly tells a blatant lie.

예 가: 엄마, 오늘은 게임을 한 번도 안 했으니까 지금 조금만 해도
　　 돼요?

Mom, I haven't played video games at all today, so can I play
for just a little while now?

나: **입술에 침이나 바르고** 말해. 아까 네가 게임하는 거 다 봤거든.

Don't talk so glibly. I saw you playing video games earlier.

🔍 사람은 긴장하면 침의 분비량이 줄어들어 입술에 바를 정도의 침도 나오지 않는다.
따라서 천연덕스럽게 거짓말을 하는 사람에게 침을 발라 보라고 비꼬며 말할 때 사용한다.

자기 배 부르면 남의 배 고픈 줄 모른다

여유가 있는 사람은 다른 사람의 딱한 사정을 이해하기가 어렵다는 말이다.

Indicates that it is difficult for a well-off person to understand another person's pitiful situation.

예 가: 민수 씨 얘기 들었어요? 은행 대출을 어마어마하게 받아서 이자 갚느라 생활이 힘들 정도래요. 돈이 없으면 안 쓰면 되지 왜 대출까지 받는지 모르겠네요.

Did you hear about Minsu? He took out such an enormous loan from the bank that he's struggling to pay the interest. If you don't have money, then don't use it. I don't understand why someone would go so far as to take out a loan.

나: **자기 배 부르면 남의 배 고픈 줄 모른다**고 그렇게 얘기하지 마세요. 얼마나 힘들면 대출까지 받았겠어요?

A person who's always full doesn't know how it feels to be hungry, so don't say such things. How much do you think he was struggling if he had to take out a loan?

🔍 어떤 사람이 자기의 형편이나 처지가 좋아 자기와 다르게 어려운 처지에 놓인 사람의 상황을 이해하지 못하고 함부로 말하는 것을 보고 그렇게 하지 말라고 말할 때 사용한다.

제가 제 무덤을 판다

스스로 자신을 망치는 어리석은 짓을 한다는 말이다.

Indicates that one is doing something foolish that is ruining things for oneself.

예 가: 어제 배우 김기철에 대한 기사 봤어요? 동료 배우를 비난하는 인터뷰를 해서 논란이 되고 있던데요.

Did you see the article about the actor Kim Kichul yesterday? He criticized a fellow actor in an interview, so it created a controversy.

나: 저도 봤어요. 그런 말이 나올 상황이 전혀 아니었는데 굳이 동료 배우 이야기를 꺼내서 험담을 하더라고요. **제가 제 무덤을 판** 격이지요.

I saw it, too. It wasn't the type of situation to say such things at all, but he just had to bring up his fellow actor and slander them. He really dug his own grave.

🔍 짧게 '무덤을 파다'를 사용하기도 한다. 가만히 있으면 문제가 생길 일이 없는데 괜히 쓸데없는 일을 해서 스스로를 어려운 상황에 빠뜨렸을 때 사용한다.

★★★ 🗣

종로에서 뺨 맞고 한강에서 눈 흘긴다

🔁 종로에서 뺨 맞고 한강에 가서 눈 흘긴다

어떤 사람이 엉뚱한 곳에 화풀이를 한다는 말이다.
Indicates that someone vents their anger in the wrong place.

📝 가: 선배님, 과장님이 왜 저렇게 예민하신 거예요? 작은 실수에도 화를 버럭 내시고.
Why is the manager so sensitive? He loses his temper at even the smallest error.

나: **종로에서 뺨 맞고 한강에서 눈 흘긴다**고 부장님한테 꾸중 듣고 와서 괜히 우리한테 화풀이를 하시는 거지.
They say that people vent their anger on a third party. He got scolded by the department head, so he's taking it out on us for no reason.

🔍 옛날에 종로에는 큰 상점들이 있었는데 한 손님이 거기에서 무시를 당해 화가 났지만 그 위세에 눌려 아무 말도 못했다. 그러다가 한강 근처에 있는 작은 가게에 가서 공연히 트집을 잡아 크게 화풀이를 했다는 데에서 유래한 말이다.

★★☆ 🗣

팥으로 메주를 쑨대도 곧이듣는다

🔁 팥을 콩이라 해도 곧이듣는다

어떤 사람이 다른 사람의 말을 무조건 믿는다는 말이다.
Indicates that someone trusts what another person says without question.

📝 가: 민수 씨가 자기 회사에 투자를 하면 내년에 10배로 돌려주겠대요. 우리도 투자할까요?
Minsu said that investing in his company will result in a tenfold return next year. Shall we invest some money, too?

나: **팥으로 메주를 쑨대도 곧이듣는다**더니 당신은 민수 씨 말을 어떻게 그렇게 철석같이 믿어요?
You're as green as grass. How can you trust whatever Minsu says so unwaveringly?

🔍 메주는 고추장, 간장 등을 만드는 재료로서 삶은 콩으로 만든다. 이런 메주를 누군가가 팥으로 쑨다고 말을 하면 의심하는 것이 당연한데도 그 말을 믿는다는 것은 상대방을 전적으로 신뢰한다는 말이다. 이처럼 누군가가 다른 사람의 말을 맹목적으로 믿을 때 사용한다.

★☆☆ 🔗

해가 서쪽에서 뜨다

전혀 예상 밖의 일이 일어났다는 말이다.
Indicates that something completely unexpected happened.

📝 가: 엄마, 저 등산 갔다 올게요.
Mom, I'm going to go hiking.

나: **해가 서쪽에서 떴나?** 매일 늦게까지 자던 네가 이 새벽에 등산 간다고?
Did hell freeze over? You always sleep in late, but you're going hiking at dawn?

🔍 보통 누군가가 평소와 다른 행동을 했을 때 사용한다.

07

일·생활
Work and Lifestyle

★☆☆ 관
골탕을 먹이다

다른 사람에게 손해를 끼치거나 다른 사람이 곤란을 겪도록 만든다는 말이다.

Indicates that one harms another person or makes someone else go through something difficult.

예 가: 동생을 놀리면서 **골탕을 먹이는** 게 그렇게 재미있니? 그만 좀 해.

　　Is teasing your younger brother and making him suffer that much fun for you? Just stop already.

　　나: 지훈이가 당황하는 게 귀여워서 그래요. 이제 그만 할게요.

　　I do it because Jihoon is so cute when he's flustered. I'll stop now.

🔎 누군가가 다른 사람을 놀리거나 속여서 당황스럽게 만들 때 사용한다. 한편, 누군가가 다른 사람에 의해 크게 손해를 입거나 당황하게 될 때는 '골탕을 먹다'를 사용한다.

★★☆ 관
꼬리표가 붙다

유 꼬리표를 달다

어떤 사람이 다른 사람들로부터 안 좋은 평가를 받는다는 말이다.

Indicates that someone is negatively judged by other people.

예 가: 우리 애는 아침잠이 많아서 가끔 학교에 지각을 해요. 이러다 게으르다는 **꼬리표가 붙을까** 봐 걱정이에요.

　　My child isn't a morning person, so sometimes he's late to school. I'm worried that he'll be labelled as lazy.

　　나: 그렇지는 않겠지만 그래도 지각하는 게 습관이 되면 안 될 것 같아요.

　　That probably won't happen, but still, I don't think it's good for him to make a habit of being late.

🔎 어떤 사람이나 사물이 안 좋은 평판에서 벗어났을 때는 '꼬리표를 떼다'를 사용한다.

★★☆ 관
덕을 보다

이익이나 도움을 받는다는 말이다.

Indicates that one receives help or some kind of benefit.

예 가: 지훈아, 누나하고 같은 고등학교를 다니는 게 어때?

　　Jihoon, what is it like to attend the same high school as your older sister?

　　나: 삼촌도 알다시피 누나가 워낙 모범생이라 선생님들이 저를 좋게 봐 주더라고요. 누나 **덕을** 톡톡히 **보고** 있어요.

　　As you know, Uncle, she's quite the model student, so the teachers view me in a positive light. I'm really benefitting from her.

🔎 강조할 때는 '덕을 톡톡히 보다'를 쓴다. 한편, '다른 사람에게 덕이 되는 사람이 되고 싶어요.'처럼 누군가에게 이익이나 도움이 될 때는 '덕이 되다'를 사용한다.

★☆☆ 관

등에 업다

어떤 힘이나 세력에 의지한다는 말이다.
Indicates that depends on a certain strength or power.

> 예 가: 민수 씨는 부장님 말씀도 잘 안 듣는 것 같아요. 도대체 뭘 믿고 저래요?
> It doesn't seem like Minsu even listens well to the department head. What on earth makes him so confident?
>
> 나: 민수 씨가 사장님 아들이잖아요. 사장님을 **등에 업고** 마음대로 하는 거죠.
> Minsu is the CEO's son, you know. He's using the CEO's support to do whatever he wants.

🔎 누군가가 권력이나 자신과 가까운 사람이 가진 힘을 믿고 횡포를 부리거나 제멋대로 행동할 때 사용한다.

★☆☆ 관

목을 자르다

유 목을 치다

어떤 사람을 직장에서 쫓아낸다는 말이다.
Indicates that someone is driven out of their workplace.

> 예 가: 실장님, 우리 회사도 곧 정리 해고가 있을 거라는 소문이 돌던데 혹시 아는 거 있으세요? 저도 해고를 당할까 봐 불안해요.
> Sir, there are rumors going around that our company is going to lay people off soon. Do you know anything, by any chance? I'm nervous that I'll get fired, too.
>
> 나: 자네 같은 사람의 **목을 자르면** 회사가 손해지. 별일 없을 거야.
> Sacking someone like you would be the company's loss. Everything will be fine.

🔎 어떤 사람이 직장에서 쫓겨났을 때는 '목이 잘리다'를 사용한다.

★☆☆ 관

문턱을 낮추다

보통 접근하기 어려운 상황이나 환경을 쉽고 편하게 접할 수 있도록 만든다는 말이다.
Indicates that one makes a normally inaccessible situation or environment easy and comfortable to reach.

> 예 가: 윤아 씨, 출근하면서 보니까 회사 1층 로비에서 '찾아가는 미술관'을 운영하고 있더라고요. 점심 먹고 잠깐 보러 갈래요?
> Yoona, on my way to work I saw that they're holding a "visiting art gallery" in the first floor lobby building of the office. Would you like to go and see it after lunch?
>
> 나: 좋죠. 미술관들이 **문턱을 낮춰** 미술관에 가지 않고도 쉽게 작품을 볼 수 있게 해 주니까 좋네요.
> Sure. It's great that art museums are making art accessible so people can easily see works of art without going to the museum.

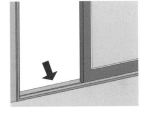

🔎 보통 '법원, 병원, 취업' 등 사람들이 시간, 조건 등의 이유로 가까이 하기 어려운 것을 쉽게 접근할 수 있도록 해 줄 때 사용한다. 한편, 예전보다 사람들이 어떤 것에 더 접근하기 어렵게 만들 때는 '문턱을 높이다'를 사용한다.

문턱이 닳도록 드나들다

★★☆ 괜

(유) 문지방이 닳도록 드나들다

누군가가 어떤 곳에 매우 자주 출입한다는 말이다.

Indicates that someone enters a certain place extremely often.

예 가: 서영아, 사랑이가 전에는 우리 집에 **문턱이 닳도록 드나들더니** 요즘에는 통 안 오네. 둘이 싸웠니?

Seoyeong, Sarang used to come to our house all the time, but lately there's no sign of her. Did you two fight?

나: 아니에요, 엄마. 싸우기는요. 요즘 사랑이가 바빠서 얼굴 보기도 힘들어요.

No, mom. Of course we didn't fight. Sarang is busy these days, so it's hard to see her.

🔎 학교나 회사 등 규칙적으로 다니는 곳에는 이 표현을 사용하지 않는다. 비슷한 의미로 '문턱 드나들듯 하다'를 사용하기도 한다.

발을 끊다

★☆☆ 괜

다른 사람이나 단체와 관계를 끊는다는 말이다.

Indicates that one breaks off their relationship with another person or group.

예 가: 여보, 둘째랑 말다툼을 했는데 집을 나가서 **발을 끊고** 살겠다고 하더라고요. 그 말을 들으니까 너무 속상하고 서운했어요.

Honey, I had an argument with our second son earlier, but he said he's going to leave home and cut off all ties with us. Hearing him say that made me so upset and hurt.

나: 둘째도 홧김에 한 말일 테니까 너무 마음에 담아 두지 말아요.

He probably said that in a fit of rage, so don't let it get to you too much.

🔎 비슷한 의미로 '발길을 끊다'를 사용하기도 한다. 한편, '나는 술집에 발을 끊은 지 오래다.'처럼 어떤 장소에 오고 가지 않을 때도 사용한다.

밥줄이 끊기다

★☆☆ 괜

(유) 밥줄이 끊어지다, 밥줄이 떨어지다

어떤 사람이 일자리를 잃게 된다는 말이다.

Indicates that someone loses their job.

예 가: 마크 씨, 요즘 왜 그렇게 일을 많이 해요?

Mark, why are you working so much these days?

나: 저 같은 프리랜서들은 의뢰가 들어오는 일을 거절하면 언제 **밥줄이 끊길지** 몰라요. 그래서 들어오는 대로 일을 하다 보니 많이 바쁘네요.

If freelancers like me turn down commissions, we don't know when we might lose our livelihood. So, I'm really busy because I do the work as it comes in.

✏️ '밥줄'은 벌어서 먹고 살 수 있는 방법이나 수단을 속되게 이르는 말이다.

🔎 다른 사람의 일자리를 잃게 할 때는 '밥줄을 끊다'를 사용한다.

★☆☆ 속
소도 언덕이 있어야 비빈다

누구든지 의지할 곳이 있어야 어떤 일을 시작하거나 이룰 수 있다는 말이다.

Indicates that everyone needs a place they can depend on in order to start or accomplish something.

예 가: 아버지, 제가 사업을 한번 시작해 볼까 해요.
　　Father, I'm thinking about starting my own business.

　　나: **소도 언덕이 있어야 비빈다**고 인맥도 없고, 모아둔 돈도 없으면서 무슨 사업을 하겠다고 하는 거니?
　　You can't make something out of nothing. You have no personal connections and no money saved up, so what are you talking about?

🔎 어린 소는 뿔이 나기 시작하면 그 부분이 많이 가렵기 때문에 언덕에 자꾸 머리를 비빈다. 이때 언덕이 없으면 소는 가려운 곳을 긁을 수 없다. 이처럼 사람도 배경이 있거나 환경이 갖춰져야 어떤 일을 시작해서 성공할 수 있다고 말할 때 사용한다.

★★☆ 관
손가락질을 받다

다른 사람에게 비웃음을 당하거나 비난을 받는다는 말이다.

Indicates that one is ridiculed or criticized by someone else.

예 가: 잘나가던 가수가 딱 한 번의 실수로 전 국민의 **손가락질을 받는** 신세가 됐으니 안타깝네요.
　　It's such a shame that if a successful singer makes a single mistake, everyone in the country will point their fingers at him.

　　나: 안타깝다니요. 그러니까 처음부터 자신의 잘못을 인정하고 죗값을 받았어야죠.
　　What do you mean, it's a shame? He should acknowledge his own errors from the very beginning and pay for his mistakes.

🔎 다른 사람의 잘못을 비난할 때는 '손가락질을 하다'를 사용한다.

★☆☆ 관
씨도 먹히지 않다

어떤 의견이 상대방에게 전혀 받아들여지지 않는다는 말이다.

Indicates that one will not accept someone else's opinion at all.

예 가: 이번 연봉 협상 때는 사장님께 연봉을 좀 올려 달라고 말씀을 드려야겠어요.
　　I should tell the boss to raise my salary at the upcoming salary negotiations.

　　나: **씨도 먹히지 않을걸요**. 보나마나 사업이 어려우니 동결하자고 하실 거예요.
　　Your words will fall on deaf ears. Business isn't going well, so I bet he'll say we should freeze our wages.

🔎 옛날에는 베틀을 이용해 가로줄인 씨줄과 세로줄인 날줄을 교차시켜서 옷감을 짰다. 그런데 습기가 차면 날줄에 씨줄이 잘 들어가지 않아 옷감을 짜기가 힘들었다. 여기에서 나온 표현이다.

이름을 걸다 ☆☆☆ 관

누군가가 집단의 대표로 어떤 일에 책임을 진다는 말이다.
Indicates that one takes responsibility for something as the representative of a group.

예 가: 우리 학교의 **이름을 걸고** 하는 경기니까 모두 최선을 다해 주기 바란다.
Our school's reputation depends on this competition, so I hope you will all do your best.

나: 네, 알겠습니다. 감독님!
Yes, coach!

🔎 보통 운동 경기 등의 경쟁 상황에서 자신이 속한 집단의 명예를 지키기 위해 최선을 다해서 임할 때 사용한다.

자리를 잡다 ★★☆ 관

회사나 사회 등에서 어느 정도의 지위를 갖게 된다는 말이다.
Indicates that one obtains a certain rank in society or in their company.

예 가: 지원아, 회사 생활은 어때? 처음에는 힘들어했잖아.
Jiwon, how's life at work? You had such a hard time at first.

나: 회사에서 어느 정도 **자리를 잡아서** 지금은 괜찮아.
I've settled in at the office to some extent, so it's alright now.

🔎 '먼저 식당에 가서 자리를 잡아 놓을게요.'처럼 어떤 자리를 차지할 때도 사용한다.

펜대를 굴리다 ★☆☆ 관

어떤 사람이 육체노동을 하지 않고 사무실에 앉아서 일을 한다는 말이다.
Indicates that someone does not do manual labor and works while sitting in an office.

예 가: 아빠가 이 의자를 직접 만드셨다고요? 아빠가 이렇게 손재주가 좋으신 줄 몰랐어요.
Dad, you made this chair yourself? I didn't know you were so handy.

나: 나도 나한테 이런 재주가 있는 줄 몰랐어. **펜대를 굴리는** 일만 할 수 있는 줄 알았는데 말이야.
I didn't know I had this talent, either. I thought I could only work desk jobs.

한턱을 내다 ★★★ 관

유 한턱을 쓰다

다른 사람에게 음식이나 술을 크게 대접한다는 말이다.
Indicates that one generously treats someone else to food or alcohol.

예 가: 오늘은 내가 **한턱을 낼** 테니까 마음껏 시켜요.
It's on me today, so everyone, order whatever you want.

나: 감사합니다. 과장님. 그런데 무슨 좋은 일이 있으신 거예요?
Thank you, sir. But by the way, what kind of great thing happened to you?

Track 028

★★★ 관
꼬리에 꼬리를 물다

⟨유⟩ 꼬리를 물다

소문이나 사건 등이 계속 이어진다는 말이다.
Indicates that rumors or incidents keep happening in succession.

예 가: 하준아, 하루 종일 하품을 하는 걸 보니 어제 잠을 못 잤나 봐?
Hajoon, seeing how you've been yawning all day, you must not have slept well last night.

나: 응. 갑자기 미래에 대한 걱정이 **꼬리에 꼬리를 물면서** 잠이 안 오더라고.
Yeah. I suddenly started having one worry after another about the future, so I couldn't fall asleep.

★★☆ 속
낙타가 바늘구멍 들어가기

⟨유⟩ 낙타가 바늘구멍 찾는 격

어떤 일이 실현되기가 매우 어렵다는 말이다.
Indicates that it is extremely difficult for something to become reality.

예 가: 이번에 인턴사원 중에서 몇 명을 정규직으로 채용한다고 하던데 우리도 정규직이 될 수 있을까요?
They said that they'll hire a few of the current interns as regular employees, but do you think we'll be able to get hired?

나: 글쎄요. 정규직이 되는 건 **낙타가 바늘구멍 들어가기보다** 더 어렵다고 들었어요.
I'm not sure. I heard that getting hired is more difficult than threading a camel through a needle.

🔎 부자가 하나님의 나라에 들어가는 것보다 낙타가 바늘구멍으로 들어가는 것이 더 쉽다는 성경 구절에서 유래한 말이다. 보통 어떤 일이 매우 어려워서 현실에서 실현하는 것은 불가능하다고 말할 때 사용한다.

★★★ 속
누워서 떡 먹기

어떤 일을 하기가 매우 쉽다는 말이다.
Indicates that doing something is extremely easy.

예 가: 욕실 형광등이 나갔는데 당신이 좀 갈아 줄 수 있어?
The bathroom light went out. Could you please change the bulb?

나: 그럼, 그 정도는 **누워서 떡 먹기**지.
Of course, that's a piece of cake.

★★★ 속
다람쥐 쳇바퀴 돌듯

발전 없이 똑같은 일만 되풀이해서 한다는 말이다.
Indicates that one only does the same thing over and over again without any progress.

例 가: 원하는 결과도 안 나오는데 **다람쥐 쳇바퀴 돌듯** 계속 같은 실험만 하려니 지쳐요.
I'm not getting the results I want, but I'm tired of constantly spinning my wheels and doing the same experiment over and over again.

나: 저도요. 자꾸 실패하는 이유를 빨리 알아내야 할 텐데요.
Me, too. We should quickly figure out the reason why we keep failing.

🔍 '매일 회사, 집, 회사, 집 다람쥐 쳇바퀴 돌듯 사니 재미가 없어요.'처럼 변화 없이 계속 반복되는 지루한 일상을 말할 때도 사용한다.

★☆☆ 관
더도 말고 덜도 말고

넘치거나 모자라지 않고 적당하다는 말이다.
Indicates that something is not excessive or lacking; it is adequate.

例 가: 최 사장님, 요즘은 손님이 많아서 장사할 맛이 나겠어요.
President Choi, there are a lot of customers these days, so business must be doing well.

나: 네. **더도 말고 덜도 말고** 딱 지금처럼만 계속 장사가 잘됐으면 좋겠어요.
Yes. I only hope it continues to go as well as it is now-no more, no less.

🔍 보통 현재의 상태가 아주 마음에 들어 지속되기를 바랄 때 사용한다. 한편, 모든 것이 추석인 한가위만큼만 풍성해서 사는 것이 편안했으면 좋겠다고 말할 때는 '더도 말고 덜도 말고 늘 한가위만 같아라'를 사용한다.

★★☆ 관
둘도 없다

오직 하나뿐이라는 말이다.
Indicates that there is only one of something.

例 가: 둘은 맨날 붙어 다니는구나. 민지가 그렇게도 좋니?
You two are always together. Do you like Minji that much?

나: 그럼요. 민지는 저를 알아주는 세상에 **둘도 없는** 친구니까요.
Of course. Minji is the one and only friend in the world who understands me.

🔍 보통 '세상에 둘도 없다'의 형태로 쓰며 이 세상에 이것 하나만 있고 다른 것은 없다고 말할 때 사용한다.

★★★ 속
땅 짚고 헤엄치기

아주 하기 쉬운 일을 나타낸다.
Indicates a very easy task.

> 예 가: 승원 씨, 제 컴퓨터가 바이러스에 걸린 것 같은데 좀 봐 줄 수 있어요?
> Seungwon, I think my computer has a virus. Could you take a look at it?
>
> 나: 그럼요. 그 정도 일은 **땅 짚고 헤엄치기니까** 걱정하지 마세요.
> Of course. Fixing something like that is a cinch, so don't worry.

🔎 수영을 못 하는 사람도 바닥을 짚으면 헤엄치는 것이 가능한 것처럼 정말 쉬운 일을 말할 때 사용한다.

★☆☆ 관
뜨거운 감자

화젯거리가 되는 일을 말한다.
Indicates that something becomes a hot topic.

> 예 가: 식품·유통업계의 **뜨거운 감자로** 떠오른 과대 포장 금지 제도에 대해 어떻게 생각하십니까?
> What do you think about the policy that prohibits excessive packaging? It's a hot topic in the food and distribution industry.
>
> 나: 불필요한 쓰레기를 줄이겠다는 취지는 이해가 가지만 이에 대한 명확한 규정이 아직 없어서 혼란스럽습니다.
> I understand the intention to reduce unnecessary waste, but there is still a lack of clear definition in the policy, so it is confusing.

🔎 어떻게 하기는 해야 하는데 이러지도 저러지도 못하는 상태를 감자에 비유한 영어 관용구 'hot potato'에서 나온 표현이다. 한편, 정치적·사회적으로 중요한 문제지만 현실적으로 쉽게 해결하기 어려운 문제를 비유적으로 말할 때도 사용한다.

07 의·식·주

☆☆☆ 속
마른논에 물 대기

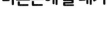

어떤 일이 매우 힘들거나 힘들게 해 놓아도 성과가 없다는 말이다.
Indicates that even though something is difficult or even though one works very hard, there is no outcome.

> 예 가: 정부에서 출산 지원금을 계속 늘려도 저출산 문제가 해결될 기미가 안 보이네요.
> Even though the government keeps extending childbirth support funds, there's still no sign of the low birth rate being resolved.
>
> 나: 근본적인 해결책을 찾지 않는 한 **마른논에 물 대기예요.**
> If we don't find a fundamental solution, we might as well be watering a dry field.

🔎 오랫동안 비가 오지 않아 땅이 갈라질 정도로 메마른 논에는 웬만큼 물을 대서는 벼가 잘 자랄 수 없다. 이처럼 어떤 일을 해도 소용이 없을 때 사용한다.

★☆☆ 관
말짱 도루묵

아무런 소득이 없는 일이나 헛수고를 나타낸다.
Indicates that something has no benefit whatsoever, or that it is a vain effort.

예 가: 민수 씨, 신제품 발표회는 잘했어요?
Minsu, did your new product presentation go well?

나: 아니요, 회사 사정으로 발표회가 무산돼서 그동안 고생해서 한 일이 **말짱 도루묵이** 됐어요.
No, the conference was cancelled due to company circumstances, so all that hard work I did was all for nothing.

🔎 옛날에 전쟁 때문에 피난을 간 왕이 '묵'이라는 생선을 먹었는데, 그 맛에 반한 왕은 이 생선을 '은어'라는 이름으로 부르게 하였다. 전쟁이 끝난 후에 왕은 그 맛을 잊지 못해 은어를 다시 먹었지만 예전의 그 맛이 아니었다. 이에 실망한 왕은 은어를 '도로 묵이라고 하여라.'라고 명했다. 여기에서 유래된 표현으로 힘써서 한 일이 원래대로 돌아갔을 때 사용한다.

☆☆☆ 속
모래 위에 선 집

유 모래 위에 선 누각,
모래 위에 쌓은 성

기초가 튼튼하지 못해 바로 허물어질 수 있는 물건이나 일을 나타낸다.
Indicates that something with an unstable foundation may immediately collapse.

예 가: 선생님, 우리 아이한테 중학교 수학을 좀 가르쳐 주세요.
Teacher, please teach my child some middle school-level math.

나: 어머니, 기초도 없이 어려운 것을 배운다는 건 **모래 위에 선 집과** 같습니다. 지금 연우는 기초부터 천천히 쌓아야 할 때입니다.
Ma'am, learning something difficult without knowing the basics is like building a house on the sand. Right now is the time for Yeonwoo to slowly learn the basics first.

🔎 모래 위에 집을 지으면 모래 사이의 구멍으로 물이 들어와 비가 조금만 와도 집이 쉽게 허물어진다. 따라서 기초를 튼튼히 하는 것이 중요하다고 말할 때 사용한다.

★★☆ 관
손가락 안에 꼽히다

유 손가락 안에 들다

여럿 중에서 몇 되지 않아서 특별하다는 말이다.
Indicates that something is one of few and is therefore special.

예 가: 박 선생님, 서영이가 피아노를 아주 잘 치네요.
Ms. Park, Seoyeong plays the piano very well.

나: 네, 우리 학교에서 다섯 **손가락 안에 꼽히는** 실력자예요.
Yes, she's one of the top five pianists in our school.

🔎 보통 '다섯 손가락 안에 꼽히다'나 '열 손가락 안에 꼽히다'의 형태로 쓰며 높은 순위에 들었을 때 사용한다.

★☆☆ 속
순풍에 돛을 달다

어떤 어려움이나 문제없이 일이 순조롭게 진행된다는 말이다.
Indicates that something progresses smoothly without any
difficulties or issues.

예 가: 김 대표님, 축하해요. **순풍에 돛을 단** 것처럼 사업이 잘되고
있다면서요?
Mr. Kim, congratulations. I heard that business has been
smooth sailing for you.

나: 네. 창업 초기에는 제품의 판로를 찾기 힘들었는데 홈 쇼핑에서
판매를 시작하면서 매출이 부쩍 늘었어요.
Yes. When I first started my business, finding a market for
our products was difficult, but sales have skyrocketed as we
began selling via home shopping channels.

🔍 배가 가는 방향으로 돛을 달았더니 배가 빨리 간다는 뜻으로 어떤 일이 뜻한 대로 잘
진행될 때 사용한다.

★★★ 관
식은 죽 먹기

아주 쉽게 할 수 있는 일을 나타낸다.
Indicates that something can be done very easily.

예 가: 제시카 씨 혼자서 화장실 전체를 다 고치고 꾸몄다고요?
정말 대단해요.
Jessica, you fixed up all the bathroom and decorated it all by
yourself? That's really amazing.

나: 그 정도는 **식은 죽 먹기**예요. 집 전체도 꾸며 본 적이 있는걸요.
Doing it was a breeze. I've even designed an entire house
before.

🔍 '저 사람은 거짓말을 식은 죽 먹듯 해서 믿을 수가 없어요.'처럼 어떤 일을 거리낌 없이
쉽게 할 때는 '식은 죽 먹듯'을 사용한다.

★☆☆ 관
아귀가 맞다

앞뒤가 빈틈없이 맞물린다는 말이다.
Indicates that things fit together without any missing parts.

예 가: 선생님, 지훈이가 잘못한 게 맞아요. 지금 거짓말하고 있는
거예요.
Teacher, it's true that Jihoon made a mistake. He's lying right
now.

나: 그렇지만 서영아, 지훈이의 말이 **아귀가 맞아서** 더 이상 책임을
물을 수가 없어.
But Seoyeong, what Jihoon said makes sense, so he can't be
held responsible anymore.

✏️ '아귀'는 사물의 갈라진 부분을 말한다.

🔍 보통 어떤 사람의 말이 틀리지 않고 논리적으로 맞거나 어떤 일이 계획 대로 무리 없이
잘 진행될 때 사용한다. 한편, '아귀가 맞는 돈'처럼 어떤 물건의 수량이 딱 맞을 때도
사용한다.

★☆☆ 관
죽도 밥도 안 되다

어중간하여 이것도 저것도 안 된다는 말이다.
Indicates that something is ambiguous and does not become anything.

> 예 가: 이렇게 다른 사람 춤을 똑같이 따라 하기만 하면 **죽도 밥도 안 돼요**. 본인만의 개성이 살아있는 춤을 춰야 성공하죠.
> If you only copy exactly how other people dance, you'll never get anywhere. You have to dance with your own unique characteristics in order to succeed.
>
> 나: 저도 알아요. 그런데 그게 말처럼 쉽지 않으니 문제지요.
> I know that, too. But that's easier said than done.

🔍 밥을 지었는데 그것이 죽도 아니고 밥도 아닌 애매한 상태가 되었다는 말로, 적당히 해서는 아무 것도 이룰 수 없으니 어떤 일을 할 때는 확실하게 하라고 말할 때 사용한다.

★☆☆ 관
죽이 되든 밥이 되든

일이 제대로 되든지 안 되든지 상관이 없다는 말이다.
Indicates that it does not matter if something works out well or not.

> 예 가: 수아야, 신인 가수를 뽑는 공개 오디션 프로그램에 나가기로 했다면서?
> Sooah, I heard you participated in an open audition program to select a new singer.
>
> 나: 응. **죽이 되든 밥이 되든** 한번 해 보려고.
> Yeah. I wanted to try it once, regardless of the result.

🔍 잘 모르는 일이나 익숙하지 않은 일을 시작할 때 그 일의 성공 여부를 미리 알 수 없다. 그렇지만 결과에 상관없이 자신이 시도해 보겠다는 의지를 말할 때 혹은 다른 사람에게 어떤 일을 해 보라고 독려할 때 사용한다.

★☆☆ 관
칼자루를 쥐다

유 칼자루를 잡다

누군가가 어떤 일에 주도권을 가지고 있다는 말이다.
Indicates that someone has the upper hand in something.

> 예 가: 이제 임금 협상을 마무리해야 하는데 아직 노조 측에서 연락이 없네.
> We have to wrap up wage negotiations now, but there's still no word from the labor union.
>
> 나: 아무래도 그쪽이 **칼자루를 쥐고** 있으니 시간을 끌면서 이쪽의 반응을 보려는 거 아닐까요?
> In any case, they have the final say, so don't you think they're dragging out the time and watching our reaction?

🔍 칼자루를 잡은 사람이 그 칼을 사용할 수 있는 것처럼 보통 어떤 사람이 실제적인 권한을 가지고 있어 자신에게 유리하게 일을 처리할 수 있을 때 사용한다.

★★★ 속
하늘의 별 따기

무엇을 얻거나 이루기가 어렵다는 말이다.
Indicates that something is difficult to obtain or achieve.

예 가: 일자리는 구했어요?
   Did you find a job?

나: 아니요, 경기가 안 좋아서 그런지 아르바이트를 구하는 일도
   하늘의 별 따기네요.
   No. Maybe it's because the economy is bad right now, but
   even finding a part-time job is almost impossible.

🔎 하늘에 있는 별을 딴다는 것은 불가능한 일이다. 이처럼 어떤 사람의 처지에서 매우
하기 어려운 일을 말할 때 사용한다.

★☆☆ 관
간판을 걸다

누군가가 개업을 하거나 어떤 단체가 활동을 시작한다는 말이다.
Indicates that someone is starting a business, or that a certain group is starting an activity.

예 가: 개업 준비는 잘하고 있어요?
　　Are preparations for opening your business going well?

나: 네, 그런데 막상 **간판을 걸고** 장사를 한다고 생각하니 두려움 반 설렘 반이에요.
　　Yes, but thinking about actually hanging up my sign and running a business makes me feel half scared and half excited.

🔍 보통 어떤 일을 시작할 때는 간판을 사람들의 눈에 잘 띄게 걸거나 붙이는데 여기에서 나온 표현이다. 한편, 장사나 활동을 그만둘 때는 '간판을 내리다'를 사용한다.

★★☆ 관
기를 쓰다

어떤 사람이 무언가를 하기 위해 자신이 가지고 있는 힘을 다 쓴다는 말이다.
Indicates that someone uses all the strength they have in order to do something.

예 가: 이것 좀 보세요. 우리 집 강아지가 **기를 쓰고** 소파에 올라가려고 하는 모습이 너무 귀여워서 동영상을 찍었거든요.
　　Take a look at this. Our family dog trying his best to jump onto the sofa was so cute that I took a video of it.

나: 어머, 정말 귀엽네요.
　　Oh my gosh, it's so cute.

🔍 보통 '기를 쓰고'의 형태로 사용한다.

★★★ 속
길고 짧은 것은 대어 보아야 안다

유 길고 짧은 것은 재어 보아야 안다

무슨 일이든지 직접 해 봐야 그 결과를 알 수 있다는 말이다.
Indicates that one has to try something personally to be able to know the result of something, no matter what it is.

예 가: 보나 마나 이번에도 우리 팀이 지겠죠?
　　Our team will obviously lose again this time, right?

나: **길고 짧은 것은 대어 보아야 안다**고 하잖아요. 그동안 우리 팀도 실력이 많이 향상되었으니까 이번에는 이길 수도 있어요.
　　It's not over until it's over. Our team's skills have improved a lot, so we could win this time.

🔍 길이가 비슷해 보이는 물건은 자로 길이를 직접 재 보지 않으면 뭐가 더 긴지 정확히 알 수 없다. 이처럼 두 사람 혹은 두 팀 중에 누가 더 실력이 좋은지는 직접 겨뤄 봐야 알 수 있다는 말이다. 보통 누군가가 섣부르게 결과를 예상하여 말하는 것을 듣고 속단하지 말라고 말할 때 사용한다.

☆☆☆ 속
둘러치나 메어치나 매한가지

🛆 둘러치나 메어치나 매일반

수단이나 방법이 어떻든 그 결과는 마찬가지라는 말이다.

Indicates that the result is the same, no matter what means or method is used.

예 가: 이 요리는 이렇게 해야지. 너처럼 하면 안 돼.

This dish should be made like this. You shouldn't do it like that.

나: 할머니, **둘러치나 메어치나 매한가지**니까 어떻게 하든 맛만 있으면 되지요.

Grandma, one way or another, as long as it's delicious, it's okay.

🔍 어떻게 해도 결과는 똑같을 테니까 과정은 별로 중요하지 않다고 말할 때 사용한다.

★★★ 속
모로 가도 서울만 가면 된다

🛆 모로 가나 기어가나 서울 남대문만 가면 그만이다

수단과 방법은 상관없이 목적만 이루면 된다는 말이다.

Indicates that as long as the goal is achieved, it doesn't matter what means or method is used.

예 가: 윤아 씨, 이걸 하나하나 다 타자로 치는 거예요? 단축키를 사용하면 쉽게 할 수 있잖아요.

Yoona, are you typing all of these out one by one? You can do it easily if you use keyboard shortcuts.

나: 저는 단축키를 사용할 줄 몰라요. **모로 가도 서울만 가면 된다**고 시간이 걸려두 부고서만 완성하면 되잖아유.

I don't know how to use keyboard shortcuts. The path you take doesn't matter as long as you reach your destination, so even if it takes longer, it's fine as long as I finish the report.

✎ '모로'는 원래 비껴서 혹은 대각선으로라는 의미지만 여기에서는 옆쪽으로라는 의미로 사용되었다.

🔍 서울로 가는 길은 여러 개가 있으므로 어느 길로 가든지 상관없이 목적지인 서울에만 가면 된다는 말이다. 이처럼 어떤 목적을 달성하는 것이 중요하지 과정이나 방법은 중요하지 않다고 말할 때 사용한다.

★★☆ 관
몸으로 때우다

누군가가 돈을 내야 할 일을 육체적인 일로 대신할 때 사용한다.

Used when one does physical labor instead of money to pay for something.

예 가: 세상에! 대기업 회장이라는 사람이 재판장에서 벌금을 내지 않고 **몸으로 때우**겠다고 했네요.

Goodness! They say that the president of a large company is doing manual labor instead of paying a fine to the court.

나: 저도 그 기사 봤어요. 돈도 많으면서 벌금을 내는 게 그렇게 아까울까요?

I saw that article, too. Is he really that reluctant to pay a fine, even though he has a lot of money?

🔍 보통 경제적 능력이 없는 사람이 몸으로 일을 해서 그 값을 지불할 때 사용한다.

★☆☆ 관
문을 두드리다

원하는 것을 얻기 위해서 노력한다는 말이다.

Indicates that one makes an effort in order to get something they want.

예 가: 양양 씨, 창업한다면서요? 창업을 하려면 돈이 많이 필요할 텐데······.

Yangyang, I heard you're founding a company. If you want to start a business, you'll need a lot of money…

나: 네. 그래서 투자를 좀 받아 보려고 여기저기 **문을 두드리고 있어요.**

Yes. That's why I'm going around knocking on doors to try to get some investments.

🔎 어딘가에 들어가려면 문을 두드려야 하고, 그 문이 열려야 안으로 들어갈 수 있다. 이처럼 누군가가 자신이 원하는 것을 찾으려고 뭔가를 시도할 때 사용한다.

★★☆ 관
밤낮을 가리지 않다

쉬지 않고 무언가를 계속한다는 말이다.

Indicates that one does not rest and continuously does something.

예 가: 영업부 박 대리가 **밤낮을 가리지 않고** 일을 하다가 쓰러졌대요.

I heard that Mr. Kim from the sales department collapsed after working night and day.

나: 건강이 제일인데 너무 무리했군요.

One's health is the most important thing, but I guess he pushed himself too hard.

🔎 비슷한 의미로 '밤낮이 따로 없다'를 사용하기도 한다.

★☆☆ 속
빈대 잡으려고
초가삼간 태운다

유 빈대 미워 집에 불 놓는다

자신이 손해 볼 것은 생각하지 않고 무턱대고 마음에 안 드는 것을 없애려고 할 때 사용한다.

Used when one does not think about personal loss and thoughtlessly tries to get rid of something they don't like.

예 가: 게임에 중독된 청소년들이 늘어나고 있대요. 게임 산업에 대한 규제를 더 강화해야 하지 않을까요?

They say that the number of teenagers who are addicted to video games is increasing. Shouldn't they strengthen regulations on the gaming industry?

나: 글쎄요. **빈대 잡으려고 초가삼간 태운다고** 규제를 강화하면 오히려 내수 시장이 위축돼 경제에 안 좋은 영향을 미칠 수도 있어요.

I'm not sure. If they burn down the house to get rid of the bugs and strengthen regulations, the domestic market might actually be weakened, and it could have a negative effect on the economy.

🔎 사소한 일을 해결하려다가 오히려 크게 손해를 볼 때 사용한다.

★★☆ 관
뼈가 빠지게

누군가가 어떤 일을 할 때 오랫동안 고통을 참으며 있는 힘을 다해서 한다는 말이다.

Indicates that someone endures pain for a long time and uses all their strength while doing something.

예 가: 태현아, 아르바이트비 받았어? 그걸로 뭐 할 거야?

Taehyun, did you get paid from your part-time job? What are you going to do with that money?

나: 한 달 동안 **뼈가 빠지게** 일해서 받은 돈이니 꼭 필요한 데에 쓰려고.

I worked myself to the bone for one month to earn that money, so I'm going to use it for something I absolutely need.

🔎 보통 뒤에 '일하다, 고생하다, 키우다' 등과 함께 쓰며 어쩔 수 없이 육체적으로 힘든 일을 참으면서 계속할 때 사용한다.

★★★ 관
뿌리를 뽑다

어떤 것이 생기거나 자랄 수 없도록 한다는 말이다.

Indicates that one makes something unable to be formed or grow.

예 가: 부정부패의 **뿌리를 뽑기** 위해서는 정부가 나서는 방법밖에 없다고 생각합니다. 백 의원님은 어떻게 생각하십니까?

I believe there is no way to eradicate corruption other than the government taking action. Assemblyman Baek, what do you think?

나: 저도 그 의견에 동의하기는 하지만 그게 쉬운 일은 아닙니다.

I do agree with your opinion, but it's still not easy to do.

🔎 보통 부정부패, 비리, 차별 등의 부정적인 사회 문제가 더 이상 퍼지지 않도록 조치할 때 사용한다.

★★★ 관
손에 잡히다

어수선한 주변 상황이나 마음이 정리되어 일할 마음이 생긴다는 말이다.

Indicates that one settles complicated circumstances or feelings and puts their mind to work.

예 가: 아이가 아파서 일이 전혀 **손에 잡히지** 않을 텐데 오늘은 일찍 퇴근하는 게 어때요?

You must not be able to focus on work since your child is sick. Why don't you leave work early today?

나: 감사합니다. 팀장님. 안 그래도 아이가 걱정이 돼서 조퇴하고 가려고 했습니다.

Thank you, sir. In any case, I was going to try to leave work early because I was worried about my child.

🔎 보통 '일이 손에 안 잡히다'나 '일이 손에 잡히지 않다'와 같이 부정 형태를 써 무언가 복잡한 일이 생겨서 일에 집중하기가 어려울 때 사용한다.

★★★ 관
손을 보다

문제가 생기거나 고장 난 물건을 고친다는 말이다.
Indicates that one fixes an object that broke or had a problem.

예 가: 여보, 현관문에서 삐거덕거리는 소리가 나던데 **손을 봐** 줄 수 있어요?
Honey, the front gate is creaking, so could you fix it up?

나: 알았어요. 이따가 퇴근하고 볼게요.
Alright. I'll look at it after I get off from work in a little while.

🔎 '너를 괴롭히는 사람이 있으면 내가 손을 봐 줄 테니까 다 말해.'처럼 자신과 가까운 사람이 다른 사람에게 괴롭힘을 당할 때 대신 그 사람을 혼내 준다고 말할 때도 사용한다.

★★☆ 관
손을 쓰다

어떤 문제가 생겼을 때 그 문제를 해결할 방법을 찾아 행동한다는 말이다.
Indicates that one acts to find a resolution when a problem occurs.

예 가: 대표님, 어제 기자한테 우리 회사 소속 연예인이 데이트하는 사진이 찍힌 것 같습니다.
Sir, I believe a reporter took a photo of a celebrity from our agency on a date yesterday.

나: 홍보팀에서 열애 기사가 나지 않도록 바로 **손을 쓸** 테니까 걱정하지 마세요.
The PR team will take action right now to make sure no romance scandal articles come out, so don't worry.

🔎 어떤 일이 발생했을 때 그 일을 해결할 대책을 세워 조치를 취할 때 사용한다.

★★★ 관
손이 빠르다

일을 능숙하고 빠르게 한다는 말이다.
Indicates that one does something quickly and deftly.

예 가: 윤아 씨, 제가 뭐 도와줄까요? 제 일은 다 마쳤거든요.
Yoona, how can I help you? I finished all of my work.

나: 벌써요? 지원 씨는 정말 **손이 빠르네요.**
Already? Jiwon, you must have really quick hands.

★★★ 🅢 수박 겉 핥기

어떤 일이나 대상의 속 내용은 잘 모르고 겉만 건드린다는 말이다.

Indicates that one does not know the inner details of something or someone and only deals with the outside.

> 예 가: 오빠, 이 수학 문제는 해설을 봐도 이해가 안 돼. 좀 가르쳐 줘.
> Big bro, even if I look at the explanation for this math problem, I don't understand it. Please teach me.
>
> 나: 네가 **수박 겉 핥기** 식으로 공부를 하니까 그렇지. 다시 한번 꼼꼼하게 풀어 봐.
> That's because you only study the surface. Try to thoroughly solve it again.

🔍 보통 '수박 겉 핥기 식'의 형태로 쓰며, 누군가가 어떤 일을 정성을 들여 제대로 하지 않고 대충대충 할 때 사용한다.

★★★ 🅢 시작이 반이다

일을 시작하는 것은 어렵지만 일단 시작하면 끝내는 것은 어렵지 않다는 말이다.

Indicates that starting something is difficult, but if one just begins it, finishing it is not difficult.

> 예 가: 시험 범위가 엄청 많은데 언제 다 공부하지?
> The test is going to cover so much. When am I supposed to study it all?
>
> 나: **시작이 반이라고** 하잖아. 일단 시작했으니 하는 데까지 해 봐.
> Starting is half the battle. You've at least started now, so see how much you can do.

🔍 그리스의 철학자 아리스토텔레스가 한 말로, 보통 어떤 일을 시작하기 전에 걱정하거나 망설이는 사람을 격려할 때 사용한다.

★★☆ 🅟 앞에 내세우다

무언가를 다른 어떤 것보다 드러내 놓거나 더 중요하게 여긴다는 말이다.

Indicates that something is revealed before something else, or that something is regarded as more important.

> 예 가: 장 팀장님, 이번 신제품의 광고 전략은 무엇입니까?
> Mr. Jang, what is the advertising strategy for this new product?
>
> 나: 이번에는 정교한 디자인을 **앞에 내세워** 광고를 하려고 합니다.
> In this advertisement, we will try to prioritize the elaborate design above all else.

🔍 비슷한 의미로 '전면에 내세우다'를 사용하기도 한다.

★★★ 속
열 번 찍어 안 넘어가는 나무 없다

꾸준히 노력하면 이루지 못할 일이 없다는 말이다.

Indicates that there is nothing one can't achieve if one consistently makes an effort.

예 가: 운전면허 시험을 다섯 번이나 봤는데 계속 떨어지네요. 이제 그만 포기하려고요.

I've taken the driver's license test more than 5 times, but I keep failing. I'm going to give up now.

나: **열 번 찍어 안 넘어가는 나무 없다**고 하잖아요. 다음에는 꼭 합격할 수 있을 테니까 다시 한번 도전해 보세요.

They say that small strokes always take down great oaks. You'll be able to pass it next time, so try again.

🔎 아무리 큰 나무도 여러 번 도끼질을 하면 결국 넘어가게 된다. 이처럼 아무리 어려운 일도 여러 번 시도하면 결국은 해낼 수 있다는 말이다. 보통 다른 사람에게 포기하지 말고 될 때까지 노력하라고 말할 때 사용한다.

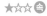

★☆☆ 속
주사위는 던져졌다

이미 되돌릴 수 없는 상태가 되었으므로 일을 계속 진행할 수밖에 없다는 말이다.

Indicates that one has no choice but to keep progressing with something because the situation has already reached a point of no return.

예 가: 괜히 제가 나서서 발표를 한다고 했나 봐요. 막상 사람들 앞에 서려니 너무 긴장돼요.

I shouldn't have stepped up and said I would do the presentation. I'm so nervous to actually stand in front of people.

나: 이미 **주사위는 던져졌으니까** 최선을 다해 준비하세요.

The dice have already been thrown, so do your best to prepare.

🔎 고대 로마의 정치가이자 장군인 율리우스 카이사르가 국법을 어기는 줄 알면서도 루비콘 강을 건너면서 한 말로, 보통 돌이킬 수 없는 일을 말할 때 사용한다.

★★☆ 관
진땀을 빼다

유 진땀을 뽑다,
　진땀을 흘리다

누군가가 어려운 일이나 난처한 일로 인해 몹시 애를 쓴다는 말이다.
Indicates that someone puts great effort into something difficult or awkward.

예 가: 기자 회견은 잘했어요?
　　Did the press conference go well?

　　나: 아니요, 생각지도 못한 기자들의 날카로운 질문에 아주 **진땀을 뺐어요.**
　　No, the reporters' pointed questions that I hadn't even thought of had me in a sweat.

🔎 누군가가 갑자기 닥친 곤란한 상황에서 어떻게 해야 할지 몰라 당황할 때 사용한다.

★★☆ 관
첫 단추를 끼우다

누군가 새로운 일을 시작한다는 말이다.
Indicates that someone starts something new.

예 가: 이번 시즌 첫 경기에서 승리하셨는데 기분이 어떠십니까?
　　How do you feel after winning the first game of the season?

　　나: **첫 단추를** 잘 **끼운** 것 같아서 기쁩니다. 다음 시합도 열심히 준비해서 좋은 결과가 있도록 노력하겠습니다.
　　I seem to have started off on the right foot, so I'm pleased. I'll work hard to prepare for the next match and try to have good results next time, too.

🔎 첫 번째 단추를 잘 끼워야 제대로 옷을 입을 수 있는 것처럼 무슨 일이든지 시작이 중요하다고 말할 때 사용한다. 한편, 어떤 일의 시작을 잘못했을 때는 '첫 단추를 잘못 끼우다'를 사용한다.

★★★ 관
첫발을 떼다

어떤 일이나 사업을 처음 시작한다는 말이다.
Indicates that one starts a certain task or business for the first time.

예 가: 자동차 공장을 해외에 설립하는 것은 어떤 의미가 있습니까?
　　What does it mean to you to establish your car factory overseas?

　　나: 저희 회사가 해외 진출을 위해 **첫발을 뗀다는** 의미가 있습니다. 앞으로 자리가 잡히면 더 많은 국가에 진출할 계획입니다.
　　It signifies our company's first foray into expanding overseas. If it goes well, we plan to expand to more countries.

🔎 비슷한 의미로 '걸음마를 떼다', '첫걸음마를 떼다'를 사용하기도 한다.

★★★ 관
간에 기별도 안 가다

음식의 양이 적어서 먹지 않은 것과 마찬가지라는 말이다.

Indicates that the amount of food is so small that it feels like one didn't eat at all.

예 가: 연우야, 네가 좋아하는 붕어빵 사 왔어.

Yeonwoo, I bought some of the fish-shaped bread that you like.

나: 아빠, 이게 다예요? 이 정도로는 **간에 기별도 안 가겠어요.**

Dad, is this all? This much wouldn't even feed a fly.

🔎 보통 음식의 양이 적은 것을 보거나 적게 먹어서 자신의 양에 차지 않을 때 사용한다. 음식은 식도를 통해 위로 들어가고 위에서 소화된 후에 좋은 영양분은 간으로 가서 쌓인다. 그런데 옛날 사람들은 음식을 조금밖에 안 먹으면 영양분이 간까지 전달이 되지 않는다고 생각했다. 여기에서 나온 표현이다.

★☆☆ 관
군침을 삼키다

유 군침을 흘리다

어떤 음식을 보고 먹고 싶어서 입맛을 다신다는 말이다.

Indicates that one sees a food and licks their lips because they want to eat it.

예 가: 제시카 씨, 왜 피자를 안 먹고 보고만 있어요?

Jessica, why are you only looking at the pizza and not eating it?

나: 요즘 건강 때문에 밀가루 음식을 안 먹고 있어서요. 그런데 좋아하는 피자를 보고만 있으려니까 자꾸 **군침을 삼키게** 되네요.

These days, I'm not eating food that contains flour because of my health. But I really like pizza, and trying to only look at it keeps making me drool.

🔎 '나는 1등에 당첨되고 싶어 군침을 삼키며 복권을 긁었다.'처럼 누군가가 이익이나 재물을 보고 욕심을 낼 때도 사용한다.

★★★ 관
군침이 돌다

식욕이 생긴다는 말이다.

Indicates that one works up an appetite.

예 가: 빨리 회식 시간이 됐으면 좋겠어요. 회식 때 갈비 먹을 생각을 하니까 벌써부터 **군침이 돌아요.**

I wish it were time for our company dinner already. Thinking about eating galbi at our company dinner is already making my mouth water.

나: 마크 씨는 회식 때마다 먹는데도 갈비가 지겹지 않아요?

Mark, don't you get tired of eating galbi at every company dinner?

🔎 어떤 음식을 먹는 상상만 해도 입 안에 침이 고이고 그것을 먹고 싶은 생각이 들 때 사용한다.

★★★ 속
금강산 구경도 식후경

아무리 재미있는 일도 배가 고프면 흥미가 생기지 않는다는 말이다.

Indicates that no matter how fun something is, one will not feel interested in it if they are hungry.

예 가: 좋은 아이디어가 나왔으니 이제 이걸 바탕으로 보고서를 작성해 봅시다.
   Now that we have a good idea, let's write up a report based on this.

나: 팀장님, **금강산 구경도 식후경**이라는 말이 있잖아요. 점심부터 먹고 하는 게 어때요?
   Sir, they say that everything goes better on a full stomach. How about we eat lunch first?

🔍 아름다운 금강산의 풍경도 배가 고픈 상태로 보면 흥이 나지 않는다. 보통 '금강산도 식후경'의 형태로 많이 쓰며, 어떤 일을 하기 전에 밥부터 먹자고 말할 때 사용한다.

★★☆ 속
둘이 먹다가 하나가 죽어도 모르겠다

음식의 맛이 아주 좋다는 말이다.

Indicates that a food tastes very good.

예 가: 이 집, 갈비탕 진짜 잘하지 않아? 국물도 깔끔하고 고기도 많고.
   Doesn't this restaurant make really great short-rib soup? The broth is so clean, and there's a lot of meat in it.

나: 그러게. **둘이 먹다가 하나가 죽어도 모르겠다.**
   Seriously. It's to die for.

★★☆ 관
둥지를 틀다

유 둥지를 치다

누군가가 살 곳을 마련해 정착했다는 말이다.

Indicates that someone has prepared and settled into a place to live.

예 가: 부산 사람도 아닌데 어떻게 부산에 **둥지를 틀게** 되었어요?
   You're not originally from Busan, so how did you end up settling down in Busan?

나: 3년 전에 부산에 있는 회사에 취직하게 되면서 아예 가족과 함께 이사를 왔어요.
   3 years ago, I got a job at a company in Busan, and my family and I moved here.

✎ '둥지'는 원래 풀이나 나뭇가지 등을 엮어 만든 새의 보금자리라는 의미지만 여기에서는 사람이 사는 집이나 생활 공간이라는 의미로 사용되었다.

★★★ 속
마파람에 게 눈 감추듯

음식을 매우 빨리 먹는다는 말이다.
Indicates that one eats food extremely quickly.

예 가: 얘야, 무슨 밥을 **마파람에 게 눈 감추듯** 먹니? 체하지 않게 천천히 좀 먹어.
My child, why did you scarf down your food so fast? Eat slowly so you don't get an upset stomach.

나: 하루 종일 굶었더니 너무 배가 고파서 그래요. 할머니.
I haven't eaten anything all day, so I ate fast because I was so hungry, Grandma.

🔎 마파람은 남쪽에서 불어오는 바람인데 게는 이 마파람이 불면 곧 비가 올 것을 안다. 그래서 위험을 감지하고 두 눈을 빠르게 몸속으로 숨겨 버리는데 여기에서 나온 표현이다. 보통 누군가가 음식을 빠르게 먹어 치우는 모습을 보고 말할 때 사용한다. 짧게 '게 눈 감추다'의 형태로도 사용한다.

★☆☆ 관
목을 축이다

목이 말라서 물 등을 마신다는 말이다.
Indicates that one drinks water or something similar because they are thirsty.

예 가: 날도 더운데 에어컨을 고치느라 힘드시죠? 이거 드시면서 **목을 좀 축이고** 하세요.
It's so hot today. You must be having a hard time fixing the air conditioner, right? Drink this to wet your whistle while you work.

나: 네, 감사합니다.
I will, thank you.

★☆☆ 관
목이 타다

심하게 갈증을 느낀다는 말이다.
Indicates that one feels severely thirsty.

예 가: 지하철역에서 집까지 뛰어왔더니 **목이** 너무 **타**. 언니, 물 좀 줘.
I ran from the subway station all the way home, so I'm parched. Sis, get me some water.

나: 물 여기 있어. 천천히 마셔.
Here's some water. Drink it slowly.

🔎 '동생은 간식을 사러 나간 형을 목이 타게 기다리고 있어요.'처럼 어떤 일을 몹시 애타게 바랄 때도 사용한다.

★☆☆ 속
밥 먹을 때는 개도 안 때린다

누군가가 아무리 잘못했어도 밥을 먹을 때는 꾸짖거나 야단을 치지 말아야 한다는 말이다.

Indicates that no matter how much of a mistake someone made, one should not rebuke or scold them while they are eating.

예 가: 성적이 왜 이렇게 떨어졌어? 이런 성적을 받아 놓고 너는 지금 밥이 넘어가니?

Why did your grades fall so much? You got grades this low, but you're just going to move on and eat now?

나: 아빠, **밥 먹을 때는 개도 안 때린다**는데 제가 밥을 다 먹고 난 후에 혼내시면 안 돼요?

Dad, even dogs aren't bothered while they're eating. Can't you scold me after I've eaten all my food?

🔍 동물인 개도 밥을 먹을 때는 건드리지 않는데 하물며 사람이 밥을 먹는데 건드리는 것은 아니라고 말할 때 사용한다. '밥 먹을 때는 개도 안 건드린다'의 형태도 많이 사용한다.

★☆☆ 관
밥알을 세다

밥을 먹는 둥 마는 둥 한다는 말이다.

Indicates that one picks at their food.

예 가: 너 지금 **밥알을 세니**? 먹기 싫으면 먹지 마.

Are you just picking at your food right now? If you don't want to eat it, don't eat it.

나: 죄송해요, 엄마. 잠을 못 자서 그런지 밥이 잘 안 들어가요.

I'm sorry, Mom. Maybe it's because I didn't sleep well, but I don't really feel like eating.

🔍 누군가가 밥을 먹고 싶지 않아서 젓가락으로 밥알을 하나하나 세듯이 깨작거리며 천천히 먹을 때 사용한다.

★☆☆ 관
방을 빼다

빌려서 살던 곳에서 나간다는 말이다.

Indicates that one leaves a place that they rented and lived in.

예 가: 아주머니, 갑자기 지방으로 발령을 받아서 급하게 **방을 빼야** 하는데 어떡하죠?

Ma'am, I was suddenly assigned to a job in the province, so I have to quickly vacate my room. What should I do?

나: 일 때문이니 어쩔 수 없죠.

If it's because of work, it can't be helped.

🔍 보통 어떤 사람이 전세나 월세로 빌려서 살던 곳을 정리하고 이사를 갈 때는 '방을 뺄게요.'라고 하고, 집주인이 자기 집을 빌려서 사는 사람을 내보낼 때는 '방을 빼 주세요.'라고 말한다.

☆☆☆ 관
방을 잡다

숙소를 정한다는 말이다.
Indicates that one chooses a place to stay.

> 예 가: 마크 씨, 휴가 갈 준비는 다 했어요?
> Mark, is everything ready for your vacation?
>
> 나: 아니요, 제일 중요한 숙소를 못 정했어요. 휴가철이라 그런지 **방을 잡기가** 힘드네요.
> No, I haven't been able to decide on the most important thing-a place to stay. Maybe it's because it's vacation season, but it's difficult to find accommodations.

🔎 여행이나 출장 등을 가서 잠을 잘 곳을 마련할 때 사용한다.

★★☆ 관
배가 등에 붙다

몹시 배가 고프다는 말이다.
Indicates that one is extremely hungry.

> 예 가: 지원 씨, 먹을 것 좀 없어요? 하루 종일 아무것도 못 먹었더니 **배가 등에 붙을** 지경이에요.
> Jiwon, do you have anything to eat? I haven't eaten anything all day, so I feel like my stomach is eating itself.
>
> 나: 아무리 바빠도 밥은 먹으면서 일하지 그랬어요? 이 과자라도 좀 드세요.
> No matter how busy you are, you should make sure to eat something while you work. Here, eat these snacks.

🔎 비슷한 의미로 '뱃가죽이 등에 붙다'도 사용하는데 이것은 속된 표현이다.

★★☆ 관
뿌리를 내리다

일정한 곳에 자리를 잡아 머물러 산다는 말이다.
Indicates that one finds a fixed place to stay and lives there.

> 예 가: 이곳 사람들을 잘 알고 있으시네요. 이곳에 산 지 오래되셨나 봐요.
> You know the people here well. You must have lived here for a long time.
>
> 나: 네. 우리 가족은 할아버지 때부터 여기에 **뿌리를 내리고** 살고 있어요.
> Yes, my family put down roots here starting with my grandfather, and we've lived here ever since.

🔎 나무나 꽃이 땅에 뿌리를 내리고 사는 것처럼 누군가가 같은 곳에서 계속 살고 있을 때 사용한다. 한편, '최근 들어 성숙한 시민 의식이 사회에 뿌리를 내렸다.'처럼 문화나 생각 등이 사람들에게 받아들여지게 되었을 때도 사용한다.

★★☆ 관
상다리가 부러지다

유 상다리가 휘어지다

상에 음식이 많이 차려져 있다는 말이다.
Indicates that a lot of food has been placed on a table.

예 가: **무슨 음식을 이렇게 많이 하셨어요? 상다리가 부러지겠어요.**
Why did you make so much food? The table's going to break under all this weight.

나: **뭘요. 준비한다고는 했는데 맛이 있을지 모르겠어요. 많이 드세요.**
This is nothing. I said I would prepare the food, but I'm not sure if it will taste good. Please eat up.

🔎 보통 누군가를 대접하기 위해 상이나 식탁에 음식을 푸짐하게 차려 놓은 것을 보고 말할 때 사용한다.

★★★ 관
손이 가다

어떤 것이 맛있어서 자꾸 먹게 된다는 말이다.
Indicates that something is so delicious that one keeps eating it.

예 가: **언니, 이제 군것질은 안 하겠다고 하더니 자꾸 뭘 먹는 거야?**
Sis, you said you were going to stop snacking now, so what do you keep eating?

나: **이번에 새로 나온 과자인데 달달해서 자꾸 손이 가네. 너도 먹어 볼래?**
This is a new snack that came out recently, but it's sweet, so I keep eating it. Would you like to eat some, too?

🔎 '쌍둥이를 키우는 것은 손이 많이 가요.'처럼 어떤 일을 하는 데에 누군가의 노력이 많이 필요하다고 말할 때도 사용한다.

★★☆ 속
시장이 반찬

배가 고프면 무슨 음식이든지 다 맛있다는 말이다.
Indicates if one is hungry, any kind of food will taste good.

예 가: **하준아, 반찬이 김치밖에 없는데 어떡하지?**
Hajoon, the only side dish we have is kimchi. What should we do?

나: **엄마, 시장이 반찬이라고 하잖아요. 너무 배가 고파서 김치만 있어도 맛있게 먹을 수 있을 것 같아요.**
Mom, they say that hunger is the best sauce. I'm so hungry that even if we only have kimchi, I think I'll be able to eat well.

✏️ '시장'은 배고픔과 같은 말이다.

★★★ 속
옷이 날개라

좋은 옷을 입으면 사람이 다르게 보인다는 말이다.
Indicates that someone looks different if they wear nice clothes.

예 가: 어때요? 옷이 저한테 잘 어울려요?
What do you think? Do these clothes suit me well?

나: **옷이 날개라고** 하더니 이렇게 입으니까 너무 예뻐요.
They say that fine feathers make fine birds. You look so pretty wearing these clothes.

🔎 누군가에게 옷 덕분에 인물이 더 좋아 보인다고 말할 때 사용한다.

★★☆ 관
입이 심심하다

뭔가를 먹고 싶은 생각이 든다는 말이다.
Indicates that one feels like eating something.

예 가: 형, **입이 심심한데** 과자나 사다 먹을까?
Big bro, I feel like I have the munchies. Shall we buy some snacks to eat?

나: 이 밤에 무슨 과자야. 집에 과일 있으니까 그거나 먹어.
You can't eat snacks this late at night. We have fruit at home, so eat that.

🔎 배가 고픈 건 아닌데 괜히 허전해서 군것질 생각이 날 때 사용한다.

★★★ 관
입이 짧다

음식을 적게 먹는다는 말이다.
Indicates that one only eats a small amount of food.

예 가: 아, 배부르다. 너 다 먹어.
Ah, I'm full. You eat the rest.

나: 벌써 배 부르다고? 하긴 너는 **입이 짧아서**……. 그래도 조금만 더 먹어.
You're already full? Well, you do have a small appetite… Even so, eat just a little more.

🔎 '아이가 입이 짧아 입맛을 맞추기가 어려워요.'처럼 누군가가 먹을 수 없거나 싫어하는 음식이 많을 때도 사용한다.

★☆☆ 관
한잔 걸치다

가볍게 술을 마신다는 말이다.
Indicates that one casually drinks some alcohol.

예 가: 여보, 오늘은 간만에 술 **한잔 걸치고** 왔어요.
Honey, I had a drink before coming home for a change.

나: 술도 못하는 사람이 웬일로 술을 마셨어요? 무슨 일 있어요?
You can't even drink well, so what made you drink alcohol? Did something happen?

🔎 누군가가 취하지는 않았으나 기분 좋을 정도로 술을 마셨을 때 사용한다.

★☆☆ 관
공중에 뜨다

계획했던 일이 취소되었을 때 사용한다.
Used when something that was planned gets canceled.

예 가: 민지야, 이따 오후 2시에 뭐 해? 갑자기 수업이 휴강되면서 시간이 **공중에 떠** 버렸는데 같이 커피나 마실까?
   Minji, what are you doing this afternoon at 2:00? My class was suddenly canceled, so that time is up in the air now. Shall we get coffee together or something?

나: 미안. 난 그 시간에 아르바이트가 있어.
   Sorry. I have to work at my part-time job at that time.

🖉 '공중'은 하늘과 땅 사이의 빈 곳을 뜻한다.

🔎 어떤 일이 갑자기 취소되는 바람에 시간이 남을 때 사용한다. 한편 '재고 수량이 장부와 맞지 않아 물건이 공중에 떠 있는 걸 알게 되었다.'처럼 물건의 수량이 모자라거나 없어졌을 때도 사용한다.

★☆☆ 관
끝을 보다

어떤 일을 끝까지 마무리한다는 말이다.
Indicates that one finishes something all the way to the end.

예 가: 오늘은 그만 퇴근합시다. 너무 늦었어요.
   Let's leave the office and go home for today. It's so late.

나: 부장님, 먼저 가세요. 저는 무슨 일이든지 **끝을 봐야** 돼서 오늘 쓰던 보고서는 마무리 짓고 가겠습니다.
   You go on ahead, sir. I always have to see things through to the end, so I'll finish wrapping up the report from today and then go home.

🔎 누군가가 시작한 일을 중간에 멈추지 않고 의지를 가지고 끝까지 계속 할 때 사용한다.

★☆☆ 관
끝이 보이다

일이나 시간이 거의 마지막에 이르렀다는 말이다.
Indicates that an event or time has almost reached its end.

예 가: 드디어 프로젝트의 **끝이 보이네요**. 조금만 더 힘을 냅시다.
   This project is finally almost over. Let's hang in there for just a bit longer.

나: 네, 이 일만 끝내면 우리도 정시에 퇴근할 수 있겠죠?
   Yes, if we just finish this, we can leave work on time, right?

🔎 보통 시간이 오래 걸리는 일이 거의 다 끝나갈 때 사용한다. 한편, '우리의 관계도 끝이 보이기 시작했다.'처럼 어떤 관계가 곧 끝날 것 같을 때도 사용한다.

도장을 찍다 ★☆☆ 〔관〕

어떤 일을 계약한다는 말이다.
Indicates that one makes a contract for something.

> 예 가: 이 부장, 이번 수출 계약은 어떻게 되었습니까?
>   Mr. Lee, what happened with the upcoming export contract?
>
> 나: 김 대리에게 물어보니 어제 계약서에 **도장을 찍었다고** 합니다.
>   I asked Mr. Kim, and he said that the contract was signed and sealed yesterday.

🔎 '이 물건은 내가 도장 찍어 놓았으니까 아무도 건드리지 마.'처럼 어떤 것을 자기 것으로 만들려는 마음을 가졌다는 의미로도 사용한다.

뚜껑을 열다 ★★☆ 〔관〕

어떤 일의 내용이나 결과를 본다는 말이다.
Indicates that one looks at the contents or results of something.

> 예 가: 나 이번에는 승진 시험에 합격할 수 있겠지?
>   I'll be able to pass this promotion test, right?
>
> 나: **뚜껑을 열어** 봐야 알겠지만 그동안 열심히 공부했으니까 꼭 합격할 거야.
>   You won't know until you take it, but you've studied hard all this time, so I'm sure you'll pass it.

🔎 보통 어떤 일의 결과가 나올 때까지는 그 일의 성공 여부 등을 정확히 알 수 없다고 말할 때 사용한다.

마침표를 찍다 ★★☆ 〔관〕

어떤 일을 끝낸다는 말이다.
Indicates that one finishes something.

> 예 가: 20여 년의 프로 야구 선수 생활에 **마침표를 찍게** 되셨는데 소감이 어떠십니까?
>   You're marking the end of your career of more than 20 years as a professional baseball player. How do you feel?
>
> 나: 아쉽지만 후배들을 위해 물러난다고 생각하니 기쁘기도 합니다.
>   It's a shame, but I think I'm stepping aside for the younger generation, so I'm also happy.

🔎 글을 마칠 때 마침표를 찍는 것처럼 누군가가 어떤 일을 끝마칠 때 사용한다. 보통 긴 시간에 걸쳐 오랫동안 해 온 일을 끝낼 때 사용한다.

★★☆ 관
막을 내리다

행사나 일이 끝났다는 말이다.

Indicates that an event or occurrence is over.

예 가: 제가 즐겨 보던 다큐멘터리 프로그램이 조용히 **막을 내렸어요.**

The documentary show that I enjoyed watching quietly came to an end.

나: 수아 씨가 저한테 소개해 줬던 그 프로그램이요? 자주는 못 봤지만 유익한 프로그램이었는데 아쉽네요.

Are you talking about the show that you recommended to me? I wasn't able to watch it often, but it was an informative show. That's too bad.

✎ '막'은 어떤 장소를 가리거나 공간을 나눌 때 사용하는 넓은 천을 말한다.

🔍 축제나 올림픽과 같이 큰 행사가 끝났을 때는 '대단원의 막을 내리다'를 사용한다. 한편, 공연이나 행사, 일이 시작될 때는 '막이 오르다'를 사용한다.

★☆☆ 관
본전도 못 찾다

결과가 좋지 않아서 그 일을 안 한 것만 못하다는 말이다.

Indicates that the results of something are not good, so one may as well have not done it at all.

예 가: 지원 씨, 기분이 안 좋아 보이는데 무슨 일 있었어요?

Jiwon, you look like you're not in a good mood. What happened?

나: 아까 회의 시간에 요즘 일이 너무 많으니까 일 좀 줄여 달라고 했는데 오히려 일을 더 주더라고요. **본전도 못 찾았어요.**

At my meeting earlier, I asked for my work to be reduced a bit because I have so much to do these days, but they actually gave me even more work. I shouldn't have even asked.

✎ '본전'은 장사나 사업을 할 때 밑천으로 들인 돈을 말한다.

🔍 '무리하게 사업을 확장하다가 본전도 못 찾게 되었다.'처럼 일이 잘되지 않아 투자 비용을 건지지 못하게 됐을 때도 사용한다.

★★☆ 관
손을 놓다

누군가가 하던 일을 중간에 그만둔다는 말이다.

Indicates that someone stops what they were doing halfway through.

예 가: 사랑아, 수업 시간인데 집중하지 않고 왜 계속 딴생각만 해?

Sarang, it's class time, but you're not concentrating. Why do you just keep thinking about something else?

나: 중간고사 후부터 영어 공부에서 **손을 놓다시피** 했더니 이제는 수업을 따라가기도 버겁고 집중도 안 돼.

Ever since midterm exams, I've basically stopped studying English, so now following along with class feels like too much and I can't focus.

🔍 '힘들면 손을 놓고 잠깐이라도 쉬세요.'처럼 하던 일을 잠시 멈출 때도 사용한다.

★★★ ⓟ
손을 떼다
ⓤ 일손을 떼다

누군가가 하던 일을 끝마치고 다시 손대지 않는다는 말이다.
Indicates that someone finishes what they were doing and does not touch it again.

예 가: 프로그램 설계를 마쳤으니 이제 저는 이 일에서 완전히 **손을 떼겠습니다.**
I've finished the program design, so I'm going to pull out of this project now.

나: 그럼 프로그램 관리는 누가 맡아서 합니까? 설계한 사람이 계속해야지요.
Who's going to manage the program, then? The person who designed it should continue doing it.

🔍 '동업을 하던 친구가 갑자기 손을 떼겠다고 해서 당황했다.'처럼 누군가가 어떤 일을 중간에 그만둘 때도 사용한다.

★★☆ ⓟ
손을 씻다
ⓤ 손을 털다

그동안 해 왔던 나쁜 일 등을 그만둔다는 말이다.
Indicates that one stops doing something bad that they had been doing.

예 가: 혹시 명철이 소식 알아? 요즘은 어떻게 지낸대?
Have you heard anything from Myeongchul, by any chance? What's he up to these days?

나: 얼마 전에 명철이 형이랑 우연히 길에서 만났는데 다행히 이제 도박에서 **손을 씻고** 착실하게 살고 있대.
Not long ago, I happened to run into Myeongchul's older brother on the street. Thankfully, he said that Myeongchul stopped gambling, and now he's living a stable life.

★★☆ ⓟ
유종의 미

어떤 일을 끝까지 잘해서 결과가 좋을 때 사용한다.
Used when one does something well until the very end, so the results are good.

예 가: 작가님, 마지막으로 하실 말씀이 있으신가요?
Writer, do you have any final words you'd like to say?

나: 다음 주면 제 작품 연재가 끝나는데 **유종의 미를** 거둘 수 있게 끝까지 최선을 다하겠습니다. 그동안 제 작품을 사랑해 주신 독자 여러분께 감사드립니다.
Next week, the serial publication of my work will come to an end. I'll do my best to bring it to a successful conclusion. Thank you to all of my readers who have loved my work all this time.

🔍 보통 '유종의 미를 거두다'로 쓰며 일을 잘 끝맺는 것이 중요하다고 말할 때 사용한다.

★☆☆ 관

한 건 하다

누군가가 어떤 일을 해서 좋은 성과를 낸다는 말이다.
Indicates that someone does something and achieves good
results.

예 가: 저 오늘 처음으로 차를 한 대 팔았어요.
　　　Today I sold a car for the first time.

　　나: 축하해요. 드디어 **한 건 했군요.**
　　　Congratulations. You finally got the job done.

✎ '건'은 어떤 일 혹은 문제를 일으킬 만한 특정한 사건을 말한다.

🔍 '보아하니 오늘도 한 건 했네.'처럼 누군가가 문제를 일으켰을 때도 사용한다.

08

경제 활동
Economic Activity

손익·소비 | Profit & Loss and Consumption

Track 032

★★★ 속

같은 값이면 다홍치마

유 기왕이면 다홍치마

값이나 조건이 같으면 품질이 더 좋고 보기에 좋은 것을 선택한다는 말이다.

Indicates if the price or conditions are the same, one should pick the option that is more pleasing and better quality.

예 **가: 가격은 비슷한데 둘 중에 어떤 것을 살까?**

The prices are similar, but between these two, which one should I buy?

나: 같은 값이면 다홍치마라고 디자인이 더 예쁜 것을 사는 게 어때?

If the price is the same, choose the best one. How about buying the one with the prettier design?

🔍 '다홍치마'는 옛날에 젊은 여자들이 예쁘게 꾸밀 때 입었던 진하고 산뜻한 느낌의 붉은색 치마이다. 값이 같은 치마 중에서 하나를 고르라고 하면 누구나 색이 더 예쁜 다홍치마를 고를 것이다. 이처럼 비슷한 것 중에서 조금이라도 더 나은 것을 선택할 때 사용한다.

★★☆ 관

국물도 없다

자신에게 돌아오는 이익이 조금도 없다는 말이다.

Indicates that one does not have even the smallest benefit to gain.

예 **가: 회사 실적이 좋아져서 상여금을 기대했는데 국물도 없네요.**

The company's performance has improved, so I was expecting a bonus, but I didn't get a single cent.

나: 그러게요. 일할 맛이 안 나요.

Seriously. It makes me not want to work.

✏️ '국물'은 원래 국이나 찌개 등에서 건더기를 빼고 남은 물이라는 의미지만 여기에서는 어떤 일에 대한 대가로 생기는 이득이나 부수입을 속되게 이르는 말이다.

🔍 보통 잘못이나 실수 등으로 일을 망친 사람에게 앞으로 어떤 이익도 얻지 못할 거라고 말할 때 사용한다.

★★★ 관

날개가 돋치다

상품이 인기가 있어 빠른 속도로 팔려 나갈 때 사용한다.

Used when a popular product sells quickly.

예 **가: 요즘 이 상품이 인기가 많다면서?**

I heard that this product is popular these days.

나: 응, 인기 드라마에 나온 이후로 날개가 돋친 듯이 팔리고 있대.

Yeah, ever since it appeared in a popular TV drama, it's been selling like hot cakes.

✏️ '돋치다'는 어떤 것이 속에서 생겨서 밖으로 나온다는 의미이다.

🔍 보통 '날개가 돋친 듯이 팔리다'를 사용한다.

돈을 굴리다 ★★☆ 괜

다른 사람에게 돈을 빌려주고 이자를 받아 이익을 늘린다는 말이다.
Indicates that one increases their profit by lending money to another person and collecting interest.

예 가: 저 사람은 직업이 없는데도 항상 돈을 펑펑 쓰네요. 돈이 어디서 생기는 걸까요?
That person doesn't even have a job, but he always spends money like crazy. Where does he get it all from?

나: 부모님께 물려받은 **돈을** 이리저리 **굴려서** 돈을 꽤 많이 번다고 하더라고요.
He invests the money he inherited from his parents, so he earns quite a bit of money.

🔎 이익을 보기 위해서 돈을 투자할 때도 사용한다.

돈을 만지다 ★☆☆ 괜

어떤 일을 해서 돈을 번다는 말이다.
Indicates that one does some kind of work and earns money.

예 가: 오늘 '부자의 공식' 초대 손님으로 김범수 대표님을 모셨습니다. 대표님께서는 어떻게 많은 돈을 벌게 되셨습니까?
Today on "Formula of the Rich," we've invited CEO Kim Beomsoo. Mr. Kim, how did you come to earn so much money?

나: 친구의 권유로 와인 사업을 하게 됐는데 그게 잘 돼서 **돈을** 좀 **만지기** 시작했지요.
I entered the wine industry at my friend's recommendation. Business went well, so I started to make some money.

🖊 '만지다'는 원래 손을 대어 여기저기 주무르거나 쥔다는 의미지만 여기에서는 어떤 물건이나 돈 등을 가진다는 의미이다.

🔎 매우 큰 액수의 돈을 벌 때는 '큰돈을 만지다'를 사용한다.

돈을 물 쓰듯 하다 ★★☆ 괜

돈을 아끼지 않고 마음대로 쓴다는 말이다.
Indicates that one does not save their money and spends it however they like.

예 가: 용돈을 받은 지 얼마 안 됐는데 벌써 다 써 버렸어. 어떡하지?
It hasn't been that long since I received my allowance, but I've already spent it all. What should I do?

나: 맨날 인터넷 쇼핑하면서 **돈을 물 쓰듯 하니까** 금방 없어지지.
You always shop online and spend money like water, so of course it disappears in no time.

🔎 물이 풍부한 곳에서 물을 함부로 쓰듯이 돈을 낭비한다는 의미이다.

★★★ 속
되로 주고
말로 받는다

유 한 되 주고 한 섬 받는다

10되 = 1말

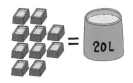

상대방에게 조금 주고 그것보다 훨씬 더 많은 대가를 받는다는 말이다.
Indicates that one gives someone else a small amount and receives much more in return.

예 가: 여보, 옆집에 이사 떡을 드렸는데 김장을 했다고 하시면서 김치 한 통을 주시더라고요.
Honey, I brought some rice cakes to the new neighbors, but they said they had just made kimchi and gave us a whole jar of kimchi.

나: **되로 주고 말로 받았네요.** 좋은 이웃을 만난 것 같아요.
We gave a peck and got a bushel. It seems like we've met some good neighbors.

✎ '되'와 '말'은 곡식, 액체, 가루 등의 양을 재는 데 사용하는 나무 그릇을 말한다.

🔎 누군가를 골탕 먹었다가 오히려 더 크게 보복을 당하거나 남을 속여 이득을 취하려다 도리어 자신이 큰 손해를 입게 되었을 때도 사용한다.

★☆☆ 관
딴 주머니를 차다

몰래 돈을 빼서 따로 보관한다는 말이다.
Indicates that one secretly steals money and keeps it somewhere separate.

예 가: 얼굴이 왜 이렇게 안 좋아. 무슨 일 있어?
Why do you look so down? What happened?

나: 아내 몰래 **딴 주머니를 찼는데** 어제 걸려서 부부 싸움을 크게 했거든.
I was setting aside some money without my wife knowing, but now I got caught, and we had a big fight.

🔎 옛날 사람들이 입던 한복에는 호주머니가 없어서 작은 주머니에 돈을 넣어서 허리에 차고 다녔다. 그 주머니 외에 다른 주머니를 찬다는 말로 누군가가 몰래 돈을 숨겨 둘 때 사용한다.

★★★ 속
밑 빠진 독에 물 붓기

유 밑 빠진 항아리에 물 붓기,
터진 항아리에 물 붓기

돈을 쓸 곳이 많아서 아무리 벌어도 항상 부족하다는 말이다.
Indicates that one has so many places where they have to spend money that no matter how much they earn, they never have enough.

예 가: **밑 빠진 독에 물 붓기라고** 아이들이 커 가니까 아무리 돈을 벌어도 부족한 느낌이에요.
Since our kids are growing up, no matter how much money we make, it never feels like enough. It's like pouring water into a sieve.

나: 저희도 마찬가지예요. 맞벌이를 해도 돈이 다 어디로 가는지 모르겠어요.
We feel the same way. Even though we're a dual income household, I have no idea where all our money goes.

🔎 밑이 깨져 있는 독에는 아무리 물을 부어도 새어 나가므로 물이 찰 수가 없는데 여기에서 나온 표현이다.

밑져야 본전

일이 잘못되어도 손해는 아니라는 말이다.
Indicates that even if something goes awry, one will not suffer any loss.

예 가: 요즘 머리가 빠져서 고민인데 검은콩을 먹으면 탈모를 예방할 수 있다고 하더라고.
　　 These days, I'm worried because my hair keeps falling out. I heard that if we eat black beans, we can prevent hair loss.

나: 나도 그 이야기를 들어 봤어. 검은콩은 건강에도 좋으니까 **밑져야 본전**이라고 한번 먹어 봐.
　　 I've heard that before, too. Black beans are good for our health, too, so you've got nothing to lose. Why don't you try eating them?

🔎 아무런 이익이 없이 손해만 보는 일을 말할 때는 '밑지는 장사'를 사용한다.

★★★ 관
바가지를 씌우다

요금이나 물건값을 비싸게 내게 해 다른 사람에게 손해를 입힌다는 말이다.
Indicates that another person suffers a loss because they are made to pay an overly expensive fee or price.

예 가: 이 가방이 십만 원이라고? 점원이 너한테 **바가지를 씌운 것** 같아. 저 가게에서는 오만 원이던네.
　　 You're saying this bag cost 100,000 won? I think the clerk ripped you off. At that store over there, it's 50,000 won.

나: 너무하네. 다시 가서 환불해 달라고 해야겠어.
　　 That's outrageous. I'd better go back and ask for a refund.

✏️ '바가지'는 보통 물을 푸거나 물건을 담는 데 쓰는 그릇을 말하지만 여기에서는 요금 또는 값이 실제 가격보다 훨씬 비싸다는 의미로 사용되었다.

🔎 요금이나 값을 정상 가격보다 비싸게 주어 손해를 볼 때는 '바가지를 쓰다'를 사용한다.

★★★ 속
배보다 배꼽이 더 크다

유 발보다 발가락이 더 크다, 몸보다 배꼽이 더 크다

작아야 할 것이 더 크고, 적어야 할 것이 더 많을 때 사용한다.
Used when something that should be small is bigger, and when there is more of something there should be few of.

예 가: 선물은 이만 원에 샀는데 포장하는 데에 삼만 원이나 들었어요.
　　 I bought this gift for 20,000 won, but they said it would cost 30,000 won to gift-wrap it.

나: 삼만 원이요? **배보다 배꼽이 더 크다**고 선물값보다 포장비가 더 비싸네요.
　　 30,000 won? Sounds like a case of the tail wagging the dog if the gift wrapping costs more than the gift itself.

🔎 보통 주된 것보다 딸린 것이 더 많거나 클 때 사용한다.

손이 크다 ★★★ 관

어떤 일을 할 때 돈이나 물건을 넉넉하고 크게 쓴다는 말이다.
Indicates that one freely uses a lot of money or items while doing
something.

> 예 가: 음식이 너무 많아서 우리 둘이 다 못 먹겠네. 왜 이렇게 많이
> 만들었어?
> There's so much food that the two of us won't be able to eat it
> all. Why did you make so much?
>
> 나: 나는 **손이 커서** 그런지 항상 음식을 많이 만들게 되더라고.
> Maybe it's because I'm open-handed, but I always end up
> making a lot of food.

○ 손이 크면 손으로 잡을 수 있는 양이 많으므로 늘 다른 사람보다 무언가를 많이 사거나
많이 만들게 된다. 한편, 씀씀이가 작을 때는 '손이 작다'를 사용한다.

싼 것이 비지떡 ★★★ 속

유 값싼 비지떡,
값싼 것이 비지떡이다

가격이 싼 물건은 품질도 그만큼 나쁘기 마련이라는 말이다.
Indicates that an item with a low price will be of equally low quality.

> 예 가: 어제 향수를 싸게 팔길래 하나 샀는데 아무리 뿌려도 냄새가
> 안 나.
> Yesterday I bought some perfume that was being sold for a
> cheap price, but no matter how much I put on, I don't smell
> anything.
>
> 나: **싼 것이 비지떡이니까** 너무 싼 물건은 사지 말라고 했잖아.
> You get what you pay for. I told you not to be things that are
> too cheap.

○ '비지떡'은 두부를 만들고 남은 찌꺼기에 쌀가루를 넣고 반죽하여 부친 빈대떡을
말하는데 보잘 것 없는 것을 비유적으로 이르기도 한다. 싸게 산 물건에 문제가
생겼을 때 쓰며 보통 '싼 게 비지떡'을 사용한다.

재미를 보다 ★☆☆ 관

어떤 일에서 성과를 올린다는 말이다.
Indicates that one obtains good results in something.

> 예 가: 요즘 장사는 잘되고 있어요?
> Is business going well these days?
>
> 나: 네. 휴가철이라 관광객들이 몰려서 **재미를 좀 보고** 있어요.
> Yes. It's vacation season, so tourists are flocking here and I'm
> making a profit.

✎ '재미'는 원래 아기자기하게 즐거운 기분이나 느낌이라는 의미지만 여기에서는 좋은
성과나 보람의 의미로 사용되었다.

★★★ 속
티끌 모아 태산

유 모래알도 모으면 산이 된다, 먼지도 쌓이면 큰 산이 된다

아무리 작은 것이라도 모으고 모으면 나중에 큰 것이 된다는 말이다.
Indicates if one keeps saving up even the smallest amount at a time, later it will grow into something bigger.

예 가: 어제 TV 프로그램에 10년 동안 동전을 모아 자동차를 구매한 남자 이야기가 나오더라고.
　　　Yesterday on TV, there was a story about a man who saved up coins for 10 years and then bought a car with them.

　　나: 진짜? **티끌 모아 태산**이라더니 대단하네.
　　　Really? They say that many drops make a shower. That's amazing.

✎ '티끌'은 원래 티와 먼지를 말하지만 여기에서는 몹시 작거나 적다는 의미로 사용되었다.

🔍 먼지가 모여 큰 산이 되려면 많은 시간이 필요하듯이 조금씩이라도 오랜 시간동안 인내심을 가지고 노력하면 큰돈을 모을 수 있다고 말할 때 사용한다.

★★☆ 관
파리를 날리다

장사가 안 되어서 손님이 없다는 말이다.
Indicates that business is not going well and there are no customers.

예 가: 개업 축하해요. 그런데 왜 이렇게 손님이 없어요?
　　　Congratulations on starting a business. But why aren't there any customers?

　　나: 그러게요. 다른 가게에는 손님이 많은데 우리 가게만 **파리를 날리고** 있어요.
　　　You're telling me. There are a lot of customers at other stores, but only our store is dead.

🔍 파리는 우리 주변에서 쉽게 볼 수 있는 흔한 곤충이다. 가게에 손님이 없어서 심심한 주인이 파리를 쫓아내는 모습에서 생겨난 표현이다. 강조할 때는 '파리만 날리다'를 사용한다.

★★☆ 관
한몫 잡다

유 한몫 보다

큰 이득을 취한다는 말이다.
Indicates that one extracts a large profit.

예 가: 저 사람은 어떻게 갑자기 부자가 됐대?
　　　How did that person suddenly become so rich?

　　나: 사람들 이야기를 들어 보니 부동산 투자로 **한몫 잡았다고** 하더라고.
　　　From what I've heard from others, she made a killing by investing in real estate.

✎ '한몫'은 어떤 것을 나누었을 때 한 사람에게 돌아가는 이익이라는 의미이다.

🔍 보통 짧은 기간에 큰돈을 벌 때 사용한다.

★☆☆ 속
곶감 뽑아 먹듯

애써 모아 둔 재산이나 물건을 조금씩 조금씩 써 버릴 때 사용한다.
Used when one uses up the money or items they worked hard to save little by little.

예 가: 어, 통장에 돈이 왜 이것밖에 없지?
Huh? Why is there only this much money in my bank account?

나: 네가 스트레스 푼다고 이것저것 사면서 돈을 **곶감 뽑아 먹듯** 했으니까 없지.
You ate away at your savings bit by bit because you bought this and that to relieve your stress, that's why.

🔎 정성 들여 만든 곶감을 꼬치에서 하나씩 빼 먹다 보면 맛있어서 금세 한 줄을 다 먹어 버리게 된다. 이렇게 곶감을 하나씩 빼 먹는 모습을 실속을 차리지 못하고 재산을 조금씩 탕진하는 모습에 비유한 표현이다.

★☆☆ 관
깡통을 차다

유 쪽박을 차다,
바가지를 차다

돈이 없어서 남에게 구걸하는 사람과 같은 처지가 되었을 때 사용한다.
Used when one has no money, so they end up in a situation similar to someone who begs others for money.

예 가: 혹시 명철 씨 소식을 들었어요? 사업이 망해서 전 재산을 잃고 **깡통을 찼다고** 하던데요.
Did you hear the news about Myeongchul? I heard that his business failed, so he lost all his assets and ended up in the poorhouse.

나: 네, 들었어요. 늘 열심히 살았는데 안됐어요.
Yes, I heard. It's pity that he always worked so hard.

🔎 깡통은 영어의 '캔(can)'과 한국어의 '통'이 합쳐진 말로 구걸하는 사람들이 빈 깡통을 옆에 차고 다니던 모습에서 생겨난 표현이다.

☆☆☆ 속
대추나무에
연 걸리듯

여기저기에 빚을 많이 지고 있을 때 사용한다.
Used when one falls into a lot of debt in various places.

> 예 **가: 지훈 엄마, 아직도 생활이 어려워요?**
> Jihoon's mom, are things still difficult for your family?
>
> **나: 네, 아직도 좀 힘들어요. 그래서 여기저기에서 돈을 빌리다
> 보니까 대추나무에 연 걸리듯 빚만 늘어서 걱정이에요.**
> Yes, we're still struggling a bit. That's why we've been
> borrowing money here and there, so I'm worried because it
> feels like we're getting up to our ears in debt.

🔍 대추나무에는 가시가 많아 연이 걸리게 되면 떼어 내기가 어려웠다. 그래서 여러 개의
연이 보기 싫게 걸려 있는 경우가 많았는데 빚이 많은 것을 이런 모습에 비유한 표현이다.

★★☆ 관
돈방석에 앉다

많은 돈을 가져 안락한 처지가 되었다는 말이다.
Indicates that one is in a comfortable position because they have
a lot of money.

> 예 **가: 윤아 씨가 아파트를 팔았는데 집값이 살 때보다 세 배 이상
> 올라서 돈방석에 앉았대요.**
> I heard that Yoona sold her apartment, but its value increased
> by more than three times the price she paid when she bought
> it, so now she's rolling in money.
>
> **나: 정말요? 너무 부럽네요. 저한테도 그런 일이 생기면 좋겠어요.**
> Really? I'm so jealous. I wish something like that would happen
> to me, too.

🔍 단기간에 많은 돈을 가져 부유해졌을 때 사용하며, 이렇게 갑자기 부자가 된 사람을
'벼락부자'라고 한다.

★☆☆ 관
목에 거미줄 치다

유 입에 거미줄 치다

가난하여 아무것도 먹지 못할 때 사용한다.
Used when one is so poor that they cannot even eat anything.

> 예 **가: 새로 연 가게는 잘 돼요?**
> Are things going well with the new store you opened?
>
> **나: 아니요, 손님이 너무 없어서 이러다가는 목에 거미줄 치겠어요.**
> No, there's such a lack of customers that soon I won't be able to
> afford to buy food.

🔍 거미는 보통 빈 공간에 거미줄을 치는데 사람이 아무것도 먹지 못해서 목구멍이 거미가
줄을 칠 수 있을 정도로 비어 있다는 것을 과장해서 표현한 것이다. 한편, 아무리 형편이
어려워도 어찌 됐든 사람은 먹고 살아가기 마련이라고 말할 때는 '산 입에 거미줄
치랴'를 사용한다.

★★☆ 관
문을 닫다

장사나 사업을 그만두고 폐업한다는 말이다.
Indicates that one closes down their business or company.

> 예 가: 어, 여기에 있던 화장품 가게도 없어졌네요? 지난번에 왔을
> 때는 있었는데…….
> Oh, the makeup store that used to be here is gone now, too.
> It was here the last time I came…

> 나: 계속되는 불황 탓에 어쩔 수 없이 **문을 닫은** 거 아닐까요?
> They probably had no choice but to shut down because of the
> continuous recession.

🔍 하루의 장사나 일을 마친다는 의미로 쓰기도 하며, 장사를 시작한다는 의미로는 '문을 열다'를 사용한다.

★★☆ 관
바닥이 드러나다

어떤 일을 하는 데에 필요한 돈, 물건 등이 없어질 때 사용한다.
Used when the money, objects, etc. that are necessary for something disappear.

> 예 가: 여보, 그동안 모아 둔 돈도 **바닥이 드러났는데** 앞으로 어떻게
> 해야 할까요?
> Honey, we've run out of the money we saved up until now.
> What should we do in the future?

> 나: 내일부터 뭐라도 할 테니까 너무 걱정하지 말아요.
> I'll do something about it starting tomorrow, so don't worry too
> much.

✏️ '드러나다'는 가려져 있던 것이 보이게 된다는 의미이다.

🔍 옛날 사람들은 주식인 쌀이 들어 있는 쌀통이 비어서 바닥이 드러나면 곧 먹을 것이 없어진다고 여겨 불안해했다. 여기에서 나온 표현으로 가지고 있던 것이 없어지는 것을 보고 불안해 할 때 사용한다. 비슷한 의미로 '바닥이 나다'를 사용하기도 한다.

★★☆ 관
배가 부르다

경제적으로 넉넉해서 아쉬울 것이 없을 때 사용한다.
Used when one is financially well-off, so they do not lack anything.

> 예 가: 부모님께서 그런 좋은 직장을 거절했다고 "네가 **배가 불렀구나!**"
> 하시더라고.
> When I told my parents that I turned down such a good job,
> they said, "You must be well-off!"

> 나: 그래도 집에서 회사가 너무 멀면 힘드니까 나는 잘한
> 결정이라고 생각해.
> Even so, it's tiring if your office is too far from your home, so I
> think you made a good decision.

🔍 자신의 예상과 달리 어떤 사람이 좋은 조건의 일을 선택하지 않는 것을 보고 의아할 때 사용한다. 자신보다 나이가 많거나 지위가 높은 사람에게는 사용하지 않는 것이 좋다.

★★☆ 관
손가락을 빨다

먹을 것이 없어서 굶고 지낸다는 말이다.
Indicates that one has nothing to eat, so they are going hungry.

예 가: 민수 씨, 회사는 다음 주까지만 나오시면 됩니다.
　　Minsu, you can only come to work until next week.

나: 뭐라고요? 갑자기 이렇게 통보하시면 어떡해요? 지금 경제가
　　안 좋아서 다른 곳에 취직하기도 어려운데 저보고 **손가락을**
　　빨고 살라는 말씀이세요?
　　What? How can you give me such sudden notice? The
　　economy is bad right now, so it will be difficult to find a job
　　somewhere else. Are you telling me to starve?

★★★ 관
손을 벌리다

유 손을 내밀다

다른 사람에게 돈을 달라고 요구할 때 사용한다.
Used when one asks for money from someone else.

예 가: 이번에는 취직이 되면 좋겠어. 나이도 많은데 계속 부모님께
　　손을 벌리는 게 너무 죄송해.
　　I hope I get a job this time. I'm getting older, and I feel so bad
　　to keep asking my parents for money.

나: 이번에는 합격할 테니까 너무 걱정하지 마.
　　You'll get hired this time, so don't worry too much.

★★☆ 관
입에 풀칠하다

유 목구멍에 풀칠하다

어렵게 겨우 살아간다는 말이다.
Indicates that one is struggling to barely survive.

예 가: 마크 씨, 얼굴이 편안해 보이는 걸 보니 형편이 좀 나아졌나 봐요.
　　Mark, seeing how you look at ease, your situation must have
　　improved a bit.

나: 형편이 좋아지기는요. 월급이 적어 겨우 **입에 풀칠하며** 살고
　　있는걸요.
　　Improved? My salary is so low that we're living hand to mouth.

🔎 '풀'은 쌀이나 밀가루에 물을 많이 넣어서 끓인 끈끈한 것으로 밥이나 죽보다 영양가가
없다. 하지만 옛날에 먹을 것이 없을 때는 끼니로 이 풀이라도 먹어야 했다. 이런 이유로
'풀칠'은 날마다 겨우 밥을 먹으며 살아간다는 의미가 되었다.

★★☆ 〔관〕
주머니 사정이 좋다

㈜ 호주머니 사정이 좋다

경제적으로 형편이 좋다는 말이다.

Indicates that one's financial situation is good.

〔예〕 가: 오늘 저녁은 내가 살게. 자동차 할부금을 다 갚아서 **주머니 사정이 좋거든.**

I'll buy dinner today. I paid back all my car installments, so I have money to spend.

나: 나야 좋지. 그럼 고기 먹으러 가자.

Fine by me. Let's go and eat meat, then.

🔎 옛날 사람들은 돈을 주머니나 호주머니에 넣어 가지고 다니는 경우가 많아 경제 사정을 이야기할 때 '주머니'나 '호주머니'라는 말을 많이 사용했다. 한편, 경제적으로 형편이 안 좋을 때는 '주머니 사정이 나쁘다', '주머니 사정이 안 좋다'를 사용한다.

★☆☆ 〔관〕
주머니가 가볍다

㈜ 호주머니가 가볍다

가지고 있는 돈이 적다는 말이다.

Indicates that the amount of money one has is small.

〔예〕 가: 어제 재래시장에 가 보니까 국밥집이 많더라고요.

I went to a traditional market yesterday, and there were a lot of rice soup restaurants.

나: 옛날부터 **주머니가 가벼운** 서민들에게 꾸준히 사랑을 받아 온 음식이라 그런 것 같아요.

I think it's because that dish has consistently been loved since the old days by working-class people with thin wallets.

🔎 가진 돈이 하나도 없을 때는 '주머니가 비다'를 사용한다.

★★☆ 〔관〕
주머니가 넉넉하다

㈜ 호주머니가 넉넉하다,
주머니가 든든하다,
주머니가 두둑하다

돈을 충분하게 가지고 있다는 말이다.

Indicates that one has an adequate amount of money.

〔예〕 가: 월급을 받아도 바로 카드값으로 다 나가 버리니까 **주머니가 넉넉할** 때가 없어.

Even when I get paid, the money all goes to paying off my credit card, so I never have a fat wallet.

나: 나도 그래. 지출을 좀 줄이고 싶은데 그게 잘 안 되네.

Me, too. I want to reduce my expenses, but I can't seem to do so.

★★☆ 괜
허리가 휘다

유 허리가 휘어지다

감당하기 어려운 일을 하느라 힘에 부칠 때 사용한다.
Used when one does something that is difficult to bear and
exceeds their strength.

예 가: 윤아 씨, 우리 이번 휴가 때 같이 여행 갈까요?
　　Yoona, shall we go on a trip together during the upcoming
　　break?

　　나: 여행이요? 낮에는 일하랴 밤에는 아버지 병간호하랴 **허리가
　　휠 지경**이라 여행은 생각도 못해요.
　　Traveling? I work during the day and take care of my father at
　　night, so I feel like my back is going to break.

🔎 보통 어떤 일 때문에 금전적으로 큰 어려움을 겪고 있을 때도 사용한다.

★★★ 괜
허리띠를 졸라매다

검소한 생활을 한다는 말이다.
Indicates that one lives a frugal lifestyle.

예 가: 요즘 물가가 너무 올라서 담뱃값이라도 줄여 보려고 담배를
　　끊었어요.
　　These days prices have gone up so much that I quit smoking
　　so I could at least reduce the amount I spend on cigarettes.

　　나: 저도 요즘 좋아하던 커피도 안 마시면서 **허리띠를 졸라매고
　　있어요.**
　　I'm also tightening my belt these days and not drinking the
　　coffee I've always liked.

🔎 과거에 조상들은 가난해서 밥을 굶는 날이 많아서 배가 고팠다. 이때 벨트나 끈 등으로
배를 졸라매면 배고픔을 덜 느끼게 되는데 여기에서 생겨난 표현이다.

★☆☆ 괜
허리를 펴다

어려운 상황이 끝나고 편하게 지낼 수 있게 되었다는 말이다.
Indicates that one's difficult situation has ended and they can live
comfortably.

예 가: 대출금도 다 갚았으니 우리 이제 **허리를 펴고** 살 수 있겠어요.
　　We paid off our entire loan, so now we can relax and live
　　comfortably.

　　나: 여보, 그동안 너무 고생 많았어요.
　　Honey, you've worked so hard all this time.

🔎 '허리'는 사람들의 경제적 상황을 표현할 때 많이 쓰인다. 한편, 경제적으로 매우 힘들
때는 '허리가 휘청하다'를 사용한다.

★★☆ 관

호주머니를 털다

유 주머니를 털다

무엇을 하기 위해서 자신이 가지고 있는 돈을 모두 내놓는다는 말이다.

Indicates that one spends all of the money they have in order to do something.

예 가: 저 가방이 마음에 들어서 사고 싶은데 비싸겠지?

I like that bag, so I want to buy it, but it must be expensive, right?

나: 응, 비싸서 네 **호주머니를** 다 **털어도** 살 수 없을 거야. 포기해.

Yeah, it's so expensive that even if you empty your pockets, you won't be able to buy it. Forget it.

✎ '털다'는 원래 붙어 있는 것 등을 떨어지게 한다는 의미지만 여기에서는 자신이 가지고 있는 것을 모두 낸다는 의미로 사용되었다.

🔍 다른 사람에게 자신이 가진 돈을 모두 빼앗겼을 때는 '호주머니를 털리다'를 사용한다.

09

관계
Relationships

-----

1 **갈등·대립** Conflict and Opposition
2 **대우** Treatment
3 **사교·친교** Social Interactions and Friendships
4 **사랑·정** Love and Affection
5 **소통·협력** Communication and Cooperation

갈등·대립 Conflict and Opposition

Track 034

★★★ 속

가지 많은 나무에 바람 잘 날이 없다

유 가지 많은 나무가 바람 잘 날이 없다

자식이 많은 부모에게는 근심이나 걱정이 끊이지 않는다는 말이다.
Indicates that parents who have a lot of children have never-ending worries.

예 가: 첫째가 병원에서 퇴원하자마자 둘째랑 막내가 또 입원을 했어.
As soon as our oldest child was discharged from the hospital, the second oldest and the youngest children were hospitalized again.

나: **가지 많은 나무에 바람 잘 날이 없다**고 아이들이 계속 아파서 정신이 하나도 없겠다.
They say that trees with many branches are more shaken by the wind. You must be crazy busy since your children keep getting sick.

✎ '자다'는 바람이나 물결 등이 잠잠해진다는 말이다.

🔍 가지가 많아 잎이 무성한 나무는 작은 바람에도 흔들려 조용한 날이 없는데 여기에서 나온 표현이다.

★☆☆ 관

거리가 생기다

어떤 사람과 관계가 어색해지거나 멀어졌다는 말이다.
Indicates that one's relationship with someone becomes awkward or distant.

예 가: 너, 요즘 승원이 이야기를 통 안 하더라. 둘이 싸웠어?
You don't seem to talk with Seungwon at all these days. Did you two fight?

나: 아니, 싸운 건 아니고……. 승원이가 지방에서 회사를 다니다 보니까 자주 못 만나서 **거리가 생긴** 것 같아.
No, we didn't fight… Since Seungwon is working at a company in the other region, we can't meet up often, so it seems like we've grown distant.

✎ '거리'는 원래 두 개의 물건이나 장소 등이 공간적으로 떨어진 길이라는 의미지만 여기에서는 사람과 사람 사이에서 느껴지는 가깝고 먼 정도라는 의미로 사용되었다.

🔍 원래 서로 가깝고 친한 사이였으나 어떤 이유로 관계가 옛날 같지 않을 때 사용한다.

★☆☆ 〔관〕
거리를 두다

누군가가 다른 사람과 심리적으로 가까이하지 않는다는 말이다.
Indicates that someone does not become psychologically close
with other people.

〔예〕 **가:** 와인 동호회에서 알게 된 사람인데 친해지고 싶다면서 자꾸
　　　연락을 해서 좀 부담스러워요. 어떻게 하는 게 좋을까요?
　　　I met this person through a wine club, but he says he
　　　wants to become closer and contacts me often, so it's a bit
　　　burdensome. What should I do?

　　　나: 아직 어떤 사람인지 잘 모르니까 모임에서만 만나면서 **거리를**
　　　두는 게 좋을 것 같아요.
　　　You don't know what kind of person he is yet, so it would be
　　　good to see him only at club meetings and keep a distance.

🔍 어떤 사람에 대해 잘 모르거나 혹은 잘 맞지 않아서 일부러 그 사람을 멀리할 때
　　사용한다.

★☆☆ 〔관〕
고양이와 개

서로 사이가 좋지 않은 관계를 나타낼 때 사용한다.
Used to indicate a relationship where people do not get along well
with each other.

〔예〕 **가:** 태현이와 하준이가 또 싸우네.
　　　Taehyun and Hajoon are fighting again.

　　　나: 그러니까. 저 둘은 **고양이와 개처럼** 서로 만나기만 하면 싸워.
　　　왜 그러는지 모르겠어.
　　　No kidding. Those two fight like a cat and dog every time they
　　　meet. I have no idea why they're like that.

🔍 고양이는 싸우기 전에 꼬리를 흔들지만 개는 반가울 때 꼬리를 흔든다. 이렇게 의사소통
　　방식에 차이가 있는 고양이와 개처럼 두 사람이 서로 이해하지 못하고 싸울 때 사용한다.

★★☆ 〔관〕
골이 깊다

관계 회복이 불가능할 정도로 서로 사이가 나쁘다는 말이다.
Indicates that a relationship is so bad that it would be impossible
to restore it.

〔예〕 **가:** 태현이와 하준이가 화해하도록 우리가 도와주는 게 어때?
　　　How about we help Taehyun and Hajoon make up with each
　　　other?

　　　나: 글쎄. 둘 사이에 **골이** 너무 **깊어서** 우리가 나서도 화해하기는
　　　힘들 것 같아.
　　　I'm not sure. The bad blood between them runs so deep,
　　　I think it will be difficult for them to reconcile even if we step in.

✏️ '골'은 원래 산과 산 사이에 깊이 패여 들어간 곳이라는 의미지만 여기에서는 인간관계
　　에서 생기는 갈등이나 거리라는 의미로 사용되었다.

🔍 비슷한 의미로 '골이 깊어지다'를 사용하기도 한다.

★☆☆ 속
굴러온 돌이
박힌 돌 뺀다

새로 들어온 사람이 오래전부터 있던 사람을 내쫓거나 해치려고
한다는 말이다.
Indicates that a new person tries to drive out or harm someone
who has been around for a long time.

> 예 가: 새로 들어온 팀장님 때문에 김 대리님이 스트레스를 받아서
> 부서 이동을 신청했다고 하더라고요.
> Mr. Kim is stressed out because of the new team leader, so he
> requested to transfer to a different department.
>
> 나: 그래요? **굴러온 돌이 박힌 돌 빼는** 격이네요.
> Really? I guess the stone that rolled in removed the embedded
> one.

🔎 '굴러온 돌'은 들어온 지 얼마 안 된 사람을, '박힌 돌'은 원래 있던 사람을 비유적으로
표현한 것인데 보통 새로 온 사람 때문에 원래 있던 사람이 곤란한 상황에 처했을 때
사용한다.

★★☆ 관
금이 가다

친했던 사이가 좋지 않게 된다는 말이다.
Indicates that a close relationship turns bad.

> 예 가: 아무리 우리 우정에 **금이 갔다고** 해도 어떻게 내가 짝사랑하는
> 사람과 사귈 수가 있어?
> No matter how fractured our friendship may be, how could
> you date the person I'm in a one-sided love with?
>
> 나: 오해하지 마. 이건 우리 사이하고는 상관없는 일이야. 나도
> 예전부터 그 사람을 좋아한 거 너도 알잖아.
> Don't misunderstand. This has nothing to do with our
> relationship. You know full well that I've liked that person since
> a long time ago.

🔎 벽에 금이 생기면 사이가 벌어지면서 틈이 생기는 것처럼 사람 사이에도 틈이 생겨
그 관계가 나빠졌을 때 사용한다.

★★★ 관
눈 밖에 나다

사람들에게 신뢰를 잃고 미움을 받게 된다는 말이다.
Indicates that one has lost the trust of others and earns their hatred.

> 예 가: 회사 사람들이 제시카 씨를 별로 안 좋아하는 눈치던데 전에
> 무슨 일이 있었어요?
> It seems like the employees don't really like Jessica. Did
> something happen in the past?
>
> 나: 무슨 일이 있었던 건 아닌데 일을 제대로 안 하니까 사람들의
> **눈 밖에 나서** 그래요.
> Nothing happened, but she doesn't do her work properly, so
> she fell out of everyone's favor.

🔎 누군가가 다른 사람들의 마음에 들 때는 '눈에 들다'를 사용한다.

★★☆ 관
눈총을 맞다

㈜ 눈총을 받다

다른 사람들에게 미움을 받는다는 말이다.
Indicates the one is despised by other people.

예 가: 저 사람들, 카페에 있는 사람들이 다 쳐다보는데도 신경도
안 쓰고 시끄럽게 떠들어요. 제가 가서 한마디 해야겠어요.
Those people… Everyone in the café is staring at them, but
they don't pay any attention and just keep chatting loudly. I'd
better go and have a word with them.

나: 참으세요. 저런 사람들은 다른 사람들의 **눈총을 맞아도** 상관
안 하더라고요.
Just bear it. People like that don't care if other people hate
them.

🔎 어떤 사람이 눈치 없는 행동을 해서 다른 사람들이 안 좋게 쳐다볼 때 사용한다. 한편,
누군가가 다른 사람을 쏘아보거나 노려볼 때는 '눈총을 주다'를 사용한다.

★★★ 속
도토리 키 재기

㈜ 도토리 키 다툼

서로 비슷한 사람끼리 자신이 더 낫다고 다툰다는 말이다.
Indicates that a group of similar people argue, with each one
thinking that they are the best.

예 가: 엄마, 형이 자꾸 자기가 저보다 노래를 더 잘한다고 우겨요.
내가 형보다 낫죠?
Mom, my big brother keeps insisting that he's better than me
at singing. I'm better than him, right?

나: **도토리 키 재기**야. 둘 다 비슷해.
You're comparing apples to apples. You're similar.

🔎 보통 외모나 능력, 혹은 실력이 변변치 못한 두 사람이 서로 잘났다고 다툴 때 사용한다.

★☆☆ 관
뒤통수를 때리다

㈜ 뒤통수를 치다

믿음과 의리를 저버리고 배신한다는 말이다.
Indicates that one throws away all trust and loyalty and betrays
someone.

예 가: 친구가 전세 보증금이 없다고 해서 돈을 빌려줬는데 갑자기
연락을 끊고 도망가 버렸어. 믿었던 친구인데 이렇게 **뒤통수를
때리다니**…….
My friend said he didn't have money for a housing deposit,
so I lent him the money, but suddenly he cut off contact and
ran away. I trusted that friend, so how could he stab me in the
back like this?

나: 아는 사람이 더 한다더니 돈도 잃고 친구도 잃었네요.
It hurts the most when it's people we know. You lost your
money, and you lost a friend, too.

🔎 '뒤통수'는 머리의 뒷부분을 말하는데 누군가가 뒤에서 갑자기 머리를 때리면 전혀
예상하지 못한 일이니 놀라고 기분도 나쁠 것이다. 믿었던 사람이 이런 행동을 해서
너무 황당할 때 사용한다.

뒤통수를 맞다
★☆☆ 관

다른 사람에게 배신을 당한다는 말이다.
Indicates that one is betrayed by someone else.

예 가: 참 좋은 사람 같던데 왜 마크 씨의 고백을 거절했어요?
Mark seems like such a good person, but why did you reject his confession of love?

나: 마크 씨가 싫어서가 아니라 옛날 남자 친구에게 **뒤통수를 맞은** 후로 사람에 대한 믿음이 없어져 누구도 못 만나겠어요.
It's not that I don't like Mark. My ex-boyfriend betrayed me, so ever since then, I'm lost my trust in people and I can't go out with anyone.

🔎 전혀 예상하지 못한 상황에서 믿었던 사람에게 배신을 당해서 큰 충격을 받았을 때 사용한다.

등을 돌리다
★★★ 관

어떤 사람과의 관계를 끊고 외면한다는 말이다.
Indicates that one ends their relationship with someone and turns away from them.

예 가: 영화배우 김영희 씨의 팬들이 김영희 씨에게 연예계 은퇴를 요구하고 있대요.
I heard that the fans of movie star Kim Younghee are demanding that she retire from show business.

나: 김영희 씨가 음주 운전에 마약까지 했으니 팬들도 더 이상 참지 못하고 **등을 돌린** 거지요.
Kim Younghee has been caught drunk driving and even doing drugs, so her fans can't stand it anymore and turned their backs on her.

🔎 어떤 일로 인해 누군가에게 실망해서 그 사람을 더 이상 상대하지 않을 때 사용한다.

물과 기름
★★☆ 관

서로 어울리지 못하는 사이를 나타낼 때 사용한다.
Used when people are not well-suited to each other.

예 가: 저 두 사람은 10년이 넘게 같이 일했는데도 **물과 기름처럼** 서로 잘 안 맞는 것 같아요. 의견이 맞을 때가 거의 없었죠?
Those two have worked together for more than 10 years, but it seems like they don't mesh well, like oil and water. They've almost never agreed on anything, right?

나: 네, 한 사람이 좀 양보하면 될 텐데 둘 다 대단해요.
Yes, all one person has to do is concede, but they're both something else.

🔎 아무리 섞으려고 해도 섞이지 않는 물과 기름처럼 절대로 친해질 수 없는 앙숙 관계를 말할 때 사용한다. 한편, 서로 성격이 맞지 않아 자주 싸우는 사이를 말할 때는 '물과 불'을 사용한다.

미운털이 박히다

★☆☆ 관

다른 사람에게 밉게 보여서 괴롭힘을 당한다는 말이다.
Indicates that one is hated and harassed by another person.

예 가: 너 하준 선배한테 무슨 실수했어? 아까부터 계속 선배가 너를
일부러 괴롭히는 느낌이 들어서 말이야.
Did you do something wrong to Hajoon? I feel like he's
purposely been harassing you since earlier.

나: 지난번 동아리 모임 때 말실수를 조금 했는데 아무래도 그것
때문에 **미운털이 박힌** 것 같아.
At our last club meeting, I made a slight slip of the tongue.
It seems like I'm on his blacklist because of that.

믿는 도끼에 발등 찍힌다

★★★ 속

믿고 있던 사람이 배신하여 해를 입었을 때 사용한다.
Used when one is betrayed and harmed by someone they trusted.

예 가: 저 뉴스 좀 보세요. 카페에 든 도둑을 잡고 보니 그 카페에서
오래 일한 종업원이었대요.
Look at the news. They caught a thief in a café, and it turned
out to be an longtime employee at that café.

나: **믿는 도끼에 발등 찍힌다**더니 어떻게 저럴 수가 있지요?
They say that trust makes way for treachery. How could he do
such a thing?

🔎 아무리 익숙한 도끼라도 실수로 놓치게 되면 그 도끼에 발등을 찍혀 다칠 수 있다. 이처럼
어떤 사람에 대해 잘 알고 믿는다고 하더라도 그 사람과 어떤 일이 생길지 모르니까 항상
조심하라고 말할 때 사용한다. 짧게 '발등을 찍히다'를 사용하기도 한다.

벽을 쌓다

★☆☆ 관

어떤 사람과의 관계를 끊는다는 말이다.
Indicates that one ends their relationship with someone.

예 가: 너 아버지랑 언제까지 **벽을 쌓고** 지낼 생각이야? 가족들이
모두 두 사람 눈치만 보고 있잖아.
How long are you planning to build a wall between you and
father? Everyone in the family is just walking on eggshells
around you two.

나: 미안해, 언니. 나와 아버지의 갈등 때문에 가족들까지 힘들 줄
몰랐어.
I'm sorry, sis. I didn't know that the rest of the family was having
a hard time because of the conflict between me and father.

🔎 보통 가까운 사람과 어떤 이유로 서로 이야기를 하지 않거나 왕래하지 않을 때 쓴다.
한편, '윤아는 공부와 벽을 쌓고 지낸다.'처럼 어떤 것에 전혀 관심을 두지 않을 때에도
사용한다.

★★☆ 괜
불꽃이 튀다

둘 이상의 사람이 승부를 겨루는 모양이 치열할 때 사용한다.
Used when two or more people are fiercely competing to win.

> 예 가: 오늘 농구 경기 진짜 재미있어요. 직접 보러 오기를 잘했어요.
> The basketball game was really fun today. I'm glad we came
> to watch it in person.
>
> 나: 맞아요. 결승전이라 그런지 **불꽃이 튀네요**. 두 팀 다 대단해요.
> That's right. They were really on fire since it was a playoff
> game. Both teams are amazing.

🔍 보통 토론이나 운동 경기 등에서 경쟁이 치열할 때 사용한다. 한편, '민수는 화가 나서
눈에서 불꽃이 튀었다.'처럼 격한 감정을 드러낼 때도 사용한다.

★★★ 괜
쌍벽을 이루다

두 대상이 같은 분야 내에서 우열을 가릴 수 없을 만큼 모두 뛰어나다는
말이다.
Indicates that two subjects are so outstanding that it is impossible
to rank them within the same field.

> 예 가: 저 두 배우는 외모나 연기력 등 모든 면에서 **쌍벽을 이루고**
> 있다고 평가받아 왔습니다. 올해 여우 주연상은 누가 받을
> 것으로 예상하십니까?
> Those two actresses are considered matchless in all aspects
> from their looks to their acting skills. Who do you think will win
> the Best Actress Award this year?
>
> 나: 글쎄요. 두 배우 모두 막상막하의 연기력을 갖추고 있어 저도
> 누가 상을 받을지 궁금합니다.
> I'm not sure. Both actresses are evenly matched in terms of
> acting ability, so I'm curious to see who will win the award, too.

✏️ '쌍벽'은 원래 두 개의 구슬이라는 의미지만 여기에서는 똑같을 정도로 매우 뛰어난
둘이라는 의미로 사용되었다.

🔍 보통 둘 다 훌륭해서 둘 중에 누가 더 훌륭하다고 말하기 어려울 때 사용한다.

★★☆ 괜
어깨를 견주다

유 어깨를 겨누다,
어깨를 겨루다

둘 이상의 사람 혹은 대상의 지위나 힘이 서로 비슷하다는 말이다.
Indicates that two or more people are of similar rank or strength.

> 예 가: 박제현 선수가 전국 수영 대회에서 또 우승을 했다고
> 하더라고요.
> Athlete Park Jehyun won first place in the national swimming
> competition again.
>
> 나: 이제 국내에서는 박제현 선수와 **어깨를 견줄** 사람이 없는 것
> 같아요. 내년에 있을 국제 수영 대회가 기대됩니다.
> It seems there is no one in the country who can compare
> with him now. I can't wait for the international swimming
> competition next year.

🔍 보통 어떤 분야에서 실력이나 수준 등이 비슷한 사람들을 서로 비교하여 말할 때
사용한다.

어깨를 나란히 하다
★☆☆ 관

서로 비슷한 지위나 힘을 가진다는 말이다.
Indicates that people have comparable rank or strength.

예 가: 성공한 스타트업 기업으로 대표님의 회사를 꼽는 사람들이
많은데요. 이후 목표가 있다면 말씀해 주세요.
Many people are pointing to your company as a successful
startup business. Please tell us about your next goal.

나: 이제 어느 정도 성공했으니 앞으로 저희 회사가 대기업과
어깨를 나란히 할 정도로 경쟁력을 갖추도록 하는 게
제 목표입니다.
Now that we've succeeded to a certain extent, my goal from
now on is for our company to be competitive enough to vie
with large corporations in the future.

🔎 '이번에 민수 씨와 어깨를 나란히 해서 프로젝트를 진행하기로 했어요.'처럼 같은
목적으로 함께 일할 때도 사용한다.

원수는 외나무다리에서 만난다
★☆☆ 속

꺼리고 싫어하는 대상을 공교롭게도 피할 수 없는 곳에서 만나게
된다는 말이다.
Indicates that one will happen to meet someone they usually avoid
and dislike in a place where they cannot be avoided.

예 가: 어제 수영장에서 심하게 다투고 헤어진 옛날 남자 친구를
만났어.
Yesterday at the swimming pool, I ran into an ex-boyfriend that
I broke up with after a serious fight.

나: **원수는 외나무다리에서 만난다더니** 정말 놀랐겠다.
They say you always encounter your enemy at the worst place
and time. You must've been startled.

🔎 '외나무다리'는 한 개의 통나무로 놓은 다리를 말하는데 한 사람이 겨우 건널 수 있을
정도로 매우 좁다. 따라서 이 다리 위에서는 마주치고 싶지 않은 사람을 만나도 피할
수가 없다. 보통 싸우거나 사이가 좋지 않아서 보고 싶지 않은 사람을 만나게 되었을 때
사용한다.

으름장을 놓다
★★☆ 관

상대방이 겁을 먹도록 말이나 행동으로 위협한다는 말이다.
Indicates that one intimidates someone with words or actions to
make them afraid.

예 가: 나 오늘은 모임에 못 나가겠어. 아내가 한 번만 더 술 마시러
나가면 집에 들어올 생각도 하지 말라고 **으름장을 놓더라고**.
I can't go to the meeting today. My wife threatened me to not
even think about coming home if I go out drinking one more time.

나: 그래? 아쉽지만 어쩔 수 없지. 다음에 보자.
Really? That's too bad, but it can't be helped. See you next time.

🔎 사람들이 '어름장을 놓다'로 쓰는 경우가 있는데 이것은 잘못된 표현이다.

★★☆ 🔑
자취를 감추다

누군가가 다른 사람들이 모르게 숨거나 사라진다는 말이다.

Indicates that someone hides or disappears so others don't know where they went.

> 예 가: 회삿돈을 100억이나 빼돌린 사람이 **자취를 감췄다는** 뉴스를 봤어요?
>
> Did you see the news that someone who stole more than 100 million won from their company vanished without a trace?
>
> 나: 네, 저도 봤어요. 참 겁도 없어요.
>
> Yes, I saw that, too. They really have some nerve.

🔎 '공중전화가 핸드폰에 밀려 자취를 감추었다.'처럼 어떤 사물이나 현상이 없어지거나 바뀔 때도 사용한다.

★☆☆ 🔑
잠수를 타다

오랜 시간동안 자취를 감추고 연락을 끊는다는 말이다.

Indicates that one disappears and cuts off all contact for a long period of time.

> 예 가: 민지가 남자 친구하고 헤어진 후에 **잠수를 타** 버려서 연락이 안 돼. 빌려준 책도 받아야 하는데 큰일이네.
>
> Ever since Minji and her boyfriend broke up, she's been off the grid, so I can't get in touch with her. It's a big problem because I have to get back a book that she borrowed from me.
>
> 나: 정말? 나도 빌려준 옷을 받아야 하는데…….
>
> Really? I have to get back some clothes that I lent her, too…

🔎 보통 누군가가 어떤 이유로 일부러 연락을 하지도 않고, 받지도 않고 지낼 때 사용한다.

Track 035

★☆☆ 속
개밥에 도토리

어떤 사람이 무리에 어울리지 못하고 따돌림을 받는다는 말이다.
Indicates that someone is unable to fit in with a group and is ostracized.

예 가: 아빠, 오늘 신문 기사에서 어떤 나라가 **개밥에 도토리** 신세가 될 거라고 하던데 그게 무슨 뜻이에요?
Dad, today in a newspaper article it said that a certain country was going to become an acorn in a bowl of dog food. What does that mean?

나: 아, 국제 관계에서 다른 국가들에게 외면을 당할 거라는 뜻이야.
Ah, it means that internationally, other countries are going to turn their backs on that country.

★★☆ 속
고양이 쥐 생각

유 고양이 쥐 사정 보듯

검은 속마음과는 달리 겉으로만 생각해 주는 척을 한다는 말이다.
Indicates that one only pretends to care on the outside, unlike their wicked intentions.

예 가: 이번에 '형제 피자'에서 고객들을 위해 천 원 할인 이벤트를 한다고 하더라고요.
I heard that "Brothers' Pizza" is giving a 1,000 won discount to their customers.

나: 저도 들었어요. **고양이 쥐 생각** 한다더니 지난달에 한꺼번에 오천 원이나 올려놓고 고작 천 원 할인 이벤트라니요.
I heard that, too. They're acting like a wolf in sheep's clothing. Last month, they raised the price by more than 5,000 won at once, and now they're only offering a 1,000 won discount.

☆☆☆ 속
공은 공이고 사는 사다

공적인 일과 사적인 일은 엄격히 구분해야 한다는 말이다.
Indicates that one should strictly separate their public and personal affairs.

예 가: 친구니까 좀 봐 줘. 나 이번에도 계약 못 따면 정말 큰일 나.
We're friends, so let it go just this once. If I don't secure a contract again this time, I'll be in big trouble.

나: **공은 공이고 사는 사야**. 일단 우리 회사와 조건이 맞지 않으면 계약할 수 없는 거 너도 잘 알잖아.
Public affairs are public, and private affairs are private. First of all, you know full well that I can't make a contract if it doesn't meet the conditions of my company.

🔍 보통 국가나 사회, 회사 등 공적인 일을 개인적인 친분 관계로 해결하려고 하면 안 된다고 말할 때 사용한다.

★★☆ 속

꾸어다 놓은 보릿자루

(유) 꾸어다 놓은 빗자루

여럿이 모여 이야기하는 자리에서 혼자 아무 말도 하지 않고 가만히 앉아 있는 사람을 가리킬 때 사용한다.

Used when one person is pointed out as the only one in a group who is unable to say anything and only sitting quietly while everyone else is talking.

예 가: 모임에 다녀왔다면서? 재미있었어?

I heard you went to the meeting. Was it fun?

나: 아니, 무슨 말을 해야 할지 몰라서 **꾸어다 놓은 보릿자루처럼** 가만히 앉아 있다가 왔어.

No, I didn't know what to say, so I just sat there like a fish out of water.

옛날에 어떤 사람들이 어둠 속에서 비밀회의를 하고 있는데 한 마디도 하지 않고 앉아 있는 사람이 있었다. 혹시 첩자일까 봐 자세히 살펴보니 다행히 옆집에서 빌려다 놓은 보릿자루였다. 여기에서 나온 표현으로 보통 사람들과 잘 어울리지 못하는 사람이 신경 쓰일 때 쓴다. 짧게 '꿔다 놓은 보릿자루'를 사용하기도 한다.

★★☆ 관

낙동강 오리알

무리에서 떨어져 나오거나 홀로 소외되어 처량해진 신세를 나타낼 때 사용한다.

Used when one is in a situation where they are separated from a group or when they feel lonely because they are the only person excluded.

예 가: 승원 씨가 경쟁사의 스카우트 제의를 받고 회사를 그만뒀는데 갑자기 그 제의가 취소됐대요.

Seungwon was scouted by a rival company and offered a job, so he quit his job, but suddenly their offer was canceled.

나: 정말요? 갑자기 **낙동강 오리알** 신세가 됐군요.

Really? So he suddenly became an odd man out.

옛날 낙동강에는 철새인 오리가 많이 날아들어 알을 낳는데 알이 맛이 없어서 아무도 쳐다보지 않았다. 그래서 낙동강 주변에는 항상 많은 오리알들이 놓여 있었는데 그 모습이 외롭고 슬퍼 보여 생겨난 표현이다.

닭 소 보듯,
소 닭 보듯

(유) 소 닭 보듯 닭 소 보듯,
개 닭 보듯

두 사람이 서로 아무런 관심도 없이 무심하게 대한다는 말이다.
Indicates that two people treat each other with complete indifference.

예 **가:** 수아하고 민지가 서로 아는 척도 안 하네. 왜 그래?
Sooah and Minji are acting like they don't know each other. What's up with them?

나: 지난번에 크게 싸운 뒤로 서로 **닭 소 보듯, 소 닭 보듯** 하더라고.
Ever since the last time they had a big fight, they treat each other like total strangers.

🔎 소와 닭은 몸집과 식성이 달라 다툴 일이 없고, 서로 아무 피해를 주지 않으므로 서로를 봐도 경계하거나 싸우지 않는다. 이처럼 서로 있는지 없는지 별로 신경 쓰지 않는 사이를 말할 때 사용한다.

★★☆ 관
당근과 채찍

상과 벌을 통해 사람이나 조직을 관리한다는 말이다.
Indicates that people or an organization are managed through rewards and punishments.

예 **가:** 박사님, 저희 아이가 밥을 잘 먹지 않아서 걱정인데요. 어떻게 해야 할까요?
Doctor, I'm worried because my child doesn't eat well. What should I do?

나: 아이의 올바른 식습관을 위해서는 **당근과 채찍**을 적절히 써야 합니다. 적절한 보상과 엄격한 식사 지도를 함께 하는 거지요.
You must appropriately use a carrot-and-stick approach so your child can form proper eating habits. It's a combination of proper reward and firm meal guidance.

🔎 말이 잘 달리게 하기 위해서 말에게 상으로 당근을 먹이고, 벌로 채찍질을 하는 것에서 나온 표현이다.

☆☆☆ 속
똥이 무서워 피하나
더러워 피하지

(유) 개똥이 무서워 피하나
더러워서 피하지

악하거나 같잖은 사람을 상대하지 않고 그냥 피하는 것은 무서워서가 아니라 상대할 가치가 없어서라는 말이다.
Indicates that one does not avoid an evil or foolish person because they are scary, but because they are not worth interacting with.

예 **가:** 옆집 사람이 사사건건 시비를 거는데 어떻게 하지?
My next-door neighbor picks a fight about every little thing, so what should I do?

나: **똥이 무서워 피하나 더러워서 피하지**. 그냥 무시해.
We avoid things because they're filthy, not because they're scary. Just ignore him.

★★★ 솕
미운 아이 떡 하나 더 준다

(유) 미운 놈 떡 하나 더 준다

미워하는 사람일수록 더 잘 대해 주고 나쁜 감정을 쌓지 말아야
한다는 말이다.
Indicates that one should be even kinder to someone they hate,
and not accumulate bad feelings.

예 **가:** 백 과장님, 이 주임님은 성격이 불같아서 잘 지내기 어렵다고
하던데 어떻게 그렇게 친해지셨어요?
Mr. Baek, you said it would be difficult to get along with Mr.
Lee because he has a short-tempered personality, but how
did you become so close?

나: 처음에는 **미운 아이 떡 하나 더 준다는** 마음으로 잘해 줬는데
알고 보니 괜찮은 사람이더라고요.
At first, I treated him well with the intention of killing him with
kindness, but now that I've gotten to know him, he's a decent
person.

★☆☆ 관
올가미를 씌우다

누군가가 꾀를 써서 다른 사람이 어떤 일에 걸려들게 만든다는 말이다.
Indicates that someone uses their wits to make someone else
trapped.

예 **가:** 어제 뉴스를 보니까 경찰이 죄도 없는 사람에게 **올가미를
씌워서** 감옥에 보냈다고 하더라고요.
Yesterday on the news, they said that the police set up a person
who hadn't committed any crimes and sent them to jail.

나: 저도 봤어요. 그 사람의 인생은 누가 보상해 줄 건지…….
I saw that, too. Who's going to repay that person's life…

🔎 보통 다른 사람이 억울하게 누명을 쓰도록 만들거나 나쁜 일에 관계되게 만들 때
사용한다. 한편, 자신이 다른 사람의 꾀에 걸려들었을 때는 '올가미를 쓰다'를 사용한다.

★★☆ 솕
우는 아이 젖 준다

(유) 울지 않는 아이 젖 주랴

무슨 일이든지 자신이 요구해야 원하는 것을 얻을 수 있다는 말이다.
Indicates that one can only get what they want if they ask for it.

예 **가:** 이번 학회 발표는 꼭 내가 하고 싶은데 무슨 방법이 없을까?
I really want to present at the upcoming academic conference.
Is there any way for me to do that?

나: **우는 아이 젖 준다고** 네가 먼저 팀원들에게 하고 싶다고 말해
보는 게 어때?
They say that the squeaky wheel gets the grease. Why don't
you tell the other team members that you want to do it first?

🔎 아기는 말을 못하기 때문에 배가 고프다고 울어야 엄마가 알아채고 젖을 준다. 이와 같이
자신이 원하는 것이 있을 때는 다른 사람에게 말을 하거나 표현을 해야 얻을 수 있다.
보통 누군가에게 원하는 것이 있을 때는 적극적으로 표현해 보라고 말할 때 사용한다.

★★★ 속
웃는 낯에
침 못 뱉는다

(유) 웃는 낯에 침 뱉으랴

좋게 대하는 사람에게 나쁘게 대할 수 없다는 말이다.
Indicates that one cannot mistreat someone who treats them well.

예 가: 지원 씨, 어제 회식 끝나고 집에 늦게 들어갔는데 괜찮았어?
　　　Jiwon, you went home late after the company dinner yesterday. Was that alright?

　　나: 응, 내가 방긋 웃으면서 들어가니까 **웃는 낯에 침 못 뱉는다**고 남편도 그냥 웃고 말더라고.
　　　Yeah, they say that a soft answer turns away wrath. I entered the house with a big smile on my face, so my husband just smiled back at me.

🔎 실수나 잘못을 했더라도 웃으며 잘못을 인정하는 것이 좋다고 말할 때 사용한다.

★★☆ 속
찬물도 위아래가
있다

어떤 일이든지 순서가 있으니 그 순서를 지켜야 한다는 말이다.
Indicates that everything has its own order, so one must always maintain that order.

예 가: 엄마, 지금은 제가 컴퓨터를 사용할 시간인데 오빠가 갑자기 **찬물도 위아래가 있다**면서 못 하게 해요.
　　　Mom, it's my turn to use the computer now, but my older brother suddenly won't let me. He says it's because the oldest should always go first.

　　나: 시간을 정해서 하기로 약속한 건데 그러면 안 되지. 엄마가 이야기해 줄게.
　　　He promised to follow the schedule we set, so he shouldn't do that. I'll talk to him.

🔎 찬물을 마시더라도 어른부터 차례대로 마셔야 한다는 의미로, 작은 것에 있어서도 윗사람에 대한 예의를 지켜야 한다고 말할 때 사용한다. 한편, 윗사람에 대한 예의가 없거나 버릇이 없는 사람에게는 '위아래가 없다'를 사용한다.

★★☆ 관
코가 꿰이다

누군가가 다른 사람에게 약점이 잡혔다는 말이다.
Indicates that someone's weak point has been caught by another person.

예 가: 민수 씨가 승원 씨한테 무슨 **코가 꿰였는지** 승원 씨 말이라면 꼼짝을 못하더라고요.
　　　Seungwon has Minsu by the nose for some reason, so whatever Seungwon says, Minsu can't budge.

　　나: 그래요? 민수 씨가 무슨 약점을 잡혔을까요?
　　　Really? I wonder what kind of weak point he has on Minsu?

🔎 누군가가 어떤 사람에게 꼼짝도 못하고 그 사람이 시키는 대로 다할 때 사용한다.

★★☆ 관

퇴짜를 놓다

물건이나 의견, 사람 등을 받아들이지 않고 거절할 때 사용한다.

Used when one does not accept an object, opinion, or person and refuses it.

예 가: 윤아야, 어제 맞선 봤다면서? 맞선 상대는 마음에 들었어?

Yoona, I heard you went on a blind date yesterday. Did you like your date?

나: 아니, 나랑 성격이 맞지 않아서 **퇴짜를 놓았어**.

No, his personality didn't match well with mine, so I turned him down.

🔍 옛날에는 각 지방에서 나는 가장 좋은 특산품을 나라에 바쳤다. 그 중에서 베나 무명 같은 천의 경우에는 품질이 낮으면 거절한다는 의미의 '퇴'라는 글자를 찍어 다시 지방으로 돌려보냈는데 여기에서 생긴 표현이다. 한편, 물건이나 의견, 사람 등이 거절을 당했을 때는 '퇴짜를 맞다'를 사용한다.

★★★ 속
가재는 게 편

서로 비슷한 처지에 있거나 가까운 사람의 편을 들 때 사용한다.
Used when people have similar circumstances or when one sides with someone they're close with.

예 가: **가재는 게 편이라고** 너는 매번 아빠 편만 드니? 남자끼리 편을 먹겠다는 거지?
They say that birds of a feather flock together. Why do you always take Dad's side? The men have decided to stick together, huh?

나: 엄마, 그게 아니에요. 아빠 말이 맞는 거 같아서 그런 거예요.
Mom, it's not that. I think Dad is right.

★★☆ 관
금을 긋다

사람과의 관계에서 명확한 한계선을 정한다는 말이다.
Indicates that a clear boundary is set in one's relationship with someone.

예 가: 어제 민지한테 고백한다고 했잖아. 어떻게 됐어?
You said you were going to ask Minji out yesterday. How did it go?

나: 말도 마. 민지가 우리는 친구 사이일 뿐이라며 확실하게 **금을 그어서** 얼마나 당황스러웠는지 몰라.
Don't even mention it. Minji said that we were just friends and clearly drew a line. You have no idea how flustered I was.

🔎 비슷한 의미로 '선을 긋다'를 사용하기도 한다.

★★☆ 속
누이 좋고 매부 좋다

어떤 일이나 상황이 서로에게 다 이롭고 좋을 때 사용한다.
Used when a certain event or situation is beneficial and good for everyone.

예 가: 연예인들의 기부가 점점 늘고 있는데요. 교수님께서는 이에 대해 어떻게 생각하십니까?
Celebrities' donations are gradually increasing. Professor, what do you think about this?

나: **누이 좋고 매부 좋은** 일이지요. 연예인들은 좋은 이미지를 만들 수 있고 어려운 사람들은 도움을 받을 수 있으니까요.
One could say that what's good for the goose is good for the gander. It's because celebrities are able to create a positive image, and people who are struggling are able to receive help.

🔎 한 가지 일이 관계가 있는 사람 모두에게 이득이 될 때 사용한다.

★★☆ 괜
다리를 놓다

어떤 일이 이루어지도록 다른 사람을 소개한다는 말이다.
Indicates that one introduces another person in order to make
something happen.

> 예 가: 계약서를 번역해 줄 사람이 필요한데 주변에 영어 잘하는
> 사람이 있어요?
> We need someone to translate the contract. Do you know
> anyone who is good at English?
>
> 나: 네, 미국에서 살다온 후배가 한 명 있어요. 제가 **다리를 놓아**
> 드릴게요.
> Yes, I know someone who lived in America. I'll connect her
> with you.

✏️ '다리'는 둘 사이의 관계를 이어 주는 역할을 하는 사람이나 사물이라는 의미이다.

🔎 '두 사람은 내가 다리를 놓아 줘서 사귀게 됐어.'처럼 남녀 관계를 이어줄 때도 사용한다.

★★☆ 괜
마음의 문을 열다

유 마음의 창문을 열다

마음의 거리감을 없애고 다른 사람에게 속마음을 드러내 보인다는
말이다.
Indicates that one gets rid of their sense of distance and reveals
their inner feelings to another person.

> 예 가: 언니하고 어떻게 화해했어? 둘이 말도 안 하고 지냈잖아.
> How did you make up with your older sister? You two weren't
> even speaking to each other.
>
> 나: 서로 **마음의 문을 열고** 많은 이야기를 나누다 보니까 그동안
> 쌓였던 오해가 풀리더라고.
> We both opened our hearts and shared a lot of conversations,
> so we cleared up all the misunderstandings we'd built up until
> now.

🔎 보통 누군가가 다른 사람을 이해하고 가까워지려고 노력할 때 사용한다. 한편, '나에게
마음의 문을 열어 줘.'처럼 다른 사람에게 자신을 믿거나 사랑해 달라고 말할 때도
사용한다.

★★☆ 괜
마음이 맞다

유 마음이 통하다

어떤 사람과 서로 생각이 같아 잘 지낸다는 말이다.
Indicates that one gets along with someone because they have
similar thoughts.

> 예 가: 이번 학기 기숙사 룸메이트는 제발 나하고 **마음이 맞는**
> 사람이었으면 좋겠어.
> I really hope my dorm roommate this semester is someone
> who is like-minded with me.
>
> 나: 그러게. 나도 좋은 룸메이트를 만나면 좋겠다.
> That's what I'm saying. I hope I meet a good roommate, too.

말을 붙이다

★☆☆ 관

다른 사람에게 말을 건다는 말이다.
Indicates that one starts talking to another person.

예 가: 아까 카페에서 승원 씨를 봤는데 혼자 심각한 표정으로 앉아 있어서 **말을 붙일** 수가 없었어요.
　　Earlier I saw Seungwon at a café, but he was sitting alone with a serious expression on his face, so I couldn't start a conversation with him.

　　나: 그랬군요. 승원 씨가 요즘 고민이 많은 것 같더라고요.
　　I see. It seems like Seungwon has a lot on his mind these days.

🔎 누군가가 다른 사람과 이야기를 하고 싶어서 먼저 말을 시작할 때 사용한다.

바늘 가는 데 실 간다

★★★ 속

유 실 가는 데 바늘도 간다,
바늘 따라 실 간다

긴밀한 두 사람의 관계를 나타낼 때 사용한다.
Used when two people have a close relationship.

예 가: 수아하고 민지는 **바늘 가는 데 실 가는** 것처럼 늘 같이 붙어 다니더라.
　　Sooah and Minji are inseparable. They're always joined at the hip.

　　나: 둘이 초등학교 때부터 단짝 친구였다고 하잖아.
　　Those two have been best friends since elementary school, you know.

🔎 바늘과 실은 둘 중 하나만 없어도 옷을 꿰맬 수 없다. 이런 바늘과 실처럼 늘 같이 붙어 다니는 가까운 사이를 말할 때 사용한다.

발이 넓다

★★★ 관

유 발이 너르다

친하게 지내거나 아는 사람이 많아 활동 범위가 넓다는 말이다.
Indicates that one is close with or knows a lot of people, so they do a wide range of activities.

예 가: 태현이는 정말 **발이 넓은** 거 같아. 다른 과 학생들도 태현이를 아는 것 같더라고.
　　Taehyun really seems like a social butterfly. It seems like even students from other departments know him.

　　나: 태현이가 성격이 좋아서 그런가 봐.
　　It must be because Taehyun has a good personality.

🔎 비슷한 의미로 '얼굴이 넓다'를 사용하기도 한다.

★★☆ 팬
비행기를 태우다

다른 사람을 지나치게 칭찬할 때 사용한다.
Used when one excessively compliments someone else.

> 예 **가:** 이 음식 민수 씨가 다 만든 거예요? 정말 맛있어요. 요리사를
> 해도 되겠어요.
> Minsu, you made all of this food? It's really delicious. You could
> be a chef.
>
> **나:** **비행기를 태우지** 마세요. 맛이 없을까 봐 걱정했는데 맛있다니
> 다행이네요.
> Don't flatter me. I was worried that it wouldn't taste good, but
> I'm glad that you think it's delicious.

🔍 주로 '비행기 태우지 마세요.', '비행기 좀 그만 태우세요.'로 쓰며, 보통 다른 사람에게
과한 칭찬을 들어서 민망할 때 사용한다.

★☆☆ 팬
사돈의 팔촌

남이나 다름없는 먼 친척을 나타낼 때 사용한다.
Used to describe a relative that is so distant, they are no different
from a stranger.

> 예 **가:** 요즘에는 규모가 작고 조용한 결혼식을 선호하는 사람들이
> 많아진 것 같아요.
> It seems like more and more people prefer small, quiet
> wedding ceremonies these days.
>
> **나:** 그런 것 같죠? 예전에는 **사돈의 팔촌까지** 초대했지만 요즘은
> 가족과 친한 친구들만 초대해서 결혼식을 하는 사람들이
> 많더라고요.
> Doesn't it? In the past, people even invited their most distant
> relatives, but these days many people only invite their families
> and close friends to their wedding.

🔍 팔촌은 매우 먼 친척 관계인데 사돈의 팔촌이라면 교류가 전혀 없어서 서로 모르고
지내는 사이라고 볼 수 있다. 한편, 아주 많은 사람을 강조할 때는 '사돈에 팔촌까지'를
사용한다.

★★☆ 팬
양다리를 걸치다

양쪽에서 이익을 보려고 양쪽 모두와 관계를 가진다는 말이다.
Indicates that one builds a relationship with two sides to try to
benefit from both of them.

> 예 **가:** 수아야, 너 남자 친구랑 헤어졌어? 너희 참 보기 좋았는데…….
> Sooah, you broke up with your boyfriend? You seemed so
> good together…
>
> **나:** 나와 다른 여자 사이에서 **양다리를 걸치고** 있었더라고. 그걸
> 알게 돼서 크게 싸우고 헤어졌어.
> He was two-timing me with another girl. After I found out
> about that, we had a big fight and broke up.

🔍 주로 연인이 있는 남자나 여자가 상대방 몰래 다른 사람을 사귈 때 사용한다.

★★☆ 관
얼굴을 내밀다

유 얼굴을 내놓다,
얼굴을 비치다

모임, 행사 등에 잠시 참석한다는 말이다.
Indicates that one momentarily attends a gathering, event, etc.

예 가: 미안하지만 내일 동창회에는 바빠서 못 갈 것 같아.
I'm sorry, but I don't think I'll be able to go to the alumni meeting tomorrow because I'm busy.

나: 오랜만에 너 본다고 친구들이 엄청 기대하고 있는데 잠깐이라도 **얼굴을 내미는** 게 어때?
All our friends can't wait to see you after such a long time. How about you at least show your face, even if it's only for a moment?

🔎 학교나 회사와 같이 사람들이 일상적으로 모이는 경우에는 사용하지 않는다. 아주 잠깐 들른다는 의미를 강조할 때는 '얼굴만 내밀다'나 '얼굴이라도 내밀다'를 사용한다.

★★☆ 관
오지랖이 넓다

어떤 사람이 쓸데없이 아무 일에나 참견을 잘한다는 말이다.
Indicates that someone often interferes for no reason.

예 가: 저 사람이 사려는 과자 맛없는 건데 사지 말라고 말리고 싶네. 난 **오지랖이 넓어서** 큰일이야.
The snack that person is going to buy isn't delicious. I want to tell him not to buy it. I'm so nosy, it's a problem.

나: 하하, 저 사람은 저 과자를 좋아할 수도 있잖아. 그냥 둬.
Haha, that person might like that snack. Just let it go.

🔎 '오지랖'은 한복의 윗도리에 입는 겉옷의 앞자락을 말하는데 이것이 지나치게 넓으면 옷의 다른 부분을 침범하여 덮어 버린다. 이렇게 누군가가 다른 사람의 일에 지나치게 참견할 때 사용한다.

☆☆☆ 속
이름도 성도 모른다

어떤 사람에 대해 아무것도 모른다는 말이다.
Indicates that one does not know a single thing about someone.

예 가: 지원 씨, 아까 사무실에 왔던 사람에 대해서 잘 알아요?
Jiwon, do you know the person who came to the office earlier well?

나: 아니요, 거래처 사람이라고 하는데 **이름도 성도 몰라요**.
No, he's from the client company, so I don't know him from Adam.

🔎 전혀 모르는 사람이라는 것을 강조해서 말할 때 사용한다.

입의 혀 같다 ★☆☆ 〔관〕

다른 사람의 마음을 매우 잘 헤아려 그 사람이 원하는 대로 해 준다는 말이다.

Indicates that one understands another person's feelings extremely well, so they do whatever that person wants.

예 가: 부장님은 민수 씨를 참 좋아하는 거 같아요.

The department head seems to really like Minsu.

나: 민수 씨가 말도 잘 듣고 마치 **입의 혀 같이** 굴잖아요.

Minsu listens well and acts like a complete yes-man, you know.

🔎 자기 마음대로 움직일 수 있는 입 안의 혀처럼 어떤 사람이 자신의 뜻대로 행동하거나 비위를 잘 맞춰줄 때 쓰며, '입 안의 혀 같다'를 사용하기도 한다.

장단을 맞추다 ★★☆ 〔관〕

다른 사람의 기분이나 비위를 맞추기 위한 말이나 행동을 한다는 말이다.

Indicates that one speaks or acts in order to please or humor someone else.

예 가: 윤아 씨는 부장님께서 하시는 농담이 재미있어요? 회의할 때 보면 윤아 씨만 웃거든요.

Yoona, do you think the department head's jokes are funny? Every time we have a meeting, you're the only one who laughs.

나: 아니요, 저도 부장님이 하시는 실없는 농담에 **장단을 맞춰** 드리기 힘들어요. 그런데 저라도 웃어야 분위기가 좋아질 것 같아서 웃는 거예요.

No, it's hard for me to play along with his lame jokes, too. But I laugh because it seems like at least I should laugh to improve the atmosphere.

🔎 어떤 음악의 박자에 맞춰 박수를 치거나 추임새를 넣는 것을 '장단을 맞추다'라고 한다. 이와 같이 다른 사람의 말에 맞장구를 칠 때 사용한다. 한편, 다른 사람과 생각이나 행동이 맞아 서로 잘 어울릴 때는 '장단이 맞다'를 사용한다.

죽고 못 살다 ★★☆ 〔관〕

어떤 사람을 매우 좋아하거나 아낀다는 말이다.

Indicates that one likes or cherishes someone quite a lot.

예 가: 하준이가 여자 친구와 서로 **죽고 못 사는** 것 같더니 요즘은 사이가 예전 같아 보이지 않네.

Hajoon and his girlfriend used to seem crazy about each other, but these days their relationship doesn't look the same as it did before.

나: 그러게. 오래 사귀다 보니까 권태기가 왔나 봐.

You're right. They've been dating for a long time, so they must be in a rut.

🔎 '내 친구는 야구에 죽고 못 산다.'처럼 어떤 일이나 물건을 매우 좋아할 때도 사용한다.

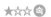

★☆☆ 속
초록은 동색

처지가 같은 사람끼리 한 편임을 나타낼 때 사용한다.
Used when people in similar situations are on the same side.

예 가: 남자 친구에 대해서 더 자세하게 알려면 주로 어떤 친구들과
어울리는지 보면 되겠지?
If I want to get to know my boyfriend better, I can look at what
kind of friends he usually hangs out with, right?

나: 맞아. **초록은 동색**이라고 비슷한 사람끼리 어울려 다닐 테니까
친구들을 좀 만나 봐.
That's right. Birds of a feather flock together, so similar people
usually hang out together. Try meeting some of his friends.

✎ '동색'은 같은 빛깔이라는 의미이다.

🔎 풀의 색과 녹색은 같은 색이라는 의미로, 비슷한 사람들이 끼리끼리 어울릴 때 사용한다.

★★★ 속
친구 따라 강남 간다

유 벗 따라 강남 간다,
동무 따라 강남 간다

어떤 일을 별로 하고 싶지 않으나 다른 사람을 따라서 덩달아 하게
될 때 사용한다.
Used when one does not really want to do something, but they
end up doing it because they blindly follow someone else.

예 가: 아빠, 사랑이도 태권도 학원에 다닌다는데 저도 보내 주세요.
Dad, Sarang is going to a taekwondo academy as well. Please
send me to an academy, too.

나: 그렇게 다니라고 해도 싫다고 하더니 **친구 따라 강남 간다**고
사랑이가 다닌다니까 너도 다니겠다고?
You didn't want to go when I told you to, but now you're giving
in to peer pressure and you want to go because Sarang does it?

✎ '강남'은 중국 양쯔강 아래 지역을 의미한다.

🔎 제비는 봄에 한국에 왔다가 가을이 되면 중국의 강남 지역으로 떠나는 철새이다. 철새들은
보통 다른 지역으로 이동할 때 한 무리가 같이 움직이는데 반해 제비들은 다른 제비가
떠나는 것을 보고 나서야 그 제비를 따라서 출발한다. 이 모습에서 생긴 표현이다.

★☆☆ 관
환심을 사다

다른 사람의 마음에 들게 행동한다는 말이다.
Indicates that one acts to please someone else.

예 가: 그 사람 조심해. 지금은 달콤한 말로 **환심을 사려**고 애쓰고
있지만 원하는 것만 얻어 내면 널 아는 척도 안 할 거야.
Be careful with that person. He's using sweet talk to try to gain
your favor, but once he gets what he wants, he'll act like he
doesn't even know you.

나: 아니야. 그 사람이 얼마나 좋은 사람인데.
That's not true. He's a really good person.

✎ '환심'은 기뻐하고 즐거워하는 마음을 의미한다.

🔎 보통 누군가가 자신의 목적을 이루기 위해서 온갖 달콤한 말과 행동으로 다른 사람의
마음을 얻으려고 노력하는 것을 보고 말할 때 사용한다.

★★☆ 관

고무신을 거꾸로 신다

여자가 사귀던 남자를 배신하고 다른 남자를 만난다는 말이다.

Indicates that a woman betrays the man she was dating and goes out with another man.

예 **가:** 남자 친구가 군대에 간 지 얼마 되지도 않았는데 민지가 벌써 **고무신을 거꾸로 신었대.**

It hasn't even been that long since her boyfriend went to the military, but Minji already ditched him for someone else.

나: 지난달에 남자 친구가 군대에 간다고 눈물을 흘리더니 벌써?

Last month she cried because her boyfriend was going to the military, but she's already moved on?

🖉 만 18세 이상의 한국 남자들에게는 병역의 의무가 있다. 이러한 병역의 의무로 군대에 간 남자를 연인으로 둔 여자가 그 남자 친구를 두고 다른 남자를 만나는 경우에 사용한다.

★★☆ 관

금이야 옥이야

자식을 매우 애지중지하면서 키운다는 말이다.

Indicates that one greatly pampers their child while raising them.

예 **가:** 저 부부는 아이를 **금이야 옥이야** 하면서 정성 들여 키우네요.

That couple really coddles their child and does everything in their power to take care of her.

나: 결혼한 지 10년 만에 힘들게 얻은 아이니까 더 그런 것 같아요.

They've been married for 10 years and finally managed to have a child, so it seems that way even more.

🔍 '아버지는 그 화분을 금이야 옥이야 아끼셨다.'처럼 누군가가 어떤 물건을 소중히 다룰 때도 사용한다.

★★☆ 관

깨가 쏟아지다

두 사람의 사이가 매우 좋아 행복하고 재미있게 지낸다는 말이다.

Indicates that two people have an extremely good relationship, and that they are happy and have fun together.

예 **가:** 옆집 부부는 신혼인가 봐요. 볼 때마다 **깨가 쏟아지네요.**

The couple next door must be newlyweds. Every time I see them, they act like such lovebirds.

나: 네, 결혼한 지 두 달밖에 안 됐대요.

Yes, it's only been two months since they got married.

🔍 깨는 살짝만 털어도 우수수 잘 떨어져서 추수하는 재미가 있다. 그래서 아주 작은 일에도 즐거워하며 서로 사랑이 넘쳐나는 부부의 모습을 표현할 때 사용한다.

★★★ 관
눈에 넣어도
아프지 않다

어떤 사람이 매우 귀엽거나 사랑스럽다는 말이다.
Indicates that someone is extremely cute or lovable.

예 가: 승원 씨, 드디어 아기가 태어났다면서요? 축하해요.
　　Seungwon, your child was finally born? Congratulations.

　　나: 네, 오늘 아침에요. 너무 예뻐서 **눈에 넣어도 아프지 않을 것**
　　같아요.
　　Yes, she was born this morning. She's so pretty, she seems
　　like the apple of my eye.

🔎 주로 부모나 조부모가 어린 자식 혹은 손주가 매우 소중하게 느껴질 때 사용한다.

★★☆ 속
미운 정 고운 정

유 고운 정 미운 정

두 사람이 오래 사귀는 동안 여러 일을 통해 좋은 감정이나 나쁜
감정을 모두 경험하면서 상대방과 깊은 정이 들었을 때 사용한다.
Used when two people have dated for a long time and
experienced all kinds of good and bad emotions through a variety
of events, so they have a deep affection for each other.

예 가: 윤아 씨, 회사를 그만둔다면서요? 그동안 같이 일하면서
　　미운 정 고운 정이 다 들었는데 아쉬워요.
　　Yoona, I heard you quit your job. We've been through thick
　　and thin while working together all this time. It's a shame.

　　나: 저도요. 그동안 고마웠어요.
　　I feel the same way. Thank you for everything.

🔎 주로 '미운 정 고운 정이 들다'의 형태로 사용한다.

주제 60

★★★ 속
부부 싸움은
칼로 물 베기

유 사랑싸움은 칼로 물 베기

부부는 싸워도 화해하기 쉽다는 말이다.
Indicates a married couple can easily make up with each other,
even if they fight.

예 가: 윤아 씨 부부가 크게 싸워서 말도 안 하고 지낸다고 하더니
　　사이좋게 웃으면서 아파트 앞을 지나가네요.
　　Yoona said that she got in a big fight with her husband, so
　　they weren't even talking to each other. But I just saw them
　　pass by the apartment smiling and looking happy together.

　　나: 그래서 **부부 싸움은 칼로 물 베기**라고 하나 봐요.
　　That must be why they say lovers' quarrels are soon mended.

🔎 물은 칼로 베어도 나눠지거나 갈라지지 않는다. 이처럼 아무리 심하게 싸워도 다시
　사이가 좋아지는 부부 관계를 표현할 때 사용한다.

★☆☆ 속
사랑은 내리사랑

㊤ 내리사랑은 있어도
치사랑은 없다

윗사람이 아랫사람을 사랑하기는 쉬워도 아랫사람이 윗사람을
사랑하기는 어렵다는 말이다.

Indicates even though it is easy for older people to love younger
people, it is difficult for younger people to love older people.

예 가: 우리 부모님께서는 내가 마흔 살이 다 되었는데도 이것저것
다 해 주고 싶어 하셔. 정작 나는 내 자식들한테 신경 쓰느라
부모님을 잘 못 챙기는데 말이야.

Even though I'm 40 now, my parents still want to do everything
for me. Actually, I can't take good care of my parents because
I have to take care of my own kids.

나: 우리 부모님도 그러셔. 그래서 **사랑은 내리사랑**이라고 하는 거야.

My parents are the same way. I guess that's what they call
parental love.

★☆☆ 관
십자가를 지다

다른 사람의 큰 죄나 고난, 책임 등을 대신 떠맡는다는 말이다.

Indicates that one shoulders the responsibility for someone else's
great sin or suffering.

예 가: 이번 일이 실패한 게 이 부장님의 잘못이 아닌데 회사를
그만두신다니 속상해요.

This failure wasn't Mr. Lee's fault, but seeing how he quit his
job makes me upset.

나: 그러니까 말이에요. 이 부장님께서 팀을 대표해 **십자가를
지고** 떠나시는 것 같아요.

Tell me about it. It seems like Mr. Lee represented his team
and took all the burden before he left.

🔍 성경에 예수님이 모든 사람의 죄를 대신해 십자가에 못 박혀 죽은 이야기가 나오는데
여기에서 유래한 표현이다. 누군가가 자신의 잘못이 아님에도 자진해서 다른 사람이
잘못한 일에 대해 책임을 지려고 할 때 사용한다.

★★★ 속
열 손가락 깨물어 안 아픈 손가락이 없다

(유) 다섯 손가락 깨물어서
아프지 않은 손가락이 없다

자식은 똑같이 다 귀하고 소중하다는 말이다.
Indicates that one's children are all equally precious.

예 가: 우리 엄마는 동생만 좋아하는 거 같아. 내가 동생하고 싸우면
항상 나만 혼내시거든.
My mom only seems to like my younger brother. If I fight with
him, she only ever scolds me.

나: **열 손가락 깨물어 안 아픈 손가락이 없다**고 그건 아닐 거야.
네가 형이니까 그러시는 거지.
Every child is dear to their parents, so I'm sure that's not it.
She probably does that because you're the older brother.

🔎 어느 부모든지 자식이 아무리 많아도 차별하지 않고 모두 공평하게 사랑한다고 말할
때 사용한다.

★★☆ 속
이웃이 사촌보다 낫다

친한 이웃이 먼 곳에 사는 친척보다 더 가깝고 도움이 된다는 말이다.
Indicates that a friendly neighbor is closer and more helpful than a
relative who lives far away.

예 가: 여보, 아까 내가 넘어져서 다리를 다쳤는데 옆집에 사는 지훈
엄마가 병원에 데려다줬어.
Honey, I fell and hurt my leg earlier, but Jihoon's mom from
next door brought me to the hospital.

나: 고맙네. **이웃이 사촌보다 낫다**고 하더니 우리가 좋은 이웃을
뒀어.
I'm grateful to her. They say that a close neighbor is better
than a distant cousin. We have some really good neighbors.

🔎 이웃은 남이지만 가까운 곳에 살다 보면 서로 돕기도 하고 먹을 것을 나누기도 하면서
정이 들게 된다. 그러면 멀리 사는 사촌보다 더 가깝게 지내게 되는데 여기에서 나온
표현이다.

★★☆ 관
콩깍지가 씌다

사랑에 빠진 대상의 모든 점이 좋게만 보일 때 사용한다.
Used when everything looks good about the person one is in love
with.

예 가: 수아는 자기 남자 친구가 세상에서 제일 멋있대.
Sooah says that her boyfriend is the coolest guy in the world.

나: 수아가 **콩깍지**가 단단히 씌었구나?
I guess Sooah is completely blinded by love.

🔎 콩깍지는 불투명하므로 이것으로 눈앞을 가리면 앞이 잘 보이지 않아 사물을 제대로
볼 수 없다. 이처럼 어떤 사람을 사랑하게 되면 상대방의 단점이 안 보이므로 그 사람에
대해 제대로 판단을 못하게 된다고 말할 때 사용한다.

★★★ ⑤
팔이 안으로 굽는다

혈연관계에 있거나 자신에게 가까운 사람의 편을 든다는 말이다.
Indicates that one takes the side of a blood relative or someone who is close to oneself.

> 예 가: 이거 누가 봐도 선생님 반 학생이 잘못한 거 아니에요?
> Any way you look at it, don't you think your student is the one who made a mistake?
>
> 나: 이 선생님, 아무리 **팔이 안으로 굽는다**고 해도 선생님 반 학생만 생각하지 말고 상황을 좀 객관적으로 보세요.
> Teacher Lee, the shirt may be nearer than the coat, but please don't only think of your own students and look at the situation a bit more objectively.

🔍 무슨 일이 생겼을 때 누군가가 서로의 잘잘못을 따지지 않고 무조건 가족이나 가까운 사람의 입장에서 말하거나 행동할 때 사용한다.

★☆☆ ⑤
품 안의 자식

🟣 자식도 품 안에 들 때 내 자식이지, 품 안에 있어야 자식이라

자식이 어렸을 때는 부모의 뜻을 따르지만 자라서는 자기 뜻대로 행동한다는 말이다.
Indicates that a child follows their parents' wishes while they are young, but when they grow up, they act according to their own wishes.

> 예 가: 하준이가 고등학교를 졸업하더니 이제 제 말은 아예 들으려고도 안 해요.
> Now that Hajoon graduated from high school, he doesn't even try to listen to what I say.
>
> 나: 어렸을 때나 **품 안의 자식**이에요. 저희 딸도 대학생이 되더니 이제 자기 생각대로만 하려고 해요.
> Children only listen while they're young. My daughter is a college student now, too, so now she only follows her own ideas.

✏️ '품'은 두 팔을 벌려서 안을 때의 가슴을 말한다.

🔍 보통 부모들이 자식이 자라면서 자신의 말을 듣지 않거나 제멋대로 행동할 때 사용한다.

★★☆ 속 피는 물보다 진하다

다른 어떤 것보다 혈육의 정이 깊다는 말이다.

Indicates that love for one's blood relatives is deeper than anything else.

예 가: 얼마 전에 한 고등학생이 아버지에게 간 이식을 해 줬다는 기사를 봤어요. 정말 대단하지 않아요?

　　Some time ago, I saw an article about a high school student who donated his liver to his father. Isn't that amazing?

나: 그래서 **피는 물보다 진하다**는 말이 있나 봐요.

　　I guess that's why they say that blood is thicker than water.

🔎 평소에 안 친한 것 같아 보이는 가족일지라도 가족 중 누군가에게 무슨 일이 생기면 서로 감싸면서 위해 주는 것이 당연하다는 말로 가족 간의 깊은 사랑을 표현할 때 사용한다.

★★☆ 관 한솥밥을 먹다

함께 생활하며 가족처럼 가깝게 지낸다는 말이다.

Indicates that people live together and get along closely, like a family.

예 가: 너랑 민수는 정말 친하구나.

　　You and Minsu are really close.

나: 응, 10년 동안 같이 자취하면서 **한솥밥을 먹다** 보니까 이제는 가족 같아.

　　Yeah, we've lived under the same roof and cooked for ourselves for 10 years, so we're like family now.

🔎 '우리는 사회에 나와 광고업계에서 한솥밥을 먹었다.'처럼 비슷하거나 동일한 업계에서 일할 때도 사용한다.

★★☆ 관

말을 맞추다

다른 사람과 말의 내용을 같게 한다는 말이다.

Indicates that one matches up what they say with someone else's words.

예 가: 엄마, 식탁 위에 있던 꽃병 우리가 깬 게 아니라 바람이 불어서 떨어진 거예요.

Mom, we didn't break the vase that was on the table. The wind made it fall.

나: 누나랑 **말을 맞췄니**? 둘이 똑같이 이야기하네.

Did you line up your story with your sister? You're both saying the same thing.

🔎 보통 다른 사람을 속이거나 잘못이나 실수를 들키지 않기 위해서 미리 서로의 말을 일치시킬 때 쓴다. 비슷한 의미로 '입을 맞추다'를 사용하기도 한다.

★★☆ 관

말이 통하다

서로 뜻이 맞는다는 말이다.

Indicates that two people are of the same opinion.

예 가: 이번 학과 행사는 선배님이 말씀하신 대로 진행할게요.

I'll proceed with the department event according to what you said.

나: 좋아. 이제야 너와 내가 **말이 통하는** 것 같아.

Good. It seems like you and I are finally on the same page.

🔎 '그 나라는 영어가 공용어이므로 영어만 잘하면 말이 통한다.'처럼 의사소통이 가능할 때도 사용한다.

머리를 맞대다

★★★ 〔관〕

어떤 일을 해결하기 위해서 서로 모여서 의논한다는 말이다.

Indicates that people gather and discuss with each other in order to resolve something.

예 가: 이번 신제품 공모전에서 우승하는 팀에게는 상금뿐만 아니라 해외 연수 기회도 제공한대요.

The team that wins the upcoming new product exhibition won't just receive prize money, they'll also receive the opportunity to attend an overseas training.

나: 그래요? 우리 다 같이 **머리를 맞대고** 신제품 아이디어를 모아 봅시다.

Really? Let's all put our heads together and think of some ideas for a new product.

🔎 비슷한 의미로 '얼굴을 맞대다'나 '머리를 모으다'를 사용하기도 한다.

발을 맞추다

★★☆ 〔관〕

하나의 목표나 방향을 향해 여러 사람이 행동이나 말 등을 일치시킨다는 말이다.

Indicates that multiple people match their actions or their words toward a single goal or direction.

예 가: 팀원들이 모두 **발을 맞춰도** 이번 일을 성공시키기가 쉽지 않아 보이는데 언제까지 이렇게 다투면서 시간 낭비만 할 겁니까?

Even if all our team members sync up with each other, it looks like it won't be easy for us to succeed at this task, but how long are you going to waste time arguing like this?

나: 이사님, 죄송합니다. 협력해서 해결책을 찾아보도록 하겠습니다.

We're sorry, Director. We'll work together to find a solution.

🔎 '그 회사는 최신 유행에 발을 맞춘 신제품을 출시했다.'처럼 이익을 얻기 위해 어떤 흐름에 맞출 때도 사용한다.

손발이 따로 놀다

★☆☆ 〔관〕

함께 일을 하는 사람 사이에 마음이나 의견, 행동 등이 맞지 않는다는 말이다.

Indicates that people who are doing something together do not have the same feelings, opinions, or actions.

예 가: 오늘 경기가 잘 안 풀리는 것 같은데요.

Today's game doesn't seem to be going well.

나: 네, **손발이 따로 노는** 선수들을 보니 오늘 경기에서 이기기는 쉽지 않아 보입니다.

Yes, seeing how the players lack unity, it looks like it won't be easy for them to win today's match.

🔎 보통 회사 업무, 공연, 운동 경기 등 여러 사람이 함께 팀을 이뤄서 하는 일에서 협동이 잘 이루어지지 않아 그 일이 제대로 되지 않을 때 사용한다.

★★★ 관
손발이 맞다

함께 일을 하는 사람 사이에 마음이나 의견, 행동 등이 서로 맞는다는 말이다.

Indicates that people who are doing something together share similar feelings, opinions, or actions.

예　가: 우리 **손발이** 정말 잘 **맞는** 것 같아요. 윤아 씨와 같이 일하는 게 즐거워요.

It seems like we really click well together. I enjoy working with you, Yoona.

　　나: 저도요. 우리 이번 프로젝트를 성공적으로 잘 마무리해 봐요.

I feel the same way. Let's successfully wrap up this project together.

🔍 강조할 때는 '손발이 척척 맞다'를 사용한다. 한편, 일을 할 때 마음이나 의견, 행동 등을 서로 맞게 할 때는 '손발을 맞추다'를 사용한다.

★☆☆ 관
손을 맞잡다

서로 뜻을 같이 하여 긴밀하게 협력한다는 말이다.

Indicates that like-minded people closely cooperate with each other.

예　가: 김 부장, 고객들 사이에서 신제품에 대한 기대가 높은데 언제 출시될 예정입니까?

Mr. Kim, customers have high expectations for this new product, but when is it scheduled to be released?

　　나: **손을 맞잡고** 일하던 협력사에 문제가 생겨서 올해는 출시되기 어려울 것 같습니다.

An issue arose at the partner company we were working with, so it seems like it will be difficult for the product to be launched this year.

🔍 보통 개인이 해결할 수 없는 큰 규모의 문제를 해결하기 위해 나라나 단체끼리 서로 협력할 때 사용한다. '두 손을 맞잡다'로 말하기도 한다.

★★★ 관
손을 잡다

서로 도와서 함께 일을 한다는 말이다.
Indicates that people help each other and work together.

예 가: 어려울 때일수록 서로 **손을 잡아야** 위기를 극복할 수 있다고 생각합니다.
I believe that the more difficult things are, the more we have to cooperate and work together in order to overcome the crisis.

나: 맞습니다. 지금 누구의 잘못인지 따지고 있을 때가 아닙니다.
That's right. Now is not the time to quarrel over who made a mistake.

🔎 서로 공통으로 가지고 있는 목표를 이루기 위해 힘을 합쳐 노력할 때 사용한다.

★★★ 관
입을 모으다

여러 사람이 어떤 일에 대해 똑같이 말할 때 사용한다.
Used when multiple people say the same thing about something.

예 가: 승원 씨, 왜 그렇게 손을 자주 씻어요? 방금 전에도 씻었잖아요.
Seungwon, why do you wash your hands so often? You just washed them a minute ago.

나: 요즘 감기가 유행이잖아요. 예방을 위해서는 손을 꼼꼼히 자주 씻는 것이 중요하다고 의사들이 **입을 모아** 말하더라고요.
Cold viruses are going around these days. Doctors all say that it's important to thoroughly wash your hands often in order to prevent catching a cold.

🖉 '입'은 사람이 하는 말이나 의견이라는 의미이다.
🔎 어떤 일에 대한 여러 사람의 의견이 같을 때 사용한다.

★☆☆ 관
죽이 맞다

서로 뜻이 통하거나 마음이 맞는다는 말이다.
Indicates that people agree with each other or share the same feelings.

예 가: 저희 부부는 지금까지 살면서 의견 차이로 다툰 적이 한 번도 없어요.
As a married couple, we've never fought even once over a difference in opinion until now.

나: 그래요? 부부가 **죽이 잘 맞는** 것보다 더 좋은 일이 없지요.
Really? There's nothing better than a married couple hitting it off with each other.

🔎 '죽'은 옷이나 그릇 등의 열 벌을 묶은 단위를 말한다. 예를 들어 옷이 10벌이 되어 딱 맞으면 한 죽이 됐다는 의미로 '죽이 맞다'라고 하는데 이처럼 두 사람의 뜻이나 행동이 잘 맞을 때 사용한다. 강조할 때는 '죽이 척척 맞다'를 사용하기도 한다.

한마음 한뜻

★★☆ 관

여러 사람의 마음과 뜻이 하나라는 말이다.

Indicates that multiple people are of one mind and opinion.

> 예 가: 우리가 **한마음 한뜻**으로 노력한다면 이번 대회에서 우승할 수 있을 거야.
>
> If we all make an effort together in unison, we'll be able to win this competition.
>
> 나: 맞아. 우리 최선을 다해 보자.
>
> That's right. Let's all do our best.

🔍 보통 '한마음 한뜻으로'의 형태로 쓰며, 고난이나 위기, 어려움 등을 극복하기 위해서 여러 사람이 힘을 모을 때 사용한다.

한배를 타다

★★★ 관

운명을 같이 한다는 말이다.

Indicates that people have the same fate.

> 예 가: 이번 일도 함께 하게 되어 다시 **한배를 타게** 되었네요. 잘 부탁드립니다.
>
> We're in the same boat working together again this time. I look forward to working with you.
>
> 나: 네, 저도 잘 부탁드립니다.
>
> Yes, I look forward to working with you, too.

✏️ '한배'는 같은 배를 말한다.

🔍 사람들이 같은 배에 타고 있다는 것은 서로 같은 상황에 놓여 있다는 의미가 된다. 이와 같이 누군가와 어떤 일을 같이 하며 운명 공동체가 될 때 사용한다.

호흡을 맞추다

★☆☆ 관

일을 할 때 서로의 행동이나 의향을 잘 알고 문제없이 일을 해 나갈 때 사용한다.

Used when people know each other's behavior or intentions and they work together without any issues.

> 예 가: 결혼을 진심으로 축하드립니다. 두 분이 어떻게 결혼하시게 됐는지 궁금해하시는 분들이 많은데 말씀해 주시겠습니까?
>
> I sincerely congratulate you on your marriage. Many people are curious to hear how you two ended up getting married. Would you please tell us about that process?
>
> 나: 축하해 주셔서 감사합니다. 같은 작품에서 **호흡을 맞추다** 보니 자연스럽게 가까워졌고 이렇게 결혼까지 하게 됐습니다.
>
> Thank you for congratulating us. Seeing how we worked together on the same project, we naturally grew close to each other and even ended up getting married like this.

🔍 '두 사람은 서로 눈빛만 봐도 알 수 있을 정도로 호흡이 잘 맞는다.'처럼 일을 할 때 서로의 생각과 뜻이 맞을 때는 '호흡이 맞다'를 사용한다.

10

상황·상태
Situations and Conditions

★★★ 속
가뭄에 콩 나듯 한다

어떤 일이나 물건이 아주 드물게 있다는 말이다.
Indicates that a certain event or object is very rare.

예 가: 요즘도 극장에 영화 보러 자주 가세요?
Are you still going to the theater to watch movies often these days?

나: 아니요. 아이가 생긴 이후로는 시간이 없어서 극장에 가는 일이 **가뭄에 콩 나듯 해요**.
No. Ever since I had a baby, I have no time, so going to the theater only happens once in a blue moon.

🔎 오랫동안 비가 오지 않으면 가뭄에 콩이 제대로 싹 트지 못하여 드문드문 싹이 난다. 이 모습에서 나온 표현으로 아주 가끔 생기는 일을 말할 때 사용한다.

★★★ 속
고래 싸움에 새우 등 터진다

힘센 사람들이 다투는 상황에서 힘이 없는 사람이 피해를 입는다는 말이다.
Indicates that in a situation where strong people are fighting, a weak person is injured.

예 가: 대형 마트들이 앞다투어 가격을 내리는 바람에 동네 슈퍼들이 피해를 입고 있다.
They say that small neighborhood supermarkets are suffering losses because large supermarkets are scrambling to lower their prices the most.

나: **고래 싸움에 새우 등 터진다더니** 대형 마트들 때문에 동네 슈퍼들이 망하게 생겼군.
They say that innocent bystanders get hurt in a fight, so small neighborhood stores are failing because of large supermarkets.

★☆☆ 속
귀에 걸면 귀걸이 코에 걸면 코걸이

사람에 따라서 같은 상황에 대한 해석이 달라질 수 있다는 말이다.
Indicates that people can interpret the same situation differently.

예 가: 이번에 정부에서 발표한 부동산 정책의 표현이 애매모호하다 보니 사람들이 자기들 마음대로 해석하는 것 같아요.
Seeing how the real estate policy that was recently announced by the government was written so vaguely, it seems like people are all interpreting it however they want.

나: 맞아요. **귀에 걸면 귀걸이 코에 걸면 코걸이** 식인 거지요.
That's right. People see things the way they want to see them.

🔎 일정한 원칙이 없이 그럴 듯한 말로 꾸며 놓아 사람에 따라 이렇게도 저렇게도 해석될 수 있음을 비유적으로 표현한 것이다.

★☆☆ 속
도끼로 제 발등 찍는다

다른 사람을 해치려고 한 일의 결과로 도리어 자기가 해를 입게 됐을 때 사용한다.

Used when one attempts to harm someone else, but oneself ends up suffering harm instead.

> **예** 가: 이 대리가 회사 기밀을 유출해서 돈을 벌려고 하다가 사실이 알려져서 해고당했다면서요?
>
> I heard that Mr. Lee leaked the company's confidential information in order to earn money, but when the truth was discovered, he ended up getting fired.
>
> 나: 그랬대요. **도끼로 제 발등 찍는다더니** 이 대리가 그런 셈이지요.
>
> That's what they say. I guess Mr. Lee ended up shooting himself in the foot.

🔎 나무를 베려고 도끼질을 하다가 잘못해서 자기의 발등을 찍는다는 말로 다른 사람에게 손해를 입히려다가 오히려 자기가 손해를 보게 됐을 때 사용한다.

★★☆ 관
도마 위에 오르다

어떤 것이 비판의 대상이 된다는 말이다.

Indicates that one becomes the subject of criticism about something.

> **예** 가: 뉴스에서 부정 선거 이야기가 끊임없이 나오고 있어요.
>
> They won't stop talking about the corrupt election on the news.
>
> 나: 이번에도 어김없이 부정 선거 문제가 **도마 위에 올랐군요.**
>
> I guess the issue of a rigged elections became the subject of criticism once again during this election.

🔎 어떤 대상이나 문제가 사람들의 입에 오르내리면서 이러쿵저러쿵 비판의 대상이 될 때 사용한다.

★★★ 관
물 건너가다

어떤 일의 상황이 이미 끝나 버려서 어떠한 조치도 할 수 없다는 말이다.

Indicates that a certain event or situation has already ended, so there is nothing one can do about it now.

> **예** 가: 아버지, 한 문제만 더 맞았어도 합격할 수 있었는데 너무 아까워요.
>
> Father, if I had just gotten one more question right, I would have passed. It's such a shame.
>
> 나: 이번 시험은 이미 **물 건너갔으니까** 너무 속상해하지 말고 다음 시험 준비나 열심히 해.
>
> This test is already water under the bridge, so don't be too upset and work hard to prepare for the next test.

🔎 옛날에는 지금처럼 교통수단이 발달되어 있지 않았으므로 누군가가 죄를 짓고 강이나 바다를 건너 한 마을이나 나라의 경계를 넘어가 버리면 잡거나 처벌할 수 있는 방법이 없었다. 여기에서 유래한 표현으로 보통 과거형으로 사용한다.

손에 넣다

★★☆ 관

㊌ 손아귀에 넣다,
　 손안에 넣다

무엇인가를 완전히 자기 소유로 만들거나 자기 통제 아래에 둔다는 말이다.

Indicates that one makes something completely their own, or one brings something under their control.

예 가: 내가 20년이 넘게 사고 싶었던 집을 **손에 넣게** 되었으니 이제 죽어도 여한이 없을 것 같구나.

I finally got my hands on the house that I wanted to buy for more than 20 years, so it feels like I can die in peace now.

나: 할아버지, 무슨 말씀이세요? 그토록 원하시던 집에서 오래 사셔야지요.

Grandfather, what are you saying? After you wanted the house that much, you have to live there for a long, long time.

✎ '손'은 원래 신체 부위 중 하나이지만 여기에서는 어떤 사람의 영향력이나 권한이 미치는 범위라는 의미로 사용되었다.

죽 쑤어 개 준다

★☆☆ 속

㊌ 죽 쑤어 개 좋은 일 하였다

열심히 노력한 일을 다른 사람에게 빼앗겼을 때 사용한다.

Used when someone else steals away something that one worked hard on.

예 가: 승원 씨가 내가 쓴 제안서를 사장님 앞에서 마치 자기가 쓴 것처럼 발표하더라고. 내가 쓴 제안서인데 어떻게 그럴 수가 있어?

Seungwon presented the proposal that I wrote to the boss as if he had written it himself. I write that proposal. How could he do that?

나: **죽 쑤어 개 준** 꼴이 됐네. 승원 씨가 너무했다.

You did all the work, but someone else got all the credit. Seungwon went too far.

🔍 오랜 시간 정성을 들여서 끓인 죽을 사람이 아닌 개에게 주었다는 말로 애써서 한 일이 엉뚱한 사람에게 좋은 일을 한 결과가 되었을 때도 사용한다.

★★☆ 괜
파김치가 되다

몹시 지치고 피곤한 상태가 되었다는 말이다.
Indicates that one becomes extremely worn-out and exhausted.

예 가: 오랜만에 여행을 오니까 구경할 게 너무 많아요. 저쪽도 보러
　　　가요.
　　　Now that I'm traveling for the first time in a while, there are so
　　　many things to see. Let's go look over there.

　　나: 제시카 씨 따라 여기저기를 다녔더니 저는 벌써 **파김치가**
　　　되었어요. 좀 쉬었다 가요.
　　　I'm already wiped out after following you around everywhere,
　　　Jessica. Let's rest a bit before we go.

🔍 파로 김치를 담그면 양념이 잦아들면서 뻣뻣했던 파가 풀이 죽은 상태가 되는데
　여기에서 나온 표현이다. 비슷한 의미로 '녹초가 되다'를 사용하기도 한다.

★☆☆ 괜
학을 떼다
🔢 학질을 떼다

너무 괴롭거나 어려운 상황을 벗어나기 위해 매우 애를 쓸 때 사용한다.
Used when one makes a great effort in order to escape from a
very distressing or difficult situation.

예 가: 수아가 너한테 무슨 일이 있는지 얼마나 꼬치꼬치 캐묻던지
　　　학을 떴다니까.
　　　Sooah kept nosily asking if something had happened to you.
　　　I could barely get away from her.

　　나: 비밀을 지켜 줘서 고마워. 내가 많이 아프다는 사실은 당분간
　　　아무에게도 알리고 싶지 않아.
　　　Thank you for keeping my secret. For now, I don't want
　　　anyone to know that I was really sick.

🔍 '학'은 학질을 의미하며 지금의 말라리아를 말한다. 옛날에는 이 병에 걸리면 회복되기
　아주 힘들었고 죽는 확률도 높았다. 이런 학질처럼 너무 힘들어서 다시는 겪고 싶지
　않은 일, 질려 버린 일을 말할 때 사용한다.

★☆☆ 괜
한풀 꺾이다
🔢 한풀 죽다

한창 좋던 기세나 의지가 어느 정도 약해지거나 줄었다는 말이다.
Indicates that a force or will that was once strong is weakened or
reduced to a certain extent.

예 가: 오늘은 좀 선선해졌지요?
　　　It's cooled off a bit today, right?

　　나: 네, 이제 더위가 **한풀 꺾인** 것 같아요. 올여름도 벌써 다 갔어요.
　　　Yes. It seems like the heat has let up now. This summer is
　　　already over.

🔍 옛날에는 옷이나 이불을 빨고 나면 새 옷감처럼 펴기 위해서 천에 풀을 먹였다. 이 풀이
　마르면 천이 뻣뻣해지면서 쉽게 구겨지지가 않았다. 그러다 시간이 지나면 뻣뻣하던
　천에 풀 기운이 없어지면서 옷감이나 이불이 흐물흐물해졌는데 여기에서 유래된
　표현이다.

★★☆ 괜
햇빛을 보다

무엇이 세상에 알려져 좋은 평가를 받는다는 말이다.
Indicates that something has been revealed to the world and is
being viewed favorably.

예 가: 교수님 덕분에 한국 문학을 대표하는 문인들의 숨은 작품들이
　　햇빛을 보게 되었는데요. 자료 수집이 힘들지 않으셨는지요?
　　Thanks to you, Professor, the hidden works of Korean
　　literature's representative writers have been brought to light.
　　Wasn't it difficult to gather documents?

나: 힘들기보다는 숨겨져 있던 작품들을 발견할 때마다 아주
　　기뻤습니다.
　　More than being difficult, every time I discovered hidden
　　works, I was very happy.

★★☆ 괜
획을 긋다

어떤 범위나 시기를 분명하게 구분 짓는다는 말이다.
Indicates that one clearly defines a certain scope or period of time.

예 가: 에디슨이 축음기를 발명한 것은 인류 역사에 한 **획을 긋는**
　　큰 사건이었지요.
　　Edison's invention of the phonograph was a huge incident that
　　marked a turning point in history.

나: 맞아요. 만약 축음기가 발명이 안 되었다면 듣고 싶은 음악을
　　아무 때나 들을 수 없었을 거예요.
　　That's right. If the phonograph hadn't been invented, we
　　wouldn't have been able to listen to music any time we want.

🔍 '이 일은 역사에 한 획을 긋게 되었다.'처럼 보통 역사적으로 중요하게 인정을 받아
　　역사의 한 부분으로 자리 잡은 사건이나 발명 등을 말할 때 사용한다.

곤란 Hardships

★★★ 관
가시방석에 앉다

불안하거나 초조한 느낌이 든다는 말이다.
Indicates that one feels anxious or nervous.

예 가: 누나, 엄마랑 아빠가 싸우셔서 분위기가 너무 안 좋아.
Sis, the atmosphere is really bad because mom and dad had a fight.

나: 그러게. 마치 **가시방석에 앉아** 있는 것 같아.
I think so too. I feel like I'm on pins and needles.

★★☆ 관
고개를 돌리다

어떤 사람이나 일, 상황 등을 외면한다는 말이다.
Indicates that one disregards a certain person, occurrence, or situation.

예 가: 아직도 전세금이 해결이 안 됐어요?
You still haven't figured out how to pay your housing deposit?

나: 네. 죄송합니다. 주변 사람들에게 도움을 청했는데 모두 **고개를 돌리더라고요.**
No, I'm sorry. I asked for help from people I know, but they all turned their heads away.

🔎 '길에 사람이 쓰러져 있는데도 사람들이 모두 고개를 돌리고 가 버렸어요.'처럼 어떤 일을 보고도 못 본 척할 때도 사용한다.

★★☆ 관
귀가 따갑다

유 귀가 아프다

어떤 소리가 너무 날카롭고 커서 듣기 괴롭다는 말이다.
Indicates that a certain sound is so sharp and loud that it is distressing to hear.

예 가: 윗집은 공사를 언제까지 한대? 공사 소리 때문에 **귀가** 너무 **따가워.**
How long are they going to be doing construction in the apartment above us? I'm so tired of hearing all the construction noise.

나: 나도 시끄러워 죽겠어. 원래 지난주까지 한다고 했는데 아직 안 끝났나 봐.
The noise is killing me, too. Originally, they said it would only go until last week, but it looks like they're still not done.

🔎 '귀가 따가우니 제발 잔소리 좀 그만하세요.'처럼 잔소리나 충고 같은 것을 너무 많이 들어서 이제는 더 이상 듣고 싶지 않다고 말할 때도 사용한다.

★★☆ 괜
귀신이 곡하다

어떻게 된 일인지 도무지 상황을 알 수가 없다는 말이다.
Indicates that one is unable to know at all how something happened.

예 가: 서랍에 넣어 두었던 지갑이 어디 갔지? 아무리 찾아도 없으니 **귀신이 곡하겠네**.
I put my wallet in the drawer, but where did it go? No matter how hard I look for it, I can't find it at all.

나: 서랍에 둔 지갑이 어디를 갔겠니? 다시 잘 찾아봐.
If you put in the drawer, where could it have gone? Try looking again.

🔍 비슷한 의미로 '귀신이 곡할 노릇이다'를 사용하기도 한다.

★☆☆ 괜
귀에 들어가다

어떤 소식이 다른 사람에게 알려진다는 말이다.
Indicates that someone else learns of a certain piece of news.

예 가: 막내가 친구에게 사기당한 사실을 아버지도 알고 계세요?
Does father know that the youngest child was swindled by his friend?

나: 아니, 아버지 **귀에 들어가면** 큰일 나!
No. That would be a disaster if that news will reach your father's ears.

🔍 보통 아무에게도 알리고 싶지 않은 사실을 누군가가 알게 될 때 사용한다.

★★☆ 속
까마귀 날자 배 떨어진다

아무 상관 없는 일이 우연히 순차적으로 발생해서 아무 관계 없는 사람이 관계가 있는 것으로 의심을 받게 될 때 사용한다.
Used when events without any connection coincidentally occur in succession, so people who have no connection at all are suspected to have a connection.

예 가: 아까 형이 내 방에 들어왔을 때 컴퓨터에서 갑자기 게임 광고가 뜬 거야. 형이 그걸 보고 게임만 한다고 뭐라고 해서 너무 억울했어.
Earlier, when my older brother came into my room, an advertisement for a video game suddenly popped up on my computer. He saw it and went on about how all I do is play video games. It was so unfair.

나: **까마귀 날자 배 떨어진다**고 오해하기 딱 좋은 상황이었네.
It was exactly the kind of situation where a misunderstanding was caused by a pure coincidence.

🔍 까마귀가 배나무 가지에 앉아 있다가 날아오르자 배가 떨어졌다. 이를 본 사람들은 까마귀 때문에 배가 떨어졌다고 의심했다. 까마귀는 배가 떨어진 것과 전혀 상관이 없음에도 의심을 받는 억울한 상황이 된 것이다. 이처럼 자신이 한 일이 아닌데도 뭔가 오해를 받거나 억울한 일이 생길 때 사용한다.

★☆☆ 속
눈 뜨고 코 베어 갈 세상

유 눈을 떠도 코 베어 간다,
눈 뜨고 코 베어 간다,
눈 뜨고 코 베어 갈 인심

두 눈을 멀쩡히 뜨고 있어도 코를 베어 갈 만큼 세상인심이 아주
고약하다는 말이다.
Indicates that the world is so foul that one's nose could be cut off
and stolen even when their eyes are wide open.

예 가: **눈 뜨고 코 베어 갈 세상**이니 여행 가서 소매치기 당하지 않게
조심해. 특히 뒷주머니에 지갑 넣고 다니지 말고.
It's a dog-eat-dog world out there, so be careful not to get
pickpocketed while you're traveling. In particular, don't go
around with your wallet in your back pocket.

나: 알겠어요. 항상 조심할게요.
Alright. I'll always be careful.

★★☆ 관
눈칫밥을 먹다

다른 사람의 말이나 행동에 신경을 쓰느라 기를 펴지 못하고 불편하게
생활한다는 말이다.
Indicates that one worries about other people's words or behavior,
so they cannot relax and live in anxiety.

예 가: 아이를 데리고 외식하러 가면 아이가 조금만 시끄럽게 해도
주변 사람들이 눈치를 줘서 **눈칫밥을 먹게** 되더라고요.
When I bring my child when I go out to eat, if my child is even
a little bit noisy, the people around us all give us the side-eye,
so I feel so self-conscious.

나: 맞아요. 그게 아이를 키우면서 느끼는 또 하나의 어려움인 것
같아요.
That's right. That seems to be yet another difficulty that one
feels while raising children.

🔎 누군가가 다른 사람의 기분을 살피느라 마음껏 먹지도, 마시지도 못할 만큼 불편한
상황에 놓여있을 때 사용한다.

★☆☆ 관
덜미를 잡히다

못된 일을 꾸미다가 다른 사람에게 발각되었을 때 사용한다.
Used when one schemes to do something wrong, but is caught
by someone else.

예 가: 빈집만 골라서 도둑질을 하던 사람이 드디어 잡혔군요.
So they finally caught the person who was stealing from
houses where no one was home.

나: 네. 아파트 내에 있던 감시 카메라에 포착되어 경찰에 **덜미를
잡혔대요.**
Yes. He was caught on a security camera inside an apartment,
so the police caught him red-handed.

✏ '덜미'는 몸의 뒤쪽이라는 의미이다.

🔎 누군가가 다른 사람의 약점을 쥐고 꼼짝 못하게 할 때는 '덜미를 잡다'를 사용한다.

★★☆ 관
독 안에 든 쥐

유 덫 안에 든 쥐

곤란하고 어려운 상황에서 벗어날 수 없는 처지를 나타낼 때 사용한다.
Used when one is in a position where they are unable to escape from a troubling and difficult situation.

예 가: 범인을 잡을 수 있을 것 같습니까?
　　Does it seem like you'll be able to catch the criminal?

　　나: 네. 범인 주위를 완전히 포위했습니다. 범인은 이제 **독 안에 든 쥐입니다.**
　　Yes. We've completely surrounded the criminal. He's a rat in a trap now.

🔍 요리조리 잘 피해 다니는 쥐도 독 안에 갇히면 빠져나올 수 없으므로 꼼짝없이 죽은 목숨이 된다. 이처럼 누군가가 아무리 애써도 벗어나지 못하고 꼼짝할 수 없는 상황에 놓였을 때 사용한다.

★★☆ 관
된서리를 맞다

아주 심한 재앙이나 억압을 당한다는 말이다.
Indicates that one undergoes a very severe disaster or oppression.

예 가: 계속되는 경기 침체로 **된서리를 맞아** 운영이 어려워진 회사가 많대요.
　　They say that there are many companies struggling to operate after being hit hard by the economic recession.

　　나: 아닌 게 아니라 저희 아버지께서 운영하시던 회사도 부도 위기에 처하게 됐어요.
　　Actually, the company that my father runs is also on the verge of bankruptcy.

✏ '된서리'는 늦가을에 몹시 심하게 내리는 서리라는 의미이다.

🔍 곡식이나 채소가 서리를 맞으면 시들어서 죽어 가게 된다. 이처럼 누군가가 갑자기 큰 피해나 타격을 입었을 때 사용한다.

★☆☆ 관
뜨거운 맛을 보다

심하게 혼이 나거나 어려움을 겪는다는 말이다.
Indicates that one is having an extremely hard time or experiencing great difficulty.

예 가: 다들 사업은 아무나 하는 게 아니라고 말릴 때 그 말을 들을 걸 그랬어. 나는 왜 꼭 **뜨거운 맛을 봐야** 정신을 차릴까?
　　I should have listened when everyone told me that running a business is no joke and tried to stop me. Why do I always have to get burned before I come to my senses?

　　나: 세상에는 직접 겪어 봐야 알게 되는 일들이 있잖아. 너무 속상해하지 마.
　　There are some things in this world that one has to personally experience in order to learn. Don't be too upset.

🔍 뜨거운 음식을 먹으면 입안이 뜨거워서 매우 힘들다. 이처럼 누군가가 정신적 또는 육체적으로 힘든 일을 겪을 때 사용한다.

★★☆ 괜
막다른 골목

유 막다른 골

더 이상 어떻게 할 수 없는 절망적인 상태를 나타낼 때 사용한다.
Used when one is in a desperate situation where there is nothing
else they can do.

예 가: 무역 전쟁으로 인해 두 나라의 관계가 점차 **막다른 골목으로**
치닫고 있습니다.
The relationship between these two countries is reaching a
dead end due to the trade war.

나: 두 나라가 서로 조금씩 양보해 하루빨리 관계가 회복되었으면
좋겠습니다.
It would be great if both countries could concede to each other
bit by bit and restore their relationship as soon as possible.

🔎 보통 '막다른 골목으로 치닫다' 혹은 '막다른 골목으로 몰리다'의 형태로 사용한다.

★☆☆ 괜
말이 나다

비밀스러운 일이 다른 사람들에게 알려진다는 말이다.
Indicates that something secret becomes known by other people.

예 가: 우리 회사가 경쟁사를 합병하게 됐다는 사실이 직원들한테는
아직 알려지면 안 되니까 입조심하세요.
The fact that our company is going to be merged with our rival
company hasn't been made known to the employees yet, so
be careful what you say.

나: 벌써 **말이 난** 것 같습니다. 몇몇 직원들은 알고 있더라고요.
It seems like word has already spread. A few employees
already know.

🔎 '말이 난 김에 얘기하는데' 혹은 '말이 났으니까 말인데'의 형태로 쓰여 누군가가 어떤
이야기를 시작할 때도 사용한다.

★☆☆ 괜
목숨이 왔다 갔다
하다

매우 위험한 상황에 놓여 있다는 말이다.
Indicates that one is in an extremely dangerous situation.

예 가: 암벽 등반은 **목숨이 왔다 갔다** 할 정도로 위험한 것 같은데
사람들이 왜 하는지 모르겠어. 가끔 떨어져서 다치거나 죽는
사람들도 있다는데 말이야.
Rock climbing seems like a life-and-death situation, but I don't
understand why people do it. Sometimes there are people
who fall and get injured or die.

나: 그래서 하는 거 아닐까? 위험한 만큼 스릴이 있잖아.
Don't you think that's why they do it? It's as thrilling as it is
dangerous.

★☆☆ 속

물에 빠지면 지푸라기라도 잡는다

(유) 물에 빠지면 지푸라기라도 움켜쥔다

절망적이고 위급한 상황이 되면 그 상황을 벗어나기 위해 어떤 행동이라도 한다는 말이다.

Indicates if one is in a desperate and urgent situation, one will do anything in order to escape from that situation.

예 가: 여보, 기어코 그 약을 산 거예요? 그 약은 안전성이 입증이 안 돼서 위험하다고 말했잖아요.

Honey, you bought that medicine anyway? I told you, that medicine hasn't been proven to be safe, so it's dangerous.

나: **물에 빠지면 지푸라기라도 잡는다고** 이 약이 어머니의 병을 낫게 할 수도 있다니까 한번 믿어 봅시다.

They say that a drowning man will catch at straws. This medicine could cure my mother's disease, so let's try trusting it.

★★☆ 속

바람 앞의 등불

매우 위태롭고 불안한 처지를 나타낼 때 사용한다.

Used when one is in an extremely perilous and insecure position.

예 가: 몇 달 동안 월급을 못 받고 있는데 집주인이 전세금까지 올려 달라고 해서 요즘 죽을 맛이에요. 전세금을 못 올려 주면 집을 비워 줘야 하는데 어쩌지요?

I haven't gotten paid for several months, but my landlord is asking me to raise my housing deposit, so I feel like I'm dying these days. If I can't afford it, I'll have to vacate my house. What should I do?

나: 아이고, **바람 앞의 등불** 같은 신세군요. 사장님한테 밀린 월급 좀 달라고 해 보세요.

Gosh, you're like a candle in the wind. Try asking your boss to pay you the wages he owes you.

🔍 바람 앞의 등잔불은 언제 꺼질지 몰라 껌벅거리며 나부낀다. 이처럼 상황이 좋지 않아 어떤 사람의 운명이 어떻게 될지 모를 정도로 매우 급박한 처지에 놓여 있을 때 사용한다.

★☆☆ 관

숨이 넘어가는 소리

몹시 다급하여 급하게 내는 소리를 나타낼 때 사용한다.

Used when something is extremely urgent and one hastily makes a noise.

예 가: 엄마, 좀 일어나 보세요. 빨리요. 밖에서 이상한 소리가 나요.

Mom, get up. Hurry. There's a weird sound coming from outside.

나: 무슨 소리가 난다고 그렇게 **숨이 넘어가는 소리**를 하고 그래?

What kind of sound is it to make you so out of breath?

🔍 누군가가 예상하지 못한 일이 생겨 숨도 못 쉴 정도로 매우 다급하게 말할 때 사용한다.

★☆☆ 型

오도 가도 못하다

유 가도 오도 못하다

이러지도 저러지도 못하는 상태가 되었을 때 사용한다.

Used when one is in a situation where one is unable to do anything or go anywhere.

예 가: 윤아가 이번 모임에는 올 수 있대?

Can Yoona come to the upcoming meeting?

　　나: 잘 모르겠어. 아버지가 며칠 전에 쓰러지셔서 병간호하느라고 **계속 오도 가도 못하고** 있다고 하더라고.

I'm not sure. She said she's caring for her father who collapsed a few days ago, so she's constantly unable to go anywhere.

🔎 '갑자기 폭우가 쏟아져서 오도 가도 못하고 있어요.'처럼 한 곳에서 다른 곳으로 자리를 옮기거나 움직일 수 없는 상태가 되었을 때도 사용한다.

★☆☆ 型

파리 목숨

다른 사람에게 손쉽게 죽음을 당할 만큼 보잘것없는 목숨을 나타낼 때 사용한다.

Used when one's life is so trivial that they are easily killed by another person.

예 가: 산업 현장에서 또 사고가 발생했다면서요? 안전 규정이나 사고 보상 대책이 너무 부족한 것 같아요.

I heard that another accident happened at the industrial site. It seems like security regulations or accident compensation policies are really lacking.

　　나: 그러게요. 사람 목숨을 **파리 목숨처럼** 여기고 있군요.

Seriously. I guess they consider people's lives to be cheap.

🔎 파리는 지저분하고 사람들을 귀찮게 하므로 사람들이 파리의 목숨을 귀하게 여기지 않고 쫓거나 쉽게 죽이는데 여기에서 나온 표현이다.

문제·문제 해결 Problems and Problem Solving

Track 041

★★★ 속
갈수록 태산

유 갈수록 심산

가면 갈수록 더욱 어려운 상황에 처하게 된다는 말이다.
Indicates that one faces increasingly difficult situations as they go.

예 가: 최근 들어 작년 우승 팀의 성적이 부진한데 이번 시즌에도 우승이 가능하다고 보십니까?
As of late, the team that won last year is not doing very well. Do you think it's possible for them to win again this season?

나: 글쎄요. 갑자기 교체된 감독이 아직 선수들과 호흡이 맞지 않는데다가 선수들의 부상도 잇따르고 있어 **갈수록 태산인** 상황입니다.
I'm not sure. The new coach who suddenly replaced the old one still isn't clicking with the players, and the players keep getting hurt one after another. They're going from the frying pan into the fire.

🔎 어떤 일이나 상황이 순조롭게 풀리지 않고 점점 어렵게 꼬일 때 사용한다. 비슷한 의미로 '산 넘어 산이다'를 사용하기도 한다.

★★★ 관
골치가 아프다

유 골머리가 아프다

어떤 일이나 사태를 해결하기가 귀찮거나 어렵다는 말이다.
Indicates that resolving a certain task or situation is bothersome or difficult.

예 가: 화장실과 집안 곳곳에 곰팡이가 생겨서 어떻게 없애야 할지 **골치가 아파요.**
Mold has appeared all over the bathroom and the inside of my house. Trying to get rid of it is such a headache.

나: 이번 주말에 같이 대청소를 합시다. 곰팡이가 있으면 냄새도 심하고 피부에도 안 좋으니까 빨리 없애는 게 좋겠어요.
Let's do a thorough cleaning together this weekend. If there's mold in the house, it smells bad and it's not good for our skin, so it'd be good to get rid of it quickly.

✍ '골치'는 머리를 속되게 이르는 말이다.

★☆☆ 관
굴레를 벗다

구속이나 통제에서 벗어나 자유롭게 된다는 말이다.
Indicates that one escapes from restraints or control and becomes free.

> 예 가: 조선 시대에는 신분의 **굴레를 벗기** 위해 노비들이 끊임없이 도망을 갔다고 해요.
> They say that during the Joseon Dynasty, slaves endlessly fled in order to escape their position.
>
> 나: 얼마나 자유로운 세상에서 살고 싶었겠어요?
> Just imagine how much they wanted to live in a free world.

✎ '굴레'는 원래 고삐에 걸쳐 얽어매는 줄이라는 의미지만 여기에서는 자유롭지 않거나 무엇인가에 구속되는 것이라는 의미로 사용되었다.

🔍 누군가를 자유롭게 활동하지 못하도록 구속할 때는 '굴레를 씌우다'를 사용한다.

★★★ 속
내 코가 석 자

유 제 코가 석 자

자기 사정이 급하고 어려워서 다른 사람을 돌볼 여유가 없다는 말이다.
Indicates that one's own situation is urgent and difficult, so they cannot afford to look after others.

> 예 가: 태현아. 내일까지 보고서를 제출해야 하는데 이것 좀 도와주면 안 될까?
> Taehyun, I have to submit this report by tomorrow. Could you help me out?
>
> 나: 나도 **내 코가 석 자야**. 내일까지 마감해야 할 과제가 한가득 있거든.
> I have my own fish to fry. I have a ton of assignments I have to finish by tomorrow.

🔍 '자'는 길이의 단위인데 '한 자'는 약 30cm 정도 된다. 그래서 '석 자'는 약 100cm쯤 된다. 자신의 콧물이 석 자나 되게 길게 나왔으나 닦지 못하는 상황으로 다른 사람을 걱정하거나 도와줄 여력이 없을 때 사용한다.

★★★ 관
발목을 잡히다

어떤 일에 꼭 잡혀서 벗어나지 못한다는 말이다.
Indicates that one is tightly trapped and unable to escape from something.

> 예 가: 승원 씨, 주말에 마크 씨 결혼식에 갈 거예요?
> Seungwon, are you going to attend Mark's wedding this weekend?
>
> 나: 아무래도 회사 일에 **발목을 잡혀서** 못 갈 것 같아요. 지원 씨가 제 대신 축의금 좀 전해 주세요.
> I'm already bogged down with work, so I don't think I'll be able to go. Please deliver my money gift to him for me, Jiwon.

🔍 어떤 사람이나 일 때문에 다른 일을 전혀 할 수 없을 때 사용한다. 비슷한 의미로 '발목이 잡히다'를 쓰며, 누군가를 어떤 일에서 벗어나지 못하게 할 때는 '발목을 잡다'를 사용한다.

★★☆ 관
발이 묶이다

몸을 움직일 수 없거나 어떤 일을 할 수 없는 상황이 된다는 말이다.
Indicates that one is unable to move their body, or one is in a situation where they are unable to do anything.

예 가: 눈이 언제까지 올까? 몇 시간째 **발이 묶여** 산을 못 내려가고 있으니 답답하네.
How long is it going to keep snowing? We've been stranded and unable to go down the mountain for hours. It's so frustrating.

나: 그러게나 말이야. 그래도 아까보다는 눈이 좀 적게 내리니 조금만 더 기다려 보자.
Tell me about it. Even so, there's a bit less snow falling than earlier, so let's wait just a bit longer.

🔎 '투수가 타자들의 발을 묶어 버렸다.'처럼 다른 사람이 어떤 행동을 못 하게 할 때는 '발을 묶다'를 사용한다.

★★☆ 관
벼랑에 몰리다

위험한 상황에 빠지거나 놓이게 될 때 사용한다.
Used when one falls or is put into a dangerous situation.

예 가: 계속되는 경기 침체로 우리 같은 자영업자들이 **벼랑에 몰려** 있는데 해결 방법은 없고 정말로 답답하네요.
Independent businesses like ours are being driven to the edge of a cliff by the continuing economic recession, but there's no solution. It's really frustrating.

나: 맞아요. 차라리 폐업을 하는 게 나을 것 같아요.
That's right. It seems like it would be better to just go out of business.

🔎 비슷한 의미로 '구석에 몰리다', '벼랑 끝에 몰리다' 혹은 '벼랑에 서다'를 사용하기도 한다.

★★★ 관
벽에 부딪치다

장애나 어려움을 만나게 될 때 사용한다.
Used when one encounters failure or difficulty.

예 가: 이번에 소방 공무원 시험에서 서류 합격자 중 40%가 체력 시험에서 떨어졌대요.
They say that among the applicants who passed the document screening stage of the firefighter exam, 40% failed the physical fitness test.

나: 어려운 서류 전형에 통과하고도 체력의 **벽에 부딪쳐서** 합격을 못했으니 떨어진 사람들은 너무 안타깝겠어요.
The people who didn't pass because they ran into the wall of the fitness test even though they passed the difficult document screening process must be so disappointed.

✐ '벽'은 원래 집이나 방의 둘레를 단단하게 막고 있는 부분이라는 의미지만 여기에서는 이겨 내기 어려운 사실이나 상황이라는 의미로 사용되었다.

★☆☆ 관
빼도 박도 못하다

일이 몹시 난처하게 되어서 계속할 수도 그만둘 수도 없다는 말이다.

Indicates that something has become extremely awkward, so one is continuously unable to do anything but also unable to stop it.

예 가: 얼마 전에 집 근처에 있는 헬스클럽 1년 회원권을 끊었는데 지방으로 전근을 가게 됐어요. 취소나 환불도 안 되고 **빼도 박도 못하는** 상황이 돼 버렸어요.

Not long ago, I bought a 1-year membership to a gym close to my house, but then I got transferred to a rural area. I can't cancel it or get a refund, so I'm stuck between a rock and a hard place.

나: 다른 사람에게 양도하는 것도 안 돼요? 한번 알아보세요.

Can you transfer the membership to someone else? Try asking them.

🔎 어떤 일을 계속 하기도 애매하고 중단하기도 애매해서 그 일의 지속 여부를 판단하기 쉽지 않을 때 사용한다. 원래 '빼지도 박지도 못하다'였는데 '빼도 박도 못하다'의 형태로 굳어져서 사용되고 있다.

★☆☆ 관
숨이 가쁘다

어떤 일이 조금의 여유도 없이 매우 바쁘거나 급하다는 말이다.

Indicates that one is extremely busy or in a rush, without even a little bit of breathing room.

예 가: 교수님께서 다음 주부터 새로운 프로젝트를 시작하자고 하시네.

Professor told us that we should start a new project next week.

나: 지금 하고 있는 일만으로도 **숨이 가쁜데** 또 새 프로젝트를 시작한다는 말이야?

We're already pressed for time just with the work we're doing right now, but she's starting another new project?

🔎 '2주 후에 있는 공무원 시험만 생각하면 숨이 가빠져요.'처럼 어떤 일에 짓눌려 매우 답답함을 느낄 때도 사용한다.

★☆☆ 관
숨통을 틔우다

답답한 일을 해결한다는 말이다.

Indicates that one resolves something that was frustrating.

예 가: 출퇴근 시간도 아닌데 길이 왜 이렇게 막히죠?

It's not even rush hour right now. Why is traffic so backed up?

나: 아까 라디오에서 들었는데 상습적으로 막히는 구간의 **숨통을 틔우기** 위해 시에서 도로 개선 공사를 시작했대요.

I heard on the radio earlier that the city started construction to improve the roads in order to open up the routes that usually get jammed with traffic.

🔎 '정부가 자금을 지원하면서 중소기업들의 숨통이 조금은 트이게 되었다.'처럼 답답한 상황에서 벗어났을 때는 '숨통이 트이다'를 사용한다.

★★★ 속

가는 날이 장날

유 가던 날이 장날

어떤 일을 하려고 하는데 공교롭게 뜻하지 않은 일이 생긴다는 말이다.

Indicates that one intends to do a certain task, but something unexpected comes up.

예 가: **찜질방에 간다더니 왜 그냥 와요?**

You said you were going to the sauna, but why did you just come back?

나: **가는 날이 장날**이라고 오늘부터 3일 동안 내부 수리를 한대요.

As luck would have it, starting today, they're doing repairs inside for 3 days.

🔍 주로 계획한 일이 예상치 못한 일에 부딪혀 허탕을 치게 됐을 때 사용한다.

☆☆☆ 관

같은 물에 놀다

사람들이 같은 환경에서 어울려 다니면서 같은 행동을 한다는 말이다.

Indicates that people group together and do the same activity in the same environment.

예 가: 지훈아. 친구를 사귈 때는 항상 조심해야 돼. 나쁜 친구들과 **같은 물에 놀다**가는 나중에 분명히 후회하게 될 테니까.

Jihoon, you always have to be careful when making friends. If you hang around with bad friends, you'll definitely regret it later.

나: 알겠어요. 아버지. 저도 이제 고등학생이라 그 정도는 알아요. 걱정하지 마세요.

Alright, Father. Now that I'm a high schooler, I know that much. Don't worry.

★☆☆ 관
구색을 맞추다

여러 가지가 골고루 갖추어지게 한다는 말이다.
Indicates that one does something in a way that evenly distributes multiple things.

예 가: 우와! 집안을 정말 잘 꾸미셨네요. 이사하고 이렇게 꾸미느라 고생 많으셨겠어요.
Wow! You really decorated the interior of your house well. You really worked hard moving and decorating like this.

나: 네. 결혼하고 처음 장만한 집이라 **구색을 맞추려고** 신경을 좀 썼어요.
Yes, we got married and bought our first house, so I put a lot of care into using a wide range of decorations.

🔎 어떤 일을 보기 좋도록 절차나 형식에 맞춰 신경 써서 할 때 쓴다. 한편, 여러 가지가 골고루 갖추어져 있을 때는 '구색이 맞다'를 사용한다.

★☆☆ 관
귀청이 떨어지다

유 귀청이 찢어지다, 귀청이 터지다

소리가 매우 클 때 사용한다.
Used when a sound is extremely loud.

예 가: 왜 그렇게 기진맥진해 있어요?
Why are you so worn out?

나: 아이들이 얼마나 시끄럽게 떠드는지 온종일 **귀청이 떨어지는** 줄 알았어요. 아이들이 잠이 드니까 좀 살겠네요.
The kids have been making so much noise all day that I thought my eardrums would burst. Now that the kids are sleeping, I feel like I'm alive again.

✏️ '귀청'은 고막과 같은 말로 소리를 들을 수 있게 하는 귓구멍 안쪽의 얇은 막을 말한다.

🔎 '귀청이 떨어질 것 같으니까 좀 조용히 해 주세요.'처럼 어떤 소리가 너무 커서 듣기 싫으니까 좀 작게 말하거나 조용히 해 달라고 말할 때도 사용한다.

★☆☆ 관
그림자 하나 얼씬하지 않다

어떤 장소에 한 사람도 나타나지 않을 때 사용한다.
Used when not even a single person appears in a certain place.

예 가: 오늘 날씨가 너무 추우니까 가게에 **그림자 하나 얼씬하지 않네요.**
It's so cold today that not a soul is in sight at the store.

나: 그러네요. 오늘은 일찍 문 닫고 우리도 집에 가서 쉽시다.
Seriously. Let's close early today so we can go home and rest, too.

✏️ '얼씬하다'는 눈앞에 잠깐 나타났다 없어지는 것을 말한다.

★★☆ 관
기가 살다

기세가 오르고 자신감이 생긴다는 말이다.

Indicates that one's spirit rises and one gains confidence.

예 가: 저 아이 좀 봐. 조금 전까지 발표를 잘 못하고 더듬거리더니
자기 엄마가 오니까 **기가 살아서** 발표를 잘하네.

Look at that kid over there. Just a moment ago, she couldn't
do her presentation well and was fumbling her words, but
now that her mom is here, she became bold and is doing her
presentation well.

나: 그러게. 엄마 얼굴을 보니까 갑자기 자신감이 생겼나 봐.

You're right. Seeing her mom's face must have suddenly given
her confidence.

🔎 용기나 기세가 사라지거나 약해져서 시무룩해질 때는 '기가 죽다'를 사용한다.

★☆☆ 관
기를 펴다

억눌리고 어려운 상황에서 벗어나 마음을 자유롭게 가진다는 말이다.

Indicates that one escapes from a suppressed and difficult
situation, and their mind is set at ease.

예 가: 이렇게 젊은 나이에 성공하신 비결이 무엇입니까?

What's the secret to success at such a young age?

나: 저희 아버지께서 가난하면 **기를 펴고** 살기 어려우니 열심히
일해야 한다고 하셔서 그 말씀에 따라 살다 보니 성공이
따라오더라고요.

My father told me that if one is poor, it's difficult to live at ease,
so I should work hard. I lived following those words, and
success followed.

★★☆ 관
꼼짝 못 하다

다른 사람의 힘에 눌려 기를 펴지 못한다는 말이다.

Indicates that one is kept down by another person's strength and
is thus unable to be at ease.

예 가: 우리 아버지는 아들인 나한테는 엄격하신데 딸인 동생한테는
꼼짝 못 하셔.

Our father is strict toward me, his son, but he lives completely
under my younger sister's thumb.

나: 보통 아버지들이 딸한테 약하시잖아.

Fathers are usually soft toward their daughters, you know.

🔎 강조할 때는 '꼼짝도 못 하다' 혹은 '꿈쩍도 못 하다'를 사용한다.

★★★ 속
꿩 대신 닭

적당한 것이 없으면 그와 비슷한 것으로 대신 쓴다는 말이다.
Indicates if one does not have the proper object, they should use
something similar instead.

예 가: 오늘은 연우가 다리를 다쳐서 경기에 나갈 수가 없으니 네가
　　　대신 나가야겠다.
　　　Yeonwoo can't compete in today's match because he hurt his
　　　leg, so you have to participate instead.

　　나: **꿩 대신 닭이라는** 말씀이죠? 그래도 열심히 뛰어 보겠습니다.
　　　You're saying that I'm the backup option, right? Even so, I'll
　　　run hard.

🔎 꿩은 고기 맛이 좋아서 여러 가지 음식을 만들어서 먹었는데 설날 아침에 떡국을 끓일
　때도 꿩고기로 국물을 우려냈다. 그러나 꿩을 못 구한 집에서는 꿩 대신 닭을 잡아
　국물을 우려냈는데 여기에서 유래된 표현이다.

★☆☆ 관
날개를 펴다

생각이나 감정, 힘 등을 힘차고 자유롭게 펼친다는 말이다.
Indicates that one's idea, emotion, strength, etc. is powerfully and
naturally unfurled.

예 가. 선생님, 저 그림을 보고 제 느낌대로 글을 쓰면 되는 거지요?
　　　Teacher, I just have to look at that picture and write my essay
　　　according to how I feel, right?

　　나: 네. 마음껏 상상의 **날개를 펴서** 글을 써 보세요.
　　　Yes. Use your imagination to its fullest and write your essay.

🔎 주로 '상상의 날개를 펴다'로 많이 쓰며, 비슷한 의미로 '나래를 펴다'를 사용하기도 한다.

★☆☆ 관
눈이 많다

보는 사람이 많다는 말이다.
Indicates that there are many people watching.

예 가: 여기는 보는 **눈이 많으니** 좀 조용한 데 가서 얘기하는 게
　　　어때요?
　　　There are too many eyes on us here, so why don't we go and
　　　talk someplace quiet?

　　나: 좋아요. 조금만 걸어가면 조용한 카페가 있으니 거기로 가요.
　　　Sure. There's a quiet café a short walk from here, so let's go
　　　there.

🔎 보통 '보는 눈이 많다'의 형태로 사용한다.

★☆☆ 속
뛰어야 벼룩

아무리 도망치려고 해도 크게 벗어날 수 없다는 말이다.

Indicates that no matter how hard one tries to escape and run away, they cannot get very far.

> **예** 가: 엄마, 제가 여기에 있는 것을 어떻게 알고 찾아오셨어요?
> Mom, how did you know I was here?
>
> 나: 네가 **뛰어야 벼룩**이지. 엄마가 너 있는 데를 못 찾겠니?
> You can run, but you can't hide. Did you really think I couldn't find where you were?

🔍 벼룩은 몸의 길이가 2~4mm 정도밖에 되지 않는 아주 작은 곤충이다. 따라서 아무리 뛰어 봤자 멀리 갈 수 없기 때문에 사람 눈에는 별반 차이가 없어 보인다는 말이다. 비슷한 의미로 '뛰어 보았자 부처님 손바닥'을 사용하기도 한다.

★☆☆ 관
멍석을 깔다

윤 멍석을 펴다

누군가에게 하고 싶은 대로 할 기회를 주거나 그렇게 할 수 있는 자리를 마련해 준다는 말이다.

Indicates that one gives someone a chance to do what they want, or that one makes preparations so someone can do what they want.

> **예** 가: 그렇게 노래를 부르고 싶다고 하더니 왜 노래방에 오니까 가만히 있어?
> You said you wanted to sing, but now that we're at a singing room why are you just sitting there?
>
> 나: 정말 노래하고 싶었는데 막상 **멍석을 깔아** 주니까 부끄러워서 못하겠어.
> I really wanted to sing, but now that I've actually been given the chance, I feel too shy to sing.

🔍 '멍석'은 짚으로 네모지게 만든 큰 깔개로 보통 곡식을 널어 말리는 데 사용한다. 예전에는 잔치를 하거나 야외에서 일을 하려면 멍석부터 깔아야 했는데 여기에서 유래한 말로 어떤 일을 하도록 판을 벌여 줄 때 사용한다.

★★☆ 관
물 만난 고기

윤 물 얻은 고기

어려운 상황에서 벗어나 좋은 상황을 만났을 때 사용한다.

Used when one escapes from a difficult situation, or when one encounters a good situation.

> **예** 가: 지훈이는 다른 과목 수업을 들을 때는 조용한데 체육 시간만 되면 활발해져.
> Jihoon is so quiet in all our other classes, but he becomes active only during gym class.
>
> 나: 지훈이가 운동을 잘하잖아. 그러니까 체육 시간에는 **물 만난 고기**가 되는 거지.
> Jihoon is good at sports, you know. That's why he's in his element during gym class.

🔍 물고기는 물에 있어야 여기저기 자유롭게 헤엄쳐 다닐 수 있다. 이처럼 누군가 자기와 맞는 상황에서 활발하게 활동하며 자기 능력을 발휘할 때 사용한다.

★☆☆ 관
봄눈 녹듯

유 봄눈 슬듯

어떤 감정이나 생각이 빨리 없어진다는 말이다.
Indicates that a certain emotion or idea quickly disappears.

예 가: 할아버지께서 조금 전까지 화를 내시더니 지금은 웃고 계시네.
Grandpa was so angry until just a moment ago, but now he's laughing.

나: 막내가 할아버지하고 같이 있잖아. 할아버지께서는 화를 내시다가도 막내만 옆에 있으면 **봄눈 녹듯** 화가 풀리셔.
Our youngest sibling is with Grandpa right now. Even if Grandpa gets angry, if our youngest sibling is next to him, his anger disappears in an instant.

🔎 봄에 내리는 눈은 기온이 높아 내리는 즉시 녹아 없어진다. 이처럼 어떤 것이 속히 사라져 버릴 때 쓰며, 주로 '봄눈 녹듯 하다'를 사용한다.

★☆☆ 관
씨가 마르다

어떤 것이 남김없이 모두 없어진다는 말이다.
Indicates that something has completely disappeared.

예 가: 요즘 이 근처 아파트 시세가 어떻게 되나요?
What's the market price for an apartment in this area these days?

나: 아파트 물량이 **씨가 마르다** 보니까 가격도 하루가 다르게 치솟고 있어요.
The supply of apartments has dried up, so prices are rising every day.

🔎 어떤 것을 하나도 남기지 않고 모조리 없앨 때는 '씨를 말리다'를 사용한다.

★★☆ 관
엉덩이가 근질근질하다

한군데 가만히 앉아 있거나 머물지 못하고 자꾸 움직이고 싶어 한다는 말이다.
Indicates that one cannot sit still or stay in a single place and keeps wanting to move around.

예 가: 가만히 좀 있어. 정신없게 왜 그렇게 돌아다녀?
Just sit still. Why do you keep pacing around like crazy?

나: 밖에 나가고 싶어서 **엉덩이가 근질근질해서** 그래. 하루 종일 집에만 있으니까 너무 심심해.
It's because I'm itching to go outside. I'm so bored after being at home all day.

✏️ '근질근질하다'는 원래 무언가가 살에 닿아 가려운 느낌이 든다는 의미지만 여기에서는 어떤 일을 하고 싶어서 참기가 어렵다는 의미로 사용되었다.

★★☆ 관
열을 올리다

(유) 열을 내다

어떤 일에 열중하거나 열심히 일할 때 사용한다.
Used when one is absorbed in a certain task or when one works
hard at something.

예 가: 최근 한국 기업들이 새로운 시장 개척에 **열을 올리고** 있다고
합니다.
They say that recently, Korean corporations are feverishly
trying to pioneer new markets.

나: 아무래도 국내 시장만으로는 한계가 있으니까 해외 시장을
개척하려고 애쓰는 것 같습니다.
There's a limit to only staying in the domestic market, so
it seems they are making great efforts to tap into foreign
markets.

🔎 '왜 그렇게 열을 올리면서 말하고 있어?'처럼 누군가가 매우 흥분하여 화를 낼 때도
사용한다.

★★☆ 관
오금이 쑤시다

무슨 일을 하고 싶어 가만히 있지 못한다는 말이다.
Indicates that one cannot sit still because they want to something.

예 가: 큰아이가 아까부터 놀이터만 쳐다보고 있네요.
Our oldest child has only been staring at the playground since
earlier.

나: 친구들하고 놀고 싶어서 **오금이 쑤실** 거예요. 감기에 걸려서
못 나가게 했거든요.
She's dying to go and play with her friends. She caught a cold,
so I won't let her go out.

🖉 '오금'은 무릎이 구부러지는 안쪽 부분을 말한다.

★★☆ 관
자기도 모르게

무의식 중에 저절로 무언가를 할 때 사용한다.
Used when one automatically does something without realizing it.

예 가: 할머니, '잠꼬대'가 뭐예요?
Grandma, what is "sleeptalking"?

나: '잠꼬대'는 사람이 잠을 자면서 **자기도 모르게** 하는 소리를
말하는 거야.
"Sleeptalking" is when someone talks without realizing it while
they're asleep.

🔎 주로 누군가가 자기 자신도 알아채지 못하면서 기계적으로 또는 습관적으로 어떤 일을
할 때 사용한다.

★★☆ 관

주눅이 들다

ⓤ 주눅이 잡히다

겁을 먹거나 무서워서 기운을 제대로 펴지 못하고 움츠러든다는 말이다.

Indicates that one cannot properly work up their courage because they feel afraid, and they shrink back from something.

예 가: 회사 면접을 보러 갔는데 다른 사람들이 모두 영어를 잘해서 **주눅이 들더라고.**

I went to interview for a job, but all the other people there spoke English really well, so I lost my nerve.

나: 면접에 온 사람들 모두 너처럼 생각했을 거야. 잘될 테니까 자신감을 가져.

All the other people who showed up for the interview probably felt the same way as you. Things will work out well, so be confident.

✎ '주눅'은 기를 펴지 못하고 움츠러드는 태도를 말한다.

★★★ 관

쥐 죽은 듯

매우 조용한 상태를 나타낼 때 사용한다.

Used to describe an extremely quiet state.

예 가: 밤 9시밖에 안 됐는데 동네가 **쥐 죽은 듯이** 조용하네요.

It's only 9:00pm, but the neighborhood is deathly quiet.

나: 여기에는 노인분들이 많이 사셔서 이 시간만 돼도 조용해져요.

A lot of older people live here, so even at this hour, it gets really quiet.

🔎 옛날에는 집 천장에 쥐들이 많이 살았는데 이 쥐들이 시끄럽게 굴면 막대기로 천장을 두드렸다. 그러면 쥐들이 갑자기 죽은 것처럼 조용해졌는데 여기에서 나온 표현이다. 주로 '쥐 죽은 듯이'의 형태로 사용한다.

★☆☆ 관

찬바람이 일다

좋았던 마음이나 분위기 등이 살벌해진다는 말이다.

Indicates that a feeling or atmosphere that was previously good becomes menacing.

예 가: 회의 잘 끝났어요? 분위기는 괜찮았어요?

Did the meeting wrap up well? Was the atmosphere okay?

나: 괜찮기는요. 기획서를 이렇게밖에 못 쓰냐는 부장님의 말에 **찬바람이 일었어요.**

As if. The department head asked if this was all we wrote for the proposal. So the atmosphere got cold.

🔎 '윤아가 저하고 다툰 후에 저를 볼 때마다 찬바람을 일으키며 쌀쌀맞게 대해요.'처럼 누군가가 다른 사람에게 차갑고 쌀쌀맞은 태도를 보일 때는 '찬바람을 일으키다'를 사용한다.

★★★ 판
하늘을 찌르다

어떠한 기세가 대단하다는 말이다.
Indicates an amazing force.

예 가: 제시카 씨도 이 아이돌을 좋아해요? 요즘 이 아이돌의 인기가 **하늘을 찌를** 듯하던데요.
Jessica, you like this idol, too? These days, this idol's popularity seems to be skyrocketing.

나: 네, 저도 해외 콘서트까지 따라다닐 정도로 열성 팬이에요.
Yes, I'm such a big fan that I've even gone to their concerts abroad.

🔎 보통 인기, 사기, 기세 등의 기운 혹은 분노, 적개심 등의 감정이 아주 센 것을 과장해서 표현할 때 쓴다. 한편, '소나무가 하늘을 찌를 듯이 자라 있었다.'처럼 산이나 나무, 건물 등이 매우 높이 솟아 있을 때도 사용한다.

★★☆ 판
활개를 치다

어떤 부정적인 것이 크게 유행을 한다는 말이다.
Indicates that something negative is a big trend.

예 가: 요즘 SNS를 이용해 주식에 투자하면 큰돈을 벌 수 있다면서 개인 투자자들을 유혹하는 불법 투자 업체가 **활개를 치고** 있습니다.
Recently, illegal investment companies that use social media to entice private investors by saying they can earn a lot of money if they invest in stocks are rampant.

나: 시청자 여러분께서도 피해를 입지 않도록 주의하시기 바랍니다.
We advise all of our viewers to exercise caution so you do not suffer any losses.

✎ '활개'는 사람의 어깨에서 팔까지의 부분 혹은 새의 활짝 편 두 날개를 의미한다.

☆☆☆ 판
활개를 펴다

남의 눈치를 살피지 않고 떳떳하게 기를 편다는 말이다.
Indicates that one is not conscious of others and acts confidently without shame.

예 가: 김 과장님, 이번에 과장으로 승진하신 것을 정말 축하드립니다.
Mr. Kim, congratulations on being promoted to manager.

나: 고맙습니다. 오랫동안 승진을 못해 기가 죽었었는데 이제는 **활개를 펴고** 회사 생활을 할 수 있겠습니다.
Thank you. I was in low spirits because I didn't get promoted for a long time, but now I'll be able to be confident at the office.

시간·거리 | Time and Distance

Track 043

★★☆ 괜
갈 길이 멀다

유 앞길이 멀다

앞으로 살아갈 날이 많이 남았다는 말이다.
Indicates that one has many days remaining to live in the future.

예 가: 요즘 사는 게 너무 힘들어서 다 포기하고 싶어요.
　　Living is so difficult these days that I want to give up on
　　everything.

　　나: 그게 무슨 말이니? 너는 앞으로 **갈 길이 머니** 희망을 가지고
　　살아야지.
　　What do you mean? You still have a long road ahead, so you
　　should have hope and live.

🔎 '이 수학 문제집 다 풀려면 갈 길이 멀었는데 너무 졸려.'처럼 어떤 일을 마치기 위해
　앞으로 해야 할 일이 많이 남아 있다고 말할 때도 사용한다.

★★★ 괜
눈 깜짝할 사이

유 눈 깜짝할 새

매우 짧은 순간을 나타낼 때 사용한다.
Used to describe an extremely short moment.

예 가: 우와! 우리 몇 년 만에 다시 만난 거니? 정말 반갑다.
　　Wow! How many years has it been since we last met? It's
　　really great to see you.

　　나: 못 만난 지 10년은 더 된 것 같은데? **눈 깜짝할 사이에**
　　10년이란 세월이 흘러 버렸어.
　　I think it's been more than 10 years since we last saw each
　　other. 10 years passed in the blink of an eye.

🔎 보통은 '눈 깜짝할 사이에'의 형태로 사용한다.

★★★ 괜
눈코 뜰 사이 없다

정신을 차릴 수 없을 정도로 아주 바쁘다는 말이다.
Indicates that one is so busy that they cannot think straight.

예 가: **눈코 뜰 사이 없이** 바빴던 한 해가 서서히 저물어 가네요.
　　This crazy busy year is gradually coming to an end.

　　나: 그러게요. 너무 바쁘게 살아서 한 해가 어떻게 지나갔는지
　　모르겠어요.
　　Seriously. I was so busy that I have no idea how a year has
　　passed.

✍ '눈코'는 고기를 잡는 그물인데 그물줄 사이의 매듭을 코라고 하고 코와 코를 이어 만든
　구멍을 눈이라고 한다.

🔎 그물로 고기를 잡은 후에 다시 사용하기 위해서는 그물을 손질해야 한다. 그런데
　고기떼가 몰려와서 그물의 눈과 코를 손질할 사이도 없이 다시 고기를 잡아야 하는
　상황이 생길 때가 있는데 여기에서 유래된 표현이다. 짧게 '눈코 뜰 새 없다'를
　사용하기도 한다.

★★★ 관
발등에 불이
떨어지다

유 발등에 불이 붙다

어떤 일이나 상황이 눈앞에 닥쳐 아주 급하다는 말이다.
Indicates that a very urgent event or situation is imminent.

예 가: 기말 보고서 드디어 다 썼다! 너는 다 끝냈어?
I finally finished writing my final report! Did you finish everything?

나: 아직 반도 못 썼어. 마감 시간이 얼마 안 남았는데 큰일이네. 나는 왜 매번 **발등에 불이 떨어져야** 시작하는지 모르겠어.
I haven't even written half of it yet. There's not much time left until the deadline, so I'm in big trouble. I don't know why I always wait until I'm so pressed for time to start.

🔎 정해진 기한이 얼마 남지 않았는데 어떤 일을 시작하지도 않았거나 다 하지 못했을 때 사용한다.

★☆☆ 관
분초를 다투다

급하게 서두른다는 말이다.
Indicates that one urgently rushes to do something.

예 가: 저 차는 구급차가 지나가는데도 안 비켜 주네요. 왜 저럴까요?
That car isn't getting out of the way even though an ambulance is going by. Why would they do that?

나: 그러게나 말이에요. 구급차에 탄 환자들은 **분초를 다투어** 빨리 병원으로 이송해야 되는데 말이에요.
Good question. Patients in an ambulance must be brought to the hospital as fast as possible, without a moment's delay.

✏️ '분초'는 원래 시간의 단위인 분과 초를 말하는데 여기에서는 매우 짧은 시간이라는 의미로 사용되었다.

🔎 짧은 시간이라도 아껴 가며 급하게 서두를 때 사용한다. 한편, 시간을 조금도 허비하지 않고 효과적으로 쓸 때는 '분초를 아끼다'를 사용한다.

★☆☆ 속
엎어지면 코 닿을 데

유 넘어지면 코 닿을 데

아주 가까운 거리를 나타낼 때 사용한다.
Used to describe a very close distance.

예 가: 다리도 아프고 날도 더운데 택시 타고 갈까?
My legs hurt, and it's so hot outside. Shall we take a taxi?

나: **엎어지면 코 닿을 데**를 택시 타고 가자고? 그냥 걸어가자.
You want to take a taxi to a place that's only a stone's throw away? Let's just walk.

🔎 넘어졌을 때 발끝에서 코까지의 길이를 의미하는 것으로 매우 짧은 거리를 비유적으로 말할 때 사용한다.

★☆☆ 관
하늘과 땅

둘 사이에 큰 차이나 거리가 있다는 말이다.
Indicates that there is a large difference between two things.

> 예 가: 사랑아, 너는 언니하고 많이 닮았니?
> Sarang, do you resemble your older sister a lot?
>
> 나: 아니. 자매인데도 신기하게 외모나 성격이 **하늘과 땅만큼이나**
> 달라.
> No. Even though we're sisters, our looks and personalities are
> worlds apart.

🔎 보통 '하늘과 땅 차이' 혹은 '하늘과 땅만큼 다르다'의 형태로 많이 사용한다.

★★☆ 관
하루가 멀다고

유 하루가 멀다 하고

거의 날마다라는 말이다.
Indicates "almost every day."

> 예 가: 요즘 **하루가 멀다고** 미세 먼지와 황사가 발생해서 정말 괴로워요.
> These days, it's really horrible that fine dust and yellow dust
> occur almost every day.
>
> 나: 그러니까 말이에요. 요즘 같은 날에**는** 따뜻한 물을 자주
> 마시고 실내 습도를 높여 주는 것이 좋대요.
> You're telling me. On days like these, they say it's good to
> drink warm water often and increase the humidity indoors.

🔎 하루도 빠지지 않을 정도로 자주 일어나는 일이나 자주 하는 일을 말할 때 사용한다.

★☆☆ 속
하루가 여삼추라

짧은 시간이 매우 길게 느껴진다는 말이다.
Indicates that a short time feels extremely long.

> 예 가: 매일매일 시간이 왜 이렇게 빨리 가는지 모르겠어요.
> I don't know why time goes by so fast every single day.
>
> 나: 맞아요. 어릴 때는 **하루가 여삼추라** 시간이 안 가는 것 같더니
> 어른이 되고 보니 시간이 얼마나 빨리 지나가는지 모르겠어요.
> That's right. When I was young, time seemed to pass so slowly
> that days felt like years, but now that I'm an adult, time goes
> by so quickly.

🔎 하루가 마치 세 번의 가을이 지나가는 듯 길게 느껴진다는 의미로 어떤 사람 혹은 어떤
소식을 기다릴 때 사용한다. 보통 짧게 '하루가 여삼추'를 사용한다.

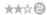

★★☆ 관

한시가 바쁘다

아주 짧은 시간도 아까울 만큼 바쁘다는 말이다.

Indicates that one is so busy that even a very short time is precious.

예 가: 비행기 시간에 맞춰 공항에 가려면 **한시가 바쁜데** 왜 이렇게 음식이 안 나오지요?

If we're going to get to the airport in time for our flight, we have no time to lose, but why isn't our food coming out?

나: 식당에 손님이 너무 많아서 그런가 봐요. 주문한 거 취소하고 공항에 가서 먹을까요?

It must be because there are so many customers in the restaurant. Should we cancel our order and eat at the airport?

✎ '한시'는 잠깐 동안을 의미한다.

🔎 잠깐의 여유도 없을 만큼 매우 바쁜 상황을 강조해서 말할 때 쓰며, 비슷한 의미로 '한시가 급하다'를 사용한다.

★★☆ 관
각광을 받다

유 각광을 입다

많은 사람들의 관심이나 흥미, 인기 등을 얻거나 끌게 된다는 말이다.
Indicates that one gains or attracts popularity or the interest or curiosity of many people.

예 가: 지금 광고에 나오는 영화가 올해 아카데미 작품상을 받으면서 전 세계적으로 **각광을 받고** 있대요.
I heard that the movie in this advertisement has been in the spotlight around the world as it won the Academy Award for Best Picture this year.

나: 그래요? 무슨 내용인데요?
Really? What's it about?

🔎 연극이나 콘서트 무대를 보면 앞쪽 아랫부분에 조명이 설치되어 있다. 이 조명으로 비추는 빛을 '각광'이라고 한다. 이런 '각광'이 사회적 관심이나 흥미로 의미가 바뀌어 무언가가 많은 사람들로부터 주목을 받을 때 사용한다.

★☆☆ 관
구름같이 모여들다

많은 사람들이 한꺼번에 어떤 장소에 모여든다는 말이다.
Indicates that many people gather at once in a certain place.

예 가: 백화점에서 명품 세일을 한다고 하니까 사람들이 **구름같이 모여들었네요.**
They're having a sale on luxury products at the department store, so people are swarming like flies.

나: 그러니까요. 문을 열기도 전인데 벌써 줄을 길게 서 있네요. 일찍 오기를 잘했어요.
No kidding. The store hasn't even opened yet, but there's already such a long line. It's a good thing we came here early.

구미를 돋우다

사람들로 하여금 어떤 일에 관심을 가지게 한다는 말이다.
Indicates that people become interested in something.

예 가: 저 광고는 사람들의 **구미를 돋우게** 잘 만든 것 같아. 나도 당장 저 물건이 사고 싶어지네.
It seems like that advertisement is good at catching people's interest. Now I want to buy that product right away, too.

나: 괜히 사고 싶으니까 광고 핑계 대는 거지?
You want to buy it for no reason, so you're using that ad as an excuse, aren't you?

🔎 어떤 일 혹은 물건에 욕심이나 흥미가 생길 때는 '구미가 당기다' 혹은 '구미가 돌다'를 사용한다.

귓전을 울리다

소리가 가까운 곳에서 나는 것처럼 들린다는 말이다.
Indicates that one hears a sound as if it is coming from somewhere close by.

예 가: 아이가 아프다고 하지 않았어요? 아직 일이 안 끝나서 어떡해요?
Didn't you say your baby was sick? Work isn't over yet, so what are you going to do?

나: 안 그래도 조금 전에 집에 전화했는데 아이의 울음소리가 **귓전을 울리더라고요.** 빨리 일을 끝내고 퇴근해야겠어요.
I actually called home a little while ago, and my baby's crying sounded so close. I'd better finish my work quickly and go home.

🔎 어떤 소리가 귀에 크게 들릴 때는 '귓전을 때리다'를 사용한다.

눈과 귀가 쏠리다

무언가에 관심이 있어 집중해서 보거나 듣는다는 말이다.
Indicates that one concentrates and looks at or listens to something because they are interested in it.

예 가: 정부가 또 새로운 교육 정책을 발표한다고 하니 자녀를 둔 부모들은 거기에 **눈과 귀가 쏠릴** 수밖에 없겠어요.
The government said they're going to announce a new education policy again, so parents with children can't help but be all eyes and ears on it.

나: 이번에는 좀 장기적인 교육 정책이 발표되면 좋겠어요.
I hope a long-term education policy is announced this time.

🖊 '쏠리다'는 원래 무엇이 기울어져 한쪽으로 몰린다는 의미지만 여기에서는 시선이나 마음이 한쪽으로 집중된다는 의미로 사용되었다.

★★☆ 관

눈길을 모으다

윤 눈길을 끌다

사람들의 시선을 집중시킨다는 말이다.

Indicates that something attracts people's concentration.

예 가: 시청 앞 광장에 세워진 커다란 크리스마스트리가 지나가는
　　사람들의 **눈길을 모으고** 있네요.

　　The gigantic Christmas tree that was erected in the plaza in
　　front of City Hall is drawing the attention of people passing by.

　　나: 그러게요. 이렇게 높은 건물에서 내려다보니 마음이 따뜻해지고
　　평안해지는 것 같아요.

　　Yes, it seems that looking down from such a tall building
　　makes me feel warm and peaceful.

✎ '눈길'은 원래 눈으로 보는 방향이라는 의미지만 여기에서는 주의나 관심이라는
의미로 사용되었다.

🔍 보통 '사람들의 눈길을 모으다' 혹은 '대중들의 눈길을 모으다'의 형태로 사용한다.

★★☆ 관

눈에 띄다

어떤 사실이 두드러지게 드러난다는 말이다.

Indicates that a certain fact is noticeably revealed.

예 가: 연휴 기간이라 그런지 시내에 차가 **눈에 띄게** 줄었어요.
　　모처럼 차가 안 막히니 운전할 맛이 나요.

　　Maybe it's because it's a holiday, but the number of cars
　　downtown has noticeably decreased. Driving without any
　　traffic for the first time in a while is fun.

　　나: 그렇지요? 그렇다고 과속은 하지 마세요.

　　Right? But don't speed just because of that.

✎ '띄다'는 '뜨이다'의 준말로 다른 것보다 훨씬 두드러진다는 의미이다.

🔍 보통은 긍정적인 것이 두드러질 때 사용하지만 '최근 독감 환자 수의 증가가 눈에
띕니다.'처럼 부정적인 것이 두드러질 때도 사용할 수 있다.

★☆☆ 판
눈에서 벗어나다

누군가의 감시나 구속으로부터 벗어나 자유롭게 된다는 말이다.
Indicates that one escapes from someone's watch or restraint and becomes free.

예 **가: 무슨 영화를 그렇게 재미있게 보고 있어요?**
What movie is it that you're having so much fun watching?

나: 억울하게 감옥에 갇힌 죄수가 탈출을 시도하는 영화예요. 죄수가 간수들의 눈에서 벗어날 때마다 몰래 탈출할 구멍을 파는데 걸릴까 봐 심장이 떨려요.
It's a movie about a prisoner who was wrongly put in jail trying to get out. Every time the prisoner escapes from the watch of the guards, he secretly digs a hole to get out, but my heart is racing because I'm afraid he'll get caught.

🖊 '벗어나다'는 원래 공간적 범위나 경계 밖으로 빠져 나온다는 의미지만 여기에서는 구속이나 제한에서 놓여 자유롭게 된다는 의미로 사용되었다.

★★★ 판
담을 쌓다

누군가가 어떤 것에 전혀 관심을 갖지 않는다는 말이다.
Indicates that someone has no interest whatsoever in something.

예 **가: 오빠, 내일부터 나하고 같이 운동할래?**
Big bro, would you like to exercise with me starting tomorrow?

나: 난 오래전부터 운동과는 담을 쌓았으니까 너 혼자 해.
I put all thoughts of exercising out of my mind a long time ago, so do it by yourself.

🔍 비슷한 의미로 '담을 지다'를 사용하기도 한다.

★★☆ 판
바람을 일으키다

사회적으로 많은 사람들에게 영향을 미친다는 말이다.
Indicates that one socially influences a lot of people.

예 **가: 저 가수의 선행이 다른 연예인들에게 바람을 일으켜 연예인 봉사 모임이 만들어졌대요.**
That singer's good deed caused a sensation among other celebrities, so a celebrity volunteering gathering was created.

나: 저도 들었어요. 기부도 엄청 많이 한다고 하더라고요.
I heard that, too. He's donating a ton of money, too.

🔍 강조할 때는 '새 바람을 일으키다'를 사용한다. 한편, '일부 학부모들이 사교육 바람을 일으키고 다녀서 문제예요.'처럼 누군가가 사회적인 문제를 만들거나 소란을 일으킬 때도 사용한다.

★★☆ 관
발을 디딜 틈이 없다

사람이 매우 많이 모여서 복잡하고 혼잡하다는 말이다.
Indicates that something is complicated and chaotic because a huge number of people gathered together.

> 예 가: 거리에 사람이 너무 많아서 **발을 디딜 틈이 없네요.**
> There are so many people in the street, I can barely move.
>
> 나: 금요일 밤이잖아요. 이 많은 인파를 뚫고 약속 장소까지 가려면 한참 걸리겠어요.
> It's Friday night, you know. It'll take a long time to get through a huge crowd like this and make it to our destination.

🖉 '디디다'는 발로 서거나 내리누른다는 말이다.

★☆☆ 관
옆으로 제쳐 놓다

어떤 일을 관심의 대상으로 삼지 않는다는 말이다.
Indicates that something is not the subject of interest.

> 예 가: 엄마, 오늘 대청소한다고 하셨죠? 저는 유리창을 닦으면 돼요?
> Mom, you said we're cleaning the whole house today, right? Can I wipe down the windows?
>
> 나: 아니. 유리창 닦는 일은 일단 **옆으로 제쳐 놓고** 커튼 떼는 것부터 좀 도와줘.
> No. Set aside the window cleaning for now and help me take down the curtains first.

🖉 '제치다'는 어떤 것을 거슬리거나 방해가 되지 않게 처리한다는 말이다.

🔎 보통 어떤 일에 관심을 두지 않을 때 사용한다.

10 상황·상태

★☆☆ 속
입추의 여지가 없다

어느 장소에 많은 사람들이 꽉 들어차 있다는 말이다.
Indicates that a certain place is completely filled with people.

예 가: 평일인데도 산 정상에 많은 등산객들이 **입추의 여지가 없을**
정도로 몰려 있네요.
Even though it's a weekday, there are so many hikers crowded
at the peak of the mountain that there's nowhere to stand.

나: 모두 저희처럼 화창한 봄날을 맞이하여 예쁜 꽃을 구경하러
온 게 아닐까요?
Don't you think all these people came to see the flowers on a
beautiful spring day, just like us?

✎ '입추'는 송곳을 세운다는 의미이다.

🔍 작은 송곳 하나를 세울 정도의 땅도 없다는 의미로 발을 들여놓을 데가 없을 정도로
사람들이 많이 모여 있을 때 사용한다.

11

판단
Judgment

변별 | Discrimination

★★★ 관
갈피를 못 잡다

일의 방향을 잡지 못해 어찌 해야 할지 모른다는 말이다.

Indicates that one cannot grasp the direction of something and does not know what they should do.

> 예 가: 양양 씨, 보고서 제출일이 다가온다고 하지 않았어요?
> 다 써 가요?
>
> Yangyang, didn't you say that the date when you have to submit the report is approaching? Have you finished writing it?
>
> 나: 아니요, 뭘 어떻게 써야 할지 도무지 **갈피를 못 잡겠어요.**
>
> No, I can't make heads or tails of what or how I should write.

🔎 어떻게 해야 할지 알 때는 '갈피를 잡다'를 사용한다.

★★☆ 관
고개를 갸웃거리다

유 고개를 갸웃하다

누군가가 어떤 일에 대해 의문을 가질 때 하는 행동을 나타낸다.

Describes the action that someone does when they have a question about something.

> 예 가: 새 메뉴에 대한 손님들의 반응은 어때요?
>
> How are customers reacting to the new menu item?
>
> 나: 시식해 본 손님들이 **고개를 갸웃거리는** 걸 보니까 아무래도 실패한 것 같아요.
>
> Seeing how the customers who have tasted it tilt their heads, it seems like it was a failure.

🔎 보통 무언가를 잘 몰라서 궁금해하거나 이해가 잘 되지 않을 때 이런 행동을 한다.

★★☆ 관
꿈도 못 꾸다

어떤 일을 못할 것 같아서 혹은 어떤 일이 안 될 것 같아서 할 생각을 전혀 못 한다는 말이다.

Indicates that one cannot even think about doing something because they don't think they will be able to do it, or they don't think it will work out.

> 예 가: 서영 엄마, 아이도 어느 정도 컸으니 이제 다시 일을 시작하는 게 어때요?
>
> Now that your baby has grown up a bit, what do you think about starting to work again?
>
> 나: 저도 일은 하고 싶은데 아이 챙기느라 정신이 없어서 아직 복직은 **꿈도 못 꿔요.**
>
> I want to work, too, but I'm so busy taking care of my baby that I can't even dream of returning to work yet.

🔎 어떤 것을 아예 할 생각이 없을 때는 '꿈도 안 꾸다'를 사용한다.

★★★ 속
꿈보다 해몽이 좋다

유 꿈은 아무렇게 꾸어도
해몽만 잘 하여라

별로 중요하지 않거나 마음에 들지 않는 일을 좋게 해석한다는 말이다.
Indicates that one positively interprets something that isn't particularly important or pleasing.

예 가: 우리 아이가 자기 이름의 'ㄹ' 받침을 거꾸로 썼어요. 뭔가 예술적인 느낌이 들지 않아요?
　　My child writes the last letter of her name backwards. Doesn't it seem artistic, in a way?

　　나: **꿈보다 해몽이 좋네요.** 제가 보기에는 그냥 잘못 쓴 것 같은데요.
　　That's a very generous interpretation. From what I can tell, it looks like she's just writing it incorrectly.

🔎 보통 누군가가 좋지 않거나 불리한 상황을 자신에게 유리하게 해석할 때 사용한다.

★☆☆ 관
꿈에도 생각지
못하다

어떠한 일이 생길 거라고 전혀 생각하지 못했다는 말이다.
Indicates that one never thought something would happen.

예 가: 사장님, 불에 탔던 가게가 많은 사람들의 도움으로 새롭게 바뀐 것을 보니까 어떠세요?
　　Sir, how does it feel to see your store that burnt down re-transformed through the help of many people?

　　나: 이렇게 많은 분들이 저를 도와주시리라고는 **꿈에도 생각지 못했어요.** 정말 감사드립니다.
　　Never in my wildest dreams did I imagine that this many people would help me. Thank you so much.

🔎 주로 '꿈에도 생각지 못했다'처럼 과거형으로 쓴다. 한편, '집에서 독립해서 혼자서 살 생각은 꿈에도 없어요.'처럼 어떤 일을 할 생각조차 한 적이 없다고 말할 때는 '꿈에도 없다'를 사용한다.

★☆☆ 관
꿈인지 생시인지

전혀 예상치 못한 일이 생겼거나 간절히 바라던 일이 이루어져 믿기지 않을 때 사용한다.
Used when something completely unexpected happens, or when something that one desperately wished for comes true, and one has a hard time believing it.

예 가: 저 한번만 꼬집어 줄래요? 제가 로또에 당첨되다니! 이게 **꿈인지 생시인지** 모르겠어요.
　　Could you pinch me just once? To think that I won the lottery! I'm not sure if this is a dream or reality.

　　나: 와! 정말 축하해요. 그 돈으로 뭐 할 거예요?
　　Wow! Seriously, congratulations. What are you going to do with the money?

🖋 '생시'는 자거나 취하지 않고 깨어 있을 때라는 의미이다.

🔎 주로 '꿈인지 생시인지 모르다' 또는 '꿈인지 생시인지 분간하기 어렵다'의 형태로 사용한다.

★★☆ 관
눈 뜨고 볼 수 없다

유 눈 뜨고는 못 보다

눈앞의 광경이 참혹해서 볼 수 없다는 말이다.

Indicates that the sight before one's eyes is so horrendous that one cannot look at it.

예 가: 어제 일어난 비행기 추락 사고로 많은 사람이 죽거나 다쳤대요.

I heard that many people were killed or injured in a plane crash yesterday.

나: 저도 뉴스에서 봤는데 사고 현장이 처참해서 차마 **눈 뜨고 볼 수 없더라고요.**

I saw it on the news as well, but the crash site was so gruesome that I couldn't bear to look at it.

🔎 어떤 사람의 행동이 민망하거나 불쾌해서 볼 수 없을 때도 사용한다.

★★★ 관
눈앞이 캄캄하다

앞으로 겪어야 할 일을 어떻게 헤쳐 나가야 할지 모르겠다는 말이다.

Indicates that one does not know how to push through something that they have to go through in the future.

예 가: 승원 씨, 다음 달에 중동 지역으로 파견을 나간다면서요?

Seungwon, I heard that you're being dispatched to the Middle East next month.

나: 네, 언어도 모르고 아는 사람도 없는데 혼자 2년 동안 어떻게 지내야 할지 **눈앞이 캄캄해요.**

Yes. I don't know the language, nor do I know anyone there. I have no idea how I'm going to get through 2 years living there alone.

🔎 보통 어떤 문제의 해결 방법을 찾을 수 없거나 몰라서 절망했을 때 사용한다. 강조할 때는 '눈앞이 새까맣다'를 사용한다.

★☆☆ 관
눈에 보이는 것이 없다

어떤 일이나 상황을 제대로 판단하지 못한다는 말이다.

Indicates that one cannot properly judge a certain situation.

예 가: 지훈 엄마, 아까 놀이터에서 서영이 엄마랑 다투는 것 같던데 무슨 일 있었어요?

Jihoon's mom, it seemed like you were arguing with Seoyeong's mom at the playground earlier. What happened?

나: 네, 지훈이가 서영이 때문에 다쳤다는 소리를 들으니까 **눈에 보이는 것이 없더라고요.**

Yes, she said that Jihoon was injured because of Seoyeong, so I was out of my senses.

🔎 짧게 '눈에 뵈는 게 없다'를 쓰기도 한다.

★☆☆ 관
눈이 돌아가다

누군가가 갑자기 놀라거나 화가 나서 상황을 제대로 판단하지 못한다는 말이다.

Indicates that someone cannot properly judge a situation because they are suddenly shocked or angry.

예 가: 서영아, 아까는 지훈이한테 왜 그렇게 화를 냈어?

Seoyeong, why did you get so angry at Jihoon earlier?

나: 지훈이가 우리 가족에 대해 나쁘게 말하니까 그 순간 **눈이 돌아가서** 그랬어.

Jihoon said bad things about our family, so at that moment, I flipped out.

🔎 '평소에 갖고 싶은 외제 차를 보자 저절로 눈이 돌아갔다.'처럼 순간적으로 어떤 것을 관심을 가지고 보게 되었을 때도 사용한다.

★☆☆ 관
번지수를 잘못 짚다

생각을 잘못해서 일이 엉뚱한 방향으로 흘러갈 때 사용한다.

Used when something goes in the wrong direction because one thought incorrectly.

예 가: 어떤 국회의원이 청년 실업의 원인을 구직자의 눈이 높아서 그런 거라고 했다면서요?

I heard that a certain National Assembly member said that the cause of youth unemployment is that job seekers' standards are too high.

나: 완전히 **번지수를 잘못 짚었네요.** 국회의원이라는 사람이 그렇게 현실을 모르는 소리만 하다니 한심하기 그지없네요.

He was completely barking up the wrong tree. It's so pathetic that a National Assembly member only says things that are so ignorant of reality.

🔎 우편집배원이 주소를 잘못 알아 엉뚱한 집을 찾았다는 의미로 잘못 생각해서 어떤 일이 꼬였을 때 사용한다.

★★★ 속
새 발의 피

하찮은 일이나 아주 적은 양을 나타낸다.

Describes an insignificant event or a very small amount.

예 가: 요즘 인터넷 댓글 조작이 많은가 봐요.

It seems like there are a lot of fake internet comments these days.

나: 맞아요. 그런데 댓글 조작은 가짜 뉴스에 비하면 **새 발의 피래요.** 요즘은 가짜 뉴스가 더 심각한 문제래요.

That's right. But if you compare fake comments with fake news, it's a drop in the bucket. These days, fake news is an even more serious problem.

🔎 새의 발에서 나는 피라는 의미로 보통 비교 대상과 함께 사용하여 그것에 비하면 이것은 아무것도 아니라고 말할 때 사용한다.

★★☆ 관
색안경을 끼고 보다

어떤 대상을 안 좋은 감정이나 선입관을 가지고 본다는 말이다.
Indicates that one views something with a negative emotion or prejudice.

예 가: 검정고시를 준비하는 게 부끄러운 일도 아닌데 왜 다른
사람들 앞에서 당당하게 말하지 못하는 거니?
Preparing for the GED exam is nothing to be embarrassed about, but why can't you speak confidently about it in front of other people?

나: 삼촌, 저도 말하고 싶은데 고등학교를 자퇴하고 검정고시를
준비한다고 하면 그때부터 사람들이 저를 **색안경을 끼고 보는**
것 같아서요.
Uncle, I want to talk about it, too, but if I say that I dropped out of high school and now I'm preparing for the GED exam, it seems like people will look at me with prejudiced eyes from that point on.

🖉 '색안경'은 원래 색깔이 있는 렌즈를 낀 안경을 말하지만 여기에서는 주관이나 선입견
때문에 좋지 않게 생각하는 태도라는 의미로 사용되었다.

🔎 누군가가 자신의 입장에서 어떤 대상이나 사람에 대해 부정적으로 판단할 때 사용한다.

★☆☆ 관
속이 보이다

품고 있는 마음이나 생각이 훤히 들여다보인다는 말이다.
Indicates that one's inner thoughts or feelings can be clearly seen.

예 가: 아이들은 참 순진해요. 무슨 말을 해도 **속이 다 보이잖아요.**
Kids are so innocent. No matter what they say, they wear their hearts on their sleeves.

나: 그러니까 아이인 거지요.
That's what it means to be a child.

🔎 누군가가 다른 사람이 감추고 싶어 하는 속마음이나 의도를 알게 됐을 때 사용한다.

★☆☆ 관
손에 잡힐 듯하다

어떤 것이 매우 가깝게 보인다는 말이다.
Indicates that something appears to be extremely close.

예 가: 제시카 씨, 오로라는 잘 보고 왔어요? 어땠어요?
Jessica, did you see the Northern Lights? How was it?

나: 환상적이었어요. 오로라가 마치 제 **손에 잡힐 듯하더라고요.**
It was fantastic. They looked close enough to touch.

🔎 구름, 별, 무지개 등과 같이 실제로는 멀리 있으나 손을 뻗으면 잡을 수 있을 만큼 어떤
것이 가깝게 느껴질 때 사용한다. 한편, '성공이 손에 잡힐 듯하다.'처럼 목표를 이루는
시점이 가까이 다가왔다고 말할 때도 사용한다.

★★☆ 속
아닌 밤중에 홍두깨

🔄 아닌 밤중에 홍두깨 내밀 듯

누군가가 갑자기 상황에 맞지 않는 말이나 행동을 한다는 말이다.
Indicates that someone suddenly says or does something that does not suit the situation.

📋 가: 여보, 우리 내일 제주도나 갈까요?
　　Honey, shall we go to Jeju Island tomorrow?

　　나: **아닌 밤중에 홍두깨**라더니 내일부터 설 연휴인데 어디를 가자는 거예요?
　　That was out of the blue. The Lunar New Year holiday starts tomorrow, but you're suggesting we go somewhere?

🖉 '홍두깨'는 옛날에 옷감을 펴는 용도로 사용하던 나무 방망이를 말한다.

🔍 한밤중에 누군가가 갑자기 홍두깨를 내미는 것처럼 생각지도 않은 뭔가가 나타났을 때 혹은 예상하지 못한 일이 갑자기 벌어졌을 때 사용한다.

★☆☆ 관
앞뒤를 재다

🔄 앞뒤를 가리다,
　앞뒤를 헤아리다

어떤 일을 할 때 손해를 보지 않기 위해 자신의 이해득실을 모두 따지고 계산한다는 말이다.
Indicates that one carefully calculates all of one's gains and losses in order to avoid any harm while doing something.

📋 가: 김 사장님, 이 사업에 투자하시겠습니까?
　　President Kim, will you invest in this project?

　　나: 글쎄요. 투자 금액이 커서 신중하게 **앞뒤를 재** 본 후에 결정을 해야 될 것 같습니다.
　　I'm not sure. The investment amount is large, so I think I will have to make a decision after carefully weighing the gains against the losses.

🔍 신중하게 생각하지 않고 마구 행동할 때는 '앞뒤를 가리지 않다'를 사용한다.

☆☆☆ 속
양손의 떡

🔄 두 손의 떡

두 가지 일이 있는데 무엇부터 먼저 해야 할지 모를 때 사용한다.
Used when one does not know which of two things they should do first.

📋 가: 취업도 되고 대학원에도 합격을 했는데 뭘 선택해야 할지 모르겠어요.
　　I got hired for a job and I also got accepted to graduate school, but I'm not sure which one I should choose.

　　나: **양손의 떡**을 쥐고 고민하고 있네요. 심사숙고해서 결정하세요.
　　Sounds like you're standing at a fork in the road. Think it over before you decide.

🔍 양손의 떡을 쥐고 한꺼번에 먹으려고 욕심을 부리다가는 하나도 제대로 먹지 못한다. 이처럼 무리해서 두 가지 일을 다 하려고 들면 둘 다 못하게 될 수도 있으니 지나치게 욕심을 부리지 말고 둘 중에서 하나를 선택해야 한다고 말할 때 사용한다.

★★★ 속
열 길 물속은 알아도 한 길 사람의 속은 모른다

유 천 길 물속은 알아도 한 길 사람의 속은 모른다

사람의 속마음을 알기가 매우 어렵다는 말이다.

Indicates that it's extremely difficult to know a person's inner feelings.

예 가: 지수가 지속적으로 다른 친구들을 괴롭히고 돈을 빼앗아 왔대.

I heard that Jisoo continuously harassed her other friends and stole money from them.

나: 정말? **열 길 물속은 알아도 한 길 사람의 속은 모른다**더니 얌전한 지수가 그럴 줄은 몰랐어.

Really? They say that you can never truly fathom a person's heart, but I had no idea that quiet Jisoo was like that.

✎ '길'은 길이의 단위인데 '한 길'은 보통 사람의 키 정도를 말한다.

🔍 보통 어떤 사람이 예상 밖의 일이나 행동을 하는 것을 보고 충격을 받았을 때 사용한다.

☆☆☆ 관
허를 찌르다

상대방의 약하거나 허술한 곳을 친다는 말이다.

Indicates that one strikes their opponent's weak or vulnerable spot.

예 가: 하준아, 토론 대회는 잘 마쳤니?

Hajoon, did the debate competition go well?

나: 아니요, 선생님. 상대 팀의 **허를 찌르는** 질문에 말문이 막혀서 대답을 제대로 못 했어요.

No, Teacher. I got tongue-tied by the other team's questions that attacked our weak spots, so I couldn't respond properly.

✎ '허'는 불충분하거나 허술한 점이라는 말이다.

🔍 보통 '허를 찌르는 공격' 혹은 '허를 찌르는 질문'의 형태로 쓴다. 한편, 누군가가 약하거나 허술한 곳을 공격 당했을 때는 '허를 찔리다'를 사용한다.

★☆☆ 관
고사리 같은 손

어린아이의 작고 귀여운 손을 나타낸다.
Describes the small and cute hands of a young child.

예 **가:** 사랑이 엄마, 가슴에 단 그 종이꽃은 뭐예요?
What's that paper flower you have pinned to your chest?

나: 사랑이가 제 생일이라고 **고사리 같은 손으**로 만들어 줬어요.
Sarang made it with her cute little hands for my birthday.

🔎 주먹을 쥐고 있는 솜털이 난 아기의 손 모양이 어린 고사리와 닮은 데에서 나온 표현이다.

★★☆ 관
귀가 밝다

정보나 소식에 빠르고 능통하다는 말이다.
Indicates that one is quick and proficient at picking up on information or news.

예 **가:** 마크 씨는 어쩜 그렇게 **귀가 밝아요**? 모르는 뉴스가 없네요.
Mark, how do you have such sharp ears? There isn't any piece of news you don't know about.

나: 저는 세상 돌아가는 일에 관심이 많아서 아침마다 인터넷 포털 사이트의 뉴스를 모두 챙겨 보거든요.
I have a lot of interest in what's going on in the world, so every morning I read all of the news on an internet portal.

🔎 정보나 소식을 잘 모를 때는 '귀가 어둡다'를 사용한다.

☆☆☆ 관
길눈이 밝다

한두 번만 가 본 곳이어도 잊지 않고 찾아갈 만큼 길을 잘 기억한다는 말이다.
Indicates that one remembers directions so well that they do not forget places even if they've only visited them once or twice, and they can easily find those places again.

예 **가:** 윤아 씨, 차에 내비게이션도 없는데 거래처에 잘 찾아갈 수 있겠어요?
Yoona, you don't even have a GPS in your car. Will you be able to find the way to our business associate?

나: 걱정 마세요. 차장님. 전에 한 번 갔었잖아요. 제가 **길눈이 밝은** 편이라 한 번 가 본 곳은 다 기억해요.
Don't worry, sir. I've been there once before, remember? I have a good sense of direction, so I remember every place I've been to before.

🔎 가 본 길도 잘 기억하지 못할 때는 '길눈이 어둡다'를 사용한다.

눈물이 앞을 가리다

★☆☆ 관

앞을 볼 수 없을 정도로 눈물이 계속 나온다는 말이다.
Indicates that one continuously cries so much that they can't see in front of them.

예 가: 엄마. 저 드디어 졸업해요.
Mom, I finally graduated.

나: 고생 많았다. 힘들게 아르바이트하면서 공부하는 모습을 볼 때마다 **눈물이 앞을 가렸는데** 이제는 좀 웃을 수 있겠다.
You've worked hard. Every time I saw you struggling to work a part-time job and study at the same time, tears flooded my eyes, but now I'll be able to smile.

🔍 주로 감동하거나 슬퍼서 감정이 북받쳐 오를 때 사용한다.

눈물이 핑 돌다

★☆☆ 관

어떤 자극을 받아서 갑자기 눈에 눈물이 고인다는 말이다.
Indicates that tears suddenly fill one's eyes due to a certain stimulus.

예 가: 언니, 어제 라디오에서 아버지에 대한 노래가 나왔는데 듣다 보니 **눈물이 핑 돌더라.** 돌아가신 아버지가 그리워서 그랬나 봐.
Sis, yesterday there was a song about fathers on the radio, and hearing it made me tear up. It must be because I miss our late father.

나: 그랬어? 이번 주말에 아버지 산소에라도 다녀올까?
Really? Shall we go visit Father's grave this weekend?

🔍 짧게 '눈물이 돌다'를 사용하기도 한다.

눈살을 찌푸리다

★★★ 관

유 이맛살을 찌푸리다

어떤 것이 마음에 들지 않아 미간을 찡그린다는 말이다.
Indicates that one wrinkles their forehead because something is displeasing.

예 가: 오늘 아침에 지하철에서 어떤 사람이 입도 안 가리고 기침을 하더라고요.
This morning on the subway, someone coughed without even covering their mouth.

나: 아직도 그렇게 **눈살을 찌푸리게** 만드는 사람이 있어요?
There are still people out there who make others scowl like that?

✎ '찌푸리다'는 얼굴의 근육이나 눈살 등을 찡그린다는 말이다.

🔍 보통 누군가가 불만이 있는 표정을 짓고 있을 때 사용한다.

★★★ 관
눈을 붙이다

눈을 감고 잠을 잔다는 말이다.
Indicates that one closes their eyes and falls asleep.

예 가: 태현아, 벌써 새벽 2시네. 난 능률이 안 올라서 잠깐 **눈을 좀 붙여야겠어.**
Taehyun, it's already 2:00 in the morning. I'm not being productive, so I'm going to snooze for a bit.

나: 그렇게 해. 난 조금 더 할게.
Go ahead. I'm going to do a bit more.

🔎 짧은 시간 동안 잔다는 것을 강조하여 말할 때 사용한다.

★★★ 관
눈이 높다

수준 높고 좋은 것만 찾는다는 말이다.
Indicates that one only seeks out good things of a high standard.

예 가: 감독님, 배우 이지현 씨에게 우리 영화 시나리오를 한번 보내 볼까요? 주인공을 하겠다고 할 수도 있잖아요.
Director, shall we send our movie script to actress Lee Jihyun? She might agree to play the main character.

나: 글쎄요. 그 배우는 **눈이 높아서** 우리 영화에는 관심도 없을 것 같은데요.
I'm not sure. That actress has high standards, so I don't think she'll even be interested in our movie.

🔎 보는 수준이 높지 않을 때는 '눈이 낮다'를 사용한다. 한편, '그 화가의 작품을 단번에 알아보시다니 눈이 높으시네요.'처럼 어떤 것에 대한 안목이 높을 때도 사용한다.

★☆☆ 관
닭똥 같은 눈물

방울이 아주 굵은 눈물을 나타낸다.
Describes teardrops that are very large.

예 가: 할머니, 이것 좀 보세요. 주인에게 버려진 강아지가 **닭똥 같은 눈물**을 흘리는 사진인데 너무 불쌍하죠?
Grandma, take a look at this. It's a picture of a dog that was abandoned by its owner crying great big tears. It's so pitiful, isn't it?

나: 아이고, 이렇게 귀여운 강아지를 버리다니 못된 사람들이구나.
Gosh, seeing how they abandoned such a cute dog, that must have been a horrible person.

🔎 보통 '닭똥 같은 눈물을 흘리다' 혹은 '닭똥 같은 눈물을 뚝뚝 흘리다'의 형태로 사용한다.

★☆☆ 관
머리 회전이 빠르다

생각이나 판단이 뛰어나고 똑똑하다는 말이다.
Indicates that someone is smart and has excellent ideas or judgment.

예 **가**: 인사 이동을 앞두고 여러 부서에서 민수 씨를 데려가려고 한다면서요?
It's almost time for personnel transfers, and I heard that multiple departments want to recruit Minsu.

나: 네, 민수 씨가 **머리 회전이 빠른** 데다가 일 처리 능력도 아주 뛰어나니까 모두 탐을 낸대요.
Yes, not only does the brain of Minsu spin fast, he also has an outstanding ability to handle work, so everyone wants him.

🔍 단순히 머리가 좋다기보다는 주로 상황을 판단하는 능력이 뛰어나다고 말할 때 사용한다.

★☆☆ 관
머리가 굳다

기억력이나 학습 능력이 예전만 못하다는 말이다.
Indicates that one's memory or learning ability is not as good as it used to be.

예 **가**: 민수 씨, 요즘 영어 공부는 잘돼요?
Minsu, are your English studies going well these days?

나: 아니요, 오랜만에 다시 공부를 하려니 **머리가 굳어서** 힘드네요.
No, now that I'm trying to study again after such a long time, my brain is rusty, so I'm struggling.

✏️ '굳다'는 여리고 단단하지 않은 물질이 단단하게 된다는 의미이다.

🔍 '머리가 굳어서 그런지 요즘 세대를 이해하기 어렵다.'처럼 생각이 굳어져 잘 바뀌지 않을 때도 사용한다.

★☆☆ 관
머리가 잘 돌아가다

어떤 상황에서 문제 해결 방법이나 생각이 잘 떠오른다는 말이다.
Indicates that one easily thinks of ideas or solutions to resolve an issue in a certain situation.

예 **가**: 아까 회의 때 사장님이 예상치 못한 질문을 하셔도 척척 대답하는 승원 씨 봤어요?
During the meeting earlier, did you see how Seungwon easily answered without hesitation, even when the boss asked unexpected questions?

나: 네, 그럴 때 보면 승원 씨는 **머리가 잘 돌아가는** 것 같아요.
Yes, at times like that, it seems like Seungwon is quite quick-witted.

🔍 어떤 문제나 일이 생겼을 때 순발력 있게 대처하는 기술이 뛰어나다고 말할 때 사용한다.

★★☆ 관
머리를 흔들다

어떤 일에 대해 강하게 거부하거나 반대할 때 하는 행동을 나타낸다.
Describes one's action when they are strongly refusing or opposing something.

예 가: 여보, 첫째 아이가 왜 저렇게 뾰로통해 있어요?
　　 Honey, why is our oldest child sulking like that?

나: 이사 가면 동생이랑 한방을 써야 한다고 했더니 **머리를 세차게 흔들면서** 싫다고 하더라고요. 그 후로 계속 저러고 있어요.
　　 I told him that when we move, he'll have to share a room with his younger brother. He furiously shook his head and said he didn't want to. He's been like that ever since then.

★★☆ 관
보는 눈이 있다

어떤 사람이나 일 등을 정확하게 평가하는 능력이 있다는 말이다.
Indicates that one has the ability to accurately evaluate a certain person or occurrence.

예 가: 이 그림이 제일 마음에 들어요. 이것 좀 보여 주시겠어요?
　　 I like this picture the most. Could you please show it to me?

나: **보는 눈이 있으시네요.** 이게 요즘 한창 떠오르고 있는 화가의 작품이거든요.
　　 You have a good eye for art. This is the work of an artist who is a rising star these days.

🔎 누군가가 어떤 것을 보고 그것의 가치를 잘 판단하거나 구별하는 능력이 있을 때 사용한다.

★☆☆ 관
얼굴에 씌어 있다

감정이나 기분 등이 얼굴에 그대로 나타난다는 말이다.
Indicates that one's emotions or mood appear exactly as they are on one's face.

예 가: 나 정말 화 안 났다니까. 이제 그만 좀 물어봐.
　　 I'm telling you, I'm really not angry. Stop asking me already.

나: 화가 잔뜩 났다고 네 **얼굴에 다 씌어 있는데** 뭘. 도대체 뭐 때문에 화가 났는지 말해 봐.
　　 It's written all over your face that you're furious. Tell me what exactly it is that made you so angry.

🔎 '얼굴에 써 있다'를 사용하는 경우가 있는데 이것은 잘못된 표현이다.

★☆☆ 관
인상을 쓰다

기분이 나쁘거나 화가 나서 좋지 않은 표정을 짓는다는 말이다.
Indicates that one makes a negative expression because they are
in a bad mood or because they are angry.

예 가: 뭐 때문에 그렇게 **인상을 쓰고** 있어?
　　　Why are you scowling like that?

나: 한 달 동안 밤을 새우면서 준비한 프로젝트가 무산됐거든.
　　속상해 죽겠어.
　　　The project that I spent an entire month pulling all-nighters to
　　　prepare got cancelled. I'm upset to death.

✏ '인상'은 얼굴의 근육이나 눈살을 의미한다.

🔍 미간을 찡그려서 불만을 표시하는 '눈살을 찌푸리다'보다 더 강하게 불만을 표시하는
　　느낌이 있다.

★★☆ 관
코를 찌르다

어떤 냄새가 심하게 난다는 말이다.
Indicates that there is a severe smell.

예 가: 이게 무슨 냄새예요? 역겨운 냄새가 **코를 찌르네요**.
　　　What's that smell? It stinks to high heaven.

나: 지난주에 사다 놓은 생선이 상했나 봐요. 빨리 버려야겠어요.
　　　The fish that we bought last week must have gone rotten.
　　　We'd better throw it away quickly.

🔍 보통 나쁜 냄새가 심하게 날 때 사용하지만 '꽃향기가 코를 찌르네요.'처럼 좋은 냄새가
　　강하게 날 때도 사용한다.

★★☆ 관
허파에 바람이 들다

어떤 사람이 실없이 행동하거나 지나치게 웃을 때 사용한다.
Used when someone behaves nonsensically or laughs excessively.

예 가: 윤아 씨, **허파에 바람이 들었어요**? 왜 그렇게 웃어 대요?
　　　Yoona, what's gotten into you? Why are you laughing so
　　　much?

나: 아까 회사 복도에서 너무 웃긴 일이 있었거든요. 지금 다시
　　생각해도 너무 웃겨요.
　　　Something really funny happened in the office hallway earlier.
　　　It's so hilarious even when I think about it now.

🔍 허파에 바람이 바람이 들어가게 되면 호흡 곤란 증세가 나타난다. 이 모습이 지나치게
　　웃어서 호흡하기 힘들어하는 모습과 닮아서 나온 표현이다. 또한 '박 과장이 이번에는
　　승진할 거라고 허파에 바람이 잔뜩 들어가 있던데요.'처럼 어떤 사람의 마음이 들떠
　　있는 상태를 말할 때도 사용한다.

❸ 외모·외형 | Appearance and Looks

Track 047

★☆☆ 관
가죽만 남다

보기 안 좋게 너무 말랐다는 말이다.
Indicates that one is so thin that it doesn't look good.

예 가: 엄마! 오늘부터 다이어트를 위해서 저녁을 안 먹으려고요. 그러니까 제 밥은 차리지 마세요.
　　Mom! Starting today, I'm not going to eat dinner for the sake of my diet, so don't make any meal for me.

　　나: 안 그래도 말라서 **가죽만 남았는데** 무슨 다이어트를 한다고 그러니?
　　You're already nothing but skin and bones, so what do you mean, you're going on a diet?

✎ '가죽'은 동물의 피부를 의미하지만 여기에서는 사람의 피부라는 의미로 사용되었다.
🔍 너무 말라 살은 없고 뼈만 남은 사람의 모습을 말할 때 사용한다.

★☆☆ 관
그늘이 지다

근심이나 걱정이 있어 얼굴이 밝지 못하다는 말이다.
Indicates that one's face is not bright because they have a concern or worry.

예 가: 요즘 민수 씨 얼굴에 **그늘이 졌던데** 무슨 일 있대요?
　　Minsu's face is so gloomy these days. What's going on?

　　나: 얼마 전에 들으니 아버지께서 많이 편찮으시다고 하더라고요.
　　Not long ago, I heard that his father is in very poor health.

✎ '그늘'은 원래 어두운 부분을 의미하지만 여기에서는 근심이나 불행으로 어두워진 마음 또는 그 마음이 드러난 표정이라는 의미로 사용되었다.
🔍 보통 '얼굴에 그늘이 지다' 혹은 '얼굴에 그늘이 드리워지다'의 형태로 많이 사용한다.

☆☆☆ 속
꽁지 빠진 새 같다

유 꽁지 빠진 수탉 같다

누군가의 겉모습이 매우 초라해 보인다는 말이다.
Indicates that someone's outer appearance looks extremely shabby.

예 가: 여보, 동창회에 이거 입고 가도 될까요? 한번 봐 줘요.
　　Honey, can I wear this to the alumni meeting? Take a look for me.

　　나: 다른 양복은 없어요? 오래돼서 그런지 그 양복을 입으니 **꽁지 빠진 새 같아** 보여요.
　　Don't you have another suit? It's so old that wearing it makes you look like a street rat.

★☆☆ 〔관〕
때 빼고 광내다

몸을 깨끗이 씻고 치장을 하거나 멋을 낸다는 말이다.
Indicates that one thoroughly washes their body and grooms themselves or dresses up.

> 〔예〕 가: **수아야! 웬일로 그렇게 때 빼고 광냈어?** 무슨 좋은 일 있어?
> Sooah! What are you so dolled up for? Did something good happen?
>
> 나: 응, 이따가 소개팅이 있거든.
> Yeah, I have a blind date soon.

✎ '때'는 옷이나 몸에 묻은 더러운 물질을 말한다.
🔎 보통 어떤 행사가 있거나 약속이 있어서 평소와 다르게 외모를 잘 가꿀 때 사용한다.

★☆☆ 〔관〕
때를 벗다

어리거나 촌스러운 모습이 없어졌다는 말이다.
Indicates that one's immature or outdated appearance disappears.

> 〔예〕 가: 이게 누구야? 태현이 아니니? 도시로 이사 가더니 완전히 **때를 벗었구나!** 누군지 못 알아볼 뻔했네.
> Who's this? Taehyun, is that you? Now that you moved to the city, you've completely transformed! I almost didn't recognize you.
>
> 나: 감사합니다. 오랜만에 고향에 왔더니 모든 것이 새롭네요!
> Thank you. It's been a long time since I've been to my hometown, but everything is new and different!

✎ '때'는 어린 티나 시골티를 의미한다.
🔎 보통 누군가가 몰라볼 정도로 성숙했거나 외모가 세련되게 바뀌었을 때 사용한다.

★★★ 〔속〕
뚝배기보다
장맛이 좋다

겉모양은 보잘 것 없어도 내용은 훌륭하다는 말이다.
Indicates even if something has a humble outer appearance, its contents are excellent.

> 〔예〕 가: 아버지, 건물도 낡고 간판도 없는데 왜 여기서 밥을 먹자고 하시는 거예요?
> Father, this building is outdated and there's not even a sign out front, but why are you suggesting we eat here?
>
> 나: **뚝배기보다 장맛이 좋다고** 이래 봬도 여기 음식 맛이 최고야.
> You can't judge a book by its cover. No matter how the place looks, the food here is the best.

🔎 투박한 모양의 뚝배기지만 그 안에 담긴 고추장이나 된장은 맛이 훌륭하니 겉모습이 다가 아니라고 말할 때 사용한다. 짧게 '뚝배기보다 장맛'의 형태로도 사용한다.

★☆☆ 관
모양이 사납다

누군가의 외모가 보기에 좋지 않다는 말이다.
Indicates that someone's outer appearance is unpleasant to look at.

예 가: 아직도 많이 아파요? 나오기 힘들면 제가 승원 씨 집으로 갈게요.
Seungwon, are you still really sick? If it's difficult for you to come out, I'll go to your house.

나: 아니에요. 며칠 동안 앓아서 **모양이 사나워요**. 그냥 다음에 밖에서 만나요.
No. I was sick for several days, so I look unsightly. Let's just meet outside next time.

🔎 '정치인들이 일은 안 하고 싸움만 하는 모양이 사나워서 뉴스를 잘 안 봐요.'처럼 누군가의 행동에 대해 안 좋게 말할 때도 사용한다.

★☆☆ 관
물 찬 제비

몸매가 매끈하여 보기 좋은 사람을 나타낸다.
Describes a person whose figure is sleek and looks good.

예 가: 운동을 열심히 하더니 **물 찬 제비가** 됐군요. 보기 좋아요.
You've become fit as a fiddle after exercising so hard. You look good.

니: 감사합니다. 아닌 게 아니라 몸매를 가꾸기 위해서 눈물을 꾹 참고 정말 열심히 운동했어요.
Thank you. To tell the truth, I held back my tears and exercised really hard in order to tone up my body.

🔎 제비가 물 위를 날며 빠르게 물을 마신 후 공중으로 높이 날아오르는 모습을 사람의 매끈한 몸매에 비유한 표현이다. 한편, '선수들이 물 찬 제비처럼 경기장을 날아다니자 관중들이 환호했다.'처럼 운동 경기에서 선수가 날쌔게 움직일 때도 사용한다.

★★☆ 관
물에 빠진 생쥐

물에 흠뻑 젖어 초라해 보이는 모습을 나타낸다.
Describes someone's miserable appearance after being completely soaked with water.

예 가: 우산을 안 가지고 간 거야? 완전히 **물에 빠진 생쥐가** 됐네.
Did you go out without an umbrella? You look like a totally drowned rat.

나: 네, 할아버지. 비가 올 줄 모르고 우산을 안 가져가서 비를 쫄딱 맞았어요.
Yes, Grandpa. I didn't know it was going to rain, so I didn't bring an umbrella and I got completely drenched in the rain.

🔎 보통 생쥐와 같이 털이 있는 동물은 털이 물에 젖으면 모습이 아주 볼품없어지는데 여기에서 나온 표현이다.

★★☆ 속
배가 남산만 하다

(유) 배가 앞 남산만 하다

임신을 해서 배가 많이 나온 모습을 나타낸다.
Describes someone who is pregnant, so their belly protrudes a lot.

예 가: 출산 예정일이 얼마 안 남았죠?
There's not much time left until your due date, right?

나: 네. 이제 2주 정도 남았어요. 점점 **배가 남산만 해져서** 잠깐 움직이기도 힘들어요.
Yes. There are about 2 weeks left now. My belly is getting as big as a balloon, so it's hard to even move around for a while.

🔍 '동생은 한 달 만에 배가 남산만 해질 정도로 살이 쪘다.'처럼 살이 쪄서 배가 많이 나온 모습을 나타낼 때도 사용한다.

★★★ 속
보기 좋은 떡이 먹기도 좋다

겉모양이 좋으면 내용도 좋다는 말이다.
Indicates if something's outer appearance is good, the contents are also good.

예 가: **보기 좋은 떡이 먹기도 좋다고** 이 케이크는 모양이 예쁜 만큼 맛도 좋아요.
They say that what looks good also tastes good. This cake is as delicious as it is pretty.

나: 정말 그러네요. 이 빵집이 왜 유명한지 알겠어요.
It really is. I see why this bakery is famous.

🔍 '보기 좋은 떡이 먹기도 좋다고 보고서를 쓸 때는 형식도 잘 갖춰야 한다.'처럼 내용뿐 아니라 겉모양을 좋게 하는 것도 중요하다고 말할 때도 사용한다.

★★☆ 속
빛 좋은 개살구

겉으로는 좋아 보이지만 실속은 없다는 말이다.
Indicates that something looks good on the outside, but doesn't have any substance.

예 가: 새 노트북이에요? 색깔도 예쁘고 가벼워 보여요.
Is that a new laptop? The color is pretty, and it looks light, too.

나: 네, 그런데 **빛 좋은 개살구**예요. 용량도 적고 속도도 너무 느려요.
Yes, but appearances are deceiving. It doesn't have much storage, and it's really slow.

🔍 '개살구'는 색깔과 겉모양이 살구와 비슷해서 먹음직스러워 보이지만 실제로는 시고 떫어서 사람들이 잘 먹지 않는다. 여기에서 나온 표현이다.

★☆☆ 관
사시나무 떨듯

몸을 몹시 떠는 모양을 나타낸다.

Indicates that one's body trembles all over.

> 예 가: 왜 그렇게 몸을 **사시나무 떨듯** 떨어요?
>
> Why are you shaking like a leaf?
>
> 나: 입춘이라고 해서 따뜻할 줄 알고 얇게 입고 나왔는데 너무 추워서 그래요.
>
> It's the day that spring begins so I thought it would be warm and I wore thin clothes, but it's so cold.

🔎 '사시나무'는 미세한 바람에도 잘 흔들리는 나무로 잎이 잠시도 가만히 있지 않고 계속 떨리는데 이 모습에서 나온 표현이다. 주로 '사시나무 떨듯 하다', '사시나무 떨듯 떨다'의 형태로 많이 사용한다.

★★☆ 속
속 빈 강정

겉으로는 좋아 보이지만 실속이 없다는 말이다.

Indicates that something looks good on the outside, but lacks substance.

> 예 가: 저 건물 너무 멋지네요!
>
> That building is so cool!
>
> 나: 이야기 못 들었어요? 겉만 번지르르하지 **속 빈 강정**이래요. 부실 공사를 해서 바람이 조금만 불어도 건물이 흔들린대요.
>
> Didn't you hear? The outside is sleek, but it's all looks and no substance. The construction is so poor that if the wind blows even a little bit, the building shakes.

🔎 강정은 찹쌀 반죽을 말려 기름에 튀긴 후에 꿀이나 엿을 바르고 여러 가지 고물을 묻혀 만든 과자이다. 강정은 고물 때문에 겉모습은 화려하지만 튀길 때 찹쌀이 팽창하면서 속은 비게 되는데 이 모습에서 나온 표현이다.

★☆☆ 관
얼굴이 피다

얼굴에 살이 오르고 빛도 좋아졌다는 말이다.

Indicates that one's face fills out and glows more.

> 예 가: 지원 씨, 요즘 좋은 일 있나 봐요? **얼굴이 확 피었어요.**
>
> Jiwon, a lot of good things must be happening to you these days. You're really glowing.
>
> 나: 그래요? 바쁜 일을 다 끝내 놓으니 마음이 편해서 그런가 봐요.
>
> Really? I guess it's because I feel at ease now that I've finished all the work that kept me busy.

✏️ '피다'는 꽃봉오리가 벌어진다는 의미지만 여기에서는 사람이 살이 오르고 혈색이 좋아진다는 의미로 사용되었다.

★★★ 속
작은 고추가 더 맵다

키가 작은 사람이 큰 사람보다 더 야무지고 재주가 뛰어나다는 말이다.

Indicates that someone who is short is extremely talented and more clever than someone who is tall.

예 가: 저 선수는 농구 선수치고는 키가 작은데 실력은 좋더라고요.
That athlete is short for a basketball player, but he's very skilled.

나: **작은 고추가 더 맵다**고 하잖아요.
They say that good things come in small packages.

🔎 보통 몸집이 작으면 약하고 힘도 없다고 생각할 수 있지만 실제로는 강할 수 있으므로 겉모습만 보고 판단하지 말라고 말할 때 사용한다.

☆☆☆ 관
허울 좋다

실속은 없으면서 겉모양만 좋다는 말이다.

Indicates that something lacks substance while looking good only on the outside.

예 가: 우리 회사가 판매율 1위를 했다고 해서 기뻐했는데 알고 보니 순이익은 경쟁사가 더 높다고 하더라고요.
I was happy because our company had the top sales rate, but it turns out that our rival company's net revenue was higher.

나: **허울 좋은** 1위를 한 거였군요.
I guess our number 1 rank was just for show.

🔎 강조할 때는 '허울만 좋다'를 사용한다.

4

인지·인식 | Perception and Awareness

☆☆☆ 관
가늠이 가다

어떤 것이 어느 정도 짐작이 된다는 말이다.
Indicates that one estimates something to a certain extent.

예 가: 해설 위원님, 이번 씨름 대회 결과가 어떨 것 같습니까?
Commentator, how do you think this wrestling competition will turn out?

나: 글쎄요. 쟁쟁한 선수들이 많아서 결과가 어떻게 나올지 **가늠이 가지** 않습니다.
I'm not sure. There are many outstanding athletes, so I'm not able to guess how it will turn out.

✎ '가늠'은 사람이나 사물, 상황 등을 대략적으로 짐작하여 생각함이라는 의미이다.

🔎 주로 '가늠이 안 가다' 혹은 '가늠이 가지 않다'의 부정 형태를 써서 어떤 것이 짐작이 안 될 때 사용한다.

★☆☆ 관
가닥을 잡다

어떤 일에 대한 생각 혹은 상황, 이야기 등을 정리하거나 이치에 맞게 바로 잡는다는 말이다.
Indicates that one organizes thoughts, conditions, stories, etc. about something or combines them in a way that stands to reason.

예 가: 정 차관님, 정부의 부동산 정책이 어떻게 진행되고 있는지 말씀해 주시겠습니까?
Vice Minister Jung, please tell us how the government is proceeding with the real estate policy.

나: 아직까지 결정된 것은 없습니다. 정책 방향의 **가닥을 잡으면** 언론을 통해 발표하도록 하겠습니다.
Nothing has been determined yet. Once we piece together the policy direction, we will announce it through the press.

🔎 '임원진의 회의에서 적자가 나는 사업은 정리하는 것으로 가닥이 잡혔어요.'처럼 생각 또는 상황, 이야기 등이 정리되거나 이치에 맞게 바로 잡혔을 때는 '가닥이 잡히다'를 사용한다.

★★☆ 속
가랑비에 옷 젖는 줄
모른다

비록 작은 일이라도 그것이 계속되면 큰일이 된다는 말이다.
Indicates even if something is small, it grows into something big if one does it continuously.

> 예 가: 내가 보험을 이렇게 많이 들었나? 매달 내는 보험료가 생각보다 많네!
> Did I sign up for this much insurance? The monthly insurance fees are higher than I thought!
>
> 나: **가랑비에 옷 젖는 줄 모른다고** 아무리 내는 금액이 적어도 여러 개 가입하면 보험료가 많이 나갈 수밖에 없지요.
> They say that a small leak will sink a great ship. No matter how small the amount you pay is, if you sign up for multiple types of insurance, it's inevitable that you'll pay a lot in insurance fees.

🔎 가랑비는 조금씩 내리기 때문에 맞아도 옷이 젖는 것을 미처 깨닫지 못할 수 있다. 이처럼 아무리 작은 일이라도 계속되면 나중에는 큰일이 되어 피해를 볼 수도 있다고 말할 때 사용한다.

★☆☆ 관
간발의 차이

거의 비슷할 정도의 아주 작은 차이를 나타낸다.
Describes a difference between things that is so small, they are almost the same.

> 예 가: 감독님, 이번에 찍으신 영화가 많은 사랑을 받았는데 관객 여러분들께 한 말씀해 주시기 바랍니다.
> Director, the movie you filmed received a lot of love. Please say a word to the moviegoers.
>
> 나: **간발의 차이로** 천만 관객을 채우지 못해 아쉽기는 하지만 많은 사랑을 주셔서 고맙습니다.
> It's a shame that we missed reaching 10,000,000 by a razor-thin margin, but thank you for showing this movie a lot of love.

✎ '간발'은 아주 잠시 혹은 아주 적음을 의미한다.
🔎 보통 '간발의 차이로'의 형태로 사용한다.

★★☆ 관
감을 잡다

상황이나 사정을 느낌으로 알아차린다는 말이다.
Indicates that one understands a situation or circumstance through their senses.

> 예 가: 어때요? 이제 낚시를 할 때 어디에 고기가 많은지 **감을 좀 잡았어요?**
> What do you think? Have you gotten a sense of where you can find a lot of fish while you're fishing now?
>
> 나: 아직 잘 모르겠지만 계속 낚시를 다니다 보면 알게 되겠죠?
> I'm still not sure, but I'll learn if I keep fishing, right?

🔎 어떤 사실에 대한 추정 능력이 뛰어날 때는 '감이 빠르다'를 사용한다.

★★☆ 괜
거리가 멀다

무엇이 기대하거나 원하는 것과 차이가 있다는 말이다.

Indicates that there is a gap between someone and something that they expect or want.

예 가: 네가 그렇게 원하던 회사에 취직했는데 왜 이직을 준비하는 거야?

You got hired at the company where you really wanted to work, but why are you preparing to change jobs?

나: 막상 들어가 보니까 회사 분위기가 내가 생각했던 것과는 **거리가 멀고** 일도 재미가 없더라고.

Now that I actually work there, the company atmosphere is a far cry from what I thought it would be, and the work is boring.

🔎 보통 이상과 현실 간의 괴리가 있다고 말할 때 사용한다.

★☆☆ 괜
그렇고 그렇다

특별하지 않고 시시하다는 말이나.

Indicates that something is basic and not special.

예 가: 지난주에 국제 영화제에서 상을 받은 영화를 봤어요? 내용도 재미있고 배우들의 연기도 훌륭하더라고요.

Did you see a movie that won an award at an international film festival last week? The plot was interesting and the acting was excellent.

나: 안 그래도 저도 봤는데 너무 기대를 하고 봐서 그런지 저는 **그렇고 그렇더라고요.**

Actually, I saw it too. Maybe it's because I had such high expectations, but I thought it was just so-so.

🔎 '매일 같이 다니는 걸 보니 두 사람이 그렇고 그런 사이인가 봐요.'처럼 두 남녀의 관계가 특별하다고 말할 때도 사용한다.

★☆☆ 〈관〉
꼬리를 잡다

비밀로 감춰져 있던 것을 밝혀낸다는 말이다.

Indicates that one reveals something that had been hidden as a secret.

> 예 가: 경찰이 정치인 뇌물 수수의 **꼬리를 잡았**다고 들었는데 맞습니까?
> I heard that the police have a lead on a politician who accepted bribes. Is that correct?
>
> 나: 네. 경찰은 건물 밖에 세워 둔 차량의 블랙박스를 통해 결정적 증거를 확보할 수 있었다고 합니다.
> Yes, the police said that they were able to obtain decisive evidence through the black box of a car that they parked outside of the building.

🔎 어떤 사람이 당당하거나 떳떳하지 못하여 숨기고 드러내지 않는 것을 다른 사람이 알아냈을 때 사용한다.

★☆☆ 〈관〉
냄새를 맡다

어떤 사람이 감추려고 하는 일을 알아차린다는 말이다.

Indicates that one notices something that someone is trying to hide.

> 예 가: 빨리 도망가자! 경찰이 우리 집 앞까지 찾아온 걸 보니까 뭔가 **냄새를 맡은** 모양이야.
> Let's run away quickly! Seeing how the police came all the way to the front of our house, they must have gotten wind of something.
>
> 나: 우리를 잡으러 온 게 아닐 수도 있으니까 너무 겁먹지 마.
> They might not have come here to catch us, so don't be so afraid.

🔎 누군가의 잘못된 행위를 다른 사람이 눈치챘을 때 사용한다.

★★★ 〈관〉
눈치가 빠르다

다른 사람의 마음이나 일의 상황을 빨리 알아차린다는 말이다.

Indicates that one quickly grasps a situation or notices other people's feelings.

> 예 가: 윤아 씨는 사회생활을 잘하는 것 같아요. 그 비결이 뭐예요?
> Yoona, you seem to have a successful social life. What's your secret?
>
> 나: 제가 **눈치가** 좀 **빠른데** 그게 사회생활을 하는 데에 도움이 되는 것 같아요.
> I'm pretty astute, so I think that's helpful in social settings.

✎ '눈치'는 다른 사람의 마음을 그때 상황으로 미루어 알아내는 것을 말한다.

🔎 누군가가 다른 사람의 마음이나 상황을 알아차리지 못할 때는 '눈치가 없다'를 사용한다.

☆☆☆ 괜
눈치코치도 모르다

다른 사람의 마음이나 분위기, 상황을 알아차리지 못한다는 말이다.
Indicates that one is unable to perceive atmospheres, situations, or other people's emotions.

예 가: 아무 일도 없다니까 왜 자꾸 물어?
I'm telling you, nothing is going on, so why do you keep asking?

나: 형은 내가 **눈치코치도 모르는** 줄 알아? 분명히 집에 무슨 일이 있는 것 같은데 왜 나한테만 말을 안 해 주는 거야?
Do you think I'm oblivious? It definitely seems like something's going on at home, so why are you only not telling me?

✐ '눈치코치'는 눈치를 속되게 이르는 말이다.

🔎 다른 사람의 마음이나 상황 등을 다 짐작하여 알 때는 '눈치코치 다 알다'를 사용한다.

★★★ 속
돼지 목에 진주 목걸이

유 돼지 목에 진주

가치를 모르는 사람에게는 보물도 아무 소용이 없다는 말이다.
Indicates that someone who doesn't know the value of something has no use for treasure.

예 가: 지난번에 네가 벼룩시장에서 산 꽃병이 조선 시대에 제작된 보물이라고?
The vase that you bought at the flea market last time was made during the Joseon Dynasty?

나: 응. **돼지 목에 진주 목걸이**라고 그렇게 귀한 건 줄도 모르고 막 썼네.
Yeah. They say you shouldn't cast pearls before swine. I didn't know it was so valuable and wasted it.

🔎 누군가가 어떤 것의 가치를 모를 때 혹은 무언가가 격에 맞지 않아 어울리지 않을 때 사용한다.

★★☆ 속
될성부른 나무는 떡잎부터 알아본다

유 잘 자랄 나무는 떡잎부터 안다, 잘 자랄 나무는 떡잎부터 알아본다

장래에 크게 될 사람은 어릴 때부터 남다르다는 말이다.
Indicates that someone who will become great in the future stands out from the time they are young.

예 가: **될성부른 나무는 떡잎부터 알아본다**고 저 선수는 8살밖에 안 됐는데도 실력이 남다르네요.
They say that a fine child becomes a fine adult. That player is only 8 years old, but her skills are extraordinary.

나: 네, 벌써부터 피겨 스케이팅의 유망주로 떠오르고 있습니다.
Yes, she's already a rising star in figure skating.

★★★ 속
등잔 밑이 어둡다

가까이 있는 것을 오히려 잘 알기 어렵다는 말이다.

Indicates that it is actually difficult to know something that is close to oneself well.

예 가: 혹시 제 휴대폰 못 봤어요? 한 시간째 찾고 있는데 도저히 못 찾겠어요.

Have you seen my cell phone, by any chance? I've been looking for it for an hour, but I can't find it at all.

나: 거기 책상 위에 있잖아요. **등잔 밑이 어둡다**더니 그 말이 딱 맞네요.

It's on that desk over there. They say a beacon doesn't shine on its own base. I guess that phrase is exactly right.

🔍 전기가 없던 옛날에는 등잔에 불을 붙여 사용했는데 등잔 바로 밑은 그림자 때문에 어두워서 잘 보이지 않았다. 여기에서 나온 표현으로 무엇이 가까이 있는데 잘 찾지 못하거나 그것에 대해 잘 모를 때 사용한다.

★★★ 속
매도 먼저 맞는 놈이 낫다

어차피 해야 될 일이라면 미리 해 버리는 것이 좋다는 말이다.

Indicates that it is best to do something in advance if it must be done anyway.

예 가: 태현아, 발표를 제일 먼저 하겠다고 했다면서?

Taehyun, I heard you said you would be the very first to present.

나: 응. **매도 먼저 맞는 놈이 낫다**고 어차피 해야 하니까 빨리 하는 게 좋을 것 같아서 그랬어.

Yeah. I thought it would be better to just get it over with. I have to do it anyway, so it seems best to do it quickly.

🔍 매를 먼저 맞으면 다른 사람이 맞는 것을 보고 두려움에 떨지 않아도 된다. 이처럼 해야 하는 일은 미루지 말고 될 수 있는 한 빨리 하는 게 좋다고 말할 때 사용한다.

★★☆ 관
빙산의 일각

어떤 일의 대부분이 숨겨져 있고 극히 일부분만이 바깥으로 드러나 있다는 말이다.

Indicates that most of something is hidden, and only a very small portion is exposed.

예 **가**: 한 대학 교수가 자기 아들을 좋은 대학에 보내기 위해 성적을 조작했다면서요?

I heard that a university professor forged his own son's grades so he could go to a good college.

나: 그건 **빙산의 일각**에 불과하대요. 봉사 활동뿐만 아니라 인턴 경험까지 허위로 기재했대요.

They say that's just the tip of the iceberg. Not only did he fabricate his volunteer activities, he even filled in false internship experience.

🔎 빙산은 물보다 가볍기 때문에 90%는 물에 잠기고 10%만이 물 위로 뜨게 되는데 이 모습에서 나온 표현이다.

★★☆ 관
시간 가는 줄 모르다

어떤 일에 몰두하여 시간이 얼마나 지났는지 알지 못한다는 말이다.

Indicates that one is so absorbed in a certain task that they don't know how much time has passed.

예 **가**: 윤아 씨, 퇴근 안 하세요? 뭘 그렇게 열심히 보세요?

Yoona, aren't you going to leave work? What are you looking at so hard?

나: 어! 시간이 벌써 이렇게 됐군요. 내일 발표 자료를 보느라 **시간 가는 줄 몰랐어요.**

Oh! It's already this late. I lost all track of time looking at the materials for my presentation tomorrow.

🔎 보통 어떤 일에 집중하다가 시간이 오래 지난 것을 보고 깜짝 놀랐을 때 사용한다.

★☆☆ 관
싹수가 노랗다

🔗 싹이 노랗다

사람이나 일이 잘될 가능성이 애초부터 보이지 않는다는 말이다.

Indicates that someone or something shows no possibility of succeeding from the very beginning.

예 **가**: 제가 훔친 거 아니에요. 정말이에요. 믿어 주세요.

I didn't steal it. Really. Please believe me.

나: 네가 훔친 게 맞잖아. 어린 게 벌써부터 거짓말이나 하고 아주 **싹수가 노랗네.**

You know you stole it. You're already telling lies at this young age. Your prospects sure are bleak.

✏️ '싹'은 씨나 뿌리에서 처음 돋아나는 어린잎을 말하는데 사람에게 쓸 때는 '싹수'라고 한다.

🔎 싹이 노란 것은 식물이 병에 걸려 죽어가는 것을 의미한다. 이처럼 어떤 사람의 미래나 희망이 보이지 않을 때 사용한다.

★★★ 관
알다가도 모르다

어떤 일이 이해가 잘 되지 않을 때 사용한다.
Used when one does not understand something well.

예 가: 하준아, 여자 친구하고 또 싸운 거야? 화해했다고 하지 않았어?
Hajoon, you fought with your girlfriend again? I thought you said you made up.

나: 그러게, 내가 또 실수를 한 건지 기분이 상해서 화를 내더라고. 연애는 어떻게 하는 건지 **알다가도 모르겠다니까.**
Yeah, I made a mistake again, so she was offended and got angry. Dating is really a mystery to me.

🔎 주로 '알다가도 모르겠다'의 형태로 사용한다.

★★★ 속
우물 안 개구리

유 우물 안 고기

넓은 세상을 알지 못하는 사람을 가리킨다.
Describes a person who knows nothing about the wide world.

예 가: 민지야, 이번 방학 때 미국으로 어학연수를 간다고?
Minji, you're going to America for a language course during this school vacation?

나: 응, 넓은 세상을 경험해 봐야 **우물 안 개구리가** 되지 않을 것 같아서.
Yeah. It seems like I have to experience the wide world so I don't become a person of limited scope.

🔎 많은 경험을 해 보지도 못하고 보고 들은 것도 별로 없어서 자기가 아는 것이 다 맞다고 생각하는 사람에게 사용한다.

★☆☆ 관
쥐뿔도 모르다

아무것도 모른다는 말이다.
Indicates that someone knows nothing at all.

예 가: 제시카 씨가 컴퓨터에 대해 **쥐뿔도 모르면서** 자꾸 아는 척을 해서 짜증이 나요.
Jessica doesn't know the first thing about computers, but she keeps pretending like she does. It's annoying.

나: 그래요? 지난번에 보니까 제시카 씨도 컴퓨터에 대해 잘 아는 것 같던데요.
Really? Judging from last time, Jessica seemed to know a lot about computers.

🔎 주로 '쥐뿔도 모르면서 아는 척하다'의 형태로 써서 누군가가 아는 것도 없으면서 아는 척할 때 사용한다.

★☆☆ 〔관〕
척하면 삼천리

상대방의 의도나 돌아가는 상황을 빨리 알아차린다는 말이다.
Indicates that one quickly perceives someone's intentions or an ongoing situation.

> 예 가: 어, 커피네! 안 그래도 마시고 싶었는데. 내가 커피 마시고 싶은 거 어떻게 알았어?
> Oh, coffee! I was wanting to drink some. How did you know that I wanted to drink coffee?
>
> 나: **척하면 삼천리지.** 수아 너 계속 하품했잖아.
> A word to the wise is enough. Sooah, you kept yawning.

✐ '척하면'은 한마디만 하면 또는 약간의 암시만 주면이라는 의미이고, '삼천리'는 한국 땅 전체를 의미한다.

🔍 누군가가 한마디만 했는데 그 말을 듣고 한국 땅 전체에서 일어난 일들을 다 안다는 의미로 어떤 사람이 눈치가 매우 빠를 때 사용한다.

★★★ 〔속〕
하나를 보고 열을 안다

🔄 하나를 보면 열을 안다,
하나를 보고 백을 안다,
하나를 보면 백을 안다

일부만 보고도 이것을 토대로 전체를 알 수 있다는 말이다.
Indicates that one is able to know all the basics of something even after only seeing a portion of it.

> 예 가: 지원 씨, 밥을 먹자마자 바로 설거지를 하는 거예요? **하나를 보고 열을 안다고** 지원 씨가 얼마나 부지런하게 생활하는지 알겠네요.
> Jiwon, you do the dishes right after you finish eating? One thing can say a lot about a person. I can see how diligent you are.
>
> 나: 부지런하기는요. 냄새가 나는 게 싫어서 바로 하는 거예요.
> Diligent? I do it right away because I don't like the smell of dirty dishes.

🔍 보통 어떤 사람을 겪어 보지 않아도 그 사람의 말과 행동만으로도 그 사람에 대해 알 수 있다고 말할 때 사용한다.

★★☆ 속
하나만 알고 둘은 모른다

어떤 일이나 사물의 한 면만 보고 전체의 모습은 잘 보지 못한다는 말이다.

Indicates that one cannot see something's entire appearance by only looking at one side of it.

> 예 가: 하나를 사면 하나를 더 준다고? 그럼 하나는 공짜네! 수아야, 우리 이거 사자.
>
> If I buy one, they'll give me another one? In that case, one of them is free! Sooah, let's buy this.
>
> 나: 민지 너는 **하나만 알고 둘은 모르는구나.** 공짜가 아니고 두 개 가격보다 조금 싸게 해서 많이 팔려는 상술이야.
>
> Minji, you only know one side of the story. It's not free, it's a marketing strategy to sell a lot of products by making the price slightly lower than the price of two items.

🔍 융통성이 없고 폭넓게 생각하지 못하는 사람에게 사용한다.

★★☆ 관
한 치 앞을 못 보다

지식이나 경험이 부족해서 앞으로 일어날 일을 예상하지 못한다는 말이다.

Indicates that one is unable to predict what will happen in the future because they lack knowledge or experience.

> 예 가: 마크 씨, 구직 활동은 잘 되고 있어요?
>
> Mark, is your job search going well?
>
> 나: 아니요, 마땅한 자리가 없네요. 아무리 **한 치 앞을 못 보는** 게 인생이라지만 잘 다니던 회사가 갑자기 망할 줄 누가 알았겠어요?
>
> No, there aren't any suitable jobs. They say that you never know what happens next in life, but who would have ever guessed that my old company would suddenly go to ruin?

✏️ '치'는 약 3.03cm를 말하며 '한 치 앞'은 아주 짧은 거리나 아주 가까운 미래를 의미한다.

🔍 '저는 눈이 많이 나빠서 안경이 없으면 한 치 앞을 못 볼 정도예요.'처럼 시력이 나빠서 아주 가까운 것을 보지 못할 때도 사용한다.

12

인생
Life

-----

1 성공 Success
2 습관·경험 Habits and Experience
3 실패 Failure
4 운·기회 Luck and Opportunity
5 일생 Lifetime

★★☆ 관
간판을 따다

겉으로 내세우기 위해 학력이나 자격 등을 갖춘다는 말이다.
Indicates that one completes a level of education, certification,
etc. in order to outwardly stand out.

> 예 가: 수아야, 1년 더 공부하더라도 재수를 해서 명문 대학에 가는
> 게 더 낫지 않겠니? 그래야 취업도 잘 되지.
> Sooah, wouldn't it be better if you just study for 1 more year,
> retake the entrance exam, and get into a famous university?
> That's what you have to do to get a good job, too.
>
> 나: 엄마, 명문 대학 **간판을 딴다고** 해서 모두 다 취업이 잘 되는
> 건 아니잖아요. 그냥 다니고 싶은 곳에 갈래요.
> Mom, not everyone gets a good job just because they got a
> degree from a famous university. I'd like to just go wherever
> I want.

🖉 '간판'은 속된 말로 겉으로 내세우는 외모, 학벌, 경력, 자격 등을 의미한다.

★☆☆ 관
감투를 쓰다

높은 지위에 오르거나 중요한 직책을 맡는다는 말이다.
Indicates that one rises to a high position or is put in charge of an
important duty.

> 예 가: 우리 모임의 회장은 리더십이 있는 양양 씨가 하면 좋겠어요.
> Yangyang, you have great leadership, so it would be good if
> you become the president of our group.
>
> 나: 말씀은 감사하지만 전 **감투를 쓰는** 게 좀 부담스러우니 다른
> 사람을 시키세요.
> Thank you for saying that, but having an important title is a bit
> burdensome for me, so please give it to someone else.

🔎 감투는 옛날에 양반집 남자들이 갓 아래에 쓰던 모자로, 조선 시대에 벼슬을 한 양반만
쓸 수 있었다. 한편, 어떤 사람이 높은 자리에서 내려올 때는 '감투를 벗다'를 사용한다.

★★★
개천에서 용 난다

어렵고 열악한 환경에서 훌륭한 인물이 나온다는 말이다.
Indicates that an outstanding person comes out of a difficult and poor environment.

> **예** 가: 요즘은 부모의 힘이 없으면 성공하기 힘든 것 같아요. 다들 **개천에서 용 나던** 시대는 끝났다고 하더라고요.
> These days, it seems like it's difficult to succeed if one's parents do not have any power. Many people say that the rags-to-riches era is over.
>
> 나: 그래도 저는 아직까지는 부모의 배경이 없어도 계속 노력하면 성공할 수 있다고 믿어요.
> Even so, I still believe that even if one's parents have no background, if you work hard you can succeed.

🔍 주로 '개천에서 용 났네'의 형태로 쓰며, 좋지 않은 환경을 극복하고 노력하여 성공한 사람에게 사용한다.

★☆☆
꽃을 피우다

어떤 일이 결실을 보거나 번성한다는 말이다.
Indicates that something comes to fruition or prospers.

> **예** 가: 윤아 씨는 드라마 '예쁜 누나'를 통해 연기 인생에 **꽃을 피우기** 시작하셨는데요. 앞으로의 각오가 있다면 한 말씀해 주세요.
> Yoona, your acting career began to flourish through the drama "Pretty Older Sister." Please tell us if you have a plan for the future.
>
> 나: 많은 사랑을 주신 시청자 여러분께 감사드립니다. 앞으로도 기대에 어긋나지 않도록 더 노력하는 배우가 되겠습니다.
> Thank you to all the viewers who have shown me so much love. I will work hard to become an actress who continues to fulfill expectations in the future.

🔍 누군가가 성공하거나 어떤 일을 이루었을 때 사용한다.

☆☆☆
나는 새도 떨어뜨린다

권세가 대단하여 두려울 것이 없고 모든 일을 마음대로 할 수 있다는 말이다.
Indicates that one has great authority and nothing to fear, and that one can do everything however they like.

> **예** 가: 그렇게 높은 자리에 있던 사람이 하루아침에 감옥에 가게 되다니 정말 한 치 앞도 모르는 게 인생인 것 같아요.
> Seeing how someone in such a high position ended up going to jail in a single day, it seems like you really never know what life will throw at you.
>
> 나: 맞아요. **나는 새도 떨어뜨린다는** 권력을 가졌던 사람이 저렇게 될 줄 누가 알았겠어요?
> No kidding. Who knew that someone who was such a force to be reckoned with would end up like that?

★★★ 관
난다 긴다 하다

누군가의 재주나 능력이 매우 뛰어나다는 말이다.
Indicates that someone's talent or ability is highly outstanding.

예 가: 수아야, 올해도 부산 영화제에 다녀왔어? 영화제를 보러 매년
　　　부산까지 가다니 대단해!
　　　Sooah, did you go to the Busan Film Festival again this year?
　　　It's amazing that you go all the way to Busan for a film festival!

　　나: **난다 긴다 하는** 영화계 사람들이 다 모이잖아. 직접 가서 보면
　　　얼마나 좋은데.
　　　All the top people in the film industry gather there, you know.
　　　It's so great to go and see them in person.

🔍 이 표현은 원래 윷놀이를 아주 잘하는 사람에게 썼지만 요즘에는 능력이 뛰어나 어떤
일을 매우 잘하는 사람에게 사용한다. 주로 '난다 긴다 하는 사람'의 형태로 쓴다.

★★★ 관
둘째가라면 서럽다

유 둘째가라면 섧다

특정 분야에서 누구나 인정하는 최고라는 말이다.
Indicates that anyone would acknowledge that someone is the
best in a particular field.

예 가: 이 집 음식이 그렇게 맛있어요?
　　　Is the food at this restaurant really that delicious?

　　나: 네, 여기 요리사가 **둘째가라면 서러울** 정도로 솜씨가 좋거든요.
　　　Yes, the chef here has excellent skills that are second to none.

🔍 보통 '둘째가라면 서러울 정도로'의 형태로 쓰며, 어떤 분야에서 모두가 첫 번째로 꼽을
만큼 실력이 뛰어난 사람을 말할 때 사용한다.

★☆☆ 관
떠오르는 별

어떤 분야에 새로 등장해 뛰어난 재능을 드러내는 사람을 가리킨다.
Indicates a person who newly appears in a certain field and
displays outstanding talent.

예 가: 지원 씨, 저 사람이 누군지 알아요? 요즘 텔레비전만 켜면
　　　나오던데.
　　　Jiwon, do you know who that person is? He's all over TV lately.

　　나: 요즘 방송계에서 새롭게 **떠오르는 별**이에요. 말도 재미있게
　　　잘하고 끼도 많아서 인기가 많아요.
　　　He's a new rising star in the broadcasting industry these days.
　　　He speaks well in a fun way and he's very talented, so he's
　　　really popular.

🔍 보통 스포츠, 예술 분야나 학계 등에서 누군가가 새롭게 등장해 주목을 받을 때 사용한다.

★☆☆ 속

떼어 놓은 당상

⑪ 따 놓은 당상

어떤 일이 확실해서 계획하거나 생각한 대로 반드시 진행될 것이라는 말이다.

Indicates that something is certain, so it proceeds according to one's plans without error.

예 가: 한선우 선수가 어제 경기에서 신기록을 세웠으니까 1위는 **떼어 놓은 당상**이겠죠?

Athlete Han Sunwoo set a new record at yesterday's match, so there's no doubt he'll win 1st place, right?

나: 글쎄요. 아직 이번 수영 대회가 다 끝나지 않았으니까 확신할 수는 없습니다.

I'm not sure. This swimming competition isn't over yet, so we can't be certain.

🔎 당상은 높은 벼슬을 말하는데 이들은 신분을 나타내기 위해 모자에 금장식을 달고 다녔다. 이것은 주인이 확실하기 때문에 떼어 놓아도 아무도 가져가지 않았고 잃어버려도 쉽게 찾을 수 있었다. 여기에서 나온 표현이다.

★☆☆ 속

미꾸라지 용 됐다

별 볼 일 없던 사람이 크게 되었다는 말이다.

Indicates that someone insignificant becomes great.

예 가: 우리 동창 민수 알지? 민수가 잘나가는 회사의 사장이 돼서 잡지에 나왔더라고.

You know our classmate Minsu, right? He became the CEO of a successful company and appeared in a magazine.

나: **미꾸라지 용 됐다**. 학교 다닐 때 공부는 안 하고 사고만 치던 민수가 사장이 되다니. 역시 인생은 모를 일이야.

He really moved up in the world. When we were in school, he didn't study and only caused trouble, but to think that he became a CEO! You really never know what will happen in life.

★☆☆ 관

빛을 발하다

누군가의 능력이나 실력이 알려진다는 말이다.

Indicates that someone's ability or skill becomes known.

예 가: 드디어 우리나라 선수들이 아시아 축구 대회에서 우승했습니다. 선수들의 실력이 대단하다는 찬사가 이어지고 있는데요. 어떻게 생각하십니까?

Our team finally won the Asian soccer championship. The players are being continuously praised for their outstanding skills. What do you think?

나: 선수들의 실력도 실력이지만 이번 경기에서는 감독의 뛰어난 전술이 **빛을 발한** 것 같습니다.

The players' skills are one thing, but in this match, the coach's excellent tactics seemed to really shine.

🔎 어두운 곳에서 빛이 나면 그것에 집중하게 되는 것처럼 숨겨져서 보이지 않았던 누군가의 능력이 주목을 받게 되었을 때 사용한다.

12인생

❶ 성공 337

이름을 남기다

★☆☆ 관

후세에까지 이름이 전해진다는 말이다.

Indicates that one passes their name to future generations.

예 가: 여성 중에서 역사에 **이름을 남긴** 인물에는 누가 있을까요?

Who are some female figures whose names have gone down in history?

나: 우리가 잘 알고 있는 신사임당이 있습니다. 신사임당은 여성이 그림을 그리는 것을 존중받지 못하던 시대에도 뛰어난 그림 실력으로 명성을 떨쳤던 분입니다.

There's Shin Saimdang, whom we all know well. Shin Saimdang acquired great fame through her outstanding art skills even at a time when women were not respected for their painting.

🔎 주로 '역사에 이름을 남기다'나 '후대에 이름을 남기다'의 형태로 사용한다.

청운의 꿈

★☆☆ 관

성공하여 세상에 이름을 떨치려는 꿈을 나타내는 말이다.

Indicates that one dreams of succeeding and making their name known in the world.

예 가: 다음 선거가 있으니까 낙선했다고 너무 기죽지 마십시오. 다음에는 잘될 겁니다.

There's always next time, so don't be too discouraged after losing this election. You'll succeed next time.

나: 고맙습니다. **청운의 꿈**을 안고 정치계에 입문하려고 하는데 쉽지가 않네요.

Thank you. It's not easy to break into the political world with stars in your eyes.

🖋 '청운'은 원래 푸른 구름이라는 의미지만 여기에서는 높은 지위나 관직이라는 의미로 사용되었다.

🔎 옛날 사람들은 신선이나 황제가 될 사람이 있는 곳에는 푸른 구름이나 오색구름이 떠 있다고 믿었는데 여기에서 나온 표현이다.

★★☆ 관
고생문이 훤하다

앞으로 고생을 할 게 뻔하다는 말이다.
Indicates that one will definitely go through hardship in the future.

예 가: 하준아, 해외 봉사를 가겠다고 자원했다면서? **고생문이 훤해 보이는데** 왜 가려고 해?

Hajoon, I heard you applied to go and volunteer abroad? You're sure to have a hard time, so why are you trying to do that?

나: 고생이야 하겠지만 더 늦기 전에 하고 싶었던 걸 해 보려고.

It may be difficult, but I want to try something that I want to do before it's too late.

🔎 보통 험난한 앞날이 훤히 보일 때 사용한다.

★★★ 관
귀에 못이 박히다

유 귀에 딱지가 앉다

같은 말을 여러 번 되풀이해서 듣는다는 말이다.
Indicates that one hears the same thing repeatedly several times.

예 가: 동영상 좀 그만 보고 이제 공부 좀 할래? 그렇게 하다가는 대학 못 간다.

Would you stop watching videos and study now? If you keep doing that, you won't be able to go to college.

나: 알겠어요, 아빠. 대학 못 간다는 소리 좀 그만하세요. **귀에 못이 박히겠어요.**

Alright, Dad. Stop saying that I won't be able to go to college. I've heard it more than enough times.

✏️ '못'은 손바닥이나 발바닥에 생기는 단단하게 굳은살을 말한다.

🔎 보통 잔소리나 듣기 싫은 소리를 여러 번 들어서 지겹고 짜증이 날 때 사용한다.

★☆☆ 관
귀에 익다

어떤 소리를 여러 번 들어 친숙하다는 말이다.
Indicates that one becomes familiar with a certain sound after hearing it multiple times.

예 가: 이 노래 누가 불렀지? 목소리가 **귀에 익은데.**

Who sang this song? His voice sounds familiar.

나: 그러게. 나도 많이 들어 본 노래인데 가수 이름이 기억이 안 나.

You're right. I've heard this song many times, too, but I can't remember the singer's name.

🔎 '옆집 아기가 우는 소리도 귀에 익어서 그런지 이제는 그렇게 힘든지 모르겠어요.'처럼 어떤 말이나 소리를 자주 들어서 익숙할 때도 사용한다.

★★☆ 괜
귓가에 맴돌다

유 귓가에 돌다,
   귓가를 맴돌다

예전에 들었던 말이나 소리가 잊히지 않고 계속 떠오른다는 말이다.
Indicates that one does not forget something that they heard in the past and continuously thinks of it.

예 가: 승원 씨, 뭘 그렇게 골똘히 생각해요?
  Seungwon, what are you thinking about so intently?

나: 아까 마크 씨가 저한테 화를 내면서 했던 말이 자꾸 **귓가에 맴돌아서요**. 그런데 왜 화를 냈는지 아직도 잘 모르겠어요.
  What Mark said when he got angry at me earlier keeps ringing in my ears. But I'm still not sure why he got mad at me.

✎ '맴돌다'는 같은 생각이나 느낌 등이 반복된다는 의미이다.

☆☆☆ 괜
눈앞이 환해지다

누군가가 세상 사정을 똑똑히 알게 됐다는 말이다.
Indicates that someone clearly comes to know about the world.

예 가: 그때는 몰랐는데 나이가 들면서 **눈앞이** 점점 **환해지니까** 어릴 때 부모님께서 해 주셨던 말씀들이 이해가 가요.
  I didn't get it back then, but as I get older and I see the world more and more clearly, now I understand what my parents said to me when I was young.

나: 그렇죠? 그때는 잔소리라고만 생각했는데 지금 보면 다 맞는 말씀이더라고요.
  Right? I thought they were just scolding me back then, but now I see that they were right about everything.

🔍 '1년이나 기다렸던 유학 비자를 받으니 눈앞이 환해지는 것 같아요.'처럼 전망이나 앞길이 뚜렷해질 때도 사용한다.

★☆☆ 괜
눈에 밟히다

어떤 것이 잊히지 않고 자꾸 떠오르고 생각이 난다는 말이다.
Indicates that one does not forget something, and it keeps coming to their mind.

예 가: 태현 엄마, 멍하게 앉아 계신 걸 보니 또 군대 간 아들 생각을 하시는 거군요?
  Seeing how you're sitting and spacing out, you must be thinking about your son Taehyun in the military again.

나: 네, 아들이 **눈에 밟혀서** 밥도 안 넘어가요.
  Yes, my son is on my mind, so I can't even eat.

🔍 보통 과거에 본 모습이 애틋하고 안타까운 마음이 들어서 자꾸 생각이 날 때 사용한다.

★☆☆ 관
눈에 아른거리다

유 눈앞에 어른거리다

어떤 사람이나 일, 물건 등에 관한 기억이 자꾸 떠오른다는 말이다.
Indicates that memories of a certain person, event, or object keep coming to one's mind.

예 가: 아까 점심시간에 백화점에서 본 원피스가 **눈에 아른거려서** 퇴근하고 사러 가야겠어.
I keep thinking about that dress I saw at the department store during lunchtime earlier, so I'd better go and buy it after work.

나: 내가 그럴 줄 알았다. 웬일로 네가 안 사나 했어.
I knew you would. I wondered why you didn't buy it then.

🔎 보통 과거에 본 것이 계속 생각이 나면서 잊히지 않을 때 사용한다.

★★☆ 관
눈에 **익다**

여러 번 보아서 익숙하다는 말이다.
Indicates that one becomes familiar with something after seeing it multiple times.

예 가: 어쩐지 저 사람이 **눈에 익다**고 생각했는데 아주 유명한 웹툰 작가래요.
I thought that person looked familiar somehow. She's a famous webtoon artist.

나: 그래요? 대표작이 뭐래요?
Really? What's her most famous webtoon?

🔎 보통 어떤 물건이나 사람, 장소 등을 어딘가에서 본 것 같다고 말할 때 사용한다.

★★★ 관
눈을 **뜨다**

어떤 분야의 지식을 얻거나 일의 이치 혹은 옳고 그름을 깨닫는다는 말이다.
Indicates that one gains knowledge about a certain field, or that one realizes the principle of right and wrong.

예 가: 저는 커피 맛을 구분 못 하겠던데 지원 씨는 어떻게 그렇게 잘 알아요?
I can't tell the difference between different types of coffee, but Jiwon, how did you learn that so well?

나: 워낙 커피를 좋아해서 공부도 하고 다양한 원산지의 커피를 많이 마시다 보니 커피 맛에 **눈을 뜨게** 됐어요.
I really like coffee, so now that I've studied it and tried a variety of coffee bean origins, I've grown familiar with the taste of coffee.

🔎 주로 '눈을 떴다', '눈을 뜨게 되었다'와 같이 과거 형태로 쓰며, 예전에 몰랐던 것을 새롭게 알게 되었을 때 사용한다.

★☆☆ 속

단맛 쓴맛 다 보다

유 쓴맛 단맛 다 보다

살면서 기쁨과 즐거움, 고통과 괴로움을 모두 겪었다는 말이다.
Indicates one experiences joy and pleasure as well as pain and suffering throughout their life.

예 **가: 그동안 사업을 하시면서 겪은 일들을 책으로 내셨다고요?
어떤 내용인지 궁금합니다.**
You wrote a book about your experiences while running a business all this time? I'm curious about the contents.

**나: 저는 20년 동안 사업을 하면서 단맛 쓴맛 다 보았습니다.
그 과정에서 느꼈던 점들을 진솔하게 써 봤습니다.**
I experienced all kinds of highs and lows while running a business for 20 years. I wrote honestly about everything I felt back then.

🔍 주로 '인생의 단맛 쓴맛 다 보았다'의 형태로 쓴다.

★☆☆ 속

듣기 좋은 꽃노래도
한두 번이지

아무리 좋은 말이라도 여러 번 반복해서 들으면 듣기 싫어진다는 말이다.
Indicates no matter how good something is, if one hears it repeatedly multiple times, they begin to hate hearing it.

예 **가: 아까 수아한테 예쁘다고 하니까 그만 놀리라면서 화를 내더라.**
Earlier, I told Sooah that she was pretty, but she got annoyed and told me to stop teasing her.

**나: 넌 수아만 보면 예쁘다고 하잖아. 듣기 좋은 꽃노래도
한두 번이지. 볼 때마다 예쁘다고 하니까 자기를 놀린다고
생각했을 수도 있어.**
You always tell Sooah that she's pretty. Even the sweetest song only sounds good once or twice. You say she's pretty every time you see her, so she might think that you're teasing her.

🔍 비슷한 의미로 '듣기 좋은 이야기도 늘 들으면 싫다'를 사용하기도 한다.

★☆☆ 관
듣도 보도 못하다

어떤 것을 들은 적도 없고 본 적도 없어서 전혀 알지 못한다는 말이다.
Indicates that one has never heard of something and never seen it, so they don't know anything about it.

예 가: 새로 시작한 드라마 '그 남자 그 여자' 봤어요? 재미있어서 시간 가는 줄 모르겠더라고요.
Did you see the new drama "That Man, That Woman" that just started? It's so fun that I didn't even know time went by while I watched it.

나: 원래 그 드라마를 쓴 작가가 **듣도 보도 못한** 파격적인 소재를 가지고 대본을 쓰잖아요.
The writer of that drama usually writes her scripts using shocking and never-before-seen subjects, you know.

★★☆ 관
몸에 배다

유 몸에 익다

어떤 것을 여러 번 해 봐서 익숙하다는 말이다.
Indicates that one becomes accustomed to something after doing it several times.

예 가: 마크 씨는 매너가 참 좋아요.
Mark has really good manners.

나: 그렇죠? 매너가 **몸에 밴** 사람이에요.
Right? Good manners are second nature to him.

🔎 보통 누군가가 특정한 행동을 반복하여 그 행동이 몸에 익어 무의식적으로 나타날 때 사용한다.

☆☆☆ 속
물은 건너 보아야 알고 사람은 지내보아야 안다

유 사람은 겪어 보아야 알고 물은 건너 보아야 안다, 사람은 지내보아야 안다

사람은 겉만 보고 알 수 없으며 서로 오래 겪어 봐야 알 수 있다는 말이다.
Indicates one cannot know a person just by looking at them, and that one must experience things with someone for a long time to get to know them.

예 가: 오빠, 제일 친한 친구가 내 흉을 보고 다닌다고 들어서 속상해.
Big Bro, I'm so upset because I heard that my best friend is going around badmouthing me.

나: **물은 건너 보아야 알고 사람은 지내보아야 안다**고 하잖아. 이 기회에 그 사람이 어떤 사람인지 확실히 알게 됐으니까 오히려 다행이라고 생각해.
They say you have to spend time with someone to really get to know them. You clearly learned what type of person he is, so consider it a relief.

🔎 어떤 사람이든지 시간을 두고 지켜봐야 그 사람에 대해 제대로 알 수 있다고 말할 때 사용한다.

★★★ 속
바늘 도둑이 소도둑 된다

아무리 작은 일이라도 나쁜 일을 자꾸 해서 버릇이 되면 나중에는 큰 죄를 짓게 된다는 말이다.

Indicates if one keeps doing bad things, no matter how small they are, if it becomes a habit then they may commit a serious crime later.

예 가: 여보, 우리 아이가 제 지갑에 손을 댄 것 같은데 어떡하죠?

Honey, it seems like our child fiddled around with my wallet. What should we do?

나: **바늘 도둑이 소도둑 된다**고 따끔하게 혼을 내야 같은 일을 반복 안 할 거예요.

They say that he who will steal an egg will steal an ox. We have to scold him sternly so he won't do it again.

🔎 보통 아이가 나쁜 일을 했을 때 바로 혼을 내서 나중에 더 나쁜 일을 하지 못하도록 가르쳐야 한다고 말할 때 사용한다.

★★☆ 관
밥 먹듯 하다

어떤 일을 자주 한다는 말이다.

Indicates that one does a certain thing often.

예 가: 민수 씨, 일은 좀 줄었어요?

Minsu, has your work decreased at all?

나: 줄기는요. 요즘도 일이 많아서 야근을 **밥 먹듯 하고** 있어요.

As if. I have a lot of work these days as well, so I'm working late all the time.

🔎 보통 거짓말, 고생, 야근 등의 부정적인 일을 반복적으로 계속할 때 사용한다.

★★★ 관
불을 보듯 훤하다

🖇 불을 보듯 뻔하다

앞으로 일어날 일이 의심할 여지가 없이 아주 명백하다는 말이다.

Indicates that means something that will happen in the future is extremely clear without any doubt.

예 가: 경기가 안 좋아서 주가가 떨어질 게 **불을 보듯 훤한데** 주식을 사겠다고요?

The economy is bad, so it's plain as day that stock prices will fall, but you say you're going to buy stocks?

나: 그러니까 지금 사 둬야지요. 쌀 때 사 둬야 돈을 벌 수 있어요.

That's why we should buy them now. We have to buy stocks when they're cheap in order to make money.

🔎 불이 나면 멀리서도 다 보이는 것처럼 미래에 일어날 일이 매우 확실하다고 말할 때 사용한다. 보통 부정적인 일에 많이 쓰나 '이번에도 지원이가 1등을 할 게 불을 보듯 훤해.'처럼 긍정적인 일에 사용하기도 한다.

★★★ 🔵
세 살 적 버릇이 여든까지 간다

🔵 어릴 적 버릇은 늙어서까지 간다, 세 살 적 마음이 여든까지 간다

어릴 때 몸에 밴 버릇은 나이가 들어도 고치기가 힘들다는 말이다.

Indicates that it is difficult to fix habits that one learns while they are young, even if they grow older.

예 가: 지훈아, 손톱 좀 그만 물어뜯어. **세 살 적 버릇이 여든까지 간다더니** 어른이 됐는데도 여전하구나!

Jihoon, stop biting your nails. They say that old habits die hard. I see you're still doing that even though you're an adult now!

나: 이모, 저도 고치고 싶은데 긴장을 하면 저도 모르게 그렇게 돼요.

Auntie, I want to stop doing it too, but when I'm nervous I do it without even realizing it.

🔍 한 번 생긴 버릇은 고치기가 힘들기 때문에 어릴 때부터 나쁜 버릇이 들지 않도록 조심해야 한다고 말할 때 사용한다.

★★★ 🔵
소문난 잔치에 먹을 것 없다

🔵 이름난 잔치 배고프다

떠들썩한 소문이나 큰 기대에 비하여 실속이 없거나 소문이 실제와 다르다는 말이다.

Indicates that something has no substance compared to tumultuous rumors or high expectations, or that rumors are different from reality.

예 가: 지난주에 영화 '한라산'을 본다고 했죠? 어땠어요?

You said you saw the movie "Hallasan" last week, right? How was it?

나: **소문난 잔치에 먹을 것 없다더니** 내로라하는 배우들이 출연을 한다고 해서 잔뜩 기대를 하고 봤는데 별로였어요.

They say that some things are all hype and no substance. I had high expectations because they said there was a star-studded cast, but it was nothing special.

🔍 어떤 것에 대해 좋은 소문이나 평판을 듣고 크게 기대를 하고 있었는데 그것이 자신의 기대에 못 미쳐서 실망했을 때 사용한다.

★★☆ 관
손때가 묻다

유 손때가 먹다

어떤 물건을 오래 써서 길이 들었다는 말이다.

Indicates that something is broken in after being used for a long time.

예 가: 이제 그 만년필은 그만 쓰고 좀 바꿔요. 너무 오래 써서 다 낡았잖아요.

Why don't you stop using that fountain pen and get a new one? It's all worn-out after being used for so long.

나: **손때가 묻어서** 얼마나 쓰기 편한데요. 전 앞으로도 계속 이걸 쓸 거예요.

But it's so comfortable to use because it's broken in. I'm going to keep using this pen in the future, too.

✎ '손때'는 오랫동안 쓰고 매만져서 길이 든 흔적을 말한다.

○ '이 책들은 손때가 묻기는 했지만 볼 때마다 옛날 생각이 나서 버릴 수가 없어요.'처럼 어떤 물건을 오래 사용해서 정이 들었을 때도 사용한다.

★★★ 관
손에 익다

어떤 일이 손에 익숙해진다는 말이다.

Indicates that one becomes familiar with a certain task.

예 가: 사장님, 어떻게 이렇게 과일 무게를 정확히 맞춰서 포장할 수 있으세요?

Boss, how are you able to measure the weight of fruit so precisely when you pack it up?

나: 워낙 오래 하다 보니까 **손에 익어서** 그렇지요.

I've done this for such a long time that I could it in my sleep.

○ 보통 누군가가 기계나 기구, 도구 등을 오래 사용해서 능숙하게 다룰 때 사용한다.

★★☆ 관
자리가 잡히다

새로 하는 일에 익숙해진다는 말이다.

Indicates that one becomes familiar with something new.

예 가: 승원 씨, 이제 감사팀 일은 할 만해요?

Seungwon, are you used to working on the audit team now?

나: 네. 처음에는 정신이 하나도 없었는데 이제는 **자리가 잡혀서** 할 만해요.

Yes. At first, I had no idea what was going on, but now that I've settled in, I enjoy it.

○ '이제 새로운 교통질서가 자리가 잡혀 간다.'처럼 새로운 제도나 규율 등이 제대로 정착되어 갈 때도 사용한다.

★★☆ 관
잔뼈가 굵다

누군가가 오랜 기간 한 분야에서 일을 하여 그 일에 익숙하다는 말이다.

Indicates that someone has worked in one field for a long time, so they are familiar with that work.

예 가: 이번 사태에 대처하는 김 변호사님의 모습을 보니 정말 존경스럽습니다.

Seeing how Attorney Kim handled this case, she's really admirable.

나: 김 변호사님은 이 분야에서 **잔뼈가 굵은** 분이라 실력도 있고 경험도 많으시니까요.

Attorney Kim knows this field like the back of her hand. She's highly skilled and she has a lot of experience as well.

 아이 때 작고 약했던 뼈가 어른이 되면서 점차 굵어지듯이 누군가가 처음 어떤 일을 시작했을 때는 서툴렀지만 그 일을 계속하면서 능력을 갖추고 능숙해졌을 때 사용한다.

★★☆ 관
판에 박은 듯하다

사물의 모양이 같을 때 혹은 같은 일이 되풀이될 때 사용한다.

Used when multiple objects look the same, or when the same thing is repeated over and over again.

예 가: 교수님, 정부가 주택 정책을 발표할 때마다 집값이 오르는 건 문제가 있는 게 아닐까요?

Professor, every time the government announces a housing policy, housing prices go up. Isn't that a problem?

나: 맞습니다. 표현만 다를 뿐 지난 정부 때와 **판에 박은 듯한** 정책을 계속 발표하고 있기 때문에 생기는 현상입니다.

That's right. This is happening because the government keeps announcing policies that are carbon copies of the previous administration. They're only different in the way they're expressed.

 한국의 전통 과자 중 하나인 '다식'은 판에 박아서 그 모양을 똑같이 만들었는데 여기에서 나온 표현이다.

★★☆ 관
피부로 느끼다

직접 자신의 몸으로 경험한다는 말이다.

Indicates that one has experienced something personally with their own body.

예 가: 물가가 많이 올랐다더니 마트에 나와 보니까 **피부로 확 느껴지네요.**

They say that prices have gone up, but now that I've come to the supermarket, I'm experiencing it directly.

나: 그러게요. 산 것도 없는데 20만 원이 훌쩍 넘었어요.

No kidding. I hardly bought anything, but I spent more than 200,000 won.

🔎 비슷한 의미로 '피부에 와 닿다'를 사용하기도 한다.

★☆☆ 관
하루에도 열두 번

어떤 일이 매우 자주 일어난다는 말이다.

Indicates that something happens extremely frequently.

예 가: 선생님, 무릎 건강을 지키려면 어떻게 해야 합니까?

Doctor, what should one do to maintain the health of their knees?

나: 무릎은 **하루에도 열두 번씩** 굽혔다 폈다 하는 만큼 질병에 취약한 부위입니다. 오래 서 있거나 쪼그려 앉는 습관부터 고치는 것이 좋습니다.

Our knees are bent and extended dozens of times a day, so they are also vulnerable to ailments. First of all, it's good to fix any habits of standing or slouching and sitting for long periods of time.

✎ '열두 번'은 매우 자주 혹은 여러 번이라는 의미이다.

🔎 '지원이는 하루에도 열두 번 여행 계획을 바꿔.'처럼 어떤 사람이 무언가를 확실하게 결정하지 못하고 의견이나 생각을 자주 바꿀 때도 사용한다.

★★★ 송
호랑이도 제 말 하면 온다

어떤 사람에 대해 이야기를 하는데 공교롭게도 그 사람이 나타날 때 사용한다.

Used when one is talking about a certain person, and then that person happens to appear.

예 가: 태현이는 무슨 일이든지 자기 고집대로만 하려고 해. 오늘도 같이 팀 과제를 하다가 짜증 나 죽을 줄 알았어.

Taehyun always tries to do everything his way. Even today, I was annoyed to death after working with him on a team project.

나: 쉿! 조용히 해. **호랑이도 제 말 하면 온다**고 저기 태현이가 오네.

Shh! Be quiet. Speak of the devil-Taehyun is coming this way.

★☆☆ 관
홍역을 치르다

⑪ 홍역을 앓다

몹시 애를 먹거나 어려움을 겪는다는 말이다.

Indicates that has a very hard time or experiences a great difficulty.

예 가: 전염병 확산으로 전 세계가 **홍역을 치르**고 있는데요. 김 기자, 드디어 백신이 개발됐다면서요?

Due to the spread of infectious disease, the entire world is going through a rough time. Reporter Kim, I heard that a vaccine has finally been developed?

나: 네, 오늘 아침 여러 나라의 후원을 받은 한 제약 회사가 백신 개발을 마치고 임상 실험에 들어갔다고 밝혔습니다.

Yes, this morning it was announced that a pharmaceutical company finished developing a vaccine with the support of multiple countries, and it has now entered clinical trials.

🔎 옛날에는 홍역에 걸리면 치료제가 없어 많은 사람들이 죽거나 죽을 정도의 고통을 겪었다. 이처럼 누군가가 매우 힘든 일을 겪을 때 사용한다.

★★☆ 관
가시밭길을 가다

힘들고 어려운 삶을 산다는 말이다.
Indicates that one lives an exhausting and difficult life.

예 가: 아버지, 저는 가수가 되고 싶어요. 왜 제 꿈을 지지해 주지
않으세요?
Father, I want to become a singer. Why do you keep refusing
to support my dream?

나: 가수로 성공하기가 얼마나 힘든지 너도 알잖아. 자식이
가시밭길을 가겠다는데 안 말릴 부모가 어디 있겠니?
You know full well how difficult it is to succeed as a singer.
What kind of parent wouldn't try to stop their child from
walking a thorny path?

🔎 큰 문제없이 순조로운 삶을 살 때는 '꽃길만 걷다'를 사용한다.

★☆☆ 관
개뿔도 없다

어떤 사람이 돈이나 명예, 능력 등을 전혀 갖고 있지 않다는 말이다.
Indicates that someone has no money, reputation, or skills
whatsoever.

예 가: 승원 씨가 비싼 외제 차를 끌고 다니네요.
Seungwon drives around in an expensive foreign-made car.

나: 그러게요. **개뿔도 없으면서** 항상 비싼 차를 타더라고요.
No kidding. He has nothing to speak of, but he always rides
around in expensive cars.

✏️ '개뿔'은 아무 가치도 없고 별로 중요하지 않은 것을 속되게 이르는 말이다.

🔎 아무것도 가진 것이 없을 때는 '쥐뿔도 없다'를 사용한다. 속된 표현이므로 웃어른이나
친하지 않은 사람에게는 두 가지 표현 모두 사용하지 않는 것이 좋다.

★★☆ 관
고배를 들다

유 고배를 마시다,
고배를 맛보다

패배나 실패 등의 쓰라린 일을 당했을 때 사용한다.
Used when one experiences a painful loss or failure.

예 가: 합격을 정말 축하해요. 그렇게 원하던 회계사가 된 소감이
어때요?
Sincere congratulations on passing the exam. How does it feel
to finally become an accountant like you've always wanted to?

나: 너무 기뻐요. 작년에 불합격의 **고배를 들었을** 때 포기했다면
오늘의 기쁨은 없었을 거예요.
I'm overjoyed. If I had given up when I suffered a bitter defeat
and didn't pass last year, I wouldn't be experiencing today's joy.

✏️ '고배'는 원래 쓴 술이 든 잔이라는 의미지만 여기에서는 쓰라린 경험이라는 의미로
사용되었다.

낭패를 보다

어떤 일이 계획하거나 기대한 대로 되지 않아 곤란하게 되었다는 말이다.
Indicates that something does not go according to one's plan or expectations and becomes troubling.

예 가: 이사할 때 필요한 물건을 싸게 사려고 중고 거래 사이트를 이용하려고 하는데 어디가 좋을까요?
When I move, I want to buy the things I need for a cheap price, so I want to use a secondhand site. Which site should I use?

나: 저는 한 번 이용했다가 **낭패를 본** 적이 있어서 중고 거래는 별로 추천하고 싶지 않아요.
I've run into trouble after using one once, so I don't really want to recommend buying things secondhand.

🔍 '낭'과 '패'는 상상의 동물로 몸이 불편하여 서로 의지해야 걸을 수 있는 사이다. 그래서 이 둘의 사이가 나빠지면 서로 의지하지 못하니 걷지도 못하고 사냥할 수도 없어 곤란한 상황에 빠지게 된다. 여기에서 나온 표현이다.

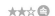

닭 쫓던 개 지붕 쳐다보듯

유 닭 쫓던 개 먼 산 쳐다보듯

열심히 하던 일이 실패해 실망해서 기운을 잃은 모습을 나타낸다.
Describes someone who is disappointed and becomes discouraged after failing at something they worked hard on.

예 가: 결국 한승우 선수 영입에 실패했다고요?
You failed to recruit athlete Han Seungwoo in the end?

나: 네, 죄송합니다. **닭 쫓던 개 지붕 쳐다보듯** 한다더니 저희가 딱 그 꼴이 됐습니다. 몇 달 동안이나 공을 들였는데 미국 구단에서 스카우트 제의를 받더니 그쪽하고 바로 계약을 해 버렸습니다.
Yes, I'm sorry. It ended up being an exercise in futility. I worked hard for several months, but he received a scouting offer from an American team, so he made a contract with them immediately.

🔍 닭이 밥그릇을 건드리자 개가 화가 나서 닭을 쫓았다. 그런데 닭이 지붕으로 올라가자 개는 아무것도 하지 못하고 그냥 밑에서 허무하게 지붕을 쳐다볼 수밖에 없었는데 여기에서 나온 표현이다.

12 인생

★☆☆ 〈관〉
두 손 두 발 다 들다

어떤 일이 자신의 능력에서 벗어나 그 일을 그만둘 때 사용한다.
Used when something goes beyond one's own ability, so they stop doing it.

예 가: 김 간호사님, 305호 환자가 주사를 안 맞겠대요. 그분 고집에 저는 **두 손 두 발 다 들었으니까** 어떻게 좀 해 주세요.
Nurse Kim, the patient in room 305 says he won't get a shot. I'm waving a white flag at his stubbornness, so please do something.

나: 알겠어요. 제가 가서 다시 한번 설득해 볼게요.
Alright. I'll go and try to persuade him again.

★★☆ 〈관〉
땅에 떨어지다

명예나 권위 등이 회복하기 어려울 정도로 손상되었다는 말이다.
Indicates that one's reputation or authority has been so damaged that it will be difficult to restore.

예 가: 자동차 결함으로 화재가 계속 발생하고 있는데도 제조사가 방관만 하고 있어요. 그래서 그 회사에 대한 신뢰가 완전히 **땅에 떨어지고 있대요.**
Fires keep occurring due to a flaw in these cars, but the manufacturer is just looking on. That's why people's trust in that company has hit rock-bottom.

나: 큰 사고로 이어질 수 있는데 큰 문제네요.
A serious accident could happen. That's a big problem.

🔎 보통 어떤 일로 인해 명예나 위신, 신뢰, 사기, 자존심 등이 낮아지거나 없어졌을 때 사용한다.

★★★ 〈관〉
무릎을 꿇다

다른 사람에게 항복하거나 굴복한다는 말이다.
Indicates that one submits or yields to someone else.

예 가: 어제 뉴스를 보니까 주민들의 반대 때문에 인천시가 쓰레기 소각장 건립 계획을 취소했대요.
I saw on the news yesterday that the city of Incheon canceled its plans to build a garbage incineration plant because the citizens opposed it.

나: 주민들의 거센 항의에 결국 시가 **무릎을 꿇은** 모양이네요.
It looks like the city yielded to the citizens' fierce protests in the end.

🔎 누군가가 저항하는 사람을 항복시키거나 굴복시켰을 때는 '무릎을 꿇리다'를 사용한다.

★★★ 관
미역국을 먹다

시험에 떨어졌다는 말이다.
Indicates that one fails a test.

예 가: 표정을 보니 이번에도 한식 조리사 시험에서 **미역국을 먹은**
모양이구나?
Judging by the look on your face, it looks like you failed the
Korean cooking exam again this time.

나: 응. 필기시험에 합격해야 실기 시험도 볼 수 있는데 자꾸
떨어지니까 속상해.
Yeah. I have to pass the written test in order to take the
practical exam, but I keep failing it, so I'm upset.

🔎 '박 과장은 이번 프로젝트에 실패하면서 미역국을 먹었다.'처럼 어떤 사람이 자신의
자리에서 밀려났을 때도 사용한다.

★☆☆ 관
백기를 들다

상대방에게 항복하거나 굴복할 때 사용한다.
Used when one surrenders or yields to their opponent.

예 가: 이 무역 전쟁에서 과연 어느 나라가 먼저 **백기를 들게** 될까요?
Which country do you think will raise the white flag first in this
trade war?

나: 그건 중요한 문제가 아닌 것 같습니다. 무역 전쟁으로 인해
피해를 입는 나라들을 먼저 생각해야지요.
I don't think that's an important issue. We should first think
about the countries who have suffered harm due to the trade
war.

🔎 옛날부터 전쟁이나 운동 경기 등에서 상대방의 힘이나 기세에 눌려 항복할 때는 더는
싸울 의사가 없다는 의미로 하얀색 깃발을 내걸었는데 여기에서 나온 표현이다.

★☆☆ 관
빛을 잃다

가치가 떨어지거나 없어지게 된다는 말이다.
Indicates that something's value decreases or disappears.

예 가: 김 기자, 오늘 김대성 선수의 활약이 대단했다고요?
Reporter Kim, I heard that athlete Kim Daesung performance
today was amazing.

나: 네, 결정적인 순간에 홈런을 쳐 팬들을 열광하게 만들었는데요.
하지만 팀의 패배로 멋진 플레이가 **빛을 잃게** 되어 아쉬움을
남겼습니다.
Yes, he hit a home run at a decisive moment and made the
fans at the game go wild. However, it's too bad that the
impressive play became meaningless due to the team's defeat.

🔎 보통 어떤 사람의 노력이나 활약 등이 헛되게 되었을 때 사용한다. 또한 어떤 사상,
명성 혹은 사물 등이 예전에 비해 가치가 없어져서 보잘것없게 되었을 때도 사용한다.

★★★ 속
엎질러진 물

유 엎지른 물,
깨어진 그릇

이미 저지른 일은 다시 바로잡거나 돌이킬 수 없다는 말이다.
Indicates that one cannot correct or redo something that has already been done.

예 가: 가족 채팅방에 보낼 문자를 실수로 회사 단체 채팅방에 보내 버렸는데 어떡하지?
I accidentally sent a message that I meant to send to my family group chat to my company group chat instead. What should I do?

나: 이미 **엎질러진 물**인데 어쩌겠어? 그만 잊어버리고 밥이나 먹어.
There's no use crying over spilled milk. What can you do? Just forget about it and eat your food.

🔎 '쏘아 놓은 살이요 엎질러진 물이다'를 짧게 줄인 말이다.

★★★ 속
원숭이도 나무에서 떨어진다

어떤 일을 오래 해서 아주 잘하는 사람도 실수할 때가 있다는 말이다.
Indicates that even a person who does something very well because they have done it for a long time still makes mistakes sometimes.

예 가: 이 선생님, 아까 수업 시간에 선생인 제가 수학 문제를 잘못 푸는 바람에 너무 당황했어요. 이제 창피해서 애들 얼굴을 어떻게 보죠?
Mr. Lee, in class earlier, I was so flustered because I solved a math problem incorrectly, even though I'm the teacher. I'm so embarrassed; how can I face my students now?

나: **원숭이도 나무에서 떨어진다**고 우리도 사람이니까 실수할 때가 있는 거죠. 애들도 그렇게 이해해 줄 거예요.
Even monkeys fall from trees sometimes. We're human, too, so sometimes we make mistakes. The students will understand that, too.

🔎 아무리 익숙한 일이라도 실수하지 않도록 꼼꼼하게 해야 한다고 말할 때 혹은 실수를 해서 속상해하는 사람을 위로할 때 사용한다.

★★☆ 관
죽을 쑤다

어떤 일을 망치거나 실패했다는 말이다.
Indicates that one ruins something or fails.

예 가: 연우야, 오늘 태권도 시합은 어땠어?
Yeonwoo, how did your taekwondo test go today?

나: 말도 마. 완전히 **죽을 쒔어**. 전에 다친 다리가 아파서 제대로 움직일 수가 없었거든.
Don't even mention it. I totally messed up. The leg I previously injured was hurting, so I couldn't move properly.

🔎 밥을 지으려고 했으나 물 조절을 잘 못해서 죽이 돼 버린 데에서 나온 표현이다.

★★★ 🔒
코가 납작해지다

무안을 당하거나 기가 죽어 위신이 떨어졌다는 말이다.
Indicates that one suffers embarrassment or is crestfallen and loses their dignity.

> 예 가: 하준아, 오늘 대회에서 졌다고 해서 그렇게 **코가 납작해져** 있을 필요 없어. 다음에 더 잘하면 되지.
> Hajoon, there's no need to be so humiliated just because you lost this match. You can do better next time.
>
> 나: 그래도 공격도 한 번 못해 보고 져서 너무 창피해.
> Even so, I'm so embarrassed that I couldn't even make a single offensive move.

🔍 다른 사람의 기를 죽일 때는 '코를 납작하게 만들다'를 사용한다.

★☆☆ 🔒
코를 빠뜨리다

무엇을 못 쓰게 만들거나 일을 망쳤다는 말이다.
Indicates that one makes something unable to be used or ruins it.

> 예 가: 김민수 씨! 계약을 체결하는 현장에서 문제점을 이야기하면 어떻게 해요? 민수 씨가 다 된 밥에 **코를 빠뜨렸으니** 책임을 지고 해결하세요.
> Mr. Kim Minsu! How can you talk about problematic points at the site of a contact signing? Everything was ruined because of you, so take responsibility and fix it.
>
> 나: 죄송합니다. 입이 열 개라도 드릴 말씀이 없습니다.
> I'm sorry. I have no excuses.

🔍 다 된 음식에 콧물이 빠지면 그 음식을 먹을 수가 없다. 이처럼 누군가가 거의 완성된 일을 잘못되도록 만들었을 때 쓴다. 주로 '다 된 밥에 코를 빠뜨리다', '다 된 일에 코를 빠뜨리다'의 형태로 사용한다.

Track 052

★★★ 속
계란으로 바위 치기

🔵 달걀로 바위 치기,
바위에 달걀 부딪치기,
바위에 머리 받기

상대방이 매우 강해서 맞서 싸워도 도저히 이길 수 없을 때 사용한다.
Used when one's opponent is extremely strong, so one has no way of winning even if they fight with all their strength.

예 가: 회사를 상대로 소송을 하겠다고요? 힘든 싸움이 될 테니 그냥 참는 게 어때요?
You're going to file a lawsuit against the company? It'll be a difficult battle, so why don't you just endure it?

나: 너무 억울해서 참을 수가 없어요. **계란으로 바위 치기**라고 해도 끝까지 싸울 거예요.
It's too unfair for me to bear. Even if it's like bringing a knife to a gun fight, I'm going to fight until the very end.

★☆☆ 관
길이 열리다

어떤 일을 할 수 있게 되거나 가능성이 보인다는 말이다.
Indicates that something becomes possible to do.

예 가: 박사님, 치매를 치료할 수 있는 **길이 열렸다면서요**?
Doctor, I heard that a door has opened for a way to treat Alzheimer's.

나: 네, 우리 대학 연구진이 치료제 개발에 박차를 가해서 드디어 성과가 나오고 있습니다.
Yes, our university researchers accelerated the development of a treatment and finally achieved successful results.

★★★ 속
꿩 먹고 알 먹는다

🔵 꿩 먹고 알 먹기

한 가지 일을 해서 두 가지 이상의 이익을 얻는다는 말이다.
Indicates that one gains two or more benefits by doing one thing.

예 가: 아버지, 아침마다 일찍 일어나서 운동하는 게 힘들지 않으세요?
Father, isn't it difficult to wake up early and exercise every morning?

나: 아침 일찍 일어나서 상쾌한 공기를 마시며 운동하면 기분도 좋고 건강도 좋아지니 **꿩 먹고 알 먹는** 건데 왜 힘들겠니?
When I wake up early in the morning and get some fresh air while I exercise, my mood and my health both improve, so it's like killing two birds with one stone. Why would it be difficult?

🔍 꿩은 모성애가 매우 강해서 알을 낳았을 때는 그 알을 지키기 위해 무슨 일이 생겨도 도망가지 않는다. 따라서 꿩이 알을 품고 있을 때 잡으면 꿩도 잡고 알도 얻을 수 있게 되는데 여기에서 나온 표현이다.

★☆☆ 관
날이 새다

일을 이룰 시기나 기회가 지나서 가망이 없다는 말이다.
Indicates that something is hopeless because the time or opportunity to achieve it has passed.

> 예 **가:** 대리님, 그 일은 제가 꼭 맡아서 해 보고 싶은데 기획안을 다시 써서 부장님께 제출하면 어떨까요?
> Sir, I really want to take on this project, so why don't I rewrite the proposal and submit it to the department head?
>
> **나:** 지난번 회의 때 이미 윤아 씨가 하기로 결정된 일이잖아요. **날이 샌 일이니까** 그만 포기하세요.
> It was already decided that Yoona would do that at the last meeting. You missed your chance, so just let it go already.

✎ '새다'는 날이 밝아 온다는 의미이다.

🔎 날이 밝아서 새로운 날이 됐기 때문에 이미 끝나 버린 일은 돌이킬 수 없다는 말이다.

★☆☆ 속
땅에서 솟았나
하늘에서 떨어졌나

전혀 예상하지 못한 것이 갑자기 나타났을 때 사용한다.
Used when something completely unexpected suddenly appears.

> 예 **가:** 어! 이거 네가 찾던 지갑 아니야?
> Oh! Isn't this the wallet you were looking for?
>
> **나:** **땅에서 솟았나 하늘에서 떨어졌나** 그렇게 찾아도 없었는데 너 어디서 찾았어?
> Where on earth did it come from? I couldn't find it anywhere, but where did you find it?

🔎 '땅에서 솟았나 하늘에서 떨어졌나, 부모님이 계시니까 민수 씨도 있는 거예요.'처럼 부모나 조상의 소중함을 알아야 한다고 말할 때도 사용한다.

★★★ 속
떡 본 김에
제사 지낸다

🔁 떡 본 김에 굿한다

우연히 좋은 기회가 생겨서 그동안 하려고 했던 일을 한다는 말이다.
Indicates that one does something that they have long intended to do because a good opportunity happens to arise.

> 예 **가:** 약속 시간까지 시간이 좀 남았는데 잠깐 백화점에 들러서 구경이나 하고 갈까?
> We have a bit of time left before our scheduled meeting time, so shall we go and look around in the department store for a moment?
>
> **나:** 좋아. **떡 본 김에 제사 지낸다고** 사고 싶었던 옷이나 사야겠다.
> Sure. Now that I have the chance, I should buy the clothes I've been wanting to buy.

🔎 떡은 제사를 지낼 때 꼭 필요한 음식으로 제사 때마다 따로 시간을 내어 마련해야 한다. 그런데 제사를 지내려던 차에 우연히 떡이 생겨 그 김에 제사를 지낸다면 떡을 마련하는 수고를 하지 않아도 된다. 이처럼 우연한 기회를 잘 활용해서 하려고 했던 일을 할 때 사용한다.

★★★ 📙
마른하늘에 날벼락

📙 마른하늘에 생벼락,
　대낮에 마른벼락,
　마른하늘에 벼락 맞는다

누군가가 갑자기 전혀 예상치 못한 불행한 일을 당했을 때 사용한다.
Used when someone suddenly experiences something unfortunate that they did not expect at all.

📗 가: 여보, 옆집 남편이 오늘 교통사고를 당했는데 지금 위독한 상황이래요.
　　Honey, our next-door neighbor was in a car accident today. They say he's in critical condition.

　　나: 뭐라고요? **마른하늘에 날벼락**이라더니 갑자기 이게 무슨 일이죠?
　　What? They say that the unexpected always happens, but what's this all of a sudden?

✎ '마른하늘'은 비나 눈이 오지 않는 맑은 하늘을 말한다.

★☆☆ 📙
문이 좁다

어떤 일이나 상황이 이루어질 확률이 낮다는 말이다.
Indicates that something has a low chance of being accomplished.

📗 가: 김 기자, 올해 대기업들의 채용 계획은 어떻습니까?
　　Reporter Kim, how are the recruitment plans for large corporations this year?

　　나: 상반기에 채용 계획이 없다는 대기업이 늘고 있습니다. 올해도 대기업 취업의 **문이 좁을** 것으로 예상됩니다.
　　More and more large corporations are announcing that they have no hiring plans for the first half of the year. We can expect that the door to getting a job at a large company will be narrow again this year.

🔎 어떤 일이나 상황이 이루어질 확률이 높을 때는 '문이 넓다'를 사용한다.

★★☆ 📙
문턱이 높다

들어가거나 접근하기가 매우 어렵다는 말이다.
Indicates that it is extremely difficult to enter or approach something.

📗 가: 정부가 사정이 어려운 소상공인들을 위한 대출을 늘린다고 발표했으니까 주영 씨도 은행에 가서 한번 알아보세요.
　　The government announced that they're increasing loans for small business owners facing hard times, so you should go to the bank and ask about it, Juyoung.

　　나: 안 그래도 은행에 신청을 하러 갔는데 **문턱이 높더라고요**. 저는 자격 조건이 안 된다고 거절당했어요.
　　I already went to apply at the bank, but the barriers are very high. They denied me because I don't meet the qualifications.

🔎 어딘가에 접근하기 어렵게 만들 때는 '문턱을 높이다'를 사용한다.

봉을 잡다

★☆☆ 〈관〉

매우 귀하고 훌륭한 사람이나 일을 얻는다는 말이다.
Indicates that one gains an extremely valuable and outstanding person or thing.

예　가: 민수 씨는 일도 잘하는 데다가 성격도 좋고 성실하기까지 해서 뭐 하나 빠지는 게 없어요.
　　　Minsu not only works well, he also has a good personality, and he's even sincere as well. It seems like he's not lacking anything.

　　나: 맞아요. 민수 씨를 채용한 사장님이 **봉을 잡은** 거죠.
　　　That's right. The boss struck gold when he hired Minsu.

✎ '봉'은 중국의 전설에 나오는 복된 일을 상징하는 상상의 새로 '봉황'이라고 하기도 한다.

🔎 상상 속에만 존재하는 진귀한 새인 봉황을 잡는다는 뜻으로 좋은 기회를 얻었을 때 혹은 남녀 관계에서 흠잡을 데 없이 완벽한 상대를 만났을 때도 사용한다.

불똥이 튀다

★★☆ 〈관〉

안 좋은 일이나 어떤 일의 결과가 엉뚱한 사람에게 영향을 미쳐서 그 사람에게 화를 입힐 때 사용한다.
Used when the wrong person is affected by a negative event or result, and that person faces trouble.

예　가: 어머니께서 형 때문에 화가 많이 나셨던데 내가 대신 변명해 줄까?
　　　Mother got really angry because of you, big brother. Should I make up some kind of excuse for you?

　　나: 아니야, 괜히 너한테 **불똥이 튈** 수도 있으니까 그냥 가만히 있어.
　　　No, you might be implicated as well for no reason, so just stay put.

✎ '불똥'은 불에 타고 있는 것에서 튀어나오는 매우 작은 불덩이라는 의미이다.

불행 중 다행

★☆☆ 〈관〉

불행한 일이 생겼지만 그 정도로 끝나서 다행이라는 말이다.
Indicates that something unfortunate happened, but one feels relieved when it is over.

예　가: 어제 자동차 공장에서 큰 불이 났는데 다친 사람은 없다고 하네요.
　　　A huge fire broke out at a car factory yesterday, but they say that no one was hurt.

　　나: 사람이 안 다쳤다니 정말 **불행 중 다행**이네요.
　　　It's a real blessing in the midst of misfortune that no one was hurt.

🔎 하마터면 더 나쁜 상황이 생길 수도 있었는데 그 정도로 끝나서 그나마 운이 좋았다고 말할 때 사용한다.

뼈도 못 추리다

도저히 이길 수 없는 상대에게 덤벼 손해만 보고 전혀 남는 것이 없이 심하게 당할 때 사용한다.

Used when one goes after an opponent that they have no chance of defeating and only suffers harm, and has nothing at all left afterward.

예 가: 너 요즘 승원이한테 왜 그렇게 까불어? 승원이가 화나면 얼마나 무서운데……. 잘못하다가는 **뼈도 못 추릴** 수 있으니까 조심해.

Why are you acting up around Seungwon so much these days? It's really scary when Seungwon is angry. One wrong move and you could have every bone in your body broken, so be careful.

나: 알겠어. 앞으로 조심할게.

Alright. I'll be careful from now on.

🔎 사람이 죽은 뒤에 뼈를 골라낼 수 없을 정도로 몸에 큰 손상을 입는다는 의미로 보통 상대방에게 함부로 덤비거나 까불지 말라고 말할 때 사용한다. 한편, '커닝했다가는 뼈도 못 추릴 거야.'처럼 함부로 행동하면 큰 손해를 볼 거라고 말할 때도 사용한다.

세월을 만나다

좋은 때나 기회를 만나 일이 잘 풀린다는 말이다.

Indicates that one comes upon good times or a good opportunity, and things go well for them.

예 가: 결혼도 하고 승진도 하고 요즘 윤아 씨가 **세월을 만났네요.**

Yoona got married and got promoted as well. This must be her time.

나: 그러게요. 정말 잘됐어요.

You're right. Things are really great.

안되는 사람은 뒤로 넘어져도 코가 깨진다

유 안되는 사람은 자빠져도 코가 깨진다

운이 나쁜 사람은 보통 사람에게 생기지 않는 나쁜 일까지 생긴다는 말이다.

Indicates that someone with bad luck faces bad things that don't usually happen to people.

예 가: 수아야, 맹장염으로 갑자기 입원하는 바람에 입사 면접을 못 봤다면서?

Sooah, I heard you couldn't go to your job interview because you were suddenly hospitalized with appendicitis.

나: 응, 이번에 웬일로 서류 심사가 통과되나 했다. **안되는 사람은 뒤로 넘어져도 코가 깨진다더니** 내가 딱 그 꼴이야.

Yeah, this time I managed to pass the document screening, but they say that bread never falls but on its buttered side. That's exactly what happened to me.

🔎 짧게 '뒤로 넘어져도 코가 깨진다'를 사용하기도 한다.

☆☆☆ 속 엎어진 김에 쉬어 간다

유 넘어진 김에 쉬어 간다

잘못된 상황을 기회로 생각하고 잘 활용한다는 말이다.

Indicates that one sees a negative situation as an opportunity and utilizes it well.

예 가: 지원 씨, 입원했다면서요? 요즘 야근을 많이 하더니 몸에 무리가 됐나 봐요.

Jiwon, I heard that you were hospitalized. You must have overexerted yourself working so much overtime these days.

나: 네, 그래서 **엎어진 김에 쉬어 간다고** 며칠 휴가 내고 쉬면서 체력도 보충하고 새 프로젝트도 구상해 보려고요.

Yes, that's why I decided to rest while I was already down and took a few days off to rest. I regained my strength, and I'm also going to plan a new project.

✎ '엎어지다'는 앞으로 넘어진다는 의미이다.

🔎 어떤 일을 하다가 갑자기 예상하지 못한 일이 생기면 좌절하거나 조급한 마음이 들 수 있다. 이때 불편한 마음을 가지기보다는 이 상황을 기회로 삼아 잘 활용할 때 사용한다.

★☆☆ 관 엎친 데 덮치다

나쁜 일이 겹쳐 일어난다는 말이다.

Indicates that negative events overlap with each other.

예 가: 범수 씨가 얼마 전에 이혼을 했는데 건강까지 안 좋아져서 입원했다고 하더라고요.

Bumsoo got divorced recently, but I heard that his health declined and he was admitted to the hospital.

나: **엎친 데 덮친** 격이군요. 많이 힘들 텐데 전화라도 해 봐야겠어요.

It's just one thing after another. He must be having a really hard time. I should give him a call.

🔎 어떤 사람이 넘어져 있는데 누군가가 그 위에서 누른다는 의미로 누군가에게 좋지 않은 여러 가지 일이 한꺼번에 닥쳤을 때 사용한다.

★☆☆ 관
온실 속의 화초

🔾 온실 속에서 자란 화초

어떤 어려움이나 괴로움을 겪지 않고 곱게 자란 사람을 가리킨다.
Describes a person who grew up sheltered without experiencing any kind of difficulty or harm.

예 가: 저는 너무 힘들게 살아와서 나중에 아이들에게는 조금이라도 힘든 일은 절대 안 시키려고 해요.
I've struggled so much all my life, so later I'm going to try to make sure my kids never face even a little bit of difficulty.

나: 아이들을 너무 **온실 속의 화초**처럼 키우는 것도 좋지는 않아요.
It's not good to shelter kids too much while raising them, either.

🔾 누군가의 보호 속에서만 자라 혼자서는 아무것도 할 줄 모르거나 세상 물정을 모르는 사람에게 사용한다.

★☆☆ 속
원님 덕에 나팔 분다

🔾 원님 덕에 나발 분다

남의 덕으로 분수에 넘치는 대접을 받게 될 때 사용한다.
Used when one is treated better thanks to someone else.

예 가: 이 골목에 있는 식당들은 모두 장사가 잘되는 거 같아요. 비결이 뭘까요?
It seems like business is going well for all of the restaurants in this alley. What's their secret?

나: 저 돈가스집이 맛집으로 급부상하면서 이 근처 식당들도 덩달아서 장사가 잘된다고 하더라고요. **원님 덕에 나팔 부는 격**이지요.
That pork cutlet restaurant suddenly became popular, so business started going well for the other restaurants in this area, too. They all rode the coattails of the first restaurant.

🔾 옛날에는 마을을 다스리는 원님이 행차하면 나팔수가 앞장서서 나팔을 불었다. 그러면 백성들은 길옆으로 물러나 원님에게 인사를 했다. 이때 지위가 낮은 나팔수도 원님 덕분에 백성들의 인사를 받게 되었는데 여기에서 유래한 표현이다.

☆☆☆ 속
재수가 옴 붙었다

🔾 재수가 옴 붙다

운이 매우 나쁘다는 말이다.
Indicates that one has extremely bad luck.

예 가: 출근길에 새똥을 맞았어. 아침부터 **재수가 옴 붙었나** 봐.
I got pooped on by a bird on my way to work. Today must not be my day.

나: 그 옷 어제 새로 산 거 아니야? 속상하겠다.
Didn't you just buy those clothes yesterday? You must be upset.

✎ '옴'은 기생충인 옴진드기가 피부에 붙어 일으키는 전염성이 매우 강한 피부병을 말한다.

🔾 갑자기 안 좋은 일이 생겼거나 일이 잘 풀리지 않을 때 사용한다.

★☆☆ 관
팔자가 늘어지다

근심이나 걱정이 없고 사는 것이 매우 편안하다는 말이다.
Indicates that living without any worries or concerns is very comfortable.

예 가: 승원이가 또 해외여행을 간다고 하더라고. 돈이 어디서 나서 그렇게 여유 있게 살지?
　　 Seungwon said he's going on another trip abroad. Where does he get all his money from to live so easy?

　　나: 승원이 아버지가 부자인 거 몰랐어? 아버지 덕에 **팔자가 늘어지게** 사는 거지.
　　 Didn't you know that Seungwon's father is rich? He lives on easy street thanks to his father.

✎ '늘어지다'는 근심이나 걱정이 없이 편하게 된다는 의미이다.

★☆☆ 관
하늘에 맡기다

어떤 일의 결과를 운명에 맡긴다는 말이다.
Indicates that one leaves the results of something to fate.

예 가: 의사 선생님, 저희 할아버지 수술은 잘됐나요?
　　 Doctor, did my grandfather's surgery go well?

　　나: 수술은 잘됐습니다. 저희가 할 수 있는 것은 다했으니 이제 **하늘에 맡기고** 기다려 봅시다.
　　 Yes, it went well. We've done everything we can, so now let's wait and leave the rest to providence.

🔍 사람의 힘으로 어떻게 할 수 없는 일이지만 그 일을 해결하기 위해 최선을 다한 후에 그 결과는 하늘의 뜻에 맡긴다고 말할 때 사용한다.

★☆☆ 속
호박이 넝쿨째로 굴러떨어졌다

뜻밖에 좋은 물건을 얻거나 생각하지도 못했던 좋은 일이 생겼을 때 사용한다.
Used when one unexpectedly gains something good, or when something good that one could not have imagined happens.

유 굴러온 호박

예 가: 저번에 백화점에서 경품 행사를 하길래 재미 삼아 응모했는데 1등에 당첨돼서 자동차를 받게 됐어.
　　 Last time I entered a giveaway at the department store just for fun, but I won first prize and received a car.

　　나: 정말이야? **호박이 넝쿨째로 굴러떨어졌네.**
　　 Really? You sure hit it big.

🔍 호박은 맛이 좋고 버릴 것이 없어 옛날부터 음식 재료로 인기가 많았는데 그런 호박이 통째로 굴러 떨어졌으니 횡재했다는 의미이다.

★☆☆ 속
혹 떼러 갔다
혹 붙여 온다

부담을 덜려고 하다가 오히려 더 많은 부담을 떠안게 된다는 말이다.
Indicates that one tries to reduce their burden, but on the contrary, they end up taking on even more burdens.

예 가: 피부과에 점을 빼러 갔는데 점이 깨끗하게 빠지기는커녕 오히려 흉터가 생겨 버렸어요.
    I went to a skin clinic to have some spots removed, but not only did they fail to completely remove them, they actually ended up leaving a scar.

나: 어떡해요? **혹 떼러 갔다 혹 붙여 온** 셈이잖아요.
    Oh no. You went for wool and came home shorn.

🔎 착한 혹부리 영감이 도깨비 덕에 혹을 뗐다는 소문을 들은 욕심 많은 다른 혹부리 영감이 도깨비를 속여 혹을 떼려 했지만 오히려 혹을 하나 더 붙여 왔다는 옛날이야기에서 나온 표현이다.

★★★ 속
황소 뒷걸음치다가
쥐 잡는다

우연히 행운을 얻거나 뜻하지 않게 좋은 결과를 얻었을 때 사용한다.
Used when one coincidentally gains luck or unexpectedly earns a good result.

예 가: 공부를 하나도 안 해서 그냥 다 찍었는데 시험에 합격한 거 있지?
    I didn't study at all and just guessed at all the answers, but I passed the test.

나: **황소 뒷걸음치다가 쥐 잡는다**더니 딱 네가 그런 셈이네.
    They say that a bull catches a mouse while taking a step backward. I guess that's exactly what happened to you.

🔎 소는 쥐를 잡을 생각이 전혀 없었는데 뒷걸음치다가 의도치 않게 지나가던 쥐를 밟게 된 상황에서 나온 표현이다. 한편, 어리석은 사람이 미련한 행동을 하다가 뜻밖에 좋은 성과를 얻었을 때도 사용한다.

★☆☆ 괜
가방끈이 길다

어떤 사람의 학력이 높다는 말이다.
Indicates that someone has a high level of education.

예 가: 민수는 대학원까지 나왔는데 어떻게 이런 것도 모를 수가 있지?
　　　Minsu studied all the way through graduate school, but how could he not know something like that?

　　나: **가방끈이 길다고** 해서 뭐든 다 잘 아는 건 아니잖아.
　　　Just because someone has a lot of diplomas on the wall doesn't mean they know everything.

🔎 어떤 사람의 학력이 낮을 때는 '가방끈이 짧다'를 사용하는데 상대방에게 직접적으로 말하는 것은 실례이므로 사용할 때 조심해야 한다.

★★☆ 속
검은 머리 파뿌리 되도록

유 검은 머리 파뿌리 될 때까지

매우 늙을 때까지 오래 산다는 말이다.
Indicates that one lives for a long time until they are very old.

예 가: 신랑과 신부는 **검은 머리 파뿌리 되도록** 평생 사랑하며 행복하게 살겠습니까?
　　　Will the bride and groom love each other for the rest of your lives, until death do you part?

　　나: 네, 그렇게 하겠습니다.
　　　Yes, we will.

🔎 결혼을 하는 사람에게 부부가 함께 어려움을 극복하고 오래 행복하게 살아가라고 말할 때 사용한다.

★★★ 괜
국수를 먹다

어떤 사람이 결혼식을 한다는 말이다.
Indicates that someone is getting married.

예 가: 나 남자 친구에게 청혼 받았어.
　　　My boyfriend proposed to me.

　　나: 축하해. 언제 결혼하는 거야? 그날 꼭 **국수를 먹으러** 갈게.
　　　Congratulations. When are you going to get married? I'll make sure to go to your wedding to congratulate you.

🔎 옛날에 결혼식이 끝난 후 여는 잔치에서 손님들에게 국수를 대접했던 것에서 유래한 표현이다.

★★☆ 관
날을 잡다

유 날을 받다

결혼식 날짜를 정한다는 말이다.
Indicates that one decides on their wedding date.

예 가: 승원 씨, 곧 결혼한다면서요? **날을 잡은** 거예요?
Seungwon, I heard you're getting married soon. Have you set a date?

나: 네, 다음 달 둘째 주 토요일로 잡았어요. 그날 꼭 와서 축하해 주세요.
Yes, we set the wedding for the second Saturday of next month. Please make sure to come and congratulate us on that day.

🔎 '언제 날을 잡아서 청소를 해야겠어.'처럼 어떤 일을 하려고 미리 날짜를 정할 때도 사용한다.

★★☆ 관
눈에 흙이 들어가다

유 눈에 흙이 덮이다

사람이 죽어서 땅에 묻힌다는 말이다.
Indicates that someone dies and is buried in the ground.

예 가: 아버지, 그 사람과 꼭 결혼하고 싶어요. 제발 허락해 주세요.
Father, I definitely want to marry that person. I beg you, please give us your permission.

나: 안 돼. 내 **눈에 흙이 들어가기** 전에는 절대로 이 결혼을 허락할 수 없어.
No. I can never permit this marriage until the day I die.

🔎 보통 '눈에 흙이 들어가기 전에는'의 형태로 쓰며, 어떤 일을 강하게 반대할 때 사용한다.

★★☆ 관
더위를 먹다

유 더위가 들다

더위 때문에 몸에 문제가 생겼을 때 사용한다.
Used when a problem arises in one's body due to heat.

예 가: 우리 심심한데 나가서 농구할래?
We're bored. Want to go out and play basketball?

나: 이렇게 더운데 밖에서 농구하면 **더위를 먹을** 거야. 그냥 집에 있자.
It's so hot. If we go out and play basketball, we'll pass out from the heat. Let's just stay at home.

🔎 더운 날씨로 인해 몸의 체온이 올라가 입맛이 없어지거나 머리가 어지럽고 갑자기 설사를 하는 등 몸에 이상 증상이 생길 때 사용한다.

★☆☆ 관
더위를 타다

어떤 사람이 더위를 못 참는다는 말이다.
Indicates that someone cannot stand being hot.

예 가: 아, 너무 덥다. 나는 **더위를 많이 타는** 편이라 여름이 너무
　　　힘들어.
　　　Ugh, it's so hot. I'm really sensitive to heat, so I struggle a lot in
　　　the summertime.

　　나: 나도 그래. 더위 식히러 팥빙수나 먹으러 갈래?
　　　Me, too. Want to go eat some patbingsu(red bean sherbet) to
　　　cool off?

✎ '타다'는 계절이나 날씨의 영향을 쉽게 받는다는 의미이다.

🔎 누군가가 다른 사람에 비해 유난히 더운 것을 잘 견디지 못할 때 사용한다.

★★☆ 관
세상을 떠나다

유 세상을 뜨다,
　세상을 등지다,
　세상을 버리다,
　세상을 하직하다

사람이 죽는다는 말이다.
Indicates that someone passes away.

예 가: 오늘 지원 씨가 출근을 안 했네요. 무슨 일이 있나 봐요.
　　　Jiwon didn't come to work today. Something must have
　　　happened.

　　나: 아직 사내 공지를 못 봤군요. 어제 지원 씨 할머니께서 **세상을**
　　　떠나셨대요.
　　　I guess you didn't see the company announcement yet. It said
　　　that her grandmother passed away yesterday.

🔎 보통 '세상을 떠났다'의 과거 형태를 사용한다.

★☆☆ 관
자리를 털고
일어나다

유 자리를 걷고 일어나다

아파서 누워 있던 사람이 병이 다 나아서 일어나 활동한다는 말이다.
Indicates that someone who was sick in bed fully recovers and
becomes active again.

예 가: 장모님, 아직도 많이 편찮으세요?
　　　Mother-in-law, are you still feeling unwell?

　　나: 응, 많이 아파. 내가 어서 **자리를 털고 일어나야** 자네도 걱정을
　　　안 할 텐데 미안하네.
　　　Yeah, I'm in a lot of pain. I should hurry and get back on my
　　　feet so you don't worry. I'm sorry.

🔎 '시계를 보니 집에 갈 시간이라서 자리를 털고 일어났다.'처럼 다른 곳으로 가기 위해
　자기가 있던 장소를 떠날 때도 사용한다.

12 인생

★★☆ 〔관〕
자리에 눕다

누군가가 병이 들어 누워서 앓는다는 말이다.
Indicates that one comes down with an illness and is sick in bed.

〔예〕 가: 사장님 아내 분이 병으로 **자리에 누운** 지 벌써 3년이 다 되어
가네요. 사장님께서 얼마나 힘드실까요?
Our boss's wife has been bedridden with an illness for 3 years
already. Our boss must be having such a hard time.

나: 그래도 내색을 전혀 안 하시잖아요. 저희가 신경을 많이 써
드려야겠어요.
Even so, he doesn't show it at all. We should show a lot of
concern for him.

🔎 보통 누군가가 바깥 활동을 하지 못할 만큼 많이 아파서 오랫동안 누워서 생활할 때
사용한다.

★☆☆ 〔관〕
장래를 약속하다

두 사람이 결혼하기로 약속했다는 말이다.
Indicates that two people promise to marry each other.

〔예〕 가: 윤아 씨와 민수 씨는 참 잘 어울리는 것 같아요. 서로 챙겨
주는 모습이 보기도 좋고요.
Yoona and Minsu really seem to suit each other well. It's nice
to see them taking care of each other.

나: 그렇죠? 어제 물어보니 **장래를 약속했다고** 하더라고요.
Right? I asked them yesterday, and they said they're engaged
to be married.

✏️ '장래'는 앞으로 다가올 미래를 의미한다.
🔎 두 남녀가 결혼을 약속하고 진지하게 만나고 있을 때 사용한다.

★★★ 〔속〕
짚신도 제짝이 있다

〔유〕 짚신도 짝이 있다

아무리 보잘것없는 사람도 자신의 인연이 있다는 말이다.
Indicates even the most insignificant people have their own soul
mate.

〔예〕 가: **짚신도 제짝이 있다는데** 도대체 내 짝은 어디 있을까? 나도
연애하고 싶어.
They say that there's someone out there for everyone, but
where on earth is my other half? I want to date, too.

나: 곧 나타날 거야. 조금만 기다려 봐.
They'll appear soon. Wait just a bit longer.

🔎 옛날에는 대부분의 사람들이 짚신을 신었는데 모양이 모두 비슷해 벗어 놓으면 제짝을
찾기가 쉽지 않았다. 그럼에도 사람들은 여러 켤레의 짚신 중에서 자기 짚신의 짝을 잘
찾아서 신었는데 여기에서 나온 표현이다.

★★☆ 관
추위를 타다

추위를 쉽게 느끼고 잘 참지 못한다는 말이다.
Indicates that someone easily feels cold and cannot tolerate it well.

예 가: 겨울이 끝난 지가 언제인데 아직까지 겨울 코트를 입고
다녀요? 안 더워요?
Winter is long over, but you're still going around wearing a winter coat? Aren't you hot?

나: 전 **추위를** 많이 **타서** 봄까지 이렇게 입고 다녀요.
I'm sensitive to the cold, so I wear this until spring.

🔎 누군가가 다른 사람들에 비해 유난히 추운 것을 잘 못 견딜 때 사용한다.

★☆☆ 관
피가 끓다

젊고 혈기가 왕성하다는 말이다.
Indicates that someone is young and passionate.

예 가: 어제 TV에서 보니까 요즘에는 혼자서 세계 여행을 떠나는
20대들이 많더라고요.
I saw on TV yesterday that there are many people in their 20s who travel the world on their own these days.

나: 멋있네요. 20대면 한창 **피가** 펄펄 **끓을** 나이지요.
That's so cool. People are in the prime of their youth in their 20s.

🔎 젊은이들이 어떤 일을 매우 도전적이고 적극적으로 할 때 쓴다. 한편, '저를 무시하는 말을 들으니 피가 끓는 것 같았어요.'처럼 감정이 매우 강하게 북받쳐 오를 때도 사용한다.

★★☆ 관
하늘이 노랗다

큰 충격을 받아 정신이 아찔하다는 말이다.
Indicates that one feels dizzy after receiving a great shock.

예 가: 삼수를 했는데도 대학교 불합격 소식을 듣고 나니 **하늘이
노랗네.** 어떡하지?
I tried three times, but now that I've heard the news that I wasn't accepted to university, I feel like I'm going to pass out. What should I do?

나: 추가 합격자 발표도 있으니까 너무 낙담하지 말고 기다려 봐.
They admit additional students later, so don't be too discouraged and just wait.

🔎 '발표 준비를 하느라 종일 굶었더니 하늘이 노랗고 어지러워요.'처럼 기력이 매우 약해졌을 때도 사용한다.

★☆☆ 관

화촉을 밝히다

결혼식을 올린다는 말이다.
Indicates that one holds a wedding ceremony.

예 가: 주말에 있었던 언니 결혼식은 잘 끝났어요?
　　　 Did your sister's wedding go well last weekend?

　　나: 네, 많은 사람들의 축복 속에서 **화촉을 밝혔어요**. 이제 잘 살
　　　　일만 남았지요.
　　　 Yes, she held her wedding surrounded by the well-wishes of
　　　 many people. Now all she has to do is live happily ever after.

🔎 '화촉'은 다양한 색깔로 만들어진 초를 말하는데 옛날에는 매우 비싸고 귀해서 결혼식이
　 아니면 보통 구경도 할 수 없었다. 따라서 사람들은 '화촉'하면 자연스럽게 결혼식을
　 떠올리게 되었고 이렇게 화촉은 결혼을 상징하게 되었는데 여기에서 나온 표현이다.

☆☆☆ 관

환갑 진갑 다 지내다

어떤 사람이 매우 오래 산다는 말이다.
Indicates that someone lives for a very long time.

예 가: 잡지에서 80세가 넘은 교수님의 인터뷰를 봤는데 **환갑 진갑
　　　　다 지내시고도** 학문에 대한 열정은 젊은 학자들 못지않으신
　　　　것 같더라고요.
　　　 I saw a magazine interview with a professor who is more than
　　　 80 years old. It said that even though she's lived for so long,
　　　 young scholars can't match her passion for learning.

　　나: 저도 봤어요. 아직 강의도 하신다고 하던데 정말 대단하신 것
　　　　같아요.
　　　 I saw it, too. It said that she still gives lectures, too. She seems
　　　 really amazing.

🔎 '환갑'은 만 60세 생일을, '진갑'은 환갑 다음 해의 생일을 말한다. 옛날에는 평균
　 수명이 짧아서 60년 이상 사는 사람이 드물었다. 그래서 60살을 넘겨 장수하는
　 사람에게 이렇게 말했는데 여기에서 나온 표현이다.

이치
Logic

인과 | **Cause and Effect**

★★★ 속

고생 끝에 낙이 온다

유 고생 끝에 낙이 있다

어려운 일을 겪은 뒤에는 반드시 좋은 일이 생긴다는 말이다.
Indicates that something good always happens after a difficult experience.

예 가: 월급을 받아도 대부분 학자금 대출을 갚는 데에 쓰니까 여행도 제대로 못 다니고 사고 싶은 것도 못 사. 일하는 보람이 없어.
Even when I get paid, I have to use most of it to pay back my student loans, so I can't travel and I can't buy the things I want. Working is futile.

나: **고생 끝에 낙이 온다**고 그렇게 열심히 갚다 보면 금방 다 갚을 거야. 그 후에 하고 싶은 거 다 하면 되지.
They say that there's no reward without toil. If you keep working hard to pay back your loans, you'll pay them off in no time. After that, you can do everything you want.

🔎 보통 힘든 상황에 놓여 있는 사람에게 언젠가는 좋은 일이 생길 거라고 말할 때 사용한다.

★★★ 속

구슬이 서 말이라도 꿰어야 보배라

아무리 좋은 것이라도 쓸모 있게 만들어 놓아야 가치가 있다는 말이다.
Indicates that no matter how good something is, it has no value unless it is made to be useful.

예 가: 민지야, 집에 책이 정말 많다.
Minji, you have so many books at home.

나: 책만 많으면 뭐 해. **구슬이 서 말이라도 꿰어야 보배**라고 잘 안 읽어서 장식품에 가까워.
What good does it do to just have a lot of books? They say that pearls must be strung together to make a necklace. I should read them, but I don't read often, so they're basically just for decoration.

✏️ '꿰다'는 실을 구슬의 구멍에 넣어서 목걸이처럼 이어지게 한다는 의미이다.

🔎 좋은 물건이 있어도 사용하지 않거나 능력이 있어도 행동하지 않으면 아무 소용이 없으니 그것을 잘 활용하라고 말할 때 사용한다.

남의 눈에 눈물 내면 제 눈에는 피눈물이 난다

★☆☆ 속

다른 사람에게 나쁜 일을 하면 자기는 그보다 더한 벌을 받게 된다는 말이다.

Indicates if one does something bad to another person, they will receive an even worse punishment themselves.

예 가: 이 과장, 왜 그렇게 김 대리를 혼내? **남의 눈에 눈물 내면 제 눈에는 피눈물이 나는** 거 몰라?

Mr. Lee, why are you scolding Mr. Kim like that? Don't you know that what goes around comes around?

나: 실수를 한두 번 해야 혼을 안 내지요.

I wouldn't scold him if he only made a few mistakes.

🔍 다른 사람에게 나쁜 행동을 하지 말라고 말할 때 사용한다.

두 손뼉이 맞아야 소리가 난다

★☆☆ 속

유 도둑질을 해도 손발이 맞아야 한다, 도둑질을 해도 눈이 맞아야 한다

무슨 일이든지 서로 뜻이 맞아야 이루어질 수 있다는 말이다.

Indicates that people must be of one mind in order to accomplish something.

예 가: 재료 손질할 것이 많아서 혼자 하려면 힘들 테니 다른 분들하고 좀 나눠서 하세요.

There are a lot of ingredients to prepare, so it'll be difficult if you try to do it all alone. You should divide the work with the other chefs.

나: 영양사님, **두 손뼉이 맞아야 소리가 나죠.** 제대로 하는 사람이 없어서 차라리 저 혼자 하는 게 나아요.

Two palms have to touch to make a sound. There aren't any people who do their work properly, so I'm better off doing everything myself.

뱁새가 황새를 따라가면 다리가 찢어진다

★☆☆ 속

자신의 능력이나 분수는 생각하지 않고 남을 따라 하다가는 도리어 해만 입는다는 말이다.

Indicates that one will only suffer harm if they attempt to follow others without considering their own abilities or position.

예 가: 엄마, 저도 유명 브랜드 옷 좀 사 주세요. 친구들은 다 입고 다닌단 말이에요.

Mom, please buy some clothes from a famous brand for me. All of my friends wear them.

나: 우리 형편대로 살아야지. **뱁새가 황새를 따라가면 다리가 찢어져.**

We have to live according to our means. One should always cut their coat according to their cloth.

🔍 다른 사람이 한다고 해서 힘에 겨운 일을 억지로 하려고 하면 힘이 드니까 자신의 상황에 맞게 행동하라고 말할 때 사용한다.

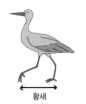
황새

뱁새

★★★ 속
비 온 뒤에 땅이 굳어진다

어떤 시련을 겪은 뒤에 더 강해진다는 말이다.

Indicates that one becomes stronger after experiencing hardship.

예 가: 김 감독님, 선수들 간의 불화설이 생기면서 부진을 면치 못하던 팀이 최근 연승을 거듭하고 있어서 놀랍습니다. 어떻게 된 일인가요?

Coach Kim, previously your team was in a slump as friction arose among your team members, but now everyone is surprised to see you racking up successive victories. How did you reach this point?

나: **비 온 뒤에 땅이 굳어진다**고 선수들이 다투면서 서로 이해할 수 있게 되었습니다. 그러면서 팀의 분위기도 좋아지고 성적도 좋아졌습니다.

A calm always comes after a storm. I think our players were able to come to an understanding with each other as they argued. Now our team atmosphere has improved, and our results have improved as well.

★★★ 관
뿌린 대로 거두다

자기가 한 행동에 따른 결과를 얻는다는 말이다.

Indicates that one obtains results in accordance with their actions.

예 가: 어제 제 결혼식에 친구들이 많이 와 줘서 너무 고마웠어요.

I was so grateful that so many friends came to my wedding yesterday.

나: **뿌린 대로 거둔다**고 평소에 승원 씨가 친구들에게 잘해서 그래요.

They say you reap what you sow. It's because you always treat your friends well.

🔎 좋은 씨앗을 뿌리면 곡식을 많이 얻을 수 있는 반면에 좋지 않은 씨앗을 뿌리면 수확할 수 있는 곡식이 적고 품질도 좋지 않다. 이와 같이 사람도 평소에 자신이 행동한 대로 결과가 나오므로 평소에 잘하라고 말할 때 사용한다.

★★★ 속
서당 개 삼 년에
풍월을 읊는다

유 서당 개 삼 년에 풍월을
한다, 서당 개 삼 년에
풍월을 짓는다

어떤 분야에 오래 있으면 그 분야를 잘 모르던 사람도 어느 정도의
지식과 경험을 갖게 된다는 말이다.

Indicates that even a person who does not know anything about a
certain field can gain a certain level of knowledge and experience
if they stay in that field for a long time.

예 가: 지원 씨가 중국어를 할 줄 아는지 몰랐어요. 언제 배웠어요?

Jiwon, I didn't know that you knew how to speak Chinese.
When did you learn?

나: 제대로 배운 적은 없어요. **서당 개 삼 년에 풍월을 읊는다고**
업무 때문에 매일 중국 사람들과 만나다 보니까 이제 간단한
단어는 알아듣겠더라고요.

I've never formally studied it. They say that experience is the
best teacher. After meeting with Chinese people every day
because of work, I can understand simple words now.

🔎 서당에서 삼 년 동안 살면서 매일 글 읽는 소리를 들으면 개조차도 글 읽는 소리를 낼
수 있다는 뜻이다. 이처럼 누구라도 어떤 분야에 오래 종사하다 보면 아주 뛰어나지는
못해도 어느 정도는 할 수 있게 된다고 말할 때 사용한다. 한편, '서당 개 삼 년이면
풍월을 읊는다'를 사용하기도 한다.

★★★ 속
아니 땐 굴뚝에
연기 날까

원인이 없으면 결과가 있을 수 없다는 말이다.

Indicates that there are no results without a cause.

예 가: 밤새 천장에서 물이 뚝뚝 떨어져서 윗집에 누수 검사를 해
보라고 하니까 자기네 집 문제가 아니라고 화를 내더라.

Water was dripping from the ceiling all night long, so I made
our upstairs neighbors say they would get a water leak
inspection. But they said it wasn't because of their apartment
and got angry.

나: **아니 땐 굴뚝에 연기 나겠냐고** 따져 보지 그랬어. 너무하다.

Why didn't shouldn't you complain that they say there's no
smoke without fire? That's so mean.

🔎 '최근 드라마를 같이 찍은 남녀 배우의 열애설이 돌던데 아니 땐 굴뚝에 연기 나겠어요?
뭔가 있으니까 소문이 났지요.'처럼 실제로 어떤 일이 있기 때문에 소문이 난다고
말할 때도 사용한다.

★★☆ 〔속〕
어른 말을 들으면 자다가도 떡이 생긴다

부모의 말을 잘 듣고 순종하면 좋은 일이 생긴다는 말이다.

Indicates that good things will happen if one listens to their parents and obeys them.

예 가: 아빠, 아빠 말씀대로 친구들을 배려하고 양보했더니 친구들이 저를 회장 후보로 추천해 줬어요.

Dad, I tried to be considerate toward my friends and yielded to them like you told me to, and my friends nominated me to run for class president.

나: 그것 봐. **부모 말을 들으면 자다가도 떡이 생긴다**고 했잖아.

See? I said good things come to those who listen to their parents.

🔎 '부모 말을 들으면 자다가도 떡이 생긴다'를 사용하기도 한다.

★☆☆ 〔속〕
지렁이도 밟으면 꿈틀한다

〔유〕 지렁이도 다치면 꿈틀한다, 지렁이도 디디면 꿈틀한다

보잘것없고 하찮은 사람도 무시하거나 함부로 대하면 반항한다는 말이다.

Indicates if one ignores or treats a lowly and insignificant person carelessly, that person will rebel.

예 가: 아까 회의 시간에 민수 씨가 이사님한테 따지는 거 봤어요? 얌전하던 민수 씨가 웬일이죠?

Did you see Minsu arguing with the director at the meeting earlier? Minsu is always so quiet, so I wonder what's up with him?

나: **지렁이도 밟으면 꿈틀한다**고 민수 씨도 더 이상 참지 않기로 했나 봐요.

Even the ant and the worm have their wrath. It looks like Minsu wasn't able to hold back any longer.

★★★ 〔속〕
지성이면 감천

무슨 일이든지 정성을 다하면 어려운 일도 잘 풀려 좋은 결과를 얻는다는 말이다.

Indicates that puts their whole heart into something, they can overcome difficulties and obtain good results.

예 가: 할머니! 옆집 아저씨가 오늘 아침에 드디어 퇴원하셨대요.

Grandma! I heard that our next-door neighbor was finally discharged from the hospital this morning.

나: 그래? **지성이면 감천**이라고 가족들이 지극정성으로 돌보더니 잘됐다.

Really? They say that devotion will touch heaven. His family devoted themselves to caring for him, so I'm glad.

🔎 정성을 다하면 하늘도 감동한다는 뜻으로 무슨 일이든지 최선을 다하라고 말할 때 사용한다.

★☆☆ 속
참는 자에게
복이 있다

억울하고 분한 일이 있어도 참고 견디는 것이 가장 좋은 방법이라고
말할 때 사용한다.

Used when one says that the best method is to hold on and
endure something, even if it is unfair and frustrating.

예 가: 저 차는 저렇게 위험하게 운전하면 어쩌자는 거야? 아무래도
　　　한마디 해야겠어.
　　　How could the owner of that car drive so dangerously? I'd
　　　better have a word with him.

　　나: 아무 일 없었으니까 네가 참아. **참는 자에게 복이 있다**는 말도
　　　있잖아.
　　　Just put up with it because nothing happened. They say that
　　　patience is a virtue, you know.

★★★ 속
콩 심은 데 콩 나고
팥 심은 데 팥 난다

유 팥을 심으면 팥이 나오고
　 콩을 심으면 콩이 나온다

모든 일에는 원인에 걸맞은 결과가 나타난다는 말이다.

Indicates that everything produces results that align with the
cause.

예 가: 여보, 쟤는 누굴 닮아서 저렇게 고집이 셀까요?
　　　Honey, who does this kid resemble to make him so stubborn?

　　나: **콩 심은 데 콩 나고 팥 심은 데 팥 나는** 법인데 당신 아니면
　　　나를 닮았지 누굴 닮았겠어요?
　　　They say that an onion will not produce a rose. If he doesn't
　　　resemble you, he takes after me. Who else would he
　　　resemble?

🔎 주로 자식의 외모나 성격 등을 부모와 비교할 때 쓴다.

★☆☆ 속
호랑이 굴에 가야
호랑이 새끼를
잡는다

원하는 결과를 얻으려면 그에 맞는 노력을 해야 한다는 말이다.

Indicates that one must put in the appropriate effort to gain a
desired result.

예 가: 이 형사님, 요즘 매일 클럽에서 살다시피 하신다면서요?
　　　Detective Lee, I heard that you basically live at the club these
　　　days.

　　나: 네. **호랑이 굴에 가야 호랑이 새끼를 잡는다**고 범인이 자주
　　　다니던 곳에 가서 기다리는 게 좋을 것 같아서요.
　　　Yes. They say that nothing ventured, nothing gained. So I think
　　　it's a good idea to go and wait at the place where he often goes.

🔎 세상에 저절로 얻어지는 것은 없으니 원하는 것을 위해서는 적극적으로 그에 맞는
　 노력을 해야 한다고 말할 때 사용한다.

★☆☆ 㑔

고인 물이 썩는다

㊌ 고여 있는 물이 썩는다

자신을 발전시키지 않으면 제자리에 머물러 있거나 다른 사람보다 뒤떨어진다는 말이다.

Indicates if one does not progress, they will stay in the same place or fall behind other people.

> 예 가: 윤아야, 취직도 했는데 아직도 영어 학원을 다녀?
> Yoona, you've gotten a job now, but you're still going to an English academy?
>
> 나: 그럼. **고인 물이 썩는다**고 계속 자기 계발을 해야 발전이 있지.
> Of course. They say that stagnant water is bound to rot. One has to constantly work on self-development in order to progress.

☆☆☆ 㑔

굳은 땅에 물이 괸다

아끼는 사람이 재산을 모으게 된다는 말이다.

Indicates that a frugal person builds wealth.

> 예 가: 봄에 입을 옷이 마땅치 않네. 여보, 외투나 한 벌 사러 갈까?
> Don't have anything appropriate to wear in spring. Honey, shall we go and buy some jackets?
>
> 나: 작년에 산 거 있잖아. **굳은 땅에 물이 괸다**고 아껴야 잘 살지.
> You have the clothes you bought last year. They say that only a frugal man saves money. We have to save our money in order to live well.

🔎 비슷한 의미로 '단단한 땅에 물이 괸다'를 사용하기도 한다.

★☆☆ 㑔

나이는 못 속인다

나이는 아무리 속이려고 해도 말과 행동에서 저절로 드러난다는 말이다.

Indicates no matter how much one tries to hide their age, their words and behavior automatically reveal it.

> 예 가: 민지야, 좀 쉬자. 힘들어서 더 못 치겠어. 역시 **나이는 못 속이겠네.**
> Minji, let's take a break. I'm too exhausted to play anymore. I guess I'm really showing my age.
>
> 나: 삼촌, 테니스를 치기 시작한 지 15분밖에 안 됐는데 벌써 힘드시다고요?
> Uncle, it's only been 15 minutes since we started playing tennis, but you're already tired?

🔎 말이나 생각, 행동 등은 티를 안 내려고 해도 진짜 나이에 맞게 나오게 되므로 실제 나이는 감출 수가 없다고 말할 때 사용한다.

★★☆ 🔵 달도 차면 기운다

세상 모든 일이 잘 될 때가 있으면 그렇지 않을 때도 있다는 말이다.
Indicates that everything in the world sometimes goes well and sometimes does not.

예 가: 지금 가수로서 최고의 인기를 누리고 있는데 왜 벌써부터 미래 걱정을 하세요?
You're enjoying the most popularity as a singer right now, but why are you already worrying about the future?

나: **달도 차면 기우는** 법이잖아요. 언제 인기가 식을지 모르니까 미래를 미리 생각할 수 밖에 없어요.
They say that every flow has its ebb. I have no way of knowing when my popularity will cool off, so I can't help but think about the future in advance.

🔍 무슨 일이든 한번 번성하면 다시 쇠하기 마련이라고 말할 때 사용한다.

★★☆ 🔵 모난 돌이 정 맞는다

성격이 둥글지 못하면 대인 관계가 원만하지 못하다는 말이다.
Indicates that one have smooth relationships with others if they do not have an easygoing personality.

예 가: 아까 지점장님한테 또 한 소리 들었어요. 왜 저한테만 싫은 소리를 하실까요?
The branch manager criticized me again earlier. Why does he only say offensive things to me?

나: **모난 돌이 정 맞는다고** 다른 사람들은 다 가만히 있는데 지원 씨만 자꾸 지점장님 의견에 반대하니까 그런 것 같아요.
An angular stone is bound to be hit by a chisel. The others all keep quiet, but Jiwon, you're the only one who keeps opposing the branch manager, so that's probably why.

🔍 뾰족한 돌은 사용하기 힘드므로 정으로 때려 둥글게 다듬어서 사용한다. 이처럼 사람도 말이나 행동이 다른 사람들과 달리 까다로우면 질타와 비난을 받게 된다는 말이다. 한편, '모난 돌이 정 맞는다고 매번 일등을 하는 지원이는 친구가 없어요.'처럼 너무 뛰어난 사람은 남에게 미움을 받기 쉽다고 말할 때도 사용한다.

☆☆☆ 🔵 물고기도 제 놀던 물이 좋다 한다

자기가 나고 자란 고향이나 익숙한 곳이 생소한 곳보다 낫다는 말이다.
Indicates that one prefers the hometown where they grew up or a familiar place over an unfamiliar place.

예 가: 할머니, 여행을 마치고 집에 오니까 좋으시죠?
Grandma, isn't it great to finish a trip and come back home?

나: 그럼. **물고기도 제 놀던 물이 좋다 한다고** 뭐니 뭐니 해도 집이 최고지.
Of course. They say there's no place like home. No matter what, being at home is the best.

🔍 물고기조차도 자라고 난 곳을 못 잊는 것처럼 사람도 누구나 낯설고 불편한 곳보다는 익숙해서 편한 곳을 더 좋아한다고 말할 때 사용한다.

13 이치

물이 깊어야
고기가 모인다

자신의 인격이 훌륭해야 다른 사람들이 따르게 된다는 말이다.
Indicates that one must have an outstanding personality for other people to follow them.

예 가: 교수님, 수아하고는 조별 과제를 같이 못하겠어요. 제대로
하는 일이 하나도 없어서 답답해요.
Professor, I don't think I can do a group project with Sooah.
She doesn't do a single thing properly, so it's frustrating.

나: **물이 깊어야 고기가 모인다**고 다른 사람의 실수도 너그럽게
이해해 줘야지. 하나씩 천천히 가르쳐 주면 잘할 거야.
They say that fish only gather in deep waters. You have to
generously understand other people's mistakes. If you teach
her slowly bit by bit, she'll do well.

벼 이삭은 익을수록
고개를 숙인다

능력이 뛰어나거나 높은 위치에 있는 사람일수록 자신을 낮추고
겸손하게 행동한다는 말이다.
Indicates that the more outstanding one's abilities are or the higher
the position one is in, the more humbly one acts.

예 가: 나 이번 학기에 전액 장학금을 받았어. 부럽지?
I got a full scholarship this semester. Aren't you jealous?

나: **벼 이삭은 익을수록 고개를 숙인다**는데 수아 너, 너무 잘난
척하는 거 아냐?
They say that the boughs that bear most hang the lowest, but
Sooah, aren't you showing off too much?

🔍 벼는 익을수록 이삭의 무게가 무거워져 아래로 처지게 되는데 이 모습이 마치 사람이
고개를 숙이며 공손하게 인사하는 모습처럼 보여서 생긴 표현이다. '벼는 익을수록
고개를 숙인다'를 사용하기도 한다.

송충이는 솔잎을
먹어야 한다

자기 분수에 맞게 행동해야 한다는 말이다.
Indicates that one must act in accordance with their own limits.

예 가: 민수 씨, 우리 결혼식을 호텔에서 하는 건 어떨까요?
Minsu, what do you think about having our wedding at a hotel?

나: **송충이는 솔잎을 먹어야 한다**고 전세금도 대출 받았는데 우리
형편에 호텔 결혼식은 무리라고 생각해요.
We shouldn't bite off more than we can chew. We had to take
out a loan for our housing deposit, so I think it would be too
much for us to have our wedding at a hotel.

★★☆ 〈속〉
십 년이면 강산도 변한다

ⓐ 십 년이면 산천도 변한다

세월이 흐르면 모든 것이 변한다는 말이다.

Indicates that everything changes with time.

〈예〉 가: 지원아! 진짜 오랜만이다. 고등학교를 졸업하고 처음 보는 것 같은데. **십 년이면 강산도 변한다고** 하던데 어쩜 너는 그대로니?

Jiwon! It's been ages. I think this is the first time I've seen you since we graduated from high school. They say that time changes everything, but how is it that you still look the same?

나: 윤아 너도 여전하네. 학교 다닐 때랑 똑같다.

Yoona, you haven't changed a bit, either. You look the same as you did while we were in school.

🔎 시간이 지나도 여전히 변하지 않은 것을 보고 감탄하거나 놀람을 표현할 때 사용한다. 또한 시간이 지나면서 많이 변한 모습을 보고 아쉬움과 안타까움을 표현할 때도 사용한다.

★★☆ 〈속〉
썩어도 준치

본래 좋고 훌륭하던 것은 오래되거나 변해도 어느 정도 가치가 있다는 말이다.

Indicates that something that was originally good still has some value, even if it becomes old or if it changes.

〈예〉 가: 하준이 너는 게임을 그만둔 지가 오래됐다면서 아직도 손이 빠르고 실력도 여전하네.

Hajoon, you said that you stopped playing video games a long time ago, but you still have quick fingers and your skills are as good as ever.

나: **썩어도 준치라고** 하잖아. 옛날 실력이 어디 가겠어?

Once a gamer, always a gamer. Why would my old skills disappear?

🔎 준치는 맛이 좋기로 소문난 생선을 말하는데 상하거나 썩어도 맛이 좋다고 한다. 이처럼 원래 가치가 있던 것은 시간이 지나거나 약간의 문제가 생겨도 여전히 가치가 있다고 말할 때 사용한다. 비슷한 의미로 '물어도 준치, 썩어도 생치'를 사용한다.

☆☆☆ 〈속〉
양지가 음지 되고 음지가 양지 된다

ⓐ 음지가 양지 되고 양지가 음지 된다

세상의 모든 일은 돌고 돈다는 말이다.

Indicates that everything in the world has its ups and downs.

〈예〉 가: 아버지, 장사도 접었는데 저는 이제 뭘 먹고 살지요? 왜 이렇게 되는 일이 없는지 모르겠어요.

Father, I closed my business, but how will I make a living now? I don't know why nothing good ever happens to me.

나: 힘내라! **양지가 음지 되고 음지가 양지 된다고** 곧 좋은 날이 오겠지.

Cheer up! Joy and sorrow are next-door neighbors. Good days will come again soon.

🔎 좋을 때가 있으면 나쁠 때도 있고 나쁠 때가 있으면 좋을 때도 있으니 너무 힘들어 하거나 실망하지 말라고 위로할 때 사용한다.

13 이치

★★★ 속
옥에도 티가 있다

아무리 훌륭한 사람이나 물건이라도 자세히 보면 결점이 있다는 말이다.

Indicates that no matter how excellent a person or object is, if one looks closely, there are still flaws.

예 가: 우리 감독님은 다 좋은데 말투가 너무 딱딱해. 좀 부드럽게 연기 지도를 해 주시면 좋을 텐데 말이야.

Our director said everything is good, but his way of speaking is too stiff. I think it would be good if he try to act a bit more smoothly.

나: 너무 많은 걸 바라는 거 아니야? **옥에도 티가 있듯이** 완벽한 사람은 없어.

Aren't you asking for too much? No one is perfect, just as no rose is without thorns.

🔎 완벽해 보이는 사람이나 물건에도 흠이 있다는 말로 이 세상에 완벽한 사람이나 물건은 없다고 말할 때 쓴다. 한편, 훌륭하거나 좋은 것에 있는 작은 흠을 말할 때는 '옥에 티'를 사용한다.

★★★ 속
윗물이 맑아야 아랫물이 맑다

윗사람이 잘하면 아랫사람도 따라서 잘하게 된다는 말이다.

Indicates if the higher person does well, the lower person will follow and also do well.

예 가: 우리 연우가 하루 종일 스마트폰만 봐서 걱정이에요.

I'm worried because Yeonwoo only looks at his phone all day long.

나: **윗물이 맑아야 아랫물이 맑다**고 연우 엄마도 손에서 스마트폰을 못 놓잖아요. 부모가 모범을 보여야 아이들이 따라와요.

As is the king, so are the people. You can't put your phone down, either. Parents must be role models for their children to follow.

🔎 보통 사람들은 부모 혹은 자신보다 지위나 신분이 높은 윗사람들의 행동을 보고 따라 하기 때문에 자식 또는 아랫사람 앞에서는 행동을 조심해야 한다고 말할 때 사용한다.

★☆☆ 속
이 없으면 잇몸으로 살지

유 이 없으면 잇몸으로 산다

중요한 것이 없으면 안 될 것 같지만 정작 그것이 없어도 그럭저럭 살 수 있다는 말이다.

Indicates that it seems like something will not do if an important thing is missing, but actually, one can still get by even without it.

예 가: 깜빡하고 노트북을 안 가져왔는데 어쩌지?

I forgot to bring my laptop with me. What should I do?

나: **이 없으면 잇몸으로 살면** 돼. 핸드폰으로도 작업할 수 있으니까 걱정하지 마.

Just make do with what you've got. You can work on your phone, so don't worry.

🔎 당장 필요한 것이 없으면 안 될 것 같아도 얼마든지 다른 것으로 대체할 수 있으니 필요한 것이 없다고 걱정하거나 실망하지 말라고 말할 때 사용한다.

★★☆ 속
쥐구멍에도
볕 들 날 있다

매우 고생하며 사는 삶에도 좋은 날이 온다는 말이다.

Indicates that good days will come, even to someone who lives an extremely difficult life.

예 가: 건물 주인이 월세를 또 올려 달라고 해서 걱정이네요. 우리는 언제쯤 우리 가게를 가질 수 있을까요?

I'm worried because the building owner is raising the rent again. When do you think we'll be able to own our store?

나: 여보, **쥐구멍에도 볕 들 날 있다**고 하잖아요. 몇 년만 더 고생하면 그렇게 될 거예요.

Honey, they say that every dog has its day. If we just work hard for a few more years, we'll be able to make it happen.

🔎 쥐구멍은 작고 낮은 곳에 있어 햇빛이 들어오기 쉽지 않다. 그러나 해가 낮아지면 쥐구멍에도 해가 들어와 밝아진다. 이처럼 아무리 어려운 상황에 있어도 언젠가는 좋은 일이 생길 테니 기운을 내라고 말할 때 사용한다.

☆☆☆ 속
차면 넘친다

세상 모든 일이 잘되고 좋은 때가 있으면 그렇지 않은 때도 있다는 말이다.

Indicates that everything that has times when things go well also has times when things go poorly.

예 가: 그렇게 잘나가던 마크 씨네 회사도 결국 문을 닫게 되었대요.

I heard that Mark's company also ended up closing, even though it used to do so well.

나: **차면 넘친다**고 사업이 항상 잘될 수만은 없나 봐요.

They say that when the well is full, it overflows, so I guess business can't always go well.

🔎 '차면 넘친다고 민수 씨가 너무 예의를 차려도 다른 사람들은 불편할 수 있어요.'처럼 너무 지나친 것은 오히려 안 좋다고 말할 때도 사용한다.

★★★ 🔵
하늘이 무너져도
솟아날 구멍이 있다

🔵 사람이 죽으란 법은 없다

아무리 어려운 상황에 부딪히더라도 해결할 방법은 분명히 있다는 말이다.

Indicates that no matter how difficult a situation one may run into, there is always a way to resolve it.

📋 가: 최 조교님, 이번 학기에 국가 장학금을 신청했는데 자격이 안 돼서 못 받는대요. 등록금을 마련하지 못했는데 어쩌지요?

Assistant Choi, I applied for a national scholarship this semester, but I didn't get it because I didn't meet the qualifications. I couldn't pull together enough money for my tuition, so what should I do?

나: **하늘이 무너져도 솟아날 구멍이 있다**고 하니까 같이 방법을 찾아보자. 내가 다른 장학금도 한번 알아봐 줄게.

When one door closes, a window opens somewhere else, so let's look for a solution together. I'll look into some other scholarships for you.

🔍 어려운 문제에 부딪혀 힘들어하는 사람에게 희망을 가지라고 말할 때 사용한다.

★☆☆ 🔵
흐르는 물은
썩지 않는다

사람은 언제나 열심히 노력해야 뒤떨어지지 않는다는 말이다.

Indicates that a person who always works hard never falls behind.

📋 가: 전에 같이 일했던 지원 씨가 해외 명문 대학 MBA에 합격해서 유학을 가게 됐대요.

I heard that Jiwon, who used to work with us, got accepted into an MBA program at a famous university abroad, so she's going there to study.

나: 그래요? **흐르는 물은 썩지 않는다**고 끊임없이 노력하더니 결국 그렇게 됐군요.

Really? They say that running water doesn't go foul, so I guess she reached that point because she worked hard without stopping.

🔍 사람은 노력하지 않으면 발전할 수 없으니 끊임없이 자기 계발을 해야 한다고 말할 때 사용한다.

★★★ 속
공든 탑이 무너지랴

노력과 정성을 다하여 한 일은 결코 헛되지 않다는 말이다.
Indicates if one puts their full effort into something, it never goes to waste.

예 가: 형, 내가 내일 대학수학능력시험을 잘 볼 수 있을까? 너무 떨려.
　　 Big bro, do you think I'll be able to do well on the university entrance exam tomorrow? I'm so nervous.

나: **공든 탑이 무너지랴**라는 말이 있잖아. 그동안 잠도 줄여 가며 열심히 공부했으니까 분명히 잘 볼 거야. 너무 떨지 마.
　　 They say that hard work is never wasted, you know. You've spent all this time sleeping less and studying hard, so you'll definitely do well. Don't be too nervous.

🔍 탑을 정성스럽게 쌓았다면 탑이 튼튼하여 무너질 일이 없다. 이처럼 어떤 일을 이루기 위해 최선을 다하면 좋은 결과를 얻을 수 있다고 말할 때 사용한다.

★★★ 속
뛰는 놈 위에 나는 놈 있다

어떤 사람의 재주가 아무리 뛰어나도 그보다 더 뛰어난 사람이 있다는 말이다.
Indicates that no matter how outstanding someone's talents are, there is always someone else who is even more talented.

예 가: 나 이번에 공부도 별로 안 했는데 한국어능력시험 4급에 합격했어. 잘했지?
　　 I didn't even study much this time, but I passed the Level 4 Korean proficiency exam. I did the best, right?

나: **뛰는 놈 위에 나는 놈 있다**고 같은 반 푸엉 씨는 이번에 6급에 합격했대. 그러니까 너무 잘난 척하지 마.
　　 There's no limit to excellence, you know. Phuong from our class passed Level 6 this time, so don't show off so much.

🔍 자기보다 실력이 더 나은 사람은 언제나 있기 마련이므로 조금 잘한다고 해서 뽐내지 말고 겸손하게 행동하라고 말할 때 사용한다.

★☆☆ 속
뜻이 있는 곳에
길이 있다

어떤 일을 이루고자 하는 의지가 있으면 그 방법도 찾을 수 있다는
말이다.

Indicates if one has the will to accomplish something, they will be
able to find a way.

예 가: 항공사에 입사하고 싶어서 계속 준비하고 있는데 자리가
　　　안 나네요.
　　　I'm constantly preparing because I want to enter an airline
　　　company, but there aren't any open jobs.

　　나: **뜻이 있는 곳에 길이 있다는데** 눈을 돌려 해외 항공사도 한번
　　　알아보는 게 어때요?
　　　Where there's a will, there's a way. Why don't you look around
　　　and check out some foreign airlines, too?

★★★ 속
모르면 약이요
아는 게 병

유 아는 것이 병,
　 아는 것이 탈

모르면 마음이 편하고 좋지만 무엇을 조금 알면 그것 때문에 걱정이
생겨 좋지 않다는 말이다.

Indicates that one is at ease if they don't know something, but if
they know even a little bit about something, they end up worrying
because of it.

예 가: 어제 텔레비전에서 봤는데 샴푸에 화학 성분이 많이 들어
　　　있어서 좋지 않대요. 앞으로 샴푸를 쓰지 말아야겠어요.
　　　I saw on TV yesterday that the shampoo has a lot of chemicals
　　　in it, so it's not good. I'd better not use shampoo anymore.

　　나: 샴푸를 안 쓰고 머리를 어떻게 감으려고요? **모르면 약이요**
　　　아는 게 병이라고 때로는 모르고 사는 게 나을 수도 있어요.
　　　How are you going to wash your hair without shampoo?
　　　They say that where ignorance is bliss, it is a folly to be wise.
　　　Sometimes it's better not to know things.

★★★ 속
무소식이 희소식

아무 소식이 없는 것은 별일이 없다는 뜻이니 곧 기쁜 소식이나 다름
없다는 말이다.

Indicates that no news means nothing has happened, so it's no
different from receiving good news.

예 가: 해외여행을 떠난 동생이 며칠 동안 감감무소식이라 애가 타요.
　　　I haven't heard anything for several days from my younger
　　　sibling who went on a trip abroad, so I'm really anxious.

　　나: **무소식이 희소식이라고** 잘 있으니까 연락이 없을 거예요.
　　　They say that no news is good news. He probably haven't
　　　contacted you because he is doing just fine.

🔍 누군가에게 연락이 없어도 너무 걱정하지 말라고 말할 때 사용한다.

★★☆ 속
백 번 듣는 것이 한 번 보는 것만 못하다

ⓤ 열 번 듣는 것이 한 번 보는 것만 못하다

듣기만 하는 것보다는 직접 보는 것이 낫다는 말이다.
Indicates that seeing something personally is better than only hearing it.

예 가: 여의도 불꽃 축제 사진을 봤는데 멋지더라고요. 윤아 씨는 불꽃 축제에 가 봤어요?
I saw some pictures of the Yeouido cherry blossom festival, and it looks amazing. Yoona, did you go to the cherry blossom festival?

나: 네. 작년에 직접 가서 봤는데 너무 좋았어요. **백 번 듣는 것이 한 번 보는 것만 못하다**고 제시카 씨도 올해에는 꼭 가서 보세요.
Yes. I went last year, and it was so great. Seeing something once is better than hearing it 100 times, so you should definitely go this year, Jessica.

🔎 무슨 일이든지 직접 체험해 보는 것이 좋다고 말할 때 사용한다.

★★★ 속
백지장도 맞들면 낫다

ⓤ 백지 한 장도 맞들면 낫다, 종잇장도 맞들면 낫다

아무리 쉬운 일이라도 서로 도와서 하면 더 쉽게 할 수 있다는 말이다.
Indicates that even the easiest task can be done even more easily if people help each other.

예 가: 하준아, 이렇게 짐이 많은데 혼자 이사하려고 했어? 내가 도와주니까 좀 낫지?
Hajoon, you have so much stuff, but you were going to move by yourself? Isn't it a bit better since I'm helping you?

나: 응, **백지장도 맞들면 낫다**고 태현이 네가 도와주니까 빠르고 확실히 힘이 덜 드네. 고마워.
Yeah, they say many hands make light work. Moving is definitely faster and easier since you're helping me, Taehyun. Thank you.

★★★ 속
빈 수레가 요란하다

ⓤ 빈 달구지가 요란하다

실속 없는 사람이 더 떠들어 댄다는 말이다.
Indicates that a shallow person makes the most fuss.

예 가: 캠핑을 갔는데 친구가 고기 굽는 것은 자기 전문이라면서 큰소리치더니 고기를 다 태워 놨어요.
I went camping and my friend said that grilling meat is his specialty, so he made a big show about it, but he ended up burning all the meat.

나: 원래 **빈 수레가 요란한** 법이잖아요.
They say that empty vessels make the most sound, you know.

🔎 수레에 짐이 없으면 바퀴가 굴러갈 때마다 덜그렁거리는 소리가 크게 난다. 이처럼 누군가가 실력도 없으면서 아는 척하거나 잘난 척하는 것을 보고 말할 때 사용한다.

☆☆☆ 속

사람 위에 사람 없고
사람 밑에 사람 없다

사람은 태어날 때부터 평등한 권리를 가지고 있다는 말이다.

Indicates that all people have equal rights from the time they are born.

예 가: 어떤 회사 사장이 직원들에게 폭언을 했다면서요?

I heard that the president of a certain company verbally attacked his employees.

나: 네. **사람 위에 사람 없고 사람 밑에 사람 없다**는데 어떻게 그럴 수가 있죠?

Yes. All people are created equal. How can he do that?

🔎 다른 사람을 무시하는 말이나 행동을 하면 안 된다고 말할 때 사용한다.

★★★ 속

세월이 약

아무리 가슴이 아프고 힘든 일이라도 시간이 지나면 자연히 잊게 된다는 말이다.

Indicates that no matter how heartbreaking and difficult something is, one will naturally forget it with time.

예 가: 누나, 헤어진 여자 친구가 계속 생각이 나서 너무 괴로워.

Sis, I keep thinking about my ex-girlfriend, so I'm so miserable.

나: **세월이 약**이라고 지금은 힘들어도 시간이 지나면 잊힐 거야. 집에만 있지 말고 외출도 좀 하고 친구도 만나 봐.

Time is the best medicine. Even though you're struggling now, if time goes by, you'll forget about it. Don't just stay at home-go out and meet your friends.

🔎 주로 안 좋은 일이 생겨서 슬퍼하거나 고통스러워하는 사람을 위로할 때 사용한다.

★☆☆ 속

쌀독에서 인심 난다

자신의 살림이 넉넉해야 다른 사람도 도와줄 수 있다는 말이다.

Indicates that one must have a stable living in order to be able to help other people.

예 가: 올해 불우 이웃 돕기 성금이 예년에 비해 적었다는 기사를 보니 마음이 좀 안 좋네요.

When I saw an article saying that this year, the donations for helping less fortunate people add up to less than last year, I don't feel very good.

나: **쌀독에서 인심 난다**고 요즘 불황이라 다들 먹고살기 힘들어서 그런 것 같아요.

They say that charity begins at home. We're in a recession these days, so it must be because everyone is having a hard time getting by.

🔎 비슷한 의미로 '광에서 인심 난다'를 쓰기도 한다.

★★★ 🔊
인간 만사는
새옹지마라

좋은 일과 나쁜 일은 돌고 돌기 때문에 인생은 언제 어떻게 될지 쉽게 예측할 수 없다는 말이다.

Indicates that one cannot easily guess what will happen in life because there are always ups and downs.

> 예 가: 아는 사람이 로또 1등에 당첨됐었는데 사기를 당해서 그 돈을 다 날렸대.
>
> Someone I know won first prize in the lottery, but then he got swindled and lost all of that money.
>
> 나: **인간 만사는 새옹지마라고** 하잖아. 로또에 당첨됐을 때는 정말 좋았을 텐데 그 돈을 사기당해서 날릴 줄 누가 알았겠어?
>
> Life really is full of ups and downs. He must have been so happy when he won the lottery, but who would have guessed that he would lose all the money through a scam?

🔍 '새옹지마'는 새옹의 말이라는 의미이다. 옛날에 '새옹'이라는 노인이 기르던 말이 집을 나가 걱정을 했는데, 그 말이 다른 말을 데리고 돌아왔다. 그러던 어느 날 아들이 그 말을 타다 떨어져 다리를 다치게 되었는데 그 덕분에 아들이 전쟁터에 나가지 않게 되었다는 이야기에서 나온 말이다.

★★★ 🔊
입에 쓴 약이 병에는
좋다

다른 사람의 충고나 비판은 듣기 싫지만 그것을 받아들이면 자신에게 도움이 된다는 말이다.

Indicates that one does not like to hear advice or criticism from others, but accepting it can be helpful.

> 예 가: 언니, 직장 선배가 나처럼 일 처리가 느리면 앞으로 사회생활 하기 힘들 거라고 빨리 빨리 좀 하래. 어떻게 그런 말을 할 수 있지?
>
> Sis, a senior employee at my office said that someone as slow at working as I am will have a tough time with their career in the future, so I should work more quickly. How could she say such a thing?
>
> 나: **입에 쓴 약이 병에는 좋은** 법이야. 다 윤아 너한테 도움이 되는 얘기니까 기분 나쁘게 생각하지 말고 잘 새겨들어.
>
> A bitter pill to swallow can help you get better. She probably said that to help you, so don't think negatively of it and try to learn from it.

🔍 좋은 약이 입에는 쓰지만 병을 고치는 데에는 좋다. 이처럼 다른 사람의 충고나 조언을 들을 때에는 귀에 거슬려도 그대로 하면 도움이 된다고 말할 때 사용한다. 비슷한 표현으로 '입에 쓴 약이 몸에 좋다'를 쓰기도 한다.

★☆☆ 속
집 떠나면 고생이다

이러니저러니 해도 자기 집이 제일 좋다는 말이다.
Indicates that no matter what, one's own home is always the best.

> 예 가: 아들, 독립해서 살아 보니까 어때? 힘들지?
> Son, how do you feel now that you're living on your own? It's tough, huh?
>
> 나: 네, 아빠. 집안일도 힘들고 월세 내는 날은 왜 이렇게 빨리 돌아오는지 **집 떠나면 고생이라는** 말을 실감하고 있어요.
> Yes, Dad. Housework is exhausting, and rent payment due dates always come around so quickly. I'm really feeling the phrase "there's no place like home."

★★★ 속
첫술에 배부르랴

어떤 일이든지 단 한 번에 만족할 수는 없다는 말이다.
Indicates that one cannot be satisfied by only doing something once.

> 예 가: 저도 사부님처럼 발차기를 잘하고 싶은데 어렵네요.
> I want to be good at kicking like you, instructor. But it's so hard.
>
> 나: **첫술에 배부르랴는** 말이 있어요. 제시카 씨는 태권도를 시작한 지 얼마 안 됐잖아요.
> You can't expect too much from your first attempt. It hasn't been that long since you started taekwondo, Jessica.

> 🔎 무슨 일이든지 처음에는 큰 성과가 나지 않으므로 조급해하지 말고 꾸준히 노력하라고 말할 때 사용한다.

★☆☆ 속
털어서 먼지 안 나는 사람 없다

유 주머니 털어 먼지 안 나오는 사람 없다

누구나 작은 약점이나 허점을 가지고 있다는 말이다.
Indicates that every person has small weaknesses or faults.

> 예 가: 연구 부장님이 연구비로 받은 돈을 연구원들에게 주지 않고 전부 사적으로 쓰셨대요.
> I heard that the research director didn't give any of the funding he received to the researchers, and he used it all for personal expenses.
>
> 나: **털어서 먼지 안 나는 사람 없다더니** 청렴하기로 소문난 분도 돈 앞에서는 어쩔 수 없나 봐요.
> They say that no man is infallible. He was known as such an upstanding man, but I guess he couldn't resist in front of all that money.

> ✎ '털다'는 무엇을 찾아내려고 샅샅이 뒤진다는 의미이다.

> 🔎 완벽해 보이는 사람도 흠집이 있다는 의미로 이 세상에 완벽한 사람은 없다고 말할 때 사용한다.

★★☆ 속
하늘은 스스로 돕는 자를 돕는다

어떤 일을 이루기 위해서는 자신의 노력이 중요하다는 말이다.

Indicates that one's own effort to accomplish something is important.

> 예 가: 형, 해외로 어학연수를 가고 싶은데 모아 둔 돈이 턱없이 부족해. 부모님께서 좀 도와주셨으면 좋겠는데 어떻게 말씀드리지?
>
> Big bro, I want to go abroad for language study, but the money I have saved up isn't nearly enough. I wish our parents would help a bit, but how should I ask them?
>
> 나: **하늘은 스스로 돕는 자를 돕는다**고 하잖아. 부모님한테 기댈 생각하지 말고 네가 돈을 조금 더 모은 후에 가는 게 어때?
>
> They say that heaven helps those who help themselves. Don't expect anything from our parents. Why don't you go after you've saved a bit more money?

🔎 다른 사람에게 기대지 말고 스스로 노력하라고 말할 때 사용한다.

★☆☆ 속
한 번 실수는 병가의 상사

일을 하다 보면 실수나 실패를 할 수도 있다는 말이다.

Indicates that one may make a mistake or fail while doing something.

> 예 가: 교양 수업에서 발표를 했는데 시간도 못 지키고 내용도 다 외우지 못해서 완전히 망쳤어. 너무 창피해. 앞으로 발표가 있는 수업은 선택하지 않을래.
>
> I had to give a presentation in my liberal arts class, but I couldn't keep track of time and I wasn't able to memorize everything, so I totally bombed it. I'm so embarrassed. I never want to take another class with presentations again.
>
> 나: **한 번 실수는 병가의 상사**라는 말이 있어. 너무 자책하지 마. 다음에는 잘할 수 있을 거야.
>
> Everyone makes mistakes. Don't beat yourself up about it too much. You'll do better next time.

🔎 '병가의 상사'는 군사 전문가도 전쟁에서 이기고 지는 일이 흔히 있다는 말이다. 이처럼 실수는 누구나 할 수 있으므로 실망하거나 좌절하지 말라고 말할 때 사용한다. 한편, '한 번 실수는 병가지상사'를 사용하기도 한다.

★☆☆ 관

호랑이에게 물려 가도 정신만 차리면 산다

매우 위험한 상황에서도 정신만 똑바로 차리면 그 위기를 벗어날 수 있다는 말이다.

Indicates that even if one is in an extremely dangerous situation, if they keep their head on straight, they can escape from that crisis.

예 가: 어떡하지? 차가 고장 났나 봐. 하필 핸드폰도 안 되는 이런 산길에서 차가 멈추다니.

What should I do? It looks like my car broke down. And it had to stop on this mountain road where I don't have any cell reception, of all places.

나: **호랑이에게 물려 가도 정신만 차리면 산다고** 했어. 침착하게 방법을 생각해 보자.

They say that you can always find a way out if you just keep your wits about you. Let's stay calm and try to think of a solution.

🔎 아무리 위급한 상황이라도 침착하고 차분하게 생각하고 행동하면 해결책을 찾을 수 있다고 말할 때 사용한다.

부록
Appendix

문화 이야기
Culture Story

확인해 봅시다
Let's Check

TOPIK 속 관용 표현과 속담
Idioms and Proverbs in TOPIK

정답
Answer

색인
Index

1장 감정·정신

가슴이 아프다는 내 친구, 어디가 아픈 걸까요?

　만약 한국 친구가 여러분의 슬픈 소식이나 사연을 듣고 '가슴이 아프다'라고 말했다면 정말 배와 목 사이의 앞부분인 가슴이 아프다는 뜻일까? 사실 이때 '가슴'의 의미는 '마음'을 가리키는 것으로 '마음이 아프다'는 뜻이다.

　그렇다면 한국 사람들은 왜 '마음'이라는 단어 대신 '가슴'이라는 단어를 활용해 자신의 감정을 표현하는 것일까? 그 이유는 가슴을 사용하면 자신의 감정을 더욱 효과적으로 표현할 수 있기 때문이다. 예를 들어 "나는 너를 걱정하고 있어."라는 말 대신에 "네 걱정을 하느라고 내 가슴이 다 타 버렸어."라고 말하면 가슴이 타는 것과 같은 고통을 느낄 정도로 상대방을 걱정하는 마음을 잘 전달할 수 있다. 또한 누군가가 한 말로 인해 상처를 받았을 때 "네 말 때문에 가슴이 찢어질 것 같아."라고 말한다면 가슴이 찢어지는 것과 같은 심한 상처를 받았다는 것을 조금 더 생생하게 표현할 수 있다.

　이제 어떤 감정을 표현하고 싶을 때 가슴이 들어간 표현을 활용해 여러분의 감정을 더 적절하게 표현해 보도록 하자.

간이 떨어진다니 그게 가능할까요?

 책상에 앉아 집중하며 열심히 공부하고 있는 누나 방에 동생이 몰래 들어와서 "누나, 뭐 해?"라고 말했다고 상상해 보자. 그 순간 누나는 크게 놀라며 "깜짝이야. 간 떨어질 뻔했잖아!"라고 소리칠 것이다. 과연 이 말은 무슨 뜻일까?

 옛날부터 한의학에서는 '간'을 에너지를 만드는 기관이면서 동시에 사람의 영혼과 관련된 기관이라고 보았다. 따라서 '간 떨어지다'는 간과 연결된 영혼이 떨어진 상태 즉, '죽음'을 의미한다고 할 수 있다. 너무 놀라서 죽을 뻔했다는 것을 과장되게 표현한 것이다. 지나치게 용감하게 행동하는 친구에게 "너는 참 간도 크다!"라고 하는 것 역시 한의학에서 바라본 간의 의미와 관련이 있다. 간에 열이 차서 뜨거워지면 간이 커지면서 대부분의 일을 두려워하지 않는다고 한다. 그래서 두려움 없이 용감한 사람에게 '간이 크다'라고 표현하는 것이다.

 이제 무섭거나 놀랄 때, 불안하고 초조할 때 한국 사람처럼 간이 들어간 관용 표현을 사용해 보자. "너무 놀랐어."보다는 "간 떨어질 뻔했어."를, "너무 불안해."보다는 "간이 콩알만 해졌어."를 사용한다면 자신의 감정을 더욱 효과적으로 나타낼 수 있을 것이다.

달달하고 맛있는 곶감을
보고도 참아야 할 때가 있어요

덜 익은 감을 따서 껍질을 벗긴 후 긴 쇠나 나무 막대기에 하나씩 꽂아 말리면
자연적으로 수분이 빠지면서 말랑하게 변하여 곶감이 만들어진다. 이렇게 하면 단맛이
강해지고 씹는 맛도 훨씬 좋아진다.

달달한 간식거리가 많지 않았던 시절에 곶감은 최고의 간식거리이자 겨울에도 먹을 수
있는 영양 간식이었다. 또한 한국 사람들은 제사를 지낼 때 제사상에 곶감을 빼놓지 않고
올렸으며 전통 음료인 수정과에도 넣어 먹었다.

이렇게 즐겨 먹던 곶감은 속담에서 어떤 뜻으로 사용될까? '당장 먹기엔 곶감이
달다'라는 속담이 있다. 당장 눈앞에 있는 곶감을 먹으면 맛있어서 기분이 좋지만 너무
많이 먹으면 배탈이 날 수 있다. 그래서 이 속담은 미래의 일은 생각하지 않고 지금 바로
좋다고 생각되는 것을 선택한다는 의미로 사용된다. 또 '곶감 뽑아 먹듯'이라는 표현도
있는데, 맛있는 곶감을 뽑아 먹다 보면 금방 다 먹어 버리는 것처럼 모아둔 재산이나
물건을 더 늘리지 못하고 조금씩 조금씩 써 버리는 것을 비유적으로 말할 때 사용한다.
곶감이 달고 맛있는 만큼 자제력을 잃어버리기 쉽기 때문에 주의를 주기 위해 속담에
곶감을 넣어 표현하였던 것이다.

여러분이 곶감을 먹게 된다면 이런 표현들을 떠올리면서 먹어 보도록 하자.

'줄행랑을 치다'의 '줄행랑'은 무슨 의미일까요?

옛날 양반집에는 대문의 양 옆으로 방들이 많았는데 이 방을 행랑이라고 불렀다. 행랑에는 주로 하인들이 거주를 했으며, 지위가 높은 양반이나 큰 부잣집에는 행랑이 줄처럼 늘어서 있는 모양처럼 보여서 이를 '줄행랑'이라고 불렀다. 하인을 많이 둘 수 있을 정도로 권력과 재산이 많은 부자를 가리킬 때도 이 줄행랑이라는 말을 사용했다.

그런데 줄행랑이 왜 '도망'을 뜻하는 말이 되었을까? 옛날에는 줄행랑이 있는 집을 가지고 있던 주인이 그 집을 더 이상 유지할 수 없는 어려운 상태가 되었을 때 갑자기 집을 버리고 도망을 가는 일이 종종 있었다고 한다. 그래서 '줄행랑'과 '달아나다'는 말이 합해져서 '줄행랑을 놓다' 혹은 '줄행랑을 부르다'라는 표현이 생겼고, 이것이 '도망치다', '도망가다', '피하여 달아나다'라는 의미로 변했다고 한다.

줄행랑을 가진 사람도 갑자기 도망가야 하는 일이 생길 정도로 누구나 살면서 곤란한 일을 겪을 수 있다. 하지만 도망친다고 해서 문제가 해결되지는 않는다. '줄행랑을 치고' 싶을 정도로 어려운 상황이 찾아오더라도 문제를 회피하지 말고 어떻게든 부딪혀서 해결하려고 하는 자세를 가져 보자. 부딪히다 보면 예상하지 못한 방법으로 문제를 해결할 수 있을지도 모른다.

사돈이 남의 말을 한다!

사돈

'사돈'이라는 말은 결혼한 두 집안의 부모가 서로 부르는 호칭이고, 넓게는 결혼 관계로 맺어진 양쪽 친척 모두를 의미한다. 남녀가 결혼하는 것을 '사돈 맺는다'고도 하는데 결혼으로 인해 관계를 맺게 되었지만 서로 모르던 집안끼리 맺어진 관계라 사돈은 어려운 관계일 수밖에 없다. 따라서 한국에서는 누군가와 먼 사이, 혹은 어려운 사이라는 것을 말하고 싶을 때 사돈과 관련된 표현을 자주 사용한다.

그중에서 한국 사람들이 흔히 쓰는 말 중에 '사돈 남 말 한다'는 표현이 있다. 사돈에게 뭔가 불만이 있을 때 이를 직접 말하기는 매우 어렵다. 따라서 앞에서 대놓고 말하지 못하고 남의 이야기를 하는 것처럼 빗대어 말하는데 사돈이 눈치 없이 자기 얘기인지도 모르고 다른 사람의 말로 생각하여 험담한다는 의미이다. 다시 말해, 자신의 잘못은 알지 못하고 다른 사람의 잘못만 험담한다는 뜻으로 사용하는 말이다.

혹시 주변에 험담을 많이 하는 사람이 있는가? 그 사람이 자신의 행동이 잘못된 것은 알지 못하면서 다른 사람의 험담을 하지는 않는가? 그때 그 사람의 말을 멈추게 하고 싶다면 웃으면서 "사돈 남 말 하지 마."라고 말해 보자. 눈치가 있는 사람이라면 바로 알아채고 말을 멈출 것이다.

두렵지만 위엄의 대상으로 여겨졌던 동물, 호랑이

옛날부터 한국 사람들에게 가장 친근한 동물로 여겨지는 개와 소는 속담에도 많이 등장한다. 그런데 이런 개와 소 못지않게 속담에 많이 등장하는 동물로 '호랑이'가 있다. 옛날에 호랑이는 원래 숲이 우거지고 사람의 발길이 닿지 않는 깊은 산속에 살았는데 먹이가 떨어지면 먹을 것을 찾아 종종 마을로 내려오기도 했다. 호랑이가 마을로 내려오면 사람들은 힘이 세고 사나운 호랑이를 상대할 수 없었기 때문에 두려워했다. 따라서 호랑이는 두려움의 대상으로 한국 속담에 많이 등장한다.

'호랑이에게 물려 가도 정신만 차리면 산다'라는 표현은 무섭고 두려운 호랑이에게 잡혀가는 것과 같은 위급한 경우에도 정신만 제대로 차리면 위기를 벗어날 수가 있다는 의미를 가지고 있는데 이는 호랑이를 두려움의 대상으로 표현한 것이다. 또한 '호랑이 없는 골에 토끼가 왕 노릇 한다'라는 표현은 호랑이를 왕과 같은 위엄과 권위를 가진 존재로 생각해서 산속에 왕이 없으면 힘이 약한 토끼가 잘난 척하며 나서려고 한다는 뜻을 가지고 있다. 즉, 힘이 세고 뛰어난 사람이 없는 곳에서 보잘것없는 사람이 권력을 가지려고 한다는 의미의 표현이다.

그 밖에도 한국 속담에는 호랑이가 들어간 표현이 많이 있으며 일상생활에서도 자주 사용된다. 호랑이와 관련된 다른 속담에는 어떤 것이 있는지 한번 찾아보자.

발을 끊다니요?
어떻게요?

　친구가 새해 목표로 "난 올해부터 술집에 발을 끊겠어."라고 한다. 발을 어떻게
끊겠다는 말일까? 여기서 말하는 '발을 끊다'는 술집에 가는 것을 그만두겠다는
의미이다. 이처럼 어떤 일을 그만두거나 어떤 장소에 가는 것을 그만둘 때 혹은 어떤
사람과의 교제를 그만둘 때 '발을 끊다'를 사용할 수 있다.

　그렇다면 어떤 일을 시작할 때는 어떻게 말할 수 있을까? 바로 '첫발을 떼다' 혹은
'첫발을 디디다'를 사용할 수 있다. 따라서 친구가 새로운 일을 시작했을 때 "첫발을
무사히 뗀 것을 축하해."라고 말하며 축하해 주면 좋다.

　이처럼 한국에는 발과 관련된 표현이 많다. 발로 움직이고 사람들을 만나기 때문에
발이 행동이나 관계를 의미한다. 내가 발을 떼고 싶은 것, 또는 내가 발을 끊고 싶은 것은
무엇이 있는지 한번 생각해 보자.

가격이 같을 때 왜 다홍치마를 골라요?

가격이 같은데 무엇을 고르지?

누구나 가격이 같거나 비슷한 가격의 물건들이 진열되어 있을 때 무엇을 고를지 고민한 경험이 있을 것이다. 그런 경우 가격이 같다면 그중에서 품질이 좋거나 디자인이 예쁜 것을 선택하는 경우가 많다. '같은 값이면 다홍치마'라는 속담은 바로 이런 상황에서 사용할 수 있다.

'다홍치마'란 짙은 붉은색의 치마를 말하는데 조선 시대에 지위가 높은 사람들만 이 치마를 입을 수 있었다. 지위가 높지 않은 여자들은 다홍치마를 평생에 단 한 번, 결혼식 날에만 입을 수 있었다. 이처럼 특별한 날에만 입는 다홍치마는 색깔이 고운 만큼 귀하고 비쌌다. 그래서 값이 같은 치마들 중에 하나를 고른다면 기왕이면 다홍치마를 선택하겠다는 말이 생기게 되었다.

우리는 물건을 살 때 말고도 어떤 일을 할 때에 더 좋은 조건을 선택하려고 한다. 그리고 같은 조건이면 자신에게 유리하고 좋은 것을 선택한다. 이렇게 '같은 값이면 다홍치마'는 같은 노력을 할 바에는 좀 더 좋은 것을 선택하는 것이 좋다는 의미로도 사용된다.

앞으로 물건을 고를 때나 어떤 일을 할 때 '같은 값이면 다홍치마'라고 이것저것 꼼꼼하게 따져 보고 조금이라도 더 나은 것을 선택하도록 노력해 보자.

도토리는 다람쥐가 먹는 음식 아닌가요?

　여러분은 혹시 도토리로 만든 음식인 도토리묵, 도토리 냉면, 도토리 빈대떡, 도토리 수제비 등을 먹어 본 적이 있는가? 전 세계에서 도토리로 음식을 해 먹는 나라는 한국이 유일하다고 한다. 한국에서는 15세기부터 먹을 것이 없을 때를 대비해 곡식과 과일의 좋은 점을 골고루 갖춘 도토리나무를 심어서 그 열매를 먹기 시작했다고 한다.

　도토리는 멧돼지나 다람쥐와 같은 동물들에게도 인기 있는 음식인데 개만큼은 도토리를 먹지 않는다고 한다. 옛날에는 개를 바깥에서 키우는 경우가 많아 나무에서 떨어진 도토리가 개밥 그릇에 들어가는 경우가 있었다. 그런데 주인이 주는 대로 아무 음식이나 가리지 않고 잘 먹는 개가 도토리만큼은 먹지 않고 남겼다고 한다. 이렇게 개밥 그릇에 도토리만 남아 있는 모양이 마치 무리에 끼지 못하고 따돌림당하는 사람과 같아 보여서 따돌림당하는 사람을 '개밥에 도토리'라고 하게 되었다고 한다.

　혹시 여러분 주변에 주위 사람들과 잘 지내고 싶은데 그러지 못해서 '개밥에 도토리'가 된 것 같은 기분을 느끼는 사람이 있다면 그 사람에게 먼저 손을 내밀어 보면 어떨까?

'가는 날이 장날'이면 좋은 거 아니에요?

'장'은 많은 사람이 모여서 여러 가지 물건을 사고파는 곳이며 '장날'은 이런 장이 열리는 날을 말한다. 요즘은 시장과 마트가 있어서 사고 싶은 물건을 언제 어디서든 살 수 있지만 옛날에는 보통 삼일이나 오일에 한 번씩 장이 열릴 때만 물건을 구입할 수 있었다. 따라서 사람들은 그날을 손꼽아 기다리곤 했다.

'가는 날이 장날'이라는 속담은 뜻하지 않은 일이나 상황이 생겼을 때 주로 사용한다. 많은 사람들이 손꼽아 기다리던 장날인데 왜 뜻하지 않은 일이나 상황이 생겼을 때를 의미하게 되었을까?

옛날에 어떤 사람이 멀리 사는 친구에게 볼일이 있어 일부러 시간을 내서 찾아갔다. 그런데 마침 그날 친구가 사는 마을에 장이 열리는 바람에 친구가 장에 가서 집을 비웠다. 그래서 결국 친구를 만나지 못하고 허탕을 치고 돌아왔는데 여기에서 이 속담이 생겼다. 그 후로 모처럼 어떤 일을 하려고 하는데 뜻하지 않게 어떤 일이 일어났을 때 사용하게 된 것이다.

여러분도 모처럼 큰맘 먹고 맛있는 음식을 먹으러 갔는데 식당이 문을 닫았다든지, 오랜만에 쇼핑을 하려고 백화점에 갔는데 정기휴일이라서 쇼핑을 하지 못했다면 이 속담을 사용해서 말해 보자.

자다가 어떻게
떡이 생겨요?

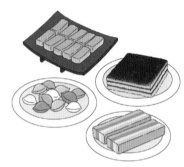

한국을 대표하는 음식이라고 하면 무슨 음식이 떠오르는가? 아마 김치를 떠올리는
사람이 많을 것이다. 그런데 김치 못지않게 한국의 대표 음식으로 꼽는 것이 바로
떡이다. 떡은 곡식의 가루를 찌거나 익힌 뒤 모양을 빚어서 먹는 음식인데 주로 주식인
쌀을 이용해서 만들었다. 한국 사람들은 옛날부터 설날과 추석과 같은 명절 때뿐만
아니라 돌잔치, 생일과 같은 크고 작은 행사가 있을 때마다 떡을 만들어 먹었다. 그리고
이사를 하거나 개업을 하는 등 좋은 일이 있으면 떡을 만들어서 이웃들에게 돌렸다.
　그래서 그런지 떡은 속담이나 관용 표현에서 원하는 것 혹은 이익이 되는 것을 상징하는
의미로 주로 쓰였다. 예를 들어 '어른 말을 들으면 자다가도 떡이 생긴다'라는 속담은
자신보다 삶의 경험이 많은 어른들의 말을 들어 얻게 되는 이익을 떡으로 표현한 것이다.
그리고 '그림의 떡'에서의 떡은 마음에 들어도 실제로 쓸 수 없거나 가질 수 없는 것 즉,
원하지만 가질 수 없는 것을 표현한 것이다.
　여러분이 정말 갖고 싶지만 가질 수 없는 '그림의 떡'에는 무엇이 있을까? 갖고 싶은
것을 계속 생각하면서 그것을 갖기 위해 행동에 옮겨 보자. 언젠가는 그것이 그림의 떡이
아니라 내 손에 있는 떡이 될지도 모른다.

짚신의 짝!

짚신은 볏짚으로 만든 신발로, 한국에서는 약 이천여 년 전부터 조선 시대까지 짚신을 신었다. 일반 백성들부터 양반들까지 흔하게 이것을 신었는데, 옛날에는 농사일이 한가한 겨울에 마을 사람들이 모여서 일 년 동안 신을 짚신을 만들곤 했다.

짚신을 만들 때는 오른쪽과 왼쪽을 구분하지 않고 크기만 같게 만든 후에 짝을 지었다. 따라서 크기가 비슷한 짚신은 모두 서로 짝이 될 수 있었다. 짚신은 모양이 변하는 재료의 특성상 몇 번 신다 보면 왼쪽과 오른쪽 각각의 신이 발의 모양에 맞게 변하여 짝이 되었다. 다시 말해 짚신은 애초에는 짝이 없었지만 신는 사람의 발 모양에 따라 서로 짝이 되어 한 켤레의 신이 되는데 이런 연유로 '짚신도 제짝이 있다'라는 말이 생겼다. 그리고 이 말은 짚신이 어울리는 짝을 만나 한 쌍을 이루는 것처럼 사람도 어딘가에 자신에게 맞는 짝이 있다는 뜻으로 쓰이게 되었다.

혹시 주변에 결혼하고 싶어 하거나 짝을 찾고 싶어 하는데 뜻대로 되지 않는 사람이 있는가? 그럴 때는 짚신도 제짝이 있으니 조금 더 기다려 보라고 말을 해 주자.

왜 한국 속담과 관용어에는 콩이 많이 등장할까요?

한국에는 '가뭄에 콩 나듯 한다, 간이 콩알만 해지다, 마음이 콩밭에 있다, 번갯불에 콩
볶아 먹겠다, 콩 심은 데 콩 나고 팥 심은 데 팥 난다'와 같이 콩과 관련된 속담과 관용
표현들이 있다. 콩이라는 식물 하나를 두고 이렇게 많은 표현들이 생겨난 것을 보면 한국
사람들의 삶에 '콩'이 얼마나 깊숙이 자리 잡고 있는지 알 수 있다.

콩은 '밭에서 나는 쇠고기'라고 부를 만큼 단백질과 지방질이 풍부하고 영양소가 많다.
고기 대신 채소를 주로 먹었던 옛날 한국 사람들에게 콩은 고기를 대신해서 단백질과
지방질을 보충해 주는 훌륭한 식품이었다. 그래서 한국 사람들은 옛날부터 콩으로
메주나 두부, 콩기름 등을 만들었고, 한국 음식의 기본 양념인 간장과 된장, 고추장 역시
콩으로 만들어 먹었다. 요즘에는 콩을 두유와 같은 가공식품으로도 만들어서 먹고 있다.

이렇듯 콩은 한국인에게 먹거리를 제공하는 고마운 작물로 오랜 시간 한국인과
함께했고 따라서 콩에 빗댄 표현이 많아진 것으로 보인다.

01 감정·정신 | ❶ 감동·감탄 ~ ❷ 걱정·고민

1 맞는 문장을 고르십시오.

① 친구가 너무 걱정돼서 몸살이 날 지경이에요.

② 아이가 너무 속을 썩여서 화를 내고 말았어요.

③ 합격 소식을 듣고 나니 간장이 녹는 것 같네요.

④ 어제 일 때문에 밤을 새웠더니 마음이 무겁네요.

2 빈칸에 들어갈 알맞은 말을 고르십시오.

> 가 와, 정말 잘 그렸네요!
>
> 나 그렇지요? 민수 씨 그림 솜씨가 _____.

① 여간이 아니에요   ② 더할 나위 없어요

③ 콧등이 시큰해지는 느낌이에요   ④ 벌린 입을 다물지 못하더라고요

[3-6] 다음 중에서 알맞은 것을 골라 빈칸에 쓰십시오.

> 마음에 걸리다   걱정이 태산이다
>
> 발이 떨어지지 않다   고양이한테 생선을 맡기다

3 가: 나 때문에 민수가 화가 난 것 같아서 계속_____ –아/어/해.

　　나: 그렇게 계속 마음이 불편하면 문자라도 보내 보지 그래?

4 가: 일기 예보에서 이번 주 내내 비가 내릴 거라고 하더라고요.

　　나: 저도 들었어요. 농사를 지으시는 부모님께서 작년에 이어 올해도 홍수가 날까 봐

　　　_____(이)세요.

5 가: 민수 씨네 회사 직원이 회삿돈 20억 원을 가지고 몰래 도망쳤다고 하더라고요.

　　나: 아이고, _____ –았/었/했군요.

6 가: 어제 왜 모임에 안 나왔어?

　　나: 룸메이트가 많이 아팠거든. 걱정이 돼서 _____ –더라고.

1 빈칸에 들어갈 알맞은 말을 고르십시오.

> 올해 팀의 우승을 이끌어 내야 한다는 부담감이 _____ 잠이 안 올 지경이에요.

① 손이 매워서

② 뼈에 사무쳐서

③ 어깨를 짓눌러서

④ 가슴에 못을 박아서

2 밑줄 친 부분에 어울리는 표현을 고르십시오.

> 가 우리 다른 노래 좀 들을까? 이 노래는 여러 번 들어서 이제 지겨워.
>
> 나 그래? 잠깐만 기다려 봐. 다른 노래를 찾아볼게.

① 귀가 닳다

② 피가 마르다

③ 머리에 쥐가 나다

④ 가슴에 멍이 들다

[3-6] 다음 중에서 알맞은 것을 골라 빈칸에 쓰십시오.

뼈를 깎다	눈물을 머금다
몸살을 앓다	등골이 빠지다

3 범수 씨는 사업을 성공시키기 위해 _____ -도록 일만 했다.

4 그 선수는 _____ -는 노력을 한 결과 드디어 올림픽에서 메달을 땄다.

5 휴가철이 되면 산과 바다는 사람들이 버리고 간 쓰레기로 _____ -는/ㄴ다.

6 명철 씨는 가족을 먹여 살리기 위해 _____ -고 꿈을 포기할 수밖에 없었다.

1 밑줄 친 부분과 바꾸어 쓸 수 있는 말을 고르십시오.

> 나는 새해를 맞이하여 건강을 위해 매일 새벽에 운동하기로 <u>결심했다</u>.

① 마음에 두었다 ② 마음에 들었다

③ 마음을 먹었다 ④ 마음을 붙였다

2 빈칸에 들어갈 알맞은 말을 고르십시오.

> 가 사거리에 있는 백화점에서 다음 주부터 전 품목 50% 세일을 한대요.
> 나 정말요? _____ 소식이네요.

① 마음에 없는 ② 가슴에 불붙는

③ 머리에 맴도는 ④ 귀가 번쩍 뜨이는

[3-6] 다음 중에서 알맞은 것을 골라 빈칸에 쓰십시오.

> 이를 악물다 고삐를 조이다
>
> 일손이 잡히다 귀가 솔깃하다

3 가: 집에 마스크가 이렇게 많은데 또 샀어?

　 나: 자외선은 물론 미세먼지도 막아준다고 하니까 _____ -아/어/해서 샀어.

4 가: 이번 마라톤 대회에서 신기록을 세우셨는데 비결이 무엇입니까?

　 나: 매일 _____ -고 고된 훈련을 견뎌냈기에 가능했던 것 같습니다.

5 가: 병원에 혼자 누워 계시는 어머니가 걱정돼서 _____ -지 않아요.

　 나: 아이고, 남은 일은 제가 할 테니까 빨리 병원에 가 보세요.

6 가: 내년에 출시될 신제품 개발을 위해 더욱 _____ -아/어/해 주기
　　　 바랍니다.

　 나: 네, 사장님. 최선을 다하겠습니다.

1 맞는 문장을 고르십시오.

① 친구의 말이 너무 기분 나빠서 가시가 돋을 것 같았다.

② 지하철에서 노인에게 무례하게 구는 사람을 보니 눈에 불이 났다.

③ 지나간 일을 생각하니 너무 후회가 돼 속이 뒤집히는 기분이었다.

④ 친한 친구가 내 흉을 봤다는 소리를 듣고 나니 뒷맛이 쓰게 느껴졌다.

2 밑줄 친 부분에 어울리는 표현을 고르십시오.

> 가: 주말에 동창회에 간다고 했잖아. 재미있었어?
>
> 나: 아니. 한 친구가 돈 좀 벌었다고 어찌나 잘난 척하며 으스대던지 보기 좀 그랬어.

① 속이 터지다

② 혈안이 되다

③ 골수에 맺히다

④ 비위가 상하다

[3-6] 다음 중에서 알맞은 것을 골라 빈칸에 쓰십시오.

말을 잃다	가슴을 치다
치가 떨리다	눈에 거슬리다

3 현관문에 붙어 있는 광고 전단지들이 _____ -아/어/해서 떼 버렸다.

4 빌린 돈을 갚지 않고 도망간 친구를 생각하면 억울하고 분해서 _____ -는/ㄴ다.

5 아버지는 할머니께서 돌아가셨다는 소식을 듣고 _____ -(으)며 통곡하셨다.

6 우리나라가 축구 결승전 진출에 실패하자 응원하던 가족들은 _____ -고 멍하니 텔레비전 화면만 쳐다보았다.

1 빈칸에 들어갈 알맞은 말을 고르십시오.

가: 부모님께 내가 도자기를 깼다고 말씀드렸어. 모른 척하자니 _____
   안 되겠더라고.
나: 잘했어. 언젠가는 알게 되실 텐데 사실대로 말씀드리는 게 낫지.

① 발을 굴러서   ② 가슴에 찔려서
③ 등골이 서늘해져서   ④ 간이 콩알만 해져서

2 밑줄 친 부분과 바꾸어 쓸 수 있는 말을 고르십시오.

두 팀 중에서 어느 팀이 이길지 예측할 수 없어서 경기를 보는 내내 조마조마했다.

① 마음을 졸였다   ② 간이 철렁했다
③ 간담이 떨어졌다   ④ 살얼음을 밟았다

[3-6] 다음 중에서 알맞은 것을 골라 빈칸에 쓰십시오.

속이 타다	가슴이 뜨끔하다
손에 땀을 쥐다	머리털이 곤두서다

3 가: 오늘 새벽에 운전하는데 길에 흰옷을 입은 사람이 쓰러져서 손을 흔들고 있는 거야.
   나: 정말? 생각만 해도 _____-는 것 같아. 그래서 어떻게 했어?

4 가: 하준이는 어떻게 저렇게 거짓말을 잘할까?
   나: 그러니까 말이야. 나는 거짓말을 할 때마다 _____-아/어/해서
   못 하겠던데…….

5 가: 어제 그 드라마 봤어? 어땠어?
   나: 재미있었어. 주인공이 범인에게 잡힐까 봐 _____-고 봤어.

6 가: 어제 길이 많이 막히던데 면접 시간에 안 늦었어요?
   나: 네. 저도 차가 밀려서 지각할까 봐 _____-았/었/했는데 다행히
   제시간에 도착했어요.

1 맞는 문장을 고르십시오.

① 어머니는 동생이 무사하다는 소식을 듣고 <u>가슴을 쓸어내리셨다</u>.

② 나는 화가 난 아내의 마음을 비우기 위해 사과했지만 소용이 없었다.

③ 태현이는 최종 불합격 소식을 듣고 나서 <u>천하를 얻은 듯이</u> 기뻐했다.

④ 민수는 일이 마무리될 때까지 최선을 다해서 <u>한숨을 돌리겠다고</u> 했다.

2 빈칸에 들어갈 알맞은 말을 고르십시오.

> 가: 요즘 새로 출시된 음식물 쓰레기 처리기가 큰 인기를 끌고 있다고요?
>
> 나: 네, 어떤 음식물 쓰레기라도 그 양을 10분의 1로 줄여 주는데요. 이것이 소비자들의
> _____ 평가를 받고 있습니다.

① 고삐를 늦췄다는

② 마음을 풀었다는

③ 다리를 뻗고 잤다는

④ 가려운 곳을 긁어 줬다는

[3-6] 다음 중에서 알맞은 것을 골라 빈칸에 쓰십시오.

마음을 놓다	어깨가 가볍다
머리를 식히다	직성이 풀리다

3 막내딸까지 결혼하여 독립하고 나니 한결 _____ -아/어/해진 느낌이다.

4 언니는 무슨 일이든 시작하면 끝까지 해야 _____ -는 성격이다.

5 고된 업무에 지친 두 사람은 _____ -(으)ㄹ 겸 바람을 쐬러 공원에 가기로
했다.

6 나는 아들이 미국에 잘 도착했다는 소식을 듣고서야 _____ -(으)ㄹ 수
있었다.

1 빈칸에 들어갈 알맞은 말을 고르십시오.

> 남편은 구경하는 옷마다 _____ 않는지 계속 다른 매장에 가 보자고 했다.

① 눈에 차지

② 눈을 의심하지

③ 눈에 불을 켜지

④ 눈을 똑바로 뜨지

2 밑줄 친 부분에 어울리는 표현을 고르십시오.

> 가: 학점도 안 좋고 영어 점수도 낮은 수아가 어떻게 대기업에 합격했지? 말도 안 돼.
> 나: 우린 친구잖아. 친구가 잘 되는 것을 기뻐해 주지 않고 질투하면 안 되지.

① 그림의 떡

② 눈에 쌍심지를 켜다

③ 놓친 고기가 더 크다

④ 사촌이 땅을 사면 배가 아프다

[3-6] 다음 중에서 알맞은 것을 골라 빈칸에 쓰십시오.

> 면목이 없다   필름이 끊기다
> 정신을 차리다   어처구니가 없다

> 　어제 새벽 영화배우 배영호 씨가 지인들과 생일 파티를 마치고 귀가하던 중 자신의 차로 가로등을 들이받는 사고를 냈다. 사고를 내고 도망가던 배 씨를 잡은 경찰이 음주 측정을 한 결과, 배 씨는 면허 취소 수준으로 술을 마신 상태였다. 경찰에 따르면 배영호 씨는 술을 마신 후 **3** _____ -아/어/해서 자신이 어떻게 운전대를 잡았는지 전혀 기억이 나지 않고 **4** _____ -아/어/해 보니 경찰서였다고 진술했다고 한다. 한편 배영호 씨는 소속사를 통해 공인으로서 음주 사고로 사회적 물의를 일으켜 **5** _____ -다면서 앞으로 모든 활동을 중단하고 자숙하겠다는 입장을 밝혔다. 이에 대중들은 **6** _____ -다는 반응을 보이고 있다.

02 소문·평판 | ❶ 간섭·참견

1 빈칸에 들어갈 알맞은 말을 고르십시오.

> 가: 민지 때문에 조별 과제 주제를 다섯 번이나 바꿨어. 이제 그만 좀 바꾸면 좋겠어.
>
> 나: 걔가 좀 _____. 열정이 넘쳐서 그런 거니까 우리가 좀 이해해 주자.

① 입이 싸잖아

② 콧대가 높잖아

③ 하늘 높은 줄 모르잖아

④ 변덕이 죽 끓듯 하잖아

2 밑줄 친 부분에 어울리는 표현을 고르십시오.

> 가: 저희 부모님께서는 형제 중에서 저를 가장 사랑하시니까 분명히 저에게 모든 재산을 물려주실 거예요. 그러면 그 돈으로 개인 사업을 시작하려고요.
>
> 나: 부모님께서는 <u>전혀 그럴 생각이 없으신데 혼자 착각하는</u> 거 아니에요?

① 공자 앞에서 문자 쓴다

② 간에 붙었다 쓸개에 붙었다 한다

③ 남의 잔치에 감 놓아라 배 놓아라 한다

④ 떡 줄 사람은 생각도 않는데 김칫국부터 마신다

[3-6] 다음 중에서 알맞은 것을 골라 빈칸에 쓰십시오.

> 목마른 놈이 우물 판다 　　　　　　남의 떡이 더 커 보인다
>
> 우물에 가 숭늉 찾는다 　　　　　　하룻강아지 범 무서운 줄 모른다

3 가: 언니, 오늘 같이 청소하기로 해 놓고 혼자 다 했네?

　　나: _____ -는/ㄴ다고 네가 집에 빨리 안 오길래 내가 해 버렸어.

4 가: 이번에 동아리에 들어온 신입생이 박 선배에게 말대꾸했다가 엄청 혼났대요.

　　나: _____ -는/ㄴ다고 박 선배가 얼마나 무서운지 몰랐군요.

5 가: 어? 네 국에 고기가 더 많이 들어 있는 거 같은데 우리 바꿔 먹을래?

　　나: 원래 _____ -는 법이야. 그냥 먹어.

6 가: 김 대리님, 오늘 오후까지 각 지점 매출 현황을 정리해 줄 수 있어요?

　　나: _____ -겠어요. 지점이 수백 개인데 어떻게 오후까지 정리를 다 해요?

1 밑줄 친 부분과 바꾸어 쓸 수 있는 말을 고르십시오.

> 내 동생은 자존심이 강해서 절대 다른 사람에게 먼저 사과하는 일이 없다.

① 모가 나서   ② 콧대가 세서

③ 배포가 커서   ④ 속이 시커매서

2 빈칸에 들어갈 알맞은 말을 고르십시오.

> 가: 부장님께서 승원 씨가 일 처리를 빈틈없이 잘한다고 칭찬하시더라고요.
> 나: 맞아요. 승원 씨가 일하는 것을 보면 정말 _____.

① 뒤끝이 흐려요   ② 맺힌 데가 없어요

③ 물 샐 틈이 없어요   ④ 겉 다르고 속 달라요

[3-6] 다음 중에서 알맞은 것을 골라 빈칸에 쓰십시오.

> 낯을 가리다   엉덩이가 무겁다
> 얼굴이 두껍다   간도 쓸개도 없다

3 태현이는 _____-아/어/해서 한번 자리에 앉으면 일어날 줄을 모른다.

4 민수는 자기의 일을 도와 달라며 _____-는 사람처럼 계속 부탁을 했다.

5 친구가 자기는 _____-는 성격이라서 사람들을 쉽게 사귀지 못한다고 했다.

6 수아는 _____-아/어/해서 그런지 잘 모르는 사람에게도 이런저런 얘기를 잘한다.

1 맞는 문장을 고르십시오.

① 언니는 내 말을 못 들은 척하면서 고개를 숙였다.
② 김 대리 능력으로는 그 일도 어깨에 힘을 주듯 할 것이다.
③ 길에서 학생들이 싸우고 있었지만 어른들은 강 건너 불구경이었다.
④ 민수는 영어에 능숙해 외국인들과 엿장수 마음대로 대화할 수 있다.

2 밑줄 친 부분에 어울리는 표현을 고르십시오.

> 가: 부장님이 5년이나 같이 일한 김 대리를 다른 부서로 보내 버리셨다면서요?
>
> 나: 부장님은 원래 자기의 이익에 따라 움직이는 사람이잖아요. 이제 김 대리가 더 이상
> 필요 없다고 느끼셨나 보죠.

① 눈 가리고 아웅   ② 달면 삼키고 쓰면 뱉는다
③ 잘되면 제 탓 못되면 조상 탓   ④ 개구리 올챙이 적 생각 못 한다

[3-6] 다음 중에서 알맞은 것을 골라 빈칸에 쓰십시오.

입맛대로 하다	몸 둘 바를 모르다
어깨에 힘을 주다	귓등으로도 안 듣다

3 가: 태현이는 왜 저렇게 _____-고 다니는 거야?

    나: 졸업하기도 전에 대기업에 취직을 했으니 그럴 만도 하지.

4 가: 작가님, 이번 작품도 어찌나 재미있던지 다 읽을 때까지 손에서 책을 못 놓겠더라고요.

    나: 과찬이세요. 제 작품에 대해 그렇게 말씀해 주시니 _____-겠습니다.

5 가: 동생과 사이좋게 지내라고 했는데 또 싸운 거야? 왜 아빠 말을 _____-니?

    나: 죄송해요, 아빠. 근데 동생이 제 말을 너무 안 들어요.

6 가: 이번 일은 제 의견에 따라 주셨으면 해요.

    나: 지난번 일도 지원 씨 의견대로 했잖아요. 모든 일을 지원 씨 _____
    -(으)ㄹ 수만은 없어요. 이번에는 지원 씨가 양보해 주세요.

03 태도 | ❸ 의지

1 빈칸에 들어갈 알맞은 말을 고르십시오.

> 나는 어렸을 때 아버지께서 해 주신 말씀을 _____ 살아가고 있다.

① 꼼짝 않고

② 고개를 들고

③ 어깨를 펴고

④ 가슴에 새기고

2 밑줄 친 부분과 바꾸어 쓸 수 있는 말을 고르십시오.

> 제시카 씨가 제가 준 선물을 <u>쳐다보지도 않아서</u> 기분이 좀 그랬어요.

① 눈 딱 감아서

② 눈 하나 깜짝 안 해서

③ 눈이 빠지게 기다려서

④ 눈도 거들떠보지 않아서

[3-6] 다음 중에서 알맞은 것을 골라 빈칸에 쓰십시오.

시치미를 떼다	어깨를 으쓱거리다
손꼽아 기다리다	촉각을 곤두세우다

3 푸엉은 대학을 졸업하고 고향에 돌아갈 날만을 _____ -고 있다.

4 하준이는 장학금을 받게 되었다는 소식을 듣고 _____ -(으)며 다녔다.

5 언니는 내 과자를 몰래 다 먹어 놓고도 먹지 않은 척 _____ -았/었/했다.

6 영업부 사람 모두가 오후에 예정되어 있는 경쟁사의 신제품 발표에 _____
-고 있다.

1 맞는 문장을 고르십시오.

① 민수는 아내의 말이라면 <u>떡 주무르듯</u> 쉽게 믿었다.

② 친구가 한 농담이 너무 재미있어서 <u>코웃음을 쳤다.</u>

③ 산 정상에서 내려다보는 경치가 <u>기가 차게</u> 아름다웠다.

④ 서영이는 노는 것에 <u>한눈을 팔지</u> 않고 열심히 공부했다.

2 밑줄 친 부분에 어울리는 표현을 고르십시오.

> 가: 동호회 총무인 수아가 회계 일도 하겠다고 했다면서?
>
> 나: 응. 안 그래도 <u>혼자서 이일 저일 다하니까</u> 동호회 사람들이 불만이 많은데 그걸 모르나 봐.

① 병 주고 약 준다　　　　　　② 북 치고 장구 치다

③ 은혜를 원수로 갚다　　　　　④ 숭어가 뛰니까 망둥이도 뛴다

[3-6] 다음 중에서 알맞은 것을 골라 빈칸에 쓰십시오.

혀를 차다	한술 더 뜨다
등을 떠밀다	뜬구름을 잡다

3 가: 언니, 왜 내 이야기를 들으면서 ＿＿＿＿＿＿＿＿＿＿＿＿-는 거야?

　　나: 갑자기 아이돌이 되겠다니……. 네가 말도 안 되는 이야기를 하니까 그렇지.

4 가: 나한테는 여자 친구를 사귈 마음이 없다고 하더니 어제 소개팅을 했다면서?

　　나: 친한 친구가 ＿＿＿＿＿＿＿＿＿＿＿-는 바람에 어쩔 수 없이 나간 거야.

5 가: 이번 달부터 월급을 모두 복권 사는 데 투자하면 언젠가는 1등에 당첨되겠죠?

　　나: 이제 제발 정신 좀 차리고 그런 ＿＿＿＿＿＿＿＿＿＿＿-는 소리 좀 그만 하세요.

6 가: 지훈아, 사랑이랑 왜 말을 안 해? 또 다퉜어?

　　나: 자기가 잘못해 놓고 사과하기는커녕 ＿＿＿＿＿＿＿＿＿＿＿-아/어/해서 내가 잘못한 거라고 하면서 화를 내잖아.

1 빈칸에 들어갈 알맞은 말을 고르십시오.

> 선생님께서는 나에게 다른 사람의 _____ 말고 소신껏 행동하라고 하셨다.

① 속을 긁지   ② 초를 치지

③ 눈치를 보지   ④ 산통을 깨지

2 밑줄 친 부분에 어울리는 표현을 고르십시오.

> 가: 너 남자 친구랑 헤어졌다면서? 그럴 줄 알았어. 내가 너희는 안 어울린다고 했잖아.
>
> 나: 너는 <u>화가 난 사람을 더 화나게 하는구나!</u> 네가 친구라면 위로를 해 줘야지.

① 울며 겨자 먹기   ② 다 된 죽에 코 풀기

③ 불난 집에 부채질한다   ④ 못 먹는 감 찔러나 본다

[3-6] 다음 중에서 알맞은 것을 골라 빈칸에 쓰십시오.

> 발을 빼다   꼬리를 내리다
>
> 뜸을 들이다   찬물을 끼얹다

3 민수는 누가 질문을 하면 한참 동안 _____ -(으)ㄴ 후에 대답하는 버릇이 있다.

4 수많은 논란에도 입장을 밝히지 않던 그 기업은 시민들이 불매 운동에 나서자 마지못해 _____ -(으)며 사과를 했다.

5 다른 사람들은 모두 일이 잘될 거라고 용기를 북돋아 주는데 김 대리 혼자만 부정적인 이야기를 늘어놓으며 _____ -았/었/했다.

6 사업을 계속 하면 할수록 손해를 보게 된다는 사실을 알고 있지만 동업자와의 의리 때문에 _____ -(으)ㄹ 수가 없었다.

1 맞는 문장을 고르십시오.

① 두 사람은 성격이 딱 부러지게 잘 맞아서 빨리 친해졌다.

② 전염병이 확산되자 보건 당국은 발이 빠르게 움직이기 시작했다.

③ 아이가 바르게 크기 위해서는 부모들이 먼저 본때를 보여야 한다.

④ 그는 갑자기 머리가 너무 아파서 머리를 쥐어짜며 의자에 앉았다.

2 빈칸에 들어갈 알맞은 말을 고르십시오.

> 가: 민수 씨가 회사 일만으로도 힘들 텐데 야간에 대리운전을 한다고 하더라고요.
>
> 나: 아버지께서 많이 편찮으셔서 병원비가 많이 드나 봐요. 그래서 돈을 벌기 위해서
> _____ 일을 하는 모양이에요.

① 손을 뻗고

② 총대를 메고

③ 머리를 싸매고

④ 물불을 가리지 않고

[3-6] 다음 중에서 알맞은 것을 골라 빈칸에 쓰십시오.

> 눈을 돌리다   얼굴을 들다
>
> 마음을 사다   발 벗고 나서다

3 승원 씨는 누군가에게 어려운 일이 생기면 항상 _____ -는 사람이다.

4 그 회사는 좁은 국내 시장을 벗어나 넓은 해외 시장으로 _____ -았/었/했다.

5 그 정치인은 따뜻한 인품과 시원시원한 말솜씨로 국민들의 _____
-았/었/했다.

6 수아는 별것도 아닌 일로 화를 낸 것이 부끄러워서 친구들 앞에서 _____
-(으)ㄹ 수 없었다.

1 빈칸에 들어갈 알맞은 말을 고르십시오.

> 이모는 사촌 동생이 소방관 시험에 합격했다며 _____ 자랑을 하셨다.

① 입만 아프도록 ② 입이 간지럽도록
③ 입에 침이 마르도록 ④ 입에 자물쇠를 채우도록

2 밑줄 친 부분에 어울리는 표현을 고르십시오.

> 가: 제시카 씨, 결혼한다면서요? 축하해요.
> 나: 어머, 어떻게 알았어요? 지원 씨에게만 말했는데……. <u>말이 정말 순식간에 퍼지네요.</u>

① 속에 뼈 있는 소리 ② 혀 아래 도끼 들었다
③ 발 없는 말이 천 리 간다 ④ 나중에 보자는 사람 무섭지 않다

[3-6] 다음 중에서 알맞은 것을 골라 빈칸에 쓰십시오.

> 어림 반 푼어치도 없다　　　　　입이 열 개라도 할 말이 없다
> 손가락에 장을 지지겠다　　　　　말 한마디에 천 냥 빚도 갚는다

3 가: 사랑아, 오늘 기분이 안 좋아 보인다. 무슨 일 있어?

　　나: 나중에 가수가 될 거라고 했더니 연우가 노래를 못하는 네가 가수가 되면 _____
　　　　_____ -다고 하잖아.

4 가: 의원님, 지난밤 음주 단속에 걸리셨는데 시민들께 하실 말씀 없으십니까?

　　나: _____ -습/ㅂ니다. 정말 면목이 없습니다.

5 가: 형, 형이 타는 차를 나한테 주고 형은 새로 사면 안 돼?

　　나: 뭐라고? 산 지 6개월도 안 됐는데 _____ -는 소리 좀 하지 마.

6 가: 테니스 대회 예선에서 떨어졌다면서? 너무 실망하지 마. 사실 우승하기에는 네 실력이 좀
　　　부족하기는 했잖아.

　　나: _____ -는/ㄴ다는데 말 좀 따뜻하게 해 줄 수 없니?

05 언어 | ❷ 말버릇

1 빈칸에 들어갈 알맞은 말을 고르십시오.

> 가: 이렇게 하면 되잖아요. 승원 씨는 입사한 지가 제법 됐는데 아직도 그걸 몰라요?
>
> 나: 선배님, _____ 같은 말이라도 좀 듣기 좋게 해 주시면 감사하겠습니다.

① 말이 씨가 된다고   ② 핑계 없는 무덤이 없다고

③ 아 해 다르고 어 해 다르다고 ④ 똥 묻은 개가 겨 묻은 개 나무란다고

2 밑줄 친 부분에 어울리는 표현을 고르십시오.

> 가: 저 사람이 지금 나한테 욕한 거 너도 들었지?
>
> 나: 응. 그런데 네가 먼저 기분 나쁘게 말하기는 했어. 네가 좋게 말해야 상대방도 좋게 말하지.

① 쓰다 달다 말이 없다   ② 말이 많으면 쓸 말이 적다

③ 입은 비뚤어져도 말은 바로 해라 ④ 가는 말이 고와야 오는 말이 곱다

[3-6] 다음 중에서 알맞은 것을 골라 빈칸에 쓰십시오.

> 꼬집어 말하다   입에 달고 다니다
>
> 말만 앞세우다   아픈 곳을 건드리다

3 친구가 아프다는 말을 _____ -아/어/해서 가끔 짜증이 난다.

4 새로 온 대표는 계획을 행동으로 옮기기보다는 _____ -는 사람이다.

5 과장님은 동기들 중에서 나만 승진을 못한 데에는 이유가 있을 거라면서 _____
_____ -았/었/했다.

6 이 보고서는 무엇이 문제인지 정확히 _____ -(으)ㄹ 수는 없지만 전체적인
흐름이 좀 이상합니다.

1 빈칸에 들어갈 알맞은 말을 고르십시오.

> 지훈이는 미안하다는 말이 _____ 하고 나오지 않았다.

① 입에 담기만　　　　　　　　② 입을 다물기만

③ 입방아를 찧기만　　　　　　④ 입 안에서 뱅뱅 돌기만

2 밑줄 친 부분에 어울리는 표현을 고르십시오.

> 가: 연우야, 있잖아. 음……. 아니야, 너 바쁜 거 같은데 나중에 말할게.
> 나: 그래도 할 말은 해야지. 무슨 말인지 빨리 해 봐.

① 고양이 목에 방울 달기　　　　② 잘 나가다 삼천포로 빠지다

③ 싸움은 말리고 흥정은 붙이랬다　④ 말은 해야 맛이고 고기는 씹어야 맛이다

[3-6] 다음 중에서 알맞은 것을 골라 빈칸에 쓰십시오.

운을 떼다	말을 돌리다
토를 달다	쐐기를 박다

3 가: 수아야, 정말 미안한데 음…….

　　나: 무슨 말인데 그렇게 _____-기 어려워하니? 편하게 이야기해 봐.

4 가: 여보, 어제 만난 친구 사업은 잘돼 간대요?

　　나: 사업 이야기를 꺼내니까 자꾸 _____-(으)면서 딴 이야기를 하더라고요.
　　　　아마 잘 안 되는 모양이에요.

5 가: 서영아, 아까 할아버지께 혼나던데 뭘 잘못한 거니?

　　나: 어른 말씀에 버릇없이 _____-는/ㄴ다고 한 말씀하셨어요.

6 가: 거래처에 계약 조건을 변경해 달라고 요청해 보는 게 어때요?

　　나: 안 그래도 이야기했는데 이미 계약이 끝난 거니까 안 된다고 _____
　　　　-더라고요.

1 밑줄 친 부분과 바꾸어 쓸 수 있는 말을 고르십시오.

> 얼굴색 하나 변하지 않고 거짓말을 하는 친구의 모습을 보니 어이가 없어서 말이 안 나온다.

① 기가 막혀서   ② 경종을 울려서
③ 사족을 못 써서   ④ 피가 되고 살이 돼서

2 빈칸에 들어갈 알맞은 말을 고르십시오.

> 가: 지원 씨, 월세 계약을 연장하는 건데 왜 그렇게 계약서를 꼼꼼히 봐요?
> 나: _____ 혹시 몰라서 다시 한번 확인하는 거예요.

① 우물을 파도 한 우물을 파라고   ② 돌다리도 두들겨 보고 건너라고
③ 누울 자리 봐 가며 발을 뻗으라고   ④ 못 오를 나무는 쳐다보지도 말라고

[3-6] 다음 중에서 알맞은 것을 골라 빈칸에 쓰십시오.

> 고생을 사서 한다   쇠뿔도 단김에 빼랬다
> 꼬리가 길면 밟힌다   사공이 많으면 배가 산으로 간다

3 가: 회의는 잘 끝났어요?
  나: 아니요. _____-는/ㄴ다고 다들 자기 의견만 내세우다 보니 결정된 거 하나 없이 끝나고 말았어요.

4 가: 승원 씨, 우리 언제 밥 한번 먹어요.
  나: _____-다고 지금 먹으러 갈까요? 때마침 점심시간이기도 하고요.

5 가: 집에서 술을 담그는 게 이렇게 어려울 줄 몰랐어요.
  나: 그냥 마트에서 사 먹지 _____-는/ㄴ다고 뭐 하러 직접 담그고 그래요?

6 가: 너 오늘은 일찍 들어가. _____-는/ㄴ다고 그렇게 자꾸 거짓말하고 밤늦게까지 놀러 다니다가 부모님께 걸리면 어쩌려고 그래?
  나: 안 그래도 좀 불안해서 오늘은 일찍 들어가려고.

06 조언·훈계 | ❸ 핀잔

1 빈칸에 들어갈 알맞은 말을 고르십시오.

> 가: 승원 씨는 여자 친구의 말이라면 _____ 따르는 거 같아요.
>
> 나: 너무 좋아해서 그런가 봐요. 사귀게 되기까지 여러 번 고백했다고 들었거든요.

① 팥으로 메주를 쑨대도 곧이듣고　② 늦게 배운 도둑이 날 새는 줄 모르고

③ 종로에서 뺨 맞고 한강에서 눈 흘기고　④ 미꾸라지 한 마리가 온 웅덩이를 흐려 놓고

2 밑줄 친 부분에 어울리는 표현을 고르십시오.

> 가: 아까 보니까 시에서 다리 보수 공사를 하더라고요.
>
> 나: 이제야 공사를 한다고요? 장마 때 홍수가 나서 이미 피해를 봤는데 뒤늦게 손을 쓰는 것이 무슨 소용이 있겠어요?

① 해가 서쪽에서 뜨다　　　　　　② 제가 제 무덤을 판다

③ 소 잃고 외양간 고친다　　　　　④ 어물전 망신은 꼴뚜기가 시킨다

[3-6] 다음 중에서 알맞은 것을 골라 빈칸에 쓰십시오.

걱정도 팔자다	달밤에 체조하다
앞뒤가 막히다	손가락 하나 까딱 않다

3 가: 급하니까 이 일을 먼저 처리해 달라고 승원 씨에게 부탁해 볼까요?

　　나: 글쎄요. 워낙 _____ -(으)ㄴ 사람이라 들어줄지 모르겠어요.
　　　　무조건 순서대로만 일을 처리하는 사람이잖아요.

4 가: _____ -는 것도 아니고 이 밤중에 왜 갑자기 줄넘기를 하고 그래요?

　　나: 오늘부터 매일 하겠다고 결심했는데 깜빡했거든요.

5 가: 주말마다 나는 청소하느라 바쁜데 내 룸메이트는 _____ -고 책만 읽어.
　　　처음에는 그러려니 했는데 이제는 좀 짜증이 나.

　　나: 그럼 같이 하자고 이야기해 봐.

6 가: 민지네 언니가 오늘 소개팅을 한다고 하던데 잘 만났는지 모르겠어. 이번에는 잘 돼야
　　　할 텐데……

　　나: _____ (이)네. 네 언니도 아닌데 왜 그런 걱정을 하니?

1 맞는 문장을 고르십시오.

① 할아버지께서는 씨도 먹히지 않을 정도로 화를 내셨다.

② 춤에 푹 빠진 수아는 클럽에 문턱이 닳도록 드나들었다.

③ 민수는 요즘 일이 너무 많아서 밥줄이 끊길까 봐 걱정했다.

④ 나는 반드시 성공해서 친구를 골탕을 먹이겠다고 다짐했다.

2 빈칸에 들어갈 알맞은 말을 고르십시오.

> 부모님께서 열심히 일하셔서 이제 가게가 어느 정도 _____ 되었다.

① 발을 끊게   ② 등에 업게

③ 자리를 잡게   ④ 문턱을 낮추게

[3-6] 다음 중에서 알맞은 것을 골라 빈칸에 쓰십시오.

> 덕을 보다   꼬리표가 붙다
>
> 한턱을 내다   손가락질을 받다

3 가: 제시카 씨, 생일 축하해요.

    나: 고마워요. 오늘 생일 기념으로 제가 저녁에 _____-기로 했는데
민수 씨도 오세요.

4 가: 그동안 배우 활동을 하면서 힘든 점은 없었나요?

    나: 처음에는 '가수 출신 배우'라는 _____-아/어/해서 비중 있는 역할을
맡기 힘들었는데 지금은 괜찮습니다.

5 가: 엄마, 이거 제 첫 월급이에요. 그동안 저 키우느라 고생 많으셨어요.

    나: 고마워. 이제 내가 우리 아들 _____-네.

6 가: 저 연예인, 그동안 학력을 속였다면서요? 순수해 보여서 좋아했는데 실망스러워요.

    나: 거짓말 때문에 한순간에 사람들에게 _____-는 신세가 돼 버린 거죠.

07 일·생활 | ❷ 속성

1 맞는 문장을 고르십시오.

① 두 사람은 다람쥐 쳇바퀴 돌듯 같은 주장만 반복했다.

② 그 사람과 나는 아귀가 맞는 성격이라서 금방 친해졌다.

③ 나는 더도 말고 덜도 말고 번지 점프에 도전해 보기로 했다.

④ 언니는 시험에 합격하게 위해 칼자루를 쥐며 공부에 몰두했다.

2 밑줄 친 부분에 어울리는 표현을 고르십시오.

> 가: 요즘 아파트 분양에 당첨되는 것이 매우 어렵다고 하더라고요. 내 집 마련은 언제쯤
>   할 수 있을까요?
> 나: 뉴스에서 보니까 월급을 하나도 안 쓰고 8년을 모아야 집을 살 수 있대요.

① 뜨거운 감자   ② 모래 위에 선 집

③ 땅 짚고 헤엄치기   ④ 낙타가 바늘구멍 들어가기

[3-6] 다음 중에서 알맞은 것을 골라 빈칸에 쓰십시오.

둘도 없다	꼬리에 꼬리를 물다
죽도 밥도 안 되다	손가락 안에 꼽히다

3 가: 할머니, 제가 그렇게 예뻐요?

    나: 그럼. 너처럼 예쁜 아이는 세상에 _____-지.

4 가: 오빠, 나 대학 그만두려고.

    나: 내년에 졸업인데 지금 그만두면 _____-아/어/해. 한번 더 생각해 봐.

5 가: 김수지 씨, 갑자기 3년 동안 연예 활동을 쉰 이유가 궁금합니다.

    나: 개인적으로 나쁜 일들이 _____-고 일어나다 보니 좀 쉬어야겠다는
    생각이 들었어요.

6 가: 뉴스 봤어요? 윤아 씨네 회사가 망했대요.

    나: 네, 봤어요. 한때는 국내에서 _____-는 기업이었는데 어쩌다가
    그렇게 됐는지 모르겠어요.

1 밑줄 친 부분과 바꾸어 쓸 수 있는 말을 고르십시오.

> 민지는 건축 기사 자격증 시험에 합격하기 위해서 <u>있는 힘을 다해서</u> 공부했다.

① 기를 쓰고   ② 간판을 걸고
③ 몸으로 때우고   ④ 문을 두드리고

2 빈칸에 들어갈 알맞은 말을 고르십시오.

> 가: 휴가를 길게 다녀왔더니 일이 ＿＿＿＿＿＿＿＿＿ 않아요. 너무 놀았나 봐요.
> 나: 그래요? 저는 오래 쉬면 일하고 싶다는 생각이 간절하던데요.

① 손을 보지   ② 손을 쓰지
③ 손에 잡히지   ④ 손이 빠르지

[3-6] 다음 중에서 알맞은 것을 골라 빈칸에 쓰십시오.

뿌리를 뽑다	첫발을 떼다
진땀을 빼다	앞에 내세우다

3 10년 전에 나는 작은 회사에서 사회생활의 ＿＿＿＿＿＿＿＿＿ -았/었/했다.

4 언니는 과자를 달라며 엉엉 우는 동생을 달래느라 ＿＿＿＿＿＿＿＿＿ -았/었/했다.

5 대통령 후보들은 자신이 당선된다면 반드시 부정부패의 ＿＿＿＿＿＿＿＿＿ -겠다고
선언했다.

6 그 전자 제품 회사는 다른 회사와 차별을 두기 위해서 10년 무상 애프터서비스를
＿＿＿＿＿＿＿＿＿ -았/었/했다.

1 빈칸에 들어갈 알맞은 말을 고르십시오.

가: 사랑아, 음식을 골고루 먹어야지. 편식하면 건강에 안 좋아.

나: 저도 알지만 싫어하는 음식에는 ＿＿＿＿＿＿＿＿＿＿＿＿＿＿ 않아요.

① 손이 가지　　　　　　　　② 손을 놓지
③ 손을 떼지　　　　　　　　④ 손을 씻지

2 밑줄 친 부분에 어울리는 표현을 고르십시오.

가: 민수 씨는 음식을 왜 그렇게 빨리 먹는지 같이 밥을 먹으면 저까지 급하게 먹게 돼서 항상 체해요.

나: 그래서 저는 민수 씨가 같이 밥을 먹자고 하면 다른 약속이 있다고 해요.

① 시장이 반찬
② 금강산 구경도 식후경
③ 마파람에 게 눈 감추듯
④ 둘이 먹다가 하나가 죽어도 모르겠다

[3-6] 다음 중에서 알맞은 것을 골라 빈칸에 쓰십시오.

끝이 보이다	둥지를 틀다
뚜껑을 열다	마침표를 찍다

3 직원들은 ＿＿＿＿＿＿＿＿＿＿＿＿-지 않는 일 때문에 스트레스를 받고 있다.

4 김 교수님께서는 이번 학기를 끝으로 교직 생활에 ＿＿＿＿＿＿＿＿＿＿＿-(으)셨다.

5 승원이는 취업과 동시에 집을 떠나 회사 근처에 ＿＿＿＿＿＿＿＿＿＿＿-기로 했다.

6 모두들 지훈이는 당연히 합격할 거라고 했지만 막상 ＿＿＿＿＿＿＿＿＿＿＿-고 보니 지훈이는 떨어지고 연우만 합격했다.

1 맞는 문장을 고르십시오.

① 나는 돈을 <u>굴리기</u> 위해 취직을 하기로 했다.

② 우리 가게만 손님이 없어 <u>파리를 날리고</u> 있다.

③ 언니는 우리 대화에 <u>한몫 잡아서</u> 잔소리를 시작했다.

④ 그는 가진 것은 <u>국물도 없으면서</u> 매번 큰소리만 친다.

2 빈칸에 들어갈 알맞은 말을 고르십시오.

> 가: 동현 씨, 세계 복싱 챔피언에게 도전하신다면서요?
>
> 나: 네, 지더라도 좋은 경험이 될 것 같아서 _____ 마음으로 나가기로 했어요.

① 밑져야 본전이라는

② 싼 것이 비지떡이라는

③ 티끌 모아 태산이라는

④ 같은 값이면 다홍치마라는

[3-6] 다음 중에서 알맞은 것을 골라 빈칸에 쓰십시오.

손이 크다	날개가 돋치다
돈을 만지다	바가지를 씌우다

3 범수 씨는 과감한 부동산 투자로 큰 _____ -게 되었다.

4 새로운 전기 차 모델이 출시되자마자 _____ -은/ㄴ 듯이 팔려 나갔다.

5 어머니는 _____ -(으)셔서 식사 때마다 음식을 아주 푸짐하게 차려 주신다.

6 경찰은 여름철 휴가지에서 관광객들에게 _____ -는 상점들을
단속하겠다고 발표했다.

1 빈칸에 들어갈 알맞은 말을 고르십시오.

> 가: 민지 엄마, 민지가 외국에서 대학을 다닌다면서요? 돈이 많이 들지요?
>
> 나: 네, 비싼 학비와 생활비를 마련하느라 이 일 저 일 닥치는 대로 하다 보니까
> _____ 지경이에요.

① 배가 부를   ② 허리가 휠

③ 손가락을 빨   ④ 호주머니를 털

2 밑줄 친 부분에 어울리는 표현을 고르십시오.

> 가: 오빠, 이 식당 너무 비싸다. 다른 데 가서 먹자.
>
> 나: 오늘 월급을 받아서 <u>돈이 충분히 있으니까</u> 걱정하지 말고 먹고 싶은 걸로 시켜.

① 깡통을 차다   ② 돈방석에 앉다

③ 입에 풀칠하다   ④ 주머니가 넉넉하다

[3-6] 다음 중에서 알맞은 것을 골라 빈칸에 쓰십시오.

> 손을 벌리다   바닥이 드러나다
>
> 허리를 펴다   허리띠를 졸라매다

3 가: 수아야, 왜 이렇게 아르바이트를 많이 해?

　 나: 부모님께 _____-지 않고 내 힘으로 대학을 다니고 싶어서…….

4 가: 민수야, 일을 쉰 지 벌써 2년이 다 돼 가는데 이제 취직해야 하지 않겠니?

　 나: 안 그래도 모아 둔 돈이 _____-고 있어서 다시 일을 시작하려고 해.

5 가: 승원아, 너 학자금 대출은 다 갚았어?

　 나: 응, 지난달에 다 갚아서 이제 _____-고 살 수 있을 것 같아.

6 가: 그동안 _____-(으)며 용돈을 모으더니 드디어 스마트폰을 바꿨구나!

　 나: 응, 예쁘지?

1 맞는 문장을 고르십시오.

① 그는 모범생과는 <u>거리가 생긴</u> 불량 학생에 가깝다.

② 언니에게 <u>미운털이 박혀</u> 있는 말을 들어서 마음이 아프다.

③ 친구들 토론에 끼어들었다가 <u>불꽃이 튈까</u> 봐 모른 척했다.

④ 그는 동네 사람들에게 큰돈을 빌린 후에 <u>자취를 감춰</u> 버렸다.

2 빈칸에 들어갈 알맞은 말을 고르십시오.

> 가: 승원 씨네 부부가 그렇게 싸우더니 결혼 삼 년 만에 이혼했대요.
>
> 나: 결국 그렇게 됐군요. 다시 회복할 수 없을 만큼 둘 사이에 _____ 봐요.

① 골이 깊었나

② 어깨를 견줬나

③ 눈총을 맞았나

④ 뒤통수를 맞았나

[3-6] 다음 중에서 알맞은 것을 골라 빈칸에 쓰십시오.

등을 돌리다	쌍벽을 이루다
눈 밖에 나다	으름장을 놓다

3 승원 씨는 회사에 지각을 자주 하는 바람에 상사의 _____ -고 말았다.

4 두 선수는 국내의 모든 골프 경기에서 일, 이 등을 다투며 _____ -았/었/했다.

5 수아는 자신의 거짓말 때문에 친구들이 _____ -았/었/했다는 것을 알고 후회했다.

6 언니는 한 번만 더 자기 옷을 입고 나가면 가만두지 않겠다고 나에게 _____ -았/었/했다.

1 빈칸에 들어갈 알맞은 말을 고르십시오.

> 김 간호사는 병원에서 일하는 모든 사람과 알고 지낼 정도로 _____.

① 발이 넓다   ② 입의 혀 같다

③ 죽고 못 산다   ④ 양다리를 걸친다

2 밑줄 친 부분과 바꾸어 쓸 수 있는 말을 고르십시오.

> 나는 일이 많아서 동창회에 잠시 <u>참석한</u> 후에 서둘러 회사로 돌아갔다.

① 코가 꿰인   ② 얼굴을 내민

③ 다리를 놓은   ④ 올가미를 씌운

[3-6] 다음 중에서 알맞은 것을 골라 빈칸에 쓰십시오.

> 우는 아이 젖 준다   웃는 낯에 침 못 뱉는다
>
> 친구 따라 강남 간다   미운 아이 떡 하나 더 준다

3 가: 왜 사람들은 제시카 씨만 도와주는 걸까요. 저도 바쁜데……

    나: 제시카 씨는 항상 먼저 도와 달라고 하잖아요. _____ -는/ㄴ다고
지원 씨도 그렇게 해 봐요.

4 가: 나도 서영이처럼 사관 학교에 지원해서 여군이 될까 봐.

    나: _____ -는/ㄴ다고 서영이가 하는 건 다 따라 하고 싶니?

5 가: 여보, 지훈이 들어오면 혼내 준다고 하더니 왜 아무 말도 안 해요?

    나: _____ -는/ㄴ다고 기분 좋게 들어오는 걸 보니 혼낼 수가 없네요.

6 가: 수아야, 예전에 서영이가 너 괴롭힌다고 하지 않았어? 근데 왜 그렇게 잘해 줘?

    나: 그냥 _____ -는/ㄴ다는 마음으로 잘해 주고 있어.

1 맞는 문장을 고르십시오.

① 두 사람은 미리 발을 맞춰서 사람들을 속였다.

② 나쁜 사람이 벌을 받는 것을 보면 깨가 쏟아지는 것 같다.

③ 이미 콩깍지가 씌어서 그런지 민지의 모든 행동이 밉기만 했다.

④ 오랜만에 말이 통하는 친구를 만나 이야기를 나누니 기분이 좋다.

2 밑줄 친 부분에 어울리는 표현을 고르십시오.

> 가: 아까 일은 분명히 지원 씨 잘못 아니에요? 부장님이 자기 팀원이라고 무조건 감싸는 걸
>   보니 속이 상하더라고요.
> 나: 사람은 누구나 자신과 가까운 사람의 편을 드는 법이잖아요.

① 피는 물보다 진하다

② 팔이 안으로 굽는다

③ 이웃이 사촌보다 낫다

④ 열 손가락 깨물어 안 아픈 손가락이 없다

[3-6] 다음 중에서 알맞은 것을 골라 빈칸에 쓰십시오.

손을 잡다	손발이 맞다
입을 모으다	머리를 맞대다

3 두 사람은 _____ -아/어/해서 함께 일하면 늘 결과가 좋다.

4 우리 회사는 해외 시장 진출을 위해 세계 최대 쇼핑몰과 _____ -기로 했다.

5 우리는 수학 문제를 풀기 위해 몇 시간 동안 _____ -았/었/했지만 결국
실패했다.

6 전문가들은 환경 문제를 해결하려면 일회용품 사용부터 줄여야 한다고 _____
-았/었/했다.

1 빈칸에 들어갈 알맞은 말을 고르십시오.

> 대기업이 편의점 사업에 진출하면서 동네 슈퍼들은 _____ 몰리고 있다.

① 파리 목숨으로　　　　　　　② 막다른 골목으로

③ 독 안에 든 쥐로　　　　　　④ 숨이 넘어가는 소리로

2 밑줄 친 부분에 어울리는 표현을 고르십시오.

> 가: 아까 보니까 차장님께서 승원 씨를 엄청 칭찬하시더라고요.
> 나: 그래요? 차장님께서 누군가를 칭찬하는 일은 <u>아주 드문데</u> 별일이 다 있네요.

① 가뭄에 콩 나듯 한다　　　　② 까마귀 날자 배 떨어진다

③ 고래 싸움에 새우 등 터진다　④ 물에 빠지면 지푸라기라도 잡는다

[3-6] 다음 중에서 알맞은 것을 골라 빈칸에 쓰십시오.

> 물 건너가다　　　　　　가시방석에 앉다
>
> 파김치가 되다　　　　　도마 위에 오르다

3 가: 엄마, 서영이 저녁 먹으라고 깨울까요?

　　나: 그냥 자게 둬. 등산하느라 힘들었는지 _____ -아/어/해서 돌아왔던데.

4 가: 어제 부서 회식 자리에 갑자기 사장님께서 오셨다면서요?

　　나: 네, 제 옆자리에서 이것저것 물어보셔서 식사하는 내내 _____
　　　　 -아/어/해 있는 것 같았어요.

5 가: 올해 회사 실적이 좋아서 연말에 특별 상여금이 나올 수도 있다면서요?

　　나: 아직 이야기 못 들었어요? 계약 하나가 잘못돼서 회사 손실이 커지는 바람에 특별 상여금은
　　　　 _____ -은/ㄴ 지 오래래요.

6 가: 뉴스에서 보니 그 정치인의 발언이 또다시 여론의 _____ -았/었/했더라고요.

　　나: 인터뷰 때마다 국민들을 무시하는 듯한 발언을 하니 그런 거지요.

1 빈칸에 들어갈 알맞은 말을 고르십시오.

> 태풍으로 인해 비행기 운항이 중단되어 승객들은 공항에서 _____ 말았다.

① 활개를 치고   ② 발이 묶이고

③ 숨통을 틔우고   ④ 오금이 쑤시고

2 밑줄 친 부분에 어울리는 표현을 고르십시오.

> 가: 지난 10년간 꾸준히 기부를 해 오셨는데 어떻게 기부를 시작하게 되셨습니까?
>
> 나: 사실 저도 형편이 어려워서 다른 사람을 돌볼 여유가 없기는 하지만 저보다 더 어려운 사람들을 돕고 싶다는 마음이 들어 시작하게 됐습니다.

① 갈수록 태산   ② 뛰어야 벼룩

③ 내 코가 석 자   ④ 가는 날이 장날

[3-6] 다음 중에서 알맞은 것을 골라 빈칸에 쓰십시오.

골치가 아프다	발목을 잡히다
벽에 부딪치다	하늘을 찌르다

3 요즘 층간 소음 때문에 너무 시끄러워서 어떻게 해결해야 할지 _____ -다.

4 대회를 앞두고 고된 훈련을 마친 선수들의 자신감이 _____ -을/ㄹ 것 같았다.

5 부장님께서 시키신 일에 _____ -아/어/해서 내 일은 아무 것도 못 하고 있다.

6 한창 잘되던 사업이 자금 부족이라는 _____ -(으)면서 급격히 어려워지기 시작했다.

1 맞는 문장을 고르십시오.

① 그는 조용히 공부하고 있는 친구에게 바람을 일으켰다.

② 수아는 막냇동생의 모습에 눈과 귀가 쏠려서 계속 생각났다.

③ 평일이라 그런지 공원은 입추의 여지가 없을 정도로 사람이 없었다.

④ 하준이와 민지는 시험에서 1등을 하기 위해 분초를 다투어 공부를 했다.

2 빈칸에 들어갈 알맞은 말을 고르십시오.

가: 민 기자님, 같이 점심 먹을래요?

나: 미안하지만 지금 마감 시간이 얼마 남지 않아서 ＿＿＿＿＿＿＿. 전 나중에 먹을게요.

① 눈에 띄어요

② 눈길을 모아요

③ 눈에서 벗어나요

④ 눈코 뜰 사이 없어요

[3-6] 다음 중에서 알맞은 것을 골라 빈칸에 쓰십시오.

담을 쌓다	발을 디딜 틈이 없다
각광을 받다	발등에 불이 떨어지다

3 동생은 나와 달리 꼭 ＿＿＿＿＿＿＿＿＿＿ -아/어/해야 일을 시작하는 버릇이 있다.

4 설 연휴를 앞두고 백화점은 쇼핑을 즐기려는 사람들로 ＿＿＿＿＿＿＿＿＿ -았/었/했다.

5 최근 젊은이들 사이에서 적은 수의 하객만을 초대해서 하는 작은 결혼식이 ＿＿＿＿＿＿
＿＿＿＿＿ -고 있다.

6 고등학교 졸업 후에 공부와는 ＿＿＿＿＿＿＿＿＿＿ -고 살아서 공무원 시험공부를
시작하려고 하니 겁부터 났다.

11 판단 | ❶ 변별

1 빈칸에 들어갈 알맞은 말을 고르십시오.

> 가: 어제 태현이가 약속 시간보다 30분이나 늦게 온 거 있지?
>
> 나: 30분? 그건 _____. 난 두 시간을 기다린 적도 있어.

① 새 발의 피야　　　　　　　② 양손의 떡이야

③ 꿈보다 해몽이 좋아　　　　④ 아닌 밤중에 홍두깨야

2 밑줄 친 부분에 어울리는 표현을 고르십시오.

> 가: 어제 길에서 핸드폰을 잃어버렸거든. 어떻게 해야 할지 몰라서 발만 동동 구르고
> 있었는데 어떤 아주머니께서 찾아 주셨어.
>
> 나: 정말 고마운 분이네.

① 눈이 돌아가다　　　　　　② 눈앞이 캄캄하다

③ 눈 뜨고 볼 수 없다　　　　④ 눈에 보이는 것이 없다

[3-6] 다음 중에서 알맞은 것을 골라 빈칸에 쓰십시오.

> 앞뒤를 재다　　　　　　　갈피를 못 잡다
>
> 꿈도 못 꾸다　　　　　　　색안경을 끼고 보다

3 가: 요즘 젊은 사람들은 문신을 많이 하는 것 같아요.

　　나: 예전에는 문신한 사람을 _____-는 경우가 많았는데 요즘은 개성
　　　　표현의 수단이라고 생각하는 사람들이 많더라고요.

4 가: 신입 사원이 일에 _____-고 실수를 반복하네요.

　　나: 처음이라 그럴 테니 승원 씨가 옆에서 좀 도와주세요.

5 가: 마라톤 풀코스를 완주하셨다고요? 저는 체력이 약해서 _____-는
　　　　일을 해내셨군요.

　　나: 민수 씨도 노력하면 할 수 있어요. 저랑 같이 해 볼래요?

6 가: 아직도 유학을 갈지 말지 결정을 못했니? 신중한 것도 좋지만 지나치게
　　　　_____-다 보면 중요한 기회를 놓칠 수도 있단다.

　　나: 네, 아빠. 빨리 결정하도록 할게요.

1 맞는 문장을 고르십시오.

① 그 산의 아름다운 풍경에 등산객들 모두가 <u>인상을 썼다.</u>
② 아버지는 <u>고사리 같은 손으로</u> 무엇이든 쉽게 만들어 내셨다.
③ 사랑이는 영화를 보는 내내 <u>허파에 바람이 든</u> 것처럼 울었다.
④ 사장님은 사람을 <u>보는 눈이 있어서</u> 능력 있는 사람을 잘 알아봤다.

2 빈칸에 들어갈 알맞은 말을 고르십시오.

> 가: 할아버지, 아까 말씀드렸는데 또 잊어버리셨어요?
>
> 나: 나이가 드니까 ＿＿＿＿＿＿＿＿＿＿ 그런지 자꾸 잊어버려. 아까 뭐라고 했지?

① 머리가 굳어서   ② 머리를 흔들어서
③ 머리가 잘 돌아가서   ④ 머리 회전이 빨라서

[3-6] 다음 중에서 알맞은 것을 골라 빈칸에 쓰십시오.

> 귀가 밝다   코를 찌르다
>
> 눈이 높다   얼굴에 씌어 있다

3 가: 별일 아니니까 신경 쓰지 마세요.

　나: 어떻게 신경을 안 써요? 걱정이 있다고 민수 씨 ＿＿＿＿＿＿＿＿＿＿ -는데요.

4 가: 수아야, 민지 생일 선물로 이 가방 어때?

　나: 글쎄. 민지가 워낙 ＿＿＿＿＿＿＿＿＿＿ -아/어/해서 마음에 들어 할지 모르겠어.

5 가: 음식물 쓰레기 냄새가 ＿＿＿＿＿＿＿＿＿＿ -네. 빨리 지나가자.

　나: 누가 여기에다가 음식물 쓰레기를 버린 거야? 정말 너무한다.

6 가: 여윳돈으로 주식 투자 좀 해 보고 싶은데 어떤 회사 주식을 사면 좋을까요?

　나: 저는 잘 몰라요. 승원 씨가 주식 투자에 대해서 ＿＿＿＿＿＿＿＿＿＿ -은/ㄴ 편이니까
　　　한번 물어보세요.

1 맞는 문장을 고르십시오.

① 나는 너무 배가 불러서 <u>가죽만 남을</u> 지경이었다.

② 지원이는 개그 프로그램을 보며 <u>사시나무 떨듯</u> 웃었다.

③ 우리는 <u>허울 좋은</u> 물건을 사기 위해 하루 종일 돌아다녔다.

④ 수아는 대학생이 되더니 <u>때를 벗고</u> 세련된 모습으로 나타났다.

2 밑줄 친 부분에 어울리는 표현을 고르십시오.

> 가: 누나, 이 차는 디자인이 별로인데 왜 이걸 사려고 그래?
>
> 나: 네가 잘 몰라서 그래. <u>겉모습은 보잘것없어 보여도 성능은 정말 훌륭한</u> 차야.

① 꽁지 빠진 새 같다   ② 작은 고추가 더 맵다

③ 뚝배기보다 장맛이 좋다   ④ 보기 좋은 떡이 먹기도 좋다

[3-6] 다음 중에서 알맞은 것을 골라 빈칸에 쓰십시오.

> 그늘이 지다   모양이 사납다
>
> 얼굴이 피다   때 빼고 광내다

3 가: 태현아, 오늘 영화 보러 갈래?

    나: 미안해. 과제하느라 며칠 동안 밤을 새웠더니 _____-아/어/해.
오늘은 좀 쉬어야겠어.

4 가: 민지야, 그렇게 _____-고 어디 가?

    나: 남자 친구 만나러. 한 달 만에 만나는 거라 신경 좀 썼어.

5 가: 민수 씨, _____-은/ㄴ 걸 보니 무슨 좋은 일이 있나 봐요?

    나: 아니에요. 제가 요즘 보약을 먹어서 살도 좀 찌고 안색도 좋아져서 그런가 봐요.

6 가: 무슨 걱정이라도 있어요? 왜 이렇게 얼굴에 _____-아/어/해 있어요?

    나: 요즘 불경기라 그런지 장사가 잘 안돼서 걱정이 돼서요.

1 밑줄 친 부분과 바꾸어 쓸 수 있는 말을 고르십시오.

> 대화를 하면 할수록 누나의 생각은 나의 생각과 <u>차이가 있다는</u> 생각이 들었다.

① 거리가 멀다는   ② 그렇고 그렇다는
③ 눈치가 빠르다는   ④ 한 치 앞을 못 본다는

2 빈칸에 들어갈 알맞은 말을 고르십시오.

> 친하게 지내던 친구가 갑자기 왜 연락을 끊었는지 _____ 일이다.

① 쥐뿔도 모를   ② 알다가도 모를
③ 눈치코치도 모를   ④ 시간 가는 줄 모를

[3-6] 다음 중에서 알맞은 것을 골라 빈칸에 쓰십시오.

> 하나를 보고 열을 안다   가랑비에 옷 젖는 줄 모른다
> 매도 먼저 맞는 놈이 낫다   될성부른 나무는 떡잎부터 알아본다

3 가: 수아야, 이제 네 차례야. 떨지 말고 연주 잘해.

　　나: _____-다고 차라리 맨 처음에 할 걸 그랬어. 다른 사람들이 연주하는
　　　　걸 보고 나니 더 떨려.

4 가: 저 아역 배우는 연기를 참 잘하네요!

　　나: 맞아요. _____-는/ㄴ다고 앞으로 크게 될 것 같아요.

5 가: 커피를 하루에 한 잔씩 사 마셨더니 그 돈도 꽤 되더라고요.

　　나: _____-는/ㄴ다고 적은 돈이라도 매일 쓰면 큰돈이 되는 법이지요.

6 가: 윤아 씨는 볼 때마다 웃으면서 인사를 하는 모습이 보기 좋아요.

　　나: 맞아요. _____-는/ㄴ다고 분명히 예의 바르고 착한 사람일 거예요.

1 빈칸에 들어갈 알맞은 말을 고르십시오.

> 졸업 후 10년 만에 찾아간 학교 앞 거리는 여전히 ＿＿＿＿＿＿＿＿＿＿ 정겨웠다.

① 눈을 뜨고   ② 눈에 익고

③ 눈에 밟히고   ④ 눈에 아른거리고

2 밑줄 친 부분에 어울리는 표현을 고르십시오.

> 가: 스마트폰을 새로 샀군요? 요즘 그 제품이 인기가 많던데 써 보니까 어때요?
>
> 나: 광고를 보고 <u>엄청 기대했는데 생각보다 별로예요.</u>

① 개천에서 용 난다

② 바늘 도둑이 소도둑 된다

③ 호랑이도 제 말 하면 온다

④ 소문난 잔치에 먹을 것 없다

[3-6] 다음 중에서 알맞은 것을 골라 빈칸에 쓰십시오.

손에 익다	불을 보듯 훤하다
귀에 못이 박히다	둘째가라면 서럽다

3 하준이는 우리 학교에서 ＿＿＿＿＿＿＿＿＿＿ -을/ㄹ 정도로 탁구를 잘 친다.

4 그렇게 공부는 안 하고 놀기만 하는 걸 보니 시험에 떨어질 것이 ＿＿＿＿＿＿＿＿ -다.

5 아들에게 위험하니까 길을 걸을 때 스마트폰을 보지 말라고 ＿＿＿＿＿＿＿＿＿＿
-도록 잔소리를 해도 소용이 없다.

6 입사한 지 일 년쯤 되니까 일이 ＿＿＿＿＿＿＿＿＿＿ -아/어/해서 빠르고 정확하게
처리할 수 있게 되었다.

1 맞는 문장을 고르십시오.

① 영화가 크게 성공하면서 그는 감독으로서 빛을 잃기 시작했다.

② 수아는 장학금을 받기 위해 두 손 두 발 다 들 정도로 노력했다.

③ 당연히 이길 줄 알았던 선수들은 시합에서 지자 코가 납작해졌다.

④ 나는 세 번 만에 운전면허 시험에서 미역국을 먹게 돼 매우 기뻤다.

2 빈칸에 들어갈 알맞은 말을 고르십시오.

> 가: 태현아, 형은 교사 임용 시험 준비 잘하고 있어?
>
> 나: 응, 지난 시험에서 _____ 후에 한동안 힘들어하더니 지금은
> 다시 열심히 공부하고 있어.

① 고배를 든   ② 백기를 든

③ 땅에 떨어진   ④ 코를 빠뜨린

[3-6] 다음 중에서 알맞은 것을 골라 빈칸에 쓰십시오.

> 죽을 쑤다   낭패를 보다
>
> 무릎을 꿇다   가시밭길을 가다

3 가: 너 오늘 자격증 시험 본다고 했지? 신분증은 챙겼어?

　나: 아, 깜빡했다. 네가 이야기해 주지 않았으면 큰 _____ -을/ㄹ 뻔했어.

4 가: 이번 시험은 완전히 _____ -은/ㄴ 것 같아. 아는 문제가 하나도
　　없더라고.

　나: 그러니까 평소에 공부 좀 열심히 하지 그랬어.

5 가: 그 정치인이 아들 문제 때문에 결국 국민들에게 사과했더라고요.

　나: 네, 국민들이 국회의원을 그만둘 것을 요구하니까 어쩔 수 없이 _____
　　-은/ㄴ 것 같아요.

6 가: 민수야, 멀쩡한 직장을 그만두고 연기 공부를 하겠다고? 왜 스스로 힘든 _____
　　_____ -(으)려고 하니?

　나: 예전부터 하고 싶었는데 지금이라도 도전하지 않으면 나중에 후회할 것 같아서 그래.

1 맞는 문장을 고르십시오.

① 김 감독은 이번 올림픽 대표 팀의 봉을 잡았다.

② 결혼을 한 민수는 엎친 데 덮친 격으로 승진까지 했다.

③ 그가 포기하지 않는 모습을 보니 희망의 날이 샌 것 같았다.

④ 나는 할머니께서 하루빨리 자리를 털고 일어나시기를 기도했다.

2 빈칸에 들어갈 알맞은 말을 고르십시오.

> 가: 윤아 씨, 잃어버렸던 돈을 다시 찾았다면서요? 정말 다행이에요.
>
> 나: 네, 어떤 분이 경찰서에 맡겨 놓았더라고요. 5년간 모은 돈을 잃어버린 줄 알았을 때는
>   정말 _____.

① 문턱이 높았어요   ② 불똥이 튀었어요

③ 자리에 누웠어요   ④ 하늘이 노랬어요

[3-6] 다음 중에서 알맞은 것을 골라 빈칸에 쓰십시오.

> 꿩 먹고 알 먹는다   떡 본 김에 제사 지낸다
>
> 짚신도 제짝이 있다   황소 뒷걸음치다가 쥐 잡는다

3 가: 수아야, 인터넷 쇼핑몰에서 수제 쿠키를 팔기 시작했다면서? 안 힘들어?

　　나: 내가 쿠키를 만드는 게 취미잖아. 취미 생활도 하고 돈도 벌 수 있으니까 _____
　　　　_____ -는/ㄴ 셈이지.

4 가: 이번 주에 동창회를 한다고 하던데 _____ -는/ㄴ다고 모두 모인
　　　　자리에서 청첩장을 돌려야겠어.

　　나: 그래. 그거 정말 좋은 생각이다.

5 가: 누나, 뭐 좋은 일 있어? 왜 그렇게 웃어?

　　나: _____ -는/ㄴ다고 책이 오래돼서 버리려고 꺼냈는데 그 안에
　　　　오만 원이 들어 있지 뭐니.

6 가: 절대 결혼하지 않을 거라던 동생이 결혼할 여자를 집에 데리고 왔더라고요.

　　나: 그런 걸 보면 _____ -다는 말이 맞나 봐요.

13 이치 | ❶ 인과 ~ ❷ 자연

1 빈칸에 들어갈 알맞은 말을 고르십시오.

> 가: 그 휴대폰 회사가 망했다니 충격이에요. 한때는 모든 사람들이 그 회사 제품을 사용할
> 정도였는데 말이에요.
> 나: _____ 법이잖아요. 계속 잘나가기만 할 수는 없는 거 같아요.

① 달도 차면 기우는　　　　　　　　② 모난 돌이 정 맞는
③ 십 년이면 강산도 변하는　　　　　④ 쥐구멍에도 볕 들 날 있는

2 밑줄 친 부분에 어울리는 표현을 고르십시오.

> 가: 어제 공원에 갔는데 어떤 사람이 쓰레기를 주우니까 그걸 보고 아이들도 따라 줍더라고요.
> 참 보기 좋았어요.
> 나: 역시 <u>어른이 잘해야 아이들도 따라서 잘하게 되는 것</u> 같아요.

① 윗물이 맑아야 아랫물이 맑다　　　② 두 손뼉이 맞아야 소리가 난다
③ 하늘이 무너져도 솟아날 구멍이 있다　④ 어른 말을 들으면 자다가도 떡이 생긴다

[3-6] 다음 중에서 알맞은 것을 골라 빈칸에 쓰십시오.

> 고생 끝에 낙이 온다　　　　　　서당 개 삼 년에 풍월을 읊는다
> 비 온 뒤에 땅이 굳어진다　　　　벼 이삭은 익을수록 고개를 숙인다

3 가: 와, 태현이 너 요리 실력이 이렇게 좋았어? 너무 맛있다.
　　 나: _____-는/ㄴ다고 식당에서 아르바이트를 하다 보니 어깨너머로
　　　　 배우게 되더라고.

4 가: 방금 미술관에서 이번 전시회에 내 작품을 전시하기로 했다고 연락이 왔어.
　　 나: 축하해. _____-는/ㄴ다고 포기하지 않더니 드디어 해냈구나.

5 가: 올해 회사 사정이 많이 어려워져서 걱정이에요.
　　 나: _____-는/ㄴ다고 이번 어려움을 잘 극복하면 우리 회사가 더 성장할
　　　　 거라 믿어요.

6 가: 김 교수님은 상도 많이 받으시고 명성도 높으신데 _____-는/ㄴ다고
　　　　 한결같이 겸손하신 것 같아요.
　　 나: 그래서 많은 사람들에게 존경을 받으시는 거지요.

1 빈칸에 들어갈 알맞은 말을 고르십시오.

> 가: 저 신발, 지난주에 십만 원이나 주고 샀는데 지금 50% 할인해서 팔고 있네요.
> _____ 차라리 몰랐으면 좋았을 텐데…….
> 나: 아이고, 정말 속상하겠어요.

① 세월이 약이라고　　　　　　② 무소식이 희소식이라고

③ 한 번 실수는 병가의 상사라고　④ 모르면 약이요 아는 게 병이라고

2 밑줄 친 부분에 어울리는 표현을 고르십시오.

> 가: 지난달에 처음으로 한국어능력시험을 봤는데 생각보다 너무 어려웠어요.
> 나: 어떤 일이든지 한 번에 만족할 수는 없는 법이니까 포기하지 말고 계속 노력해 보세요.

① 첫술에 배부르랴　　　　　　② 공든 탑이 무너지랴

③ 쌀독에서 인심 난다　　　　　④ 하늘은 스스로 돕는 자를 돕는다

[3-6] 다음 중에서 알맞은 것을 골라 빈칸에 쓰십시오.

> 빈 수레가 요란하다　　　　　　입에 쓴 약이 병에는 좋다
> 백지장도 맞들면 낫다　　　　　뛰는 놈 위에 나는 놈 있다

3 가: 요즘 아버지께서 잔소리를 많이 하셔서 너무 괴로워.

　　나: _____-다고 지금은 잔소리처럼 들려도 언젠가 도움이 될 테니까
　　　　새겨들어.

4 가: 누나, 설거지가 많은 거 같은데 좀 도와줄까?

　　나: 그럴래? _____-다고 네가 도와주면 빨리 끝낼 수 있을 거야.

5 가: 어제 뉴스에서 봤는데 어떤 도둑이 훔친 돈을 또 다른 도둑에게 빼앗겼대요.

　　나: 정말요? _____-다더니 그 말이 딱 맞네요.

6 가: 하준이는 평소에 자기가 컴퓨터 박사라고 늘 큰소리치며 다니더니 막상 컴퓨터가 고장
　　　　나서 고쳐 달라고 하니까 못 고치고 헤매고 있더라.

　　나: 원래 _____-은/ㄴ 법이야.

1장 | 감정·정신

[1-2] 다음을 읽고 물음에 답하십시오.

서비스업에 종사하는 감정 노동자들은 어떤 상황에서도 자신의 감정을 누르고 항상 미소를 지으며 고객을 대한다. 그러다 보니 근무 중에 고객들로부터 부당한 대우를 받거나 억울한 일을 당해도 다른 사람에게 말도 못하고 (   ) 혼자 참는 경우가 많다. 그렇기 때문에 이들은 일반인에 비해 우울증 등과 같은 정신 질환에 걸릴 확률이 높다고 한다. 실제로 한 조사에 따르면 감정 노동자 중 30% 이상이 치료가 필요한 우울증을 앓고 있는 것으로 나타났다. 따라서 기업들이 나서서 감정 노동자들의 정신 건강에 관심을 가지고 건강하게 일할 수 있는 환경을 조성해야 한다.

1 (   )에 들어갈 말로 가장 알맞은 것을 고르십시오.

① 속을 끓이며

② 머리를 쓰며

③ 가슴을 울리며

④ 마음에 걸리며

2 윗글의 내용과 같은 것을 고르십시오.

① 고객들은 기업에게 억울한 일을 당해도 참는다.

② 감정 노동자는 자신의 감정을 누르지 않아도 된다.

③ 감정 노동자들의 대부분이 심각한 우울증을 겪고 있다.

④ 기업은 노동자들이 건강하게 일할 수 있도록 도와야 한다.

[1-2] 다음을 읽고 물음에 답하십시오.

유아기의 아이들은 세상이 흥미진진하다고 느끼는 동시에 낯설고 위험하다고 느끼기도 한다. 그래서 아이들은 어떤 때는 겁이 없고 용감해지지만 또 어떤 때는 아주 부끄러워하고 소심해질 때가 있다. 부모들은 아이가 소심해졌을 때 더욱더 관심을 기울여야 한다. 소심해진 아이들은 어떤 사람을 처음 보면 (   ) 하는데 그것은 새로 만난 사람이 싫어서가 아니라 그 상황이 익숙하지 않기 때문이다. 이때 부모가 아이에게 새로 만난 사람과 억지로 친해지라고 하면 아이는 겁을 먹고 울지도 모른다. 따라서 부모는 아이가 새로운 상황에 익숙해질 때까지 지켜보며 기다려 주는 것이 좋다.

1 (   )에 들어갈 말로 가장 알맞은 것을 고르십시오.

① 낯을 가리기도

② 뒤끝이 흐리기도

③ 얼굴에 철판을 깔기도

④ 변덕이 죽 끓듯 하기도

2 윗글의 내용과 같은 것을 고르십시오.

① 유아기 아이들은 세상이 위험하다고 느껴 운다.

② 유아기 아이들은 처음 만난 사람과도 쉽게 친해진다.

③ 부모는 아이가 용감해졌을 때 더 관심을 기울이는 편이다.

④ 부모는 아이가 새로운 상황에 적응할 때까지 기다리는 것이 좋다.

[1-2] 다음을 읽고 물음에 답하십시오.

자신의 상황이나 경제적 형편 등을 충분히 고려하지 않고 단순히 귀여워서 혹은 남들을 따라 하려고 반려동물을 구입하는 사람들이 있다. 그리고 이들 중 일부는 반려동물이 병에 걸렸거나 자신의 경제적 상황이 나빠지면 (   ) 쉽게 반려동물을 버리기도 한다. 이런 일을 막기 위해서는 무엇보다도 사람들의 생각이 바뀌어야 한다. 사람들은 반려동물을 언제든지 사거나 버릴 수 있는 대상이 아니라 평생을 함께 갈 친구이자 귀중한 생명체로 여기고 아끼는 마음을 가져야 할 것이다.

1 (   )에 들어갈 말로 가장 알맞은 것을 고르십시오.

① 뒷짐을 지듯

② 헌신짝 버리듯

③ 손꼽아 기다리듯

④ 간이라도 빼어 줄 듯

2 윗글의 내용과 같은 것을 고르십시오.

① 사람들이 반려동물을 구입하는 이유는 하나이다.

② 사람들의 변심으로 버려지는 반려동물들이 있다.

③ 반려동물에 대한 사람들의 인식이 달라지고 있다.

④ 반려동물을 기를 수 있는 여건이 되는 사람들이 적다.

[1-2] 다음을 읽고 물음에 답하십시오.

올림픽은 전 세계인이 하나가 되어 화합하는 지구촌 최대의 스포츠 축제이다. 4년마다 열리는 올림픽 경기를 위해 각국의 선수들은 땀을 흘리며 최선을 다해 노력한다. 과거에는 사람들이 누가 금메달을 땄는지 혹은 어떤 국가가 메달을 몇 개 땄는지 등 결과나 순위에만 관심을 보였다. 그래서 선수들은 부상을 입어도 자신의 몸을 돌보지 않거나 금지된 약물을 복용하는 등 (   ) 메달을 따는 데에만 관심을 두었다. 그러나 요즘에는 다행스럽게 분위기가 많이 바뀌었다. 과거와 달리 경기 결과에 상관없이 최선을 다한 선수들의 모습에 박수를 보내며 올림픽을 즐기는 사람들이 늘었기 때문이다.

1 (   )에 들어갈 말로 가장 알맞은 것을 고르십시오.

① 가면을 벗고

② 약을 올리고

③ 물불을 가리지 않고

④ 이리 뛰고 저리 뛰고

2 윗글의 내용과 같은 것을 고르십시오.

① 선수들은 메달을 따는 데에만 관심을 가진다.

② 올림픽에 참가하는 선수들에 대한 관심이 줄었다.

③ 올림픽에 대한 사람들의 생각과 태도가 예전과 달라졌다.

④ 선수들은 부상을 당하지 않도록 자신의 몸을 돌보고 있다.

[1-2] 다음을 읽고 물음에 답하십시오.

남들이 알아주지 않는 누군가의 능력을 발견해서 칭찬해 주면 그 사람과의 관계에 도움이 될 뿐만 아니라 그 사람의 능력을 계발시킬 수 있다. 그러나 무조건 (   ) 칭찬하면 안 된다. 그렇게 하면 상대방이 그 칭찬이 진심인지 아닌지 의심하게 되어 칭찬의 효과가 떨어질 수 있기 때문이다. 따라서 상대방이 성장할 수 있도록 돕기 위해서는 일의 결과가 아니라 일을 대하는 자세와 태도, 일을 할 때 들인 노력에 대해 칭찬하는 것이 좋다. 그래야 상대방이 진심이 담긴 칭찬으로 받아들이고 자신의 능력을 계발시키기 위해 더욱 노력하게 되기 때문이다.

1 (   )에 들어갈 말로 가장 알맞은 것을 고르십시오.

① 두말 못하게

② 말문을 열게

③ 혀가 꼬부라지게

④ 입에 침이 마르게

2 윗글의 내용과 같은 것을 고르십시오.

① 칭찬은 인간관계에 도움이 되지 않는다.

② 칭찬할 때는 일의 결과를 가지고 해야 한다.

③ 칭찬으로 다른 사람의 능력을 계발시킬 수 있다.

④ 칭찬을 자주 들으면 상대방의 진심을 의심하게 된다.

[1-2] 다음을 읽고 물음에 답하십시오.

보통 사람들은 피로를 해소하기 위해서는 하루 종일 침대에 누워 (   ) 쉬는 것이 좋다고 생각한다. 그러나 짧은 시간 안에 효과적으로 피로를 해소하려면 몸을 적절히 움직여야 한다. 몸을 움직여야 혈액 순환이 되고 몸에 산소를 공급해 쌓여 있는 피로 물질이 분해되기 때문이다. 따라서 피로를 해소하기를 원하는 사람들은 가벼운 스트레칭이나 마사지 등을 하면서 몸을 움직이는 것이 좋다. 그렇지만 땀을 흘릴 정도로 힘들게 운동을 할 경우에는 오히려 만성 피로, 불면증, 두통 등이 생길 수 있으므로 주의해야 한다.

1 (   )에 들어갈 말로 가장 알맞은 것을 고르십시오.

① 기가 막히게

② 사족을 못 쓰고

③ 피가 되고 살이 되게

④ 손가락 하나 까딱 않고

2 윗글의 내용과 같은 것을 고르십시오.

① 피로를 풀려면 가볍게 몸을 움직이는 것이 좋다.

② 가만히 누워 쉬는 것이 피로 회복에 도움이 된다.

③ 가볍게 운동해도 불면증, 두통 등이 생길 수 있다.

④ 힘이 들 정도로 운동해야 피로를 빨리 회복할 수 있다.

[1-2] 다음을 읽고 물음에 답하십시오.

보통 사람들은 예술가는 일정한 월급을 받는 직업이 아니라고 생각한다. 그러나 예술가들도 생활을 하려면 경제 활동에 참여해 돈을 벌어야 한다. 그런데 예술을 전공한 사람들이 진출할 수 있는 곳은 매우 제한적이므로 젊은 예술가들이 일자리를 찾는 것은 사실상 하늘의 별 따기다. 사정이 이렇다 보니 예술을 전공하려는 젊은이들이 해마다 줄고 중간에 (   ) 사람들도 생기고 있다. 이렇게 예술가들이 적어지면 일상생활에서 예술적 경험을 누리지 못하며 살 가능성이 높다. 따라서 지금부터라도 관련 기관에서는 젊은 예술가의 작품 활동을 위한 지원을 늘리고 일자리를 제공해야 할 것이다.

1   (   )에 들어갈 말로 가장 알맞은 것을 고르십시오.

① 덕을 보는

② 손을 놓는

③ 자리를 잡는

④ 문을 두드리는

2   윗글의 내용과 같은 것을 고르십시오.

① 예술을 전공하는 사람들의 수가 늘고 있다.

② 젊은 예술가들은 일자리를 구하기가 어렵다.

③ 관련 기관은 예술가들에게 지원을 아끼지 않는다.

④ 많은 곳에서 예술을 전공한 사람들과 일하기를 원한다.

[1-2] 다음을 읽고 물음에 답하십시오.

최근 한 광고에 등장한 모델이 사람이 아닌 AI 모델이라는 사실이 알려지면서 큰 화제가 되었다. 이 AI 모델은 이미 10만 명이 넘는 SNS 구독자를 가졌으며 여러 기업과 광고 계약도 맺었다. 이처럼 기업들이 AI 모델을 선호하는 이유에는 여러 가지가 있다. 먼저 젊은 층이 선호하는 외모를 가지고 있는 데다 시간과 장소의 제약 없이 광고를 만들 수 있다는 점이 가장 큰 이유이다. 또한 기업이 원하는 대로 이미지를 제작할 수 있을뿐더러 사생활 논란이 일어날 일이 없다는 점도 큰 이유이다. 이렇게 수요가 늘면서 AI 모델의 몸값도 많이 올라 AI 모델을 제작한 회사는 (   ) 되었다.

1 (   )에 들어갈 말로 가장 알맞은 것을 고르십시오.

① 깡통을 차게

② 돈방석에 앉게

③ 파리를 날리게

④ 바닥이 드러나게

2 윗글의 내용과 같은 것을 고르십시오.

① 기업은 AI 모델의 사생활에 관심이 많다.

② AI 모델은 SNS 상에서만 활동할 수 있다.

③ AI 모델을 선호하는 기업들이 많아지고 있다.

④ 많은 기업이 AI 모델 제작에 투자하려고 한다.

[1-2] 다음을 읽고 물음에 답하십시오.

성장기 아이들은 자신들이 듣는 이야기에 쉽게 영향을 받는다. 따라서 심리학자들은 성장기의 아이들을 키우는 부모들은 아이들 앞에서 항상 말조심을 해야 한다고 (   ). 대부분의 부모는 아이들이 어른의 이야기에 관심이 없을 거라고 생각한다. 그래서 아이들 앞에서 무심코 다른 사람에 대한 험담을 하기도 하는데 그렇게 하면 부모의 부정적인 생각이 아이들에게 그대로 전달된다고 한다. 실제로 한 연구 결과에서도 우연히 다른 사람이나 집단에 대한 부정적인 말을 듣게 된 아이들은 그렇지 않은 아이들에 비해 부정적인 태도를 가질 가능성이 훨씬 더 높은 것으로 나타났다.

1 (   )에 들어갈 말로 가장 알맞은 것을 고르십시오.

① 벽을 쌓는다
② 입을 모은다
③ 장단을 맞춘다
④ 눈총을 맞는다

2 윗글의 내용과 같은 것을 고르십시오.

① 대부분의 부모는 아이의 이야기에 크게 관심이 없다.
② 아이들은 성장하면서 부모의 말에 영향을 덜 받게 된다.
③ 부모의 적극적인 의사소통은 아이의 성장에 도움을 준다.
④ 부정적인 말을 들은 아이들은 부정적인 태도를 가질 수 있다.

[1-2] 다음을 읽고 물음에 답하십시오.

흔히 지루함은 부정적인 상태로 인식된다. 그런데 최근의 한 연구에 의하면 지루함이 창의적인 생각을 키우는 긍정적인 측면이 있다고 한다. 연구자들은 실험을 통해 사람들이 아무 생각도 하지 않고 멍하게 있는 지루한 상태에서 창의적인 아이디어를 많이 떠올린다는 사실을 알게 됐다. 지루한 상태에 있던 사람들은 뭔가 새로운 것을 찾으려고 노력하는데 이 과정에서 창의적인 아이디어가 나오는 것이다. 따라서 창의적인 아이디어를 얻기 원하는 사람들은 (   ) 바쁘더라도 아무 생각 없이 멍하게 있는 시간을 가지는 것이 필요하다.

1 (   )에 들어갈 말로 가장 알맞은 것을 고르십시오.

① 하루가 멀다고

② 오도 가도 못하게

③ 눈코 뜰 사이 없이

④ 발을 디딜 틈이 없이

2 윗글의 내용과 같은 것을 고르십시오.

① 지루함은 사람들을 부정적으로 생각하게 만든다.

② 사람들은 지루한 상태를 견디지 못해 힘들어 한다.

③ 사람들은 창의적인 아이디어를 얻기 위해 바쁘게 움직인다.

④ 사람들은 지루한 상태에서 더 창의적인 아이디어를 떠올린다.

[1-2] 다음을 읽고 물음에 답하십시오.

사람들은 보통 운동을 하면 살이 빠질 거라고 생각한다. 그러나 오랫동안 다이어트에 대해 연구해 온 한 의사는 운동이 칼로리를 태워 체중을 줄여준다는 믿음은 사실과 (　　　　) 말한다. 그는 사람들이 아무리 운동을 열심히 해도 칼로리는 많이 소모되지 않기 때문에 운동만으로는 체중을 줄이지 못한다고 주장한다. 그럼에도 전문가들이 운동을 권하는 이유는 운동이 호르몬 조절에 영향을 미치기 때문이다. 운동을 하면 식욕을 억제하는 호르몬이 나오므로 먹는 양이 줄어 자연스럽게 체중이 줄게 되는 것이다.

1 (　　　)에 들어갈 말로 가장 알맞은 것을 고르십시오.

① 허울 좋다고
② 거리가 멀다고
③ 꿈도 못 꾼다고
④ 모양이 사납다고

2 윗글의 내용과 같은 것을 고르십시오.

① 운동으로 칼로리를 소모시켜 체중을 줄일 수 있다.
② 운동보다 먹는 음식을 바꿔야 다이어트에 성공한다.
③ 살이 빠지면 자연스럽게 식욕을 억제할 수 있게 된다.
④ 운동할 때 나오는 호르몬은 체중 조절에 도움이 된다.

[1-2] 다음을 읽고 물음에 답하십시오.

> 우리는 일상적으로 (   ) 많은 전화 통화를 하며 살고 있다. 그러나 전화 공포증이 있는 사람들에게는 이런 전화 통화가 어려움을 넘어 두려움으로 인식되기도 한다. 전화 공포증은 중·장년층보다는 20·30대에서 주로 나타나는데 전문가들은 이들이 대면보다는 비대면에, 전화 통화보다는 메신저 소통에 익숙하기 때문이라고 말한다. 따라서 전화 공포증에서 벗어나고 싶다면 습관적으로 전화를 피하기보다는 먼저 자신이 편하게 느끼는 사람과 전화 통화 연습을 하는 것이 필요하다. 연습을 통해 전화 통화에서 필요한 대화 기술을 훈련함으로써 전화 통화에 대한 두려움을 극복할 수 있기 때문이다.

1 (   )에 들어갈 말로 가장 알맞은 것을 고르십시오.

① 청운의 꿈으로

② 떠오르는 별처럼

③ 불행 중 다행으로

④ 하루에도 열두 번씩

2 윗글의 내용과 같은 것을 고르십시오.

① 전화 통화를 어려워하는 중·장년층이 많은 편이다.

② 꾸준한 훈련을 통해 전화 공포증을 극복할 수 있다.

③ 전화 공포증이 있는 사람은 전화를 피하는 것이 좋다.

④ 전화 통화가 두려워 전문가를 찾는 사람들이 늘고 있다.

[1-2] 다음을 읽고 물음에 답하십시오.

우리가 흔히 사용하는 세안제, 치약 등의 생활용품에는 미세 플라스틱이 들어있는데 이것은 크기가 작아 걸러지지 않고 그대로 바다로 흘러 들어가게 된다. 물고기나 조개들이 이 미세 플라스틱을 먹이로 착각해 먹게 되고, 사람들이 그 물고기나 조개를 먹으면 사람들의 몸에도 미세 플라스틱이 쌓여 건강에 악영향을 미치게 된다. (   ) 환경 오염은 생각하지 않고 편리함만 생각하다가 건강을 잃게 될 지경에 이른 것이다. 따라서 우리의 건강을 위해서라도 이제부터는 미세 플라스틱을 배출하는 제품을 사용하지 말아야 한다.

1 (   )에 들어갈 말로 가장 알맞은 것을 고르십시오.

① 뿌린 대로 거둔다고

② 고생 끝에 낙이 온다고

③ 흐르는 물은 써지 않는다고

④ 비 온 뒤에 땅이 굳어진다고

2 윗글의 내용과 같은 것을 고르십시오.

① 크기가 작은 미세 플라스틱은 바다에서 만들어진다.

② 미세 플라스틱은 물고기나 조개들에게 좋은 먹이이다.

③ 사람의 몸에 쌓인 미세 플라스틱은 건강을 잃게 만든다.

④ 생활용품에 들어있는 미세 플라스틱은 문제가 되지 않는다.

정답
Answer

확인해 봅시다
Let's Check

01 감정·정신

❶ 감동·감탄 ~ ❷ 걱정·고민

1 ②

2 ①

3 마음에 걸려

4 걱정이 태산이세요

5 고양이한테 생선을 맡겼군요

6 발이 떨어지지 않더라고

❸ 고통

1 ③

2 ①

3 등골이 빠지도록

4 뼈를 깎는

5 몸살을 앓는다

6 눈물을 머금고

❹ 관심

1 ③

2 ④

3 귀가 솔깃해서

4 이를 악물고

5 일손이 잡히지

6 고삐를 조여

❺ 불만·분노

1 ②

2 ④

3 눈에 거슬려서

4 치가 떨린다

5 가슴을 치며

6 말을 잃고

❻ 불안·초조

1 ②

2 ①

3 머리털이 곤두서는

4 가슴이 뜨끔해서

5 손에 땀을 쥐고

6 속이 탔는데

❼ 안도

1 ①

2 ④

3 어깨가 가벼워진

4 직성이 풀리는

5 머리를 식힐

6 마음을 놓을

❽ 욕심·실망 ~ ❾ 정신 상태

1 ①

2 ④

3 필름이 끊겨서

4 정신을 차려

5 면목이 없다면서

6 어처구니가 없다는

02 소문·평판

❶ 간섭·참견

1 ④

2 ④

3 목마른 놈이 우물 판다고

4 하룻강아지 범 무서운 줄 모른다고

5 남의 떡이 더 커 보이는

6 우물에 가 숭늉을 찾겠어요

❷ 긍정적 평판 ~ ❸ 부정적 평판

1 ②

2 ③

3 엉덩이가 무거워서

4 간도 쓸개도 없는

5 낯을 가리는

6 얼굴이 두꺼워서

03 태도

❶ 겸손·거만 ~ ❷ 선택

1 ③

2 ②

3 어깨에 힘을 주고

4 몸 둘 바를 모르겠습니다

5 귓등으로도 안 듣니

6 입맛대로 할

❸ 의지

1 ④

2 ④

3 손꼽아 기다리고

4 어깨를 으쓱거리며

5 시치미를 뗐다

6 촉각을 곤두세우고

04 행동

❶ 대책 ~ ❷ 반응

1 ④

2 ②

3 혀를 차는

4 등을 떠미는

5 뜬구름을 잡는

6 한술 더 떠서

❸ 방해 ~ ❹ 소극적 행동

1 ③

2 ③

3 뜸을 들인

4 꼬리를 내리며

5 찬물을 끼얹었다

6 발을 뺄

❺ 적극적 행동

1 ②

2 ④

3 발 벗고 나서는

4 눈을 돌렸다

5 마음을 샀다

6 얼굴을 들

05 언어

❶ 과장

1 ③

2 ③

3 손가락에 장을 지지겠다고

4 입이 열 개라도 할 말이 없습니다

5 어림 반 푼어치도 없는

6 말 한마디에 천 냥 빚도 갚는다는데

❷ 말버릇

1 ③

2 ④

3 입에 달고 다녀서

4 말만 앞세우는

5 아픈 곳을 건드렸다

6 꼬집어 말할

❸ 행위

1 ④

2 ④

3 운을 떼기

4 말을 돌리면서

5 토를 단다고

6 쐐기를 박더라고요

06 조언·훈계

❶ 권고·충고 ~ ❷ 조롱

1 ①

2 ②

3 사공이 많으면 배가 산으로 간다고

4 쇠뿔도 단김에 빼랬다고

5 고생을 사서 한다고

6 꼬리가 길면 밟힌다고

❸ 핀잔

1 ①

2 ③

3 앞뒤가 막힌

4 달밤에 체조하는

5 손가락 하나 까딱 않고

6 걱정도 팔자네

07 일·생활

❶ 사회생활

1 ②

2 ③

3 한턱을 내기로

4 꼬리표가 붙어서

5 덕을 보네

6 손가락질을 받는

❷ 속성

1 ①

2 ④

3 둘도 없지

4 죽도 밥도 안 돼

5 꼬리에 꼬리를 물고

6 손가락 안에 꼽히는

❸ 실행

1 ①

2 ③

3 첫발을 뗐다

4 진땀을 뺐다

5 뿌리를 뽑겠다고

6 앞에 내세웠다

❹ 의식주 ~ ❺ 종결

1 ①

2 ③

3 끝이 보이지

4 마침표를 찍으셨다

5 둥지를 틀기로

6 뚜껑을 열고

08 경제 활동

❶ 손익·소비

1 ②

2 ①

3 돈을 만지게

4 날개가 돋친

5 손이 커셔서

6 바가지를 씌우는

❷ 형편

1 ②

2 ④

3 손을 벌리지

4 바닥이 드러나고

5 허리를 펴고

6 허리띠를 졸라매며

09 관계

❶ 갈등·대립

1 ④

2 ①

3 눈 밖에 나고

4 쌍벽을 이뤘다

5 등을 돌렸다는

6 으름장을 놓았다

❷ 대우 ~ ❸ 사교·친교

1 ①

2 ②

3 우는 아이 젖 준다고

4 친구 따라 강남 간다고

5 웃는 낯에 침 못 뱉는다고

6 미운 아이 떡 하나 더 준다는

❹ 사랑·정 ~ ❺ 소통·협력

1 ④

2 ②

3 손발이 맞아서

4 손을 잡기로

5 머리를 맞댔지만

6 입을 모았다

10 상황·상태

❶ 결과 ~ ❷ 곤란

1 ②

2 ①

3 파김치가 돼서

4 가시방석에 앉아

5 물 건너간

6 도마 위에 올랐더라고요

❸ 문제·문제 해결 ~ ❹ 분위기·여건

1 ②

2 ③

3 골치가 아프다

4 하늘을 찌를

5 발목을 잡혀서

6 벽에 부딪치면서

❺ 시간·거리 ~ ❻ 흥미

1 ④

2 ④

3 발등에 불이 떨어져야

4 발을 디딜 틈이 없었다

5 각광을 받고

6 담을 쌓고

11 판단

❶ 변별

1 ①

2 ②

3 색안경을 끼고 보는

4 갈피를 못 잡고

5 꿈도 못 꾸는

6 앞뒤를 재다

❷ 신체 기관

1 ④

2 ①

3 얼굴에 씌어 있는데요

4 눈이 높아서

5 코를 찌르네

6 귀가 밝은

❸ 외모·외형

1 ④

2 ③

3 모양이 사나워

4 때 빼고 광내고

5 얼굴이 피

6 그늘이 져

❹ 인지·인식

1 ①

2 ②

3 매도 먼저 맞는 놈이 낫다고

4 될성부른 나무는 떡잎부터 알아본다고

5 가랑비에 옷 젖는 줄 모른다고

6 하나를 보고 열을 안다고

12 인생

❶ 성공 ~ ❷ 습관·경험

1 ②

2 ④

3 둘째가라면 서러울

4 불을 보듯 훤하다

5 귀에 못이 박히도록

6 손에 익어서

❸ 실패

1 ③

2 ①

3 낭패를 볼

4 죽을 쑨

5 무릎을 꿇은

6 가시밭길을 가려고

❹ 운·기회 ~ ❺ 일생

1 ④

2 ④

3 꿩 먹고 알 먹는

4 떡 본 김에 제사 지낸다고

5 황소 뒷걸음치다가 쥐 잡는다고

6 짚신도 제짝이 있다는

13 이치

❶ 인과 ~ ❷ 자연

1 ①

2 ①

3 서당 개 삼 년에 풍월을 읊는다고

4 고생 끝에 낙이 온다고

5 비 온 뒤에 땅이 굳어진다고

6 벼 이삭은 익을수록 고개를 숙인다고

❸ 진리

1 ④

2 ①

3 입에 쓴 약이 병에는 좋다고

4 백지장도 맞들면 낫다고

5 뛰는 놈 위에 나는 놈 있다더니

6 빈 수레가 요란한

TOPIK 속 관용 표현과 속담
Idioms and Proverbs in TOPIK

01 감정·정신

1 ①　　　　2 ④

02 소문·평판

1 ①　　　　2 ④

03 태도

1 ②　　　　2 ②

04 행동

1 ③　　　　2 ③

05 언어

1 ④　　　　2 ③

06 조언·훈계

1 ④　　　　2 ①

07 일·생활

1 ②　　　　2 ②

08 경제 활동

1 ②　　　　2 ③

09 관계

1 ②　　　　2 ④

10 상황·상태

1 ③　　　　2 ④

11 판단

1 ②　　　　2 ④

12 인생

1 ④　　　　2 ②

13 이치

1 ①　　　　2 ③

색인
Index

ㄷ

ㅊ

ㅋ

ㅌ